經義考新校

二

卷一～卷三三

御注 敕撰 易

[清]朱彝尊 撰

林慶彰 蔣秋華 楊晉龍 馮曉庭 主編

上海古籍出版社

經義考卷一

御注

御注孝經

一卷。

順治十三年二月十五日，世祖章皇帝御製序曰：「朕惟孝者首百行而爲五倫之本，天地所以成化，聖人所以立教，通之乎①萬世而無斁，放之於四海而皆準。至矣哉！誠無以加矣。然其廣大雖包乎無外，而其淵源實本於因心，遡厥初生，咸知孺慕，雖在顓蒙，即備天良，故位無尊卑，人無賢愚，皆可以與知而與能。是知孝者乃生人之庸德，無甚玄奇，抑固有之秉彝②，非由外鑠，誠貴乎篤行，而非語言之間

① 「乎」字，四庫薈要本脱漏。

② 「彝」，文津閣四庫本作「懿」。

所得而盡也。雖然，降衷之理固根於凡民之心，而覺世之功必賴夫聖人之訓，苟非著書立説，以迪天性自然之善，抒人子難已之情，使天下之人曉然於日用之恒行，即爲大經大法之所存，而敦行不怠，以全其本始，夫亦孰由知孝之要，盡孝之詳，以無忝所生也哉？此孔子孝經之書所由作也。朕萬幾之暇，時加三復，自開宗明義迄於終篇，見其言近而旨遠，理約而該博，本之立身以行道，推之移風而易俗。愛敬所著，公卿士庶皆得循分以承歡；感應所通，東西南北罔不漸被而思服。誠萬世不刊之懿矩，百聖不易之格言，自天子以至於庶人，不可一日闕者，夫子所謂吾志在春秋，行在孝經，良有以也。自漢以來，去聖日遠，詮釋滋多，厥旨寖晦，孔安國尚古文，鄭玄主今文，互有異同，各矜識解。魏、晉而降，諸儒群興，析疑闡奥，代不乏人，源流攸分，不無繁蕪。迨及開元，更立注疏，亦既萃一代之菁英，垂表章於奕世矣，而詳略或殊，詎云至當。宋之邢昺、元之吴澄輩，標新領異，間有發揮，然揆之美善，或未盡焉。至於明季，著述紛紜，或拾前賢之緒餘，文其謭陋，或摘古人之紕繆，肆彼譏彈。不知天懷既薄，問學復疎，因心之理未明，空文之多奚補？其於作經之意，均未當耳。夫親恩罔極，高厚難酬，德至聖人，猶虞未盡，同爲人子，孰不佩至教而興永錫之感乎？然則訓詁未確，漸摩弗力，欲其相觀而善，厥路無由。朕爲此慮，爰集古今之注，更互考訂，其得中而窾綮者採輯之，其妄逞而臆説者删除之，譬諸沙礫既披，美鏐始出，稂莠盡剪，嘉禾乃登。至若流覽之餘，時獲一是，或足以補未發之藴者，輒爲增入，聊備參觀。總以孝之爲①道，甚大而平，故不必旁求隱怪，用益高深，誇示繁縟，徒滋複贅，惟以布帛菽粟

① 「爲」字，文淵閣四庫本脱漏。

之言，昭廣大中正之理，雖未知於作者之旨，能盡脗合，可無枘鑿與否？然而前代諸儒之書，瑕瑜難掩，與夫近代群言之失，淆亂不稽者，於茲正之，庶幾發矇啓錮，四方億兆咸知傚法而允迪，共底於大順之休焉。夫如是，將見至德要道，由此而廣，和睦無怨，由此而成矣。」

臣謹按：尚書、孝經均有古今文。魯國三老所獻，劉向所録，衛宏所校，此古文孝經也。衛文侯所受，顔芝所藏，唐石臺所勒，此今文孝經也。御注孝經因「石臺本」注經世祖章皇帝親自删定，文簡而義該。順治中鏤板印行，而民間流傳甚少。臣同里禮部尚書臣杜臻購得寶藏，臣謹録之，以弁經義考之首。

〔四庫總目〕

謹按：唐徐堅初學記以太宗御製升列歷代之前，蓋臣子尊君之大義。焦竑國史經籍志、朱彝尊經義考並踵前規。（卷一，頁四—五，子夏易傳十一卷提要）

敕撰

日講四書解義

二十六卷。

康熙十六年十二月八日，皇帝御製序曰：「朕惟天生聖賢，作君作師，萬世道統之傳，即萬世治統之所繫也。自堯、舜、禹、湯、文、武之後而有孔子、曾子、子思、孟子，自易、書、詩、禮、春秋而外而有論語、大學、中庸、孟子之書，如日月之光昭於天，嶽瀆之流峙於地，猗歟盛哉！蓋有四子，而後二帝三王之道傳；有四子之書，而後五經之道備；四子之書，得五經之精意而爲言者也。孔子以生民未有之聖，與列國君大夫及門弟子論政與學，天德王道之全，修己治人之要，具在論語一書，學、庸皆孔子之傳，而曾子、子思獨得其宗。明新止善，家、國、天下之所以齊、治、平也。性教中和，天地萬物之所以位育，九經達道之所以行也。至於孟子，繼往聖而開來學，闢邪説以正人心，性善仁義之旨，著明於天下，此聖賢訓辭詔後，皆爲萬世生民而作也，道統在是，治統亦在是矣，歷代賢哲之君，創業守成，莫不尊崇表章，講明斯道。朕紹祖宗丕基，孳孳求治，留心問學，命儒臣撰爲講義，務使闡發義理，裨益政治，同諸經史進講，經歷寒暑，罔敢間輒①。兹已告竣，思與海内臣民共臻至治，特用校刊，用垂永久，爰製序言，弁之簡首。每念厚風俗必先正人心，正人心必先明學術，誠因此編之大義，究先聖之微言，則以此爲化民成俗之方，用期夫一道同風之治，庶幾進於唐、虞、三代文明之盛也夫。」

臣謹按：四書解義，總裁官二人：經筵日講官起居注翰林院掌院學士兼禮部侍郎加一級教習庶吉士資政大夫臣喇沙里，經筵日講官起居注翰林院掌院學士兼禮部侍郎教習庶吉士通議大夫臣陳廷敬。分撰官十一人：日講官起居注詹事府詹事兼翰林院侍讀學士臣沈荃，日講官起居注翰林院侍讀學士加三級通議大夫臣色冷，日講官起居注翰林院侍讀學士臣葉方藹，日講官起居注翰林院侍讀學

① 「輒」，依四庫薈要本、文淵閣四庫本、文津閣四庫本、備要本應作「輟」。

士加二級臣蔣弘道①，經筵日講官起居注翰林院侍講學士加一級奉政大夫臣庫勒納，日講官起居注翰林院侍講學士食正四品俸臣張英，日講官起居注右春坊右庶子兼翰林院侍講臣張玉書，日講官起居注翰林院侍讀加一級奉政大夫臣牛鈕，日講官起居注翰林院侍講承德郎臣韓菼，日講官起居注右春坊右中允兼翰林院編修臣董訥，儒林郎②日講官起居注左春坊左贊善兼翰林院檢討臣王鴻緒。

日講書經解義

十三卷。

康熙十九年四月十二日，皇帝御製序曰：「天生民而立之君，非特予以崇高富貴之具而已，固將副教養之責，使四海九州無一夫不獲其所也。是故古之帝王奉若天道，建都樹屏以立其綱，設官置吏以張其紀，經天緯地以盡其才，親親尊賢以弘其業，黎民阻饑而爲之教稼，五品不遜而爲之明倫，爲禮樂以導其中和，爲兵刑以息其争訟，事未然而預爲之備，患已至而急爲之驅，蓋治天下之法見於虞、夏、商、周之書，其詳且密如此，宜其克享天心而致時雍太和之效也。所以然者，蓋有心法以爲治法之本焉。所謂敬也，誠也，中也。敬則神明有主而物欲不能摇，誠則孚信在中而僞巧不能間，中則公正無偏而衺説不能移。凡書中曰欽明，曰寅恭，曰祗懼，曰迪畏，皆敬之屬也；曰允塞，曰至誠，曰一德，曰惇

① 「蔣弘道」，四庫薈要本作「蔣宏道」。
② 「臣董訥，儒林郎」，文津閣四庫本作「儒林郎臣董訥，」。

信，皆誠之屬也；曰義制事、禮制心，曰沉潛剛克、高明柔克，曰寬而有制、從容以和，皆中之屬也。性之者爲堯、舜、禹、文，身之者爲湯、武、高宗，困而學之者爲太甲、成王，悖而去之者爲太康、桀、紂。嗚呼！心法之存亡，治道之升降分焉，天命之去留繫焉，曷其奈何弗鑒。朕萬幾餘暇，讀四代之書，惕若恐懼，爰命儒臣，取漢、宋以來諸家之説，薈萃折衷，著爲講義一十三卷，逐日進講。兹特加鋟梓，頒示臣民，俾知朕仰法前代聖王，志勤道遠，然夙夜兢兢，思體諸身心，措諸政治，以毋負上天立君之意，夫豈敢一日忘哉，是爲序。」

臣謹按：書經解義，總裁官二人：經筵日講官起居注翰林院掌院學士兼禮部侍郎教習庶吉士臣庫勒納，經筵日講官起居注翰林院掌院學士兼禮部侍郎教習庶吉士臣葉方藹。分撰官十三人：通議大夫日講官起居注詹事府詹事臣格爾古德，日講官起居注詹事府詹事兼翰林院侍讀學士加一級臣沈荃，日講官起居注翰林院侍讀學士加二級臣蔣弘道①，日講官起居注翰林院②侍讀學士食正四品俸臣張英，經筵日講官起居注翰林院侍讀學士奉政大夫臣牛鈕，日講官起居注翰林院侍讀學士奉政大夫臣常書，日講官起居注翰林院侍講學士食正四品俸臣崔蔚林，日講官起居注翰林院侍講學士奉政大夫臣嚴我斯，日講官起居注翰林院侍講學士臣朱馬泰，日講官起居注左春坊左庶子兼翰林院侍讀臣張玉書，日講官起居注翰林院侍讀臣阿哈達，日講官起居注翰林院侍講臣董訥，日講官起居注翰林院侍

① 「蔣弘道」，四庫薈要本、備要本俱作「蔣宏道」。
② 「翰林院」，文淵閣四庫本脱漏作「翰林」。

講臣王鴻緒。

日講易經解義

十八卷。

康熙二十二年十二月十八日，皇帝御製序曰：「朕惟帝王道法，載在六經，而極天人，窮性命，開物前民，通變盡利，則其理莫詳於易。易之爲書，合四聖人，立象設卦繫辭焉，而廣大悉備，自昔庖犧、神農、黄帝、堯、舜王天下之道，咸取諸此，蓋詩、書之文，禮、樂之具，春秋之行事，罔不於易會通焉。漢班固有言：『六藝具五常之道，而易爲之原。』詎不信歟？朕夙興夜寐，惟日孜孜，勤求治理，思古帝王立政之要，必本經學。嘗博綜簡編，玩索精蘊①，至於大易，尤極研求，特命儒臣參考諸儒註疏傳義，撰爲解義一十八卷，日以進講，反復卦爻之辭，深探作易之旨。大抵造化工用，不外陰陽，而配諸人事，則有貞邪淑慝之别，運數所由盛衰，風俗所由治亂，君子小人所由進退消長，鮮不於奇偶二畫屈伸變易之間見之。若乃體諸躬行，措諸②事業，有觀民設教之方，有通德類情之用，恐懼修省以治身，思患豫防以維世。引而伸之，觸類而長之，而治理備矣。於是刊刻成書，頒示天下。朕惟體乾四德，以容保兆民，且期庶司百職事矢於野，涣群之公成拔茅允升之美，則泰交媲於明良，而太和溢於宇宙，庶稱朕以經學爲

① 「蘊」，文津閣四庫本作「微」。
② 「諸」，文淵閣四庫本作「之」。

治法之意也夫。」

臣謹按：易經解義，總裁官三人：經筵日講官起居注翰林院掌院學士兼禮部侍郎加一級支二品俸教習庶吉士臣牛鈕，經筵日講官起居注翰林院掌院學士兼禮部侍郎教習庶吉士臣孫在豐，日講官起居注翰林院學士兼禮部侍郎臣張英。分撰官十八人：通議大夫經筵日講官起居注詹事府詹事加一級臣傅臘塔，日講官起居注詹事府詹事兼翰林院侍讀學士加禮部侍郎降一級留任臣沈荃，資政大夫日講官起居注詹事府少詹事兼翰林院侍講學士仍加詹事府詹事臣蔣弘道①，通議大夫日講官起居注詹事府少詹事兼翰林院侍講學士仍加詹事府詹事臣嚴我斯，經筵日講官起居注翰林院侍讀學士奉政大夫臣常書，日講官起居注翰林院侍讀學士加一級又加一級支四品俸奉政大夫臣朱馬泰，日講官起居注翰林院侍讀學士臣王封溁，日講官起居注翰林院侍講學士加二級中憲大夫臣阿山，日講官起居注翰林院侍講學士加一級朝議大夫臣邵吴遠，日講官起居注翰林院侍講學士臣徐乾學，日講官起居注翰林院侍講學士臣高士奇，日講官起居注翰林院侍講加侍讀學士加一級臣董訥，日講官起居注翰林院侍講臣翁叔元，日講官起居注左春坊左中允兼翰林院編修臣秦松齡，日講官起居注右春坊右贊善兼翰林院檢討臣王項齡，日講官起居注翰林院修撰儒林郎臣歸允肅，日講官起居注翰林院編修文林郎臣曹禾，日講官起居注翰林院檢討徵仕郎臣嚴繩孫。

① 「蔣弘道」，四庫薈要本、備要本俱作「蔣宏道」。

孝經衍義

一百卷。

康熙二十九年四月二十四日①，皇帝御製序曰：「朕緬惟自昔聖王以孝治天下之義，而知其推之有本，操之有要也。夫孝者，百行之源，萬善之極，書言奉先思孝，詩言孝思維則，明乎爲天之經，地之義，人性所同然，振古而不易。故以之爲己則順而祥，以之教人則樂而易從，以之化民成俗則德施溥而不匱。帝王奉此以宰世御物，躬行爲天下先，其事始於寢門視膳之節，而推之於配帝饗親，覲光揚烈，誠萬民而光四海，皆斯義也。孔子教孝之言，散見於六籍，而統會於孝經，曾子以純孝親承斯訓，其詞約，其指遠，條貫終始，綜括群論，言孝之義，於斯爲備。自顔芝藏本出於漢初，考注箋釋，代有其人，如孔安國、鄭康成、皇侃、邢昺輩，無慮百餘家，大約皆訓詁章句，辨論古今文同異，而求其推廣義藴，達之於萬事萬物而皆莫出其範圍者，則尚未之備也。世祖章皇帝弘敷孝治，懋昭人紀，特命纂修孝經衍義，未及成書。朕纘承先志，詔儒臣蒐討編輯，倣宋儒真德秀大學衍義體例，徵引經史諸書，以旁通其說。竊以仲尼稱『至德要道，以順天下』，又曰『教之所由生』，而後詳列天子、諸侯、卿大夫、士、庶人之五孝，此則一經之大旨，亦猶大學之言明德、新民、格、致、誠、正、修、齊、治、平也。是故衍至德之義，則仁、義、

① 「二十四日」四字，文津閣四庫本脱漏。

禮、智、信之説備矣；衍要道之義，則父子、君臣、夫婦、昆弟、朋友之倫①備矣；衍教所由生之義，則禮、樂、政、刑之屬備矣；衍五孝而皆以愛敬爲本，明貴賤之所同也，由天子之敬親推之，則郊丘宗廟典禮之義備矣；由天子之愛親推之，則仁民育物撫綏愛養之義備矣。無非敬也，無非愛也，即無非孝也。遞而至於諸侯之不驕不溢，卿大夫之法服、法言、法行，士、庶人之忠順事上、謹身節用，何一非愛敬之義？推而極之，通於神明，貫乎天地，夫寧有涯際乎哉？書成，凡一百卷，鏤版頒行，併製序言冠於簡端，庶幾嘉與海内，共遵斯路，家修子弟之職，人奉親長之訓，協氣旁流，休風四達，以成一代敦厚鴻龐之治，斯則朕繼述先烈、尊經崇本之志也夫。」

臣謹按：孝經衍義，總裁官二人：經筵講官翰林院學士兼禮部侍郎加禮部尚書管刑②部右侍郎事臣葉方藹，日講官起居注翰林院學士兼禮部侍郎臣張英。纂修則日講官起居注翰林院侍講臣韓菼。凡例、目録一卷，經旨總要二卷，衍義一百卷，康熙二十一年三月進呈。所衍之目：曰至德，曰要道，曰教之所由生，曰天子之孝，曰諸侯之孝，曰卿大夫之孝，曰士之孝，曰庶人之孝，曰大順之徵。至德之目：曰仁，曰義，曰禮，曰智，曰信。要道之目：曰父子，曰君臣，曰兄弟，曰夫婦，曰朋友，師弟子附焉。教所由生之目：曰禮，曰樂，曰政，曰刑。天子之孝：一曰愛親；愛親之義：曰早諭教，曰均慈愛，曰敦友恭，曰親九族，曰體臣工，曰重守令，曰愛百姓，曰課農桑、藉田附焉，曰薄稅斂，曰備凶荒，

① 「倫」，文淵閣四庫本誤作「論」。
② 「刑」字，文淵閣四庫本脱漏。

曰省刑罰，曰恤征戍。二曰敬親；敬親之義：曰事天地，曰法祖宗，曰隆郊配，曰嚴宗廟，曰重學校、養老附焉，曰崇聖學，曰教宫闈，曰論官材，曰優大臣，曰設諫官，曰正紀綱，曰别賢否，曰制國用，曰厚風俗。諸侯之孝：曰愛親敬親，不驕不溢。卿大夫之孝：曰愛親敬親，法言德行。士之孝：曰愛親敬親，事君忠，事長順。庶人之孝：曰愛親敬親，用天道，分地利，謹身節用，終以大順之徵者，因經有「以順天下」之文也。

經義考卷二

易一

連山

唐志：「十卷。司馬膺注。」

佚。

〔補正〕

案：舊唐志五行類有連山三十卷，梁元帝撰。新唐志五行類同。新唐志經類有連山十卷，亦非司馬膺注。所云司馬膺注者，歸藏十三卷也，竹垞誤讀，當删正。（卷一，頁一）

〔校記〕

王謨、馬國翰均有輯本。（易，頁一）

周禮：「太卜掌三易之法：一曰連山，二曰歸藏，三曰周易。其經卦皆八，其别皆六十有四。」又曰：「簭人掌三易，以辨九簭之名，一曰連山，二曰歸藏，三曰周易。」

山海經：「伏羲氏得河圖，夏后因之，曰連山。」

杜子春曰：「連山，宓羲。」

桓譚曰：「連山八萬言，歸藏四千三百言，夏易煩而殷易簡。」又曰：「連山，藏於蘭臺。」

淳于俊曰：「連山，似山出内氣連天地也。」

姚信曰：「連山氏神農得河圖，夏人因之，曰連山。」

阮籍曰：「庖犧氏布演六十四卦之變，後世聖人觀而因之，象而用之。禹、湯之經皆在，而上古之文不存。」

皇甫謐曰：「炎帝營都於魯，重八卦之數，究八八之體爲六十四卦。」又曰：「夏人因炎帝曰連山。連山易，其卦以純艮爲首。艮爲山，山上山下，是名連山，雲氣出内於山。夏以十三月爲正，人統，艮漸正月，故以艮爲首。」

干寶曰：「帝出乎震，齊乎巽，相見乎離，致役乎坤，説言乎兑，戰乎乾，勞乎坎，成言乎艮，此連山之易也。」

梁元帝曰：「杜子春云：『連山，伏羲也。歸藏，黄帝也。』按：禮記：『我欲觀殷道，得坤、乾焉。』今歸藏先坤後乾，則知是殷明矣。歸藏既係殷制，連山理是夏書。」

北史劉炫傳：「時牛弘奏購求天下遺逸之書，炫遂僞造書百餘卷，題爲連山易、魯史記等録上送官，取賞而去。後人有訟之，經赦，免死，坐除名。」

孔穎達曰：「連山起於神農。」又曰：「周世之卜，雜用連山、歸藏、周易。連山、歸藏以不變爲占，占七八之爻，二易並亡，不知實然與否？」

賈公彦曰：「洪範云：『擇建立卜筮人，三人占，從二人之言。』蓋筮時連山、歸藏、周易三易並用，夏、殷以不變爲占，周易以變者爲占，三人各占一易。士喪禮：『筮宅東面旅占。』旅，衆也，與其屬共占之。春秋演孔圖云：『孔子修春秋，九月而成，卜之，得陽豫之卦。』宋均注云：『夏、殷之卦名，故今周易無文。』是孔子亦用二代之筮也。」

劉敞曰：「艮其背，不獲其身，人之道也，以寅爲正。穆姜之筮，遇艮之八，是謂艮之隨者。此連山之易。」

邵子曰：「夏以建寅之月爲正月，謂之人統，易曰連山，以艮爲首，艮者，人也。」

方慤曰：「連山首乎艮，其卦具内外①而一體，其位居東北之兩間，則向乎人之時焉，夏用人正，故其書以之。」

黄裳曰：「闡幽者，易之仁也，故夏曰連山，象其仁而言之也。山者，静而生養乎物者也，有仁之道焉。」

沈括曰：「卦爻之辭皆九六，惟連山、歸藏以七八占②。」

---

① 「其卦具内外」，文津閣四庫本作「其卦具乎内外」。

② 「占」字，文津閣四庫本脱漏。

陸佃曰：「連山始於艮，故曰連山，易曰『兼山艮』是也。先儒以爲象雲氣之出於山，連連不絶，非是。」又曰：「連山易，長安人家有之，其卦皆縱。」

邵博曰：「連山易意義淺甚，其劉炫之僞書乎？」

李綱曰：「連山、歸藏以静爲占，故爻稱七八。七八者，少陰少陽之數也。陰陽之少，虚而未盈，故静而不變。」

朱震曰：「連山首艮者，八風始於不周，實居西北之方，七宿之次是爲東壁、營室，於辰爲亥，於律爲應鐘，於時爲立冬，此顓帝之曆所以首十月也。」

郭雍曰：「夏易曰連山，商易曰歸藏，而不名曰夏、商易者，時未有易之名故也。」

張行成曰：「夏曰連山，天易也，太玄義取之。」

鄭諤①曰：「連山以艮爲首，夏人之易，其卦艮上艮下，故曰連山，言如山之相連也。」又曰：「周易以九六爲占，而連山、歸藏以七八爲占，周易占其變者，連山、歸藏占其不變者。」

鄭樵曰：「連山，夏后氏易，至唐始出，今亡。」

程迥曰：「連山、歸藏宜與周易數同而其辭異，先儒謂周易以變者占，非也；連山、歸藏以不變者占，亦非也。古之筮者兼用三易之法：衛元之筮，遇屯，曰：『利建侯。』是周易或以不變者占也；季友之筮，遇大有之乾，曰：『同復于父，敬如君所。』此固二易辭也，既之乾則用變矣，是連山、歸藏或以變

---

①「鄭諤」，各本俱誤，應作「鄭鍔」。

者占也。」

程大昌曰：「周官紀三易，其經卦皆八，其別皆六十有四。連山，夏也。歸藏，商也。夏、商之世，八卦固已別爲六十四矣。」

蔡元定曰：「連山首艮，歸藏首坤，意其作用必與周易大異，然其爲道則同。」

鄭東卿曰：「自包犧至夏、商，八卦雖重而未知七、八、九、六之常變也。連山始艮，歸藏始坤，夏、商用之，皆以不變爲占，其數止於六十四而已。」

羅泌曰：「炎帝神農氏令司怪主卜，巫咸、巫陽主筮，於是通其變以成天地之文，極其數以定天地之象，八八成卦，以酬酢而祐神，以通天下之志，以斷天下之業，謂始萬物終萬物者，莫盛乎艮。艮，東北①之卦也，故重艮以爲始，所謂連山易也。」

羅苹曰：「春秋演孔圖：『孔子成春秋，卜之，得陽豫之卦。』史記始皇得鎬池君璧，言明年祖龍死。卜之，得游徙，吉。陽豫、游徙，連山卦也。」又曰：「連山之文，禹代之作。」

陳藻曰：「夏有連山，筮昉於此乎？故夏未代虞而舜廷有之矣。」

李過曰：「易鈔云：『有天地，然後有萬物，夏易首艮，是物先乎天地矣。』夏易所以不傳，其説固善，然未免爲率爾之談。夏、商、周易首卦不同，蓋寓三統之義。夏后氏建寅，以正月爲歲首，爲人紀。天地二十四位，艮連於寅，萬物終乎艮，又始乎艮也。夏正建寅，艮連於寅，故首艮爾。」

---

① 「東北」，文淵閣四庫本作「東方」。

劉炎曰：「或問連山、歸藏之真僞。曰：『漢志不録連山，唐志則有之，漢志不録歸藏，晉中經，隋、唐志則有之，昔無今有，其僞可知，況其言之不經耶？』」

王應麟曰：「連山首艮，艮，萬物之所終始也。八風始於不周，卦氣始於中孚，冬至爲曆元，黄鐘爲律本。太玄紀日於牛宿，紀氣於中首，而以罔冥爲元，艮之終始萬物也。」又曰：「意夏、商卦下亦各有辭，故周人並存以爲占。」

葛寅炎曰：「連山，包羲先天易也。」

朱元昇曰：「連山者，三易之首也。」又曰：「連山易之作，兼取則於圖、書。」又曰：「連山作於伏羲，用於夏。歸藏作於黄帝，用於商。周公相成王，設官分職，命太卜簭人與周易並掌，不以周用周易而置連山、歸藏於無用。」又曰：「周禮疏賈公彦釋連山之義曰：『連山，其卦以純艮爲首，艮爲山，山上山下，是名連山。』即賈氏之疏，稽之説卦之辭、夏時之候，夏建寅正，純艮實應立春，春爲時之首，艮所以爲連山易之首乎？考之漢律曆志述三統，謂：『人統，寅木也。太簇律長八寸，象八卦，虙犧氏之所以順天地，通神明，類萬物也。』以是知虙犧氏已用寅正，夏后氏因之而已。公彦謂連山作於伏羲，因於夏后氏，此之謂也。」又曰：「連山易亡久矣，因周禮得存其名，因説卦傳得存其義，因夏時得存其用。」又曰：「連山二篇，自復至乾爲陽儀，自姤至坤爲陰儀，其策萬有一千五百二十。繫辭二篇之末『萬有一千五百二十』，舉連山策言之也。」又曰：「連山易，夏時之取則也。堯典一書分命羲、和，亦夏時之取則也。以書考易，其義一也。書曰：『日中，星鳥，以殷仲春。日永，星火，以正仲夏。宵中，星虚，以殷仲秋。日短，星昴，以正仲冬。』蓋取中星以定四時者也，今即連山易而布以二十八宿。冬至，其卦也復，其宿也虛。夏至，其卦也姤，其宿也星。春分，其卦也臨，其宿也氏①、房。秋分，其卦也遯，其宿也昂。四時之二至、二分，以卦準宿，即堯典之中星。」又曰：「長分消翕者，連山易至精至變至神之理寓焉。乾與坤對，乾之長即坤之消，乾之分即坤之翕，坤之長即乾之消，坤之分即乾之翕。兑與艮對，離與坎對，震與巽對，餘五十六卦②，兩兩相對，長、分、消、翕，悉準八卦。」

金履祥曰：「連山、歸藏，其辭不復可考，學者謂邵氏互體既濟卦諸圖，即連山之遺法也，後世納甲歸魂之法，即歸藏之遺法也。」

胡一桂曰：「連山十卷，見唐藝文志。自唐以前並無其書，則唐之連山似隋世僞書。」

吴澂曰：「連山，夏之易。」

吴萊曰：「易占以變，故其數但用九、六而尚老；連山、歸藏占以不變，故其數但用七、八而尚少。連山七而首艮，歸藏八而初坤，亦不過伏羲之舊。及推其所用之策，連山三十有六，歸藏四十有六，易則四十有九，又若不相爲用者。」

朱隱老曰：「連山，神農之易也，以艮爲首，而凡建寅者宗之，雖唐、虞亦然，不獨夏后氏爲然也。」

雷思齊曰：「連山、歸藏之易，其筮法同而繇辭異也。」

朱升曰：「連山首艮，終始之際也。」

---

① 「氏」，依文淵閣四庫本、文津閣四庫本應作「氐」。
② 「五十六卦」，文淵閣四庫本誤作「六十四卦」。

王禕曰：「易自伏羲始畫八卦，因而重之，爲六十四卦，當時蓋有圖而無書也。後聖因之，作連山，作歸藏，作周易，皆本於伏羲之圖，而取用各不同。」

何喬新曰：「唐藝文志有連山十卷，出於長孫無忌次述，文多闕誤。其書不傳久矣，然求之周易，尚有可言者，所謂『兼山艮』即連山之遺意也。六爻皆别人象，書雖不存，象可得而推焉。」

王道曰：「連山首艮，説者皆謂艮寅位，與建寅之義合，此殊不然。艮在寅，文王後天卦位，夏何由而預取之？且六子皆屬人道，獨首艮，何也？蓋三女無論，震以一陽動於二陰之下，坎以一陽陷於二陰之中，俱不足以當人道之正也，惟艮一陽止二陰之上，既有符於一君二民之象，而又深契夫惟止能止衆止之妙，人道之最善也，首艮取此。」

湛若水曰：「夏之連山，知止者始終之要，程子所以取艮卦也。」

孫宜曰：「解連山者，謂：『如山出雲，連綿不絶。』夫出雲連緜，奚足盡天下之理？」又曰：「八卦以序相循環，連山、歸藏亦各有序①，而其義未備。」

胡應麟曰：「連山易十卷，見唐藝文志。按：班氏六經首周易，凡夏、商之易絶不聞。隋牛弘購得寓②内遺書，至三十七萬卷，魏元成等修隋史，晉、梁以降亡逸篇名無不具載，皆不聞所謂連山者，而至唐始出，可乎？北史劉炫傳：『隋文搜訪圖籍，炫因僞造連山及魯史記上之。』馬端臨據此以爲炫作，或

① 「序」，文津閣四庫本誤作「敘」。
② 「寓」，依四庫薈要本應作「宇」。

有然者，蓋炫後事發，除名，故隋志不録，而其書尚傳於後，開元中盛集群書，仍入禁中爾。」

沈懋孝曰：「夏易首艮，以成終而胎出震之用。」

郝敬曰：「連山六畫艮卦。艮爲山，上下兩艮，故曰連山①。」

焦竑曰：「連山，艮也。夏時講學者所重在止。」

孫奇逢②曰：「連山首艮，艮，止也。天下事不日新於行，而日新於止，惟其時止則止，所以時行則行也，成始成終之義也。」

黄宗炎曰：「桓譚謂連山八萬言，歸藏四千三百言③。是殷書與周易等，夏之文字，幾二十倍於文王、周公之辭，豈古昔之方册乎？爲此説者，亦不明古今之通義矣。」

顧炎武曰：「連山、歸藏，非易也。而周官云三易者，後人因易之名以名之也。猶之墨子言周之春秋，燕之春秋，宋之春秋，齊之春秋，周、燕、齊、宋之史非必皆春秋也，而云春秋者，因魯史之名以名之也。」

尤侗曰：「連山首艮，歸藏首坤，序卦略殊，卦名未嘗異也。」

黄與堅曰：「易，周之所命名，則連山、歸藏亦周以易名之，而謂之三易也。」

---

① 「連山」，文津閣四庫本脱漏作「連」。
② 「孫奇逢」，文津閣四庫本誤作「孫奇峯」。
③ 「四千三百言」，文淵閣四庫本作「七千三百言」。

按：連山、歸藏，漢志不載，則其亡已久。而酈道元注水經，引連山易云：「有崇伯鯀，伏於羽山之野。」是元魏時尚有其書矣。若司馬膺所注，度即劉炫僞本爾。李淳風乙巳占云：「有馮羿者，得不死之藥於西王母，姮娥①竊之以奔月，將往，枚筮於有黄，有黄占之，曰：『吉，翩翩歸妹，獨將西行，逢天晦芒，无恐无驚，後且大昌。』姮娥遂託身於月。」是亦僞本連山之文，今其書亦亡。毛漸所序三墳，首列山墳，謂是連山之易，伏羲所作。其象有崇山，君伏山，臣列山，民兼山，物潛山，陰連山，陽藏山，兵疊山象等義。其言曰：「天皇始畫八卦，連山名易，君臣民物，陰陽兵象，始明於世。」荒誕不足信也。

又按：黄佐六藝流別載連山繇辭復初七曰：「龍潛于淵，存神無眕。」象曰：「復以存神，可致用也。」剥上七曰：「數窮致剥，終吝。」象曰：「致剥而終，不知變也。」姤初八曰：「□②蛇于窪，滋孽之牙。」象曰：「陰滋，牙不可長也。」中孚初八曰：「一人知女，尚可以去。」象曰：「女未歸，孚不中也。」不知本於何書？豈有連山之易乃效王弼易傳之體乎？作僞者拙，且爲劉炫笑矣。

又按：杜子春以連山爲宓犧、歸藏爲黄帝，姚信以列山爲神農，而班孟堅古今人表既於聖人列宓犧、神農、黄帝，又於仁人著列山、歸藏，不應複出乃爾。

---

① 「姮娥」，文津閣四庫本誤作「姮嫦」。

② 「□」，文淵閣四庫本作「聚」。

經義考卷三

易二

歸藏

隋志：「十三卷，晉太尉參軍薛貞注。」唐志同，崇文書目：「三卷。」佚。

〔補正〕

案：舊唐志：「歸藏十三卷，殷易，司馬膺注。」新唐志云：「司馬膺注歸藏十三卷。」薛貞注則唐志無之，惟宋志云：「薛貞注歸藏三卷。」此與所引崇文目卷數同矣，蓋竹垞所云唐志同者，弟謂隋、唐卷數同耳。（卷一，頁一）

〔校記〕

王謨、馬國翰均有輯本。（易，頁一）

禮記：「孔子曰：『吾欲觀殷道，是故之宋，而不足徵也，吾得坤、乾焉。』」

山海經：「黄帝氏姚信作歸藏氏得河圖，商人因之，曰歸藏。」

杜子春曰：「歸藏，黄帝。」

桓譚曰：「歸藏，藏於太卜。」

鄭康成曰：「殷陰陽之書，存者有歸藏。」

淳于俊曰：「歸藏者，萬物莫不歸藏於其中也。」

干寶曰：「初乾、初奭、初艮、初兑、初犖、初離、初釐、初巽，此歸藏之易也。」

阮孝緒曰：「歸藏，載卜筮之書雜事。」

劉勰曰：「歸藏之經，大明迂怪，乃稱羿斃十日，常娥①奔月。」

隋書：「歸藏，漢初已亡，按晉中經有之，惟載卜筮，不似聖人之旨。」

孔穎達曰：「歸藏起於黄帝。」又曰：「聖人因時隨宜，不必皆相因，故歸藏名卦之次亦多異。」又曰：「孔子曰：『吾得坤、乾焉。』殷易以坤爲首，故先坤後乾。」又曰：「歸藏，僞妄之書，非殷易也。」

賈公彦曰：「殷人因黄帝曰歸藏，歸藏易以純坤爲首。坤爲地，萬物莫不歸而藏於其中。殷以十二月爲正，地統，故以坤爲首。」

元稹曰：「穆姜遇艮，足徵麟史之文；尼父得坤，亦驗歸藏之首。」

① 「常娥」，文淵閣四庫本作「嫦娥」。

邢昺曰：「歸藏者，成湯之所作，是三易之一也。」

劉敞曰：「坤者萬物所歸，商以坤爲首，禮運：『吾得坤、乾焉。』此歸藏之易。」

歐陽修曰：「周之末世，夏、商之易已亡。漢初雖有歸藏，已非古經。今書三篇，莫可究矣。」

邵子曰：「商以建丑之月爲正月，謂之地統，易曰歸藏，以坤爲首，坤者，地也。」

方慤曰：「歸藏首乎坤，各歸其根，密藏其用，皆殷之所爲，則合乎地之時焉，殷用地正，故其書名之。」

黄裳曰：「微顯者，易之知也。故商曰歸藏者，以其藏諸用而言之也。」

王觀國曰：「禮記：『孔子曰：「吾得坤、乾焉。」』鄭氏注：『得商陰陽之書，其書存者有歸藏。』爾雅釋羊屬有牡羭，郭璞註引歸藏曰：『兩壺兩羭。』初學記雲部引歸藏曰：『有白雲出蒼梧，入於大梁。』舉此可以見矣。」

中興書目：「歸藏，隋世有十三篇，今但存初經、齊母、本蓍三篇，文多闕亂，不可訓釋。」

朱震曰：「歸藏之書，其初經者，庖犧氏之本旨也。卦有初乾、初奭坤、初艮、初兑、初犖坎、初離、初釐震、初巽，卦皆六畫。周禮三易經卦皆八，所謂經卦，則初經之卦也。」又曰：「歸藏之乾，有乾大赤，乾爲天、爲君、爲父，又爲辟、爲卿、爲馬、爲禾，又爲血卦。」又曰：「歸藏小畜曰：『其丈人。』乃知『丈人』之言，三代有之。」

張行成曰：「商曰歸藏，地易也，元包義取之。」

鄭鍔曰：「歸藏以坤爲首，商人之易，其卦坤上坤下，故曰歸藏，言如地道之包含，萬物所歸而藏也。」

鄭樵曰：「連山亡矣，歸藏，隋有薛貞注，十三卷。今所存者，初經、齊母、本蓍三篇而已。言占筮事，其辭質，其義古。後學謂爲不文，疑而棄之，獨不知後之人能爲此文乎？」

楊簡曰：「孔子之時，歸藏猶存，故曰：『之宋，而得坤、乾焉。』」

羅泌曰：「黄帝正坤、乾，分離、坎，倚象衍數，以成一代之宜，謂土爲祥，乃重坤以爲首，所謂歸藏易也。」

羅苹曰：「歸藏初經，卦皆六位，其卦有明夷、營惑①、耆老、大明之類。昔啓筮明夷，鯀治洪水、枚占大明，桀筮營惑②，武王伐商，枚占耆老，曰『不吉』，是也。」又曰：「歸藏之文，有乾爲天、爲君、爲父、爲大赤、爲辟、爲卿、爲馬③、爲禾、爲血卦之類，知與今易通矣。」又曰：「歸藏，黄帝之書。而坤啓筮，乃有『堯降二女以舜妃』之語。節卦云：『殷王其國，常毋④谷月。』之類，其卦是也，其文非也。蓋歸藏之文，湯代之作。」

林學蒙曰：「易疏論連山、歸藏，一以爲伏羲、黄帝之書，一以爲夏、商之書，未知孰是？」

蔣君實曰：「商之序易，以坤爲首，其尚質尚白之制，皆自此出也。」

---

①② 「營惑」，四庫薈要本作「熒惑」。
③ 「爲馬」二字，文淵閣四庫本脱漏。
④ 「毋」，文淵閣四庫本、文津閣四庫本俱作「母」。

李過曰：「易鈔云：『天尊地卑，乾坤之定位也。商易首坤，是地尊乎天也。商易所以不傳。』不知商人建丑，以十二月爲歲首，取丑未之衝爲地統。坤爲地，商用地統，只得首坤。」又曰：「夏后氏連山易不可得而見，商人歸藏易今行於世者，其經卦有八，重卦已有六十四。經卦八：謂坎爲犖，犖者，勞也，以萬物勞乎坎也；謂震爲釐，釐者，理也，以帝出乎震，萬物所始條理者也①；餘六卦同。其六十四卦：乾、屯、蒙、溽、訟、師、比、小毒畜、履、泰、否、同人、大有、很、釐、大過、頤、困、井、革、鼎、旅、豐、小過、林禍、觀、萃、稱、僕、復、毋亡、大毒畜、瞿、散家人、節、奐、蹇、荔、員、誠、欽、恒、規、夜、巽、兑、離、犖、兼、分、歸妹、漸、晉、明尸、岑霃、未濟、遂、大壯、蜀、馬徒，四卦闕名，與周易卦同者三之二。曰屯、蒙、訟、師、比、小畜、履，次序大略相同。卦名不同者，如謂需爲溽，小畜爲小毒畜，大畜爲大毒畜，臨爲林禍之類。如此則文王重易，止因商易之舊，今以周易質之歸藏，不特卦名用商，卦辭亦用商，如屯之屯膏，師之帥師，漸之取女，歸妹之承筐，明尸之垂其翼，皆因商易舊文，則六十四卦不在文王時重，自伏羲以來，至於夏、商，其卦已重矣。乃知繫辭所載取象十三卦，皆當時所有之易也。」

王應麟曰：「越絶外傳：『范子曰：「道生氣，氣生陰，陰生陽。」』愚謂先陰後陽，即歸藏先坤之意，闔而闢，靜而動也。」

馬端臨曰：「連山、歸藏乃夏、商之易，本在周易之前，然歸藏漢志無之，連山隋志無之，蓋二書至

①「者也」，文津閣四庫本作「也者」。

晉、隋間始出，而連山出於劉炫僞作，北史明言之，度歸藏之爲書，亦此類①爾。」

葛寅炎曰：「歸藏，黄帝中天易也。」

家鉉翁曰：「歸藏之書作於黄帝。」

朱元昇曰：「歸藏易，黄帝演伏羲連山易而作也，孔子曰：『吾得坤、乾焉。』斯歸藏易之謂矣。」又曰：「歸藏雖自黄帝作，實循伏羲之卦序，漢律曆志曰：『伏羲畫八卦由數起，至黄帝而大備。』是知伏羲易與黄帝易一以貫之而已。」又曰：「周禮：『太卜掌三易之法，簭人掌三易，以辨九簭之名。』初未嘗以周易廢歸藏也。魯襄公九年，穆姜爲筮，而遇艮之八，杜預釋之曰：『是雜用連山、歸藏、周易也。』以此見春秋之時，歸藏尚無恙也。」又曰：「歸藏，取則河圖者也。河圖藏十不具，是以歸藏去十不用。」又曰：「歸藏易以純坤爲首，坤爲地，萬物莫不歸而藏於中，説卦曰：『坤以藏之。』蓋造化發育之真機，常於此藏焉。然而一元有一元之造化，癸亥甲子之交爲之藏；一歲有一歲之造化，冬夏二至之交爲之藏；一日有一日之造化，夜半日中之交爲之藏；是又歸藏易無所往而不用其藏也。六十四卦藏者十有六，用者四十有八，乾爲六十四卦之父，坤爲六十四卦之母，坤統藏卦，乾統用卦，坤、乾所以首六十四卦也。有藏者斯有用者，純坤又所以首純乾也。」又曰：「歸藏易以六甲配六十四卦，所藏者五行之氣也，所用者五行之象也。」又曰：「歸藏易首坤尾剥。」又曰：「歸藏二篇，自甲子至癸巳爲先甲，自甲午至癸亥爲後甲，其策萬有八百。」

---

① 「此類」，文淵閣四庫本作「類此」。

吴澂曰：「歸藏，商之易。」又曰：「夏、商二易，蓋因羲皇所畫之卦而用之以占筮，卦序與先天自然之序不同，故連山首艮，歸藏首坤。朱子易贊曰：『降帝而王，傳夏歷商，有占無文，民用勿彰。』以爲二易無繇辭也。或曰：『春秋左氏傳所載繇辭，與周易不同者，蓋夏、商之易。』則有繇辭矣，然今莫可考證。世俗所傳歸藏易，僞書也。」

吴萊曰：「歸藏三卷，晉薛貞注，今或雜見他書，頗類焦贛易林，非古易也。」

趙道一曰：「軒轅黄帝取伏羲卦象，法而用之，據神農所重六十四卦之義，帝乃作八卦之説，謂之八索，求其重卦之義也。帝一號歸藏氏，乃名所制曰歸藏書，此易之始也。」

朱隱老曰：「歸藏，黄帝之易也，以坤爲首，而凡建丑者宗之，不特殷人爲然也。」

朱升曰：「歸藏首坤，静動之首也。」

何喬新曰：「隋經籍志有歸藏十三卷，出於劉光伯所上，意甚淺陋，書雖不傳，易所謂『坤以藏之』，即歸藏之遺意也。」

何孟春曰：「殷易先坤後乾，有静斯動，陰陽之定理也。」

楊慎曰：「連山藏於蘭臺，歸藏藏於太卜，見桓譚新論。則後漢時連山、歸藏猶存，不可以藝文志不列其目而疑之。」

胡應麟曰：「七略無歸藏，晉中經簿始有此書，隋志因之，稱：『此書惟載卜筮，不類聖人之旨。』蓋唐世固疑其僞矣。」

鄧元錫曰：「歸藏首坤，藏而後發。孔子曰：『吾欲觀商道，得坤、乾焉。』蓋善之也，然於易爲徧矣。」

沈懋孝曰：「商易首坤，以藏斂而發動直之機。」

郝敬曰：「歸藏坤卦，坤爲地，百昌歸土，曰歸藏。」

焦竑曰：「歸藏，坤也，商時講學者首重在静。」

董斯張曰：「歸藏易今亡，惟存六十四卦名，而又闕其四，與周易不同，需作溽，小畜作小毒畜，大畜作大毒畜，艮作很，震作釐，升作稱，剥作僕，損作員，咸作諴，坎作犖，謙作兼，遯作遂，蠱作蜀，解作荔，无妄作毋亡，家人作散家人，涣作奂，又有瞿、欽、規、夜、分五卦，岑霝、林禍、馬徒三複卦名，不知當周易何卦也。」

孫奇逢曰：「歸藏首坤，坤以藏之，天下事不竭於發而竭於藏，退藏不密，生趣所以日枯也。故藏者，養也，坤元所以資生也。」

黄宗炎曰：「歸藏六十四卦名，其間不同於周易者：需爲溽，雲上天而將雨，必有濕溽之氣先見於下。大畜、小畜爲毒畜，毒取亭毒之義。艮爲狠，艮有反見之象，无言笑，面目可徵，故取其剛狠之義與？震爲釐，離當爲釐，於震則不近，豈以雷釐地而出以作聲與？升爲稱，地之生木，土厚者茂，土瘠者瘁，言木與土相稱也。剥爲僕。坎爲犖，坎爲勞卦，故從勞諧聲而省，物莫勞於牛，故從牛，但此乃夫子之説卦，豈殷人之所取義與？家人爲散家人，則義不可考。損爲員，咸爲諴，謙爲兼，涣爲奂，古字或加偏旁，或不加偏旁，因而互易也。遯爲遂，形意本通，無有異義。蠱爲蜀，蜀亦蟲①也，但蠱之義深

① 「蟲」，文淵閣四庫本誤作「蠱」。

遠矣。解爲荔，荔亦有聚散之義。无妄爲毋亡，毋即无，亡即妄，非有他也。又有瞿、欽、規、夜、分五卦，岑霽、林禍、馬徒三複卦名，不知作周易何卦？再以愚測之：瞿當屬觀，欽當屬旅，規當屬節，夜當屬明夷，分當屬睽，岑霽當屬賁，其他則不可詳也。」

徐善曰：「歸藏之亡久矣。有求之古三墳及司馬膺、薛貞之書者，失之譌。有即指歸魂、納甲之書爲歸藏者，失之陋。有謬解乾君坤藏之語，而謂方圖即歸藏者，失之傅會。若衛氏之操筆妄擬，則失之肆矣。」又曰：「子復、丑臨、寅泰、卯大壯、辰夬、巳乾、午姤、未遯歸藏本文作遂。、申否、酉觀、戌剥歸藏本文作僕。、亥坤，此歸藏十二辟卦，所謂商易也。辟者，君也，其法：先置一六，畫坤卦以六陽爻次第變之，即成復、臨、泰、大壯、夬五辟卦；次置一六，畫乾卦，以六陰爻次第變之，即成姤、遯、否、觀、剥五辟卦；十辟見而綱領定矣。於是又置一六，畫坤卦以，復辟變之，成六卦之一陽。以臨辟變之，成十五卦之二陽；以泰辟變之，成二十卦之三陽；以大壯辟變之，成十五卦之四陽；以夬辟變之，成六卦之五陽；更進爲純乾，而六十四卦之序已盡變矣。徐而察之，乾之六位已爲遞變之新爻，而坤之六位猶爲未變之舊畫，即卦中陽爻已變而陰爻猶故也。於是復置新成之乾卦，以姤辟變之，成六卦之一陰；以遯辟變之，成十五卦之二陰；以否辟變之，成二十卦之三陰；以觀辟變之，成十五卦之四陰；以剥辟變之，成六卦之五陰；更進爲純坤，而坤之六位已更新矣。卒之非有兩營也，止此六十四虚位。順而求之，由坤七變得陽爻一百九十二，而純乾之體見。逆而遡之，由乾七變得陰爻一百九十二，而純坤之體見，一反一覆，而三百八十四爻之易以全矣。」又曰：「歸藏卦序：坤、震、坎、艮、兑、離、巽、乾。蓋震下一陽生於純坤之後，進坎而中，進艮而上，乃交於中五，而得兑之二陽，然一陰猶在上也。至離而中陽進上，至巽而初陽進中，於是純乾體成，此陽氣漸長之序也。反而推之，巽下一陰生於純乾之後，進離而中，進兑而上，乃交於中五，而得艮之二陰，然一陽猶在上也。至坎而中陰進上，至震而初陰進中，於是純坤體成，此陰氣漸長，而陽氣歸藏之序也，歸藏之名之義殆本諸此。其數則自下而上者，始八終二，由於陽氣之生，自無而有，其理爲知來之逆也；自下而上者，始二終八，由於陽氣之歸，自有而無。其理爲數，往之順也，聖人命歸藏之名，蓋告人以反本復始之道焉。」

按：歸藏，隋時尚存，至宋猶有初經、齊母、本著三篇。其見於傳注所引者，如「熒熒之華，徼徼鳴狐。離監監燂，若雷之聲。有鳥將至而垂翼，上有高臺，下有雝池，有皃鴛鴦，有雁鸛鶬，有白雲自蒼梧入大梁。空桑之蒼蒼，八極之既張，乃有夫羲和，是主日月，職出入以爲晦明。舊言之擇，新言之念。君子戒車，小人戒徒。有人將來，遺我貨貝。以至則徹，以求則得。有喜將至，若以貫市，其富如河漢。昭昭九州，日月代極，平均土地，和合四國。不利出征，惟利安處。彼爲貍，我爲鼠，勿用作事，恐傷其父。鼎有黃耳，利取鉭鯉。剥，良人得其玉，小人得其粟。瞿，有瞿有觚，宵粱爲酒，尊于兩壺兩羭，飲之三日，然後蘇。士有澤，我取其魚。」凡此辭皆古奧，而孔氏正義謂：「歸藏，僞妄之書。」亦未盡然。若三墳書以歸藏易爲氣墳，其爻卦大象曰：「天氣歸，地氣藏，木氣生，風氣動，火氣長，水氣育，山氣止，金氣殺。」各爲之傳，則較傳注所引大不倫矣。

又按：歸藏之書有本著篇，亦有啓筮篇，有齊母經，亦有鄭母經。今見於郭景純山海經註曰：「瞻彼上天，一明一晦，有夫羲和之子，出於陽谷。」曰：「共工，人面，蛇身，朱髮。」曰：「麗山之子，青羽，人面，馬身。」曰：「羽民之狀，鳥喙，赤目，而白首。」曰：「滔滔洪水，無所止極，伯鯀乃以息石息壤，以填洪水。」曰：「鯀去三歲，不腐，剖之以吴刀，化爲黄能一作龍。」曰：「昔彼九冥是與帝辨同宫之序，是爲九歌。」曰：「不得竊辨與九歌以國于下。」此啓筮之文也。太平御覽載啓筮，文曰：「夏后享神于晉之靈臺，作璿臺。」曰：「夏后啓筮御飛龍登於天，吉。」曰：「昔者羿善射，畢十日，果畢之。」此鄭母經之文也。隋志謂：「歸藏，漢初已亡。」故班固藝文志不載；又謂：「晉中經簿有之。」斯景純得援之以釋山經也。

又按：太平御覽引歸藏文，曰：「蓍末大於本，爲上吉。蒿末大於本，次吉。荊末大於本，次吉。箭末大於本，次吉。竹末大於本，次吉。蓍一五神、蒿二四神、荊三三神、箭四二神、竹五一神，筮五犯皆藏，五筮之神明皆聚焉。」當屬本蓍篇中語。

又按：歸藏六十四卦，其名或異，然亦皆依反對爲序。以謙作兼，而分次之，則分爲豫也。以蠱作蜀，而馬徒次之，則馬徒爲隨也。以損作員，而誠次之，則誠爲益也。林禍在觀之前，則臨也。欽在恒之前，則咸也。瞿在散家人之前，則睽也。岑霄在未濟之前，則既濟也。唯規、夜二名不審當何卦，非夬、姤則噬嗑、賁當之矣。

經義考卷四

易三

周易

漢志①：「十二篇。」

存。

山海經曰：「列山氏得河圖，周人因之，曰周易。」

易通卦驗曰：「文王得赤烏而演易。」

易辨終備曰：「煌煌之耀，乾爲之綱。合凝之類，坤握其方。雄雌呿吟，六節摇通謂六子。萬物孳甲，日營始東震也。」

① 「漢志」，文津閣四庫本誤作「漢制」。

易乾鑿度曰：「易者其德也，變易者其氣也，不易者其位也。」

春秋説題辭曰：「易者，氣之節，含五精，宣律歷，上經象天，下經計曆，文言立符，彖出期節，象言變化，繫設類跡。」

孝經援神契曰：「易建八卦，序六十四卦，轉成三百八十四爻，運機布度，其氣轉易，故稱經也。」又曰：「易長於變。」

論語比考讖曰：「孔子讀易，韋編三絶，鐵擿三折，漆書三滅。」

程本曰：「出於一，立於兩，成於三，連山以之而呈形，歸藏以之而御氣，周易以之而立數。」

司馬遷曰：「西伯拘而演周易。」

楊雄曰：「易始八卦，而文王六十四。」①

班固曰：「商道弛，文王演周易。」又曰：「秦禁學，易爲卜筮之書，獨不禁，故傳授者不絶。」又曰：「詩、書、禮、樂、春秋五者，五常之道，易爲之原。」

許慎曰：「日月爲易，象陰陽也。」

王逸曰：「易與春秋同經，總一機之織，經營天道，以成人事。」

鄭康成曰：「易一名而含三義，易簡一也，變易二也，不易三也。」

劉表曰：「易惟譚天，入神致用，故繫稱旨遠辭文，言中事隱，韋編三絶，固哲人之驪淵也。」

---

① 「楊雄曰：『易始八卦，而文王六十四。』」十三字，文津閣四庫本脱漏。

徐幹曰：「伏羲作八卦，文王增其辭。」

淳于俊曰：「包羲因燧皇之圖而制八卦，神農演之爲六十四，黄帝、堯、舜通其變，三代隨時質文，各繇其事，故易者，變易也。」

阮籍曰：「文王係其辭，於是歸藏氏逝而周典興，上下無常，剛柔相易，不可爲典要，惟變所適，故謂之易。」

虞翻曰：「易字，從日下月。」

陸績曰：「孔子易云有四易：一世二世爲地易，三世四世爲人易，五世六世爲天易，游魂歸魂爲鬼易。」

皇甫謐曰：「文王在羑里，演六十四卦，著七、八、九、六之爻，謂之周易。」

紀瞻曰：「昔庖犧畫八卦，陰陽之理盡矣。文王、仲尼係其遺業，三聖相承，共同一致，稱易準天，無復其餘也。」

葛洪曰：「九聖共成易經，足以彌綸陰陽，不可復加也。」

褚澄曰：「易，彌天地之道，通萬物之情，雖有異家之學，同以象數爲宗。蓋無體不可以一體求，屢遷不可以一遷執也。」

顔延之曰：「淳象始於三畫，兼卦終於六爻。」

梁武帝曰：「周易文言是文王所制。」

酈道元曰：「羑水出蕩陰西北，東流經羑城北，故羑里也。昔殷紂納崇侯虎之言，囚西伯於此，散宜生、南宮适見文王，乃演易，用明否泰始終之義焉。」

王通曰：「聖人於易，没身而已。」

隋書：「秦焚書，周易獨以卜筮得存，惟失説卦三篇，後河内女子得之。」

陸德明曰：「周，代名也；周，至也，徧也，備也。今名書，義取周普。」

顔師古曰：「上、下經及十翼，故十二篇。」

賈公彦曰：「夏、殷易以七、八不變爲占，周易以九、六變者爲占。」

孔穎達曰：「鄭氏釋周易，言：『易道周普，無所不備。』雖有此釋，更無所據。按世譜等書，神農一曰連山氏，亦曰列山氏；黄帝一曰歸藏氏。既連山、歸藏並是代號，則周易稱周，蓋取岐陽地名。又文王作易之時，正在羑里，周德未興，猶是殷世，故題周以别於殷。易緯云：『因代以題周。』是①也。十翼謂上彖、下彖、上象、下象、上繫、下繫、文言、説卦、序卦、雜卦。」

虞世南曰：「不讀易，不可爲宰相。」

崔憬曰：「易之爲書，明三才，廣無不備，大無不包，悉備有萬物之象。」

張懷瓘曰：「易者，太古之書，先賢説八卦非伏羲自重，易曰：『聖人立象以盡意，設卦以盡情僞，八卦成列，象在其中矣。因而重之，爻在其中矣。剛柔相推，變在其中矣。』伏羲自重之驗也。易又曰：『昔者聖人之作易也，觀變於陰陽而立卦，發揮於剛柔而生爻，故易六畫而成卦，六位而成章。』又

① 「是」，文津閣四庫本作「故」。

伏羲自重之驗也。」

韓愈曰：「易，奇而法。」

宋理宗曰：「易六十四卦，大象之義，各有攸屬，自出治而言則謂之后，自定位而言則謂之上，自創法而言則謂之先王，自繼體而言則謂之大人，餘則總謂之君子，皆主於人君而言也。」

楊繪曰：「虞書之文曰：『龜筮協從。』筮云者，非八卦之可爲也，必六十四之然後爲筮矣。舜、禹之際而曰：『龜筮協從。』則何文王重卦之有乎？」

代淵曰：「彖與大、小象，諸卦本同乾卦例，皆於六爻後相繼而列之，聚爲一處。至鄭康成、王弼注時，謂彖與大象本論卦體，故置六爻前；小象在釋爻，故各退在逐爻後，使人易曉。惟留乾卦不移者，用存其本體，令後世知之。」

陸秉曰：「易字篆文，日下從月，取日月二字交配而成日往月來、迭相爲易之義。言易則萬物變化之用，盡在其中矣。」

胡瑗曰：「易繫辭云：『易，窮則①變，變則通。』又云：『生生之謂易。』是大易之作，專取變易之義。伏羲畫卦，文王重之，又從而爲之彖辭。至周公又爲之爻辭，仲尼又十翼之。數聖相繼，道備於周，故曰周易。」

石介曰：「易題作上下二篇，當是文王、周公時已然，後人又自乾至履，自泰至觀之類，別離爲卷，

---

① 「則」，文淵閣四庫本誤作「其」。

則『乾傳第一』是後人題也。」

歐陽修曰：「易理無盡，以象談易，占筮者之事；以數談易，推算者之事；以理談易，學士大夫之事；皆不可不兼也。」又曰：「易者，文王之作也，其書則經也，其文則聖人之言也，其事則天地、萬物、君臣、父子、夫婦，人倫之大端也。大衍，筮占之一法耳，非文王之事也。孔子生于周末，懼文王之志不見於後世，而易專爲筮占用也，乃作彖、象，發明卦義，必稱大人、君子、王后以當其事，而常以四方萬國、天地萬物之大以爲言，蓋明非止於卜筮也。若十翼之説，不知起於何人。自秦、漢以來，大儒君子不論也，非聖人之言也。」

王開祖曰：「或曰：『易繫辭果非聖人之言乎？』曰：『其原出於孔子，而後相傳於易師，其來也遠，其傳也久，其間失墜而增加者，不能無也。』」

勾微曰：「周之一字，一取代號之稱，二取周普之義。」

袁建曰：「易者，易也，不易也，變易也，謂一義而含三名，則非謂一名而含三義，何損於易哉？」

陳皋曰：「乾爲君、爲父，坤爲臣、爲母，艮爲子、爲少陽，聖人設教，以尊爲先則順，故周易先乾。」

薛温其曰：「彖，累聖相傳之意。大象，孔子獨出之事。」

李清臣曰：「十翼皆孔子之言乎？不得而知也，然有疑焉。序卦者，韓康伯雖已明非易之藴，而未明其所以然也。易卦之序，二二相從，今序卦之名蓋不協矣。有義之苟合者，有義之不合而強通者，是豈聖人之言耶？」

周子曰：「聖人之精，畫卦以示；聖人之藴，因卦以發。卦不畫，聖人之精不可得而見；微卦，聖人之藴殆不可悉得而聞。易何止五經之源，其天地鬼神之奥乎？」

邵子曰：「周以建子之月爲正月，謂之天統。易曰周易，以乾爲首，乾者，天也。」又曰：「上古聖人皆有易，但作用不同。今之易，文王之易也，故謂之周易。」又曰：「易者，聖人長君子、消小人之具也。」

張子曰：「易乃是性與天道，其字日月爲易，易之義，包天道變化。」又曰：「易非止數。」又曰：「繫辭所以論易之道，既知易之道，則易象在其中，故觀易必由繫辭。」又曰：「易與君子謀，不與小人謀。」

程伯子曰：「易起於數，非也。有理而後有象，有象而後有數，易因象以明理，由象以知數，得其義則象數在其中矣。」

程子曰：「周者，著代也，言文王之書，以別連山、歸藏也。」

蘇軾曰：「易者，聖人所以盡人情之變，而非所以示神於卜筮也。」

龔原曰：「上經始於乾、坤，終於坎、離，言天道也。故卦象以體爲主，若『天行，地勢，水洊至，明兩作』是也。下經始於咸、恒，終於既濟、未濟，言人道也，故卦象以用爲主，若『洊雷兼山』、『隨風麗澤』是也。」

劉安世曰：「今之學者，言象數則諱談義理，言理義則恥説象數。若象數可廢，則無易矣；若不説義理，又非通論。」又曰：「文王拘於羑里而演六十四卦之辭，如『乾，元亨利貞』、『坤，元亨，利牝馬之貞』是也，非重六爻也。至於爻辭，則恐周公所作，若爻辭是文王作，不應曰『王用享于西山』，又不應曰『箕子之明夷』也。」

林之奇曰：「易序卦雖若有可疑者，然其間自有深旨。」

陸佃曰：「伏羲用蓍，占法惟用七、八，六十四卦皆不動，若乾止於乾，坤止於坤，不能變也。夏、商因之，皆以七、八爲占，連山、歸藏是已。後至文王，占法始用九、六，蓋不如此，不足應天下之變也，今易是已。」又曰：「說文云：『蜥易，蝘蜓，守宫也，象形。』周易之義疑出於此，取其陰陽搆合而名。一曰：『蜥易日十二時變色，故曰易也。』舊說蜥易嘔雹，蓋龍善變，蜥易善易，故乾以龍況爻，其書謂之易，爻者言乎其變也。象之義出於象，彖之義出於豕，易之義出於易，皆取諸物也。」

朱震曰：「連山，神農氏之別號也；歸藏，軒轅氏之別號也。並是代號，所以易題周以別餘代，猶周書、周禮之謂也。」

郭雍曰：「易者道貫三才，理該萬物，其實行處，要須以人事明之。」

鄭厚曰：「易從日從月，天下之理，一奇一偶①盡矣。天文地理、人事物類，以至性命之微、變化之妙、否泰損益、剛柔失得、出處語默，皆有對敵。故易設一長畫、一短畫以總括之，所謂『一陰一陽之謂道』者，此也。」

張行成曰：「易有四，體一用三。伏羲，先天，體也。連山、天易；歸藏，地易；周易，人易：用也。」

鄭東卿曰：「上經起乾、坤，至坎、離，三十卦；下經起咸、恒，至既濟、未濟，三十四卦。雜卦無上、下經之分，然自乾、坤至困亦三十卦，自咸、恒至夬亦三十四卦。」

---

① 「偶」，文津閣四庫本作「耦」。

鄭樵曰：「連山用三十六策，歸藏用四十五策，周易用四十九策。」

李郁曰：「易有辭同而旨異，前發而後明，舉此而見彼者多矣，大抵有類於春秋。」

程迥曰：「易以道義配禍福，故爲聖賢之書。陰陽家獨言禍福而不配以道義，故爲技術。」又曰：「朱待制新仲嘗謂迥曰：『序卦非聖人書，唐僧一行易纂引孟喜序卦曰：「陰陽養萬物，必訟而成之，君臣養萬民，亦訟而成之。」然則今序卦亦出於經師可知也。』」又曰：「張芸叟疑『大觀在上』之文，且言陸希聲深病爻辭之不類，輒欲去取。歐陽公童子問、王景山儒志亦疑易文，聖人之道遠如天，固難知也，謂不類，非也。」

吴沆曰：「重卦之説，自古爲疑，然以理推之，六十四卦或自古而有，而六十四卦之名，則自文王始也。蓋卜筮之書，隨世而變，其所起之法，所占之辭，代有不同，其不得而異者，惟六十四變以成易爾。周禮：『太卜掌三易，連山、歸藏、周易，其經卦皆八，其別皆六十有四。』考此則連山、歸藏之卦自重於三皇之時，而周易之卦乃重於文王之世，故其書謂之周易，理亦明也。文王以前，易道止於卜筮；文王而後，始用之修身治人爲國，而易道始興。於此則謂之易興於中古，可也。」

羅泌曰：「易者，蘆蝘之名，守宫是矣；身色無恒，日十二變，是則易者從其變也。彖者，茅犀之名，豨神是已；犀形獨角，知幾知祥，是則彖者取於幾也。而象則直取其身形相象，遠近不變，肤有成位，膽應四時而已；是則易者，象也，取諸物以爲象，聖人之意見矣。」又曰：「三易之書，其書一，其法異，其爲卦皆六位。經卦皆八而別卦皆六十四，書一也。易尚變，連山、歸藏尚不變，法異也。變，老也；不變，少也。易用九、六，尚老也。連山用七，歸藏用八，尚少也。尚變之占，三百八十有四；不變之占，亦三百八十有四。古以三易參而占之，連山、歸藏其數皆六十四，與易同也。惟易則變，故一可六十四，而六十四可以爲一，是故以六十四乘六十四，得四千九十有六，其與連山、歸藏倍一之理殊矣。」

呂祖謙曰：「古者教人之道，法詩、書、禮、樂而已；至於易，則未嘗躐等與人，是以孔子、孟子之問答，初未嘗及易也。若如魏、晉相尚虚浮，談老者遍天下，則秦焚之久矣。」又曰：「讀易當觀其生生不窮處。」

吴仁傑曰：「連山、歸藏以不變者占，其占不出於本卦。周易以變者占，其占必通於兩卦，春秋傳之文可考也。」又曰：「易始乎伏羲，成乎文王。六十四正卦，伏羲之所作也。卦外六爻及六十四覆卦，文王之所作也。伏羲有正卦、有象卦，自乾至未濟，象如『天行健』之類是也，夫子未贊易以前，史墨對趙簡子曰：『在易卦，雷乘乾曰大壯。』是有卦則有此象矣。如曰：『君子非禮勿履。』則孔子所繫也。文王有爻、有覆卦，爻如乾初九至上九，覆卦如用九之類是已。」

鄭耕老曰：「周易二萬四千二百七字。」

李舜臣曰：「班、馬只言文王演卦，又曰：『人更三聖，世歷三古。』止言包犧、文王、孔子，未嘗及周公也。馬融、陸績、王肅、姚信始有周公作爻辭之説，絶不經見。孔穎達始引韓宣子見易象與魯春秋，而知『周公之德與周之所以王』，爲周公爻辭之證。審爾謂周公作爻辭可也，而春秋又將屬之周公乎？」

陸九淵曰：「後世言伏羲畫八卦，文王始重之爲六十四，其説不然。且如周禮，雖未可盡信，若筮人之言三易『經卦皆八，其別皆六十有四，龜筮協從』，亦見於虞書，必非僞説，如此則卦之重久矣。蓋伏羲既畫八卦，即從而重之，然後能通德類情，扶持天下之理，文王蓋因繇辭而加詳，以盡其變爾。」

朱子曰：「周，代名也。易，書名也。其卦本伏羲所畫，有交易、變易之義，故謂之易。其辭則文王、周公所繫，故繫之周。以其簡袠重大，故分爲上下兩篇。經則伏羲之畫，文王、周公之辭也，並孔子所作之傳十篇，凡十二篇。中間頗爲諸儒所亂，近世晁氏始正其失，而未能盡合古文，吕氏又更定，著爲經二卷、傳十卷，乃復孔氏之舊云。」又曰：「易本卜筮之書，故先王設官，掌於太卜，而不列學校。學校所教，詩、書、禮、樂而已。」又曰：「易自伏羲始畫八卦，文王重爲六十四，作繫彖辭，周公作繫爻辭，孔子作彖、象、文言、繫辭、説卦、序卦、雜卦，而彖、象、繫辭各分上下，是爲十翼。」又曰：「文王所繫之辭，以斷一卦之吉凶，所謂彖辭。周公所繫之辭，以斷一爻之吉凶，所謂爻辭。」又曰：「竊疑卦爻之辭本爲卜筮者斷吉凶，而因以訓誡。至彖、象、文言之作，始因其吉凶訓戒①之意，而推説其理義以明之。」

陳淳曰：「伏羲之易本無文字，始於乾而終於坤，每卦惟有六畫而已。文王於羑里，乃取而衍之，始於乾、坤，終於未濟，若今所傳之序，以彖辭列六十四卦之吉凶，若『乾，元亨利貞』之類是也。周公繼志，述事於逐卦之爻，又分別爻義而繫之爻辭，以斷六爻之吉凶，若『初九，潛龍勿用』之類是也。以文字始著於文王、周公，因謂之周易。又以簡帙重大，分爲上、下經兩篇。周之衰，易道不明，孔子乃黜八

① 「戒」，文津閣四庫本作「誡」。

索而作十翼以贊之：曰彖上傳，曰彖下傳，所謂釋文王所繫彖上、下經文之辭，若『大哉乾元』以下等是也；曰象上傳，曰象下傳，所以釋伏羲卦之上下兩象，若『天行健』等類；及周公所繫兩象、六爻之辭，若『潛龍勿用，陽在下也』等類是也；曰繫辭上傳，曰繫辭下傳，所以述文王、周公所繫卦、爻辭之傳，而通論一經之大旨，上自『天尊地卑』以下，下自『八卦成列』以下是也；曰文言傳，所以申言乾、坤、彖、象之旨而爲諸卦之例，若『元者，善之長』以下是也；曰説卦傳，所以詳其所未盡之意，若『昔者聖人之作易也，幽贊於神明而生蓍』以下是也；曰序卦傳，所以序其先後，若『有天地，然後萬物生焉』以下是也；曰雜卦傳，所以錯雜而言之，若『乾剛，坤柔，比樂，師憂』以下是也。」

林學蒙曰：「伏羲畫卦，以寫陰陽之變化，文王、周公作卦、爻辭，以決天下之疑，孔子作彖、象，以推明事物當然之理，然爻畫既具，而三者已備乎其中，先聖後聖互相發明耳。」

陳善曰：「易之爲書，無所不有，或以曆數，或以卜筮，蓋不但性命之説也。」

葉適曰：「周官：『三易經卦皆八，其別皆六十有四。』則六十四卦自舜、禹以來用之，而後世謂『伏羲氏始畫八卦，文王重爲六十四卦』，又謂『紂囚文王於羑里，始演周易』。學者因之，有伏羲先天，文王後天之謂，不知何所本始。」又曰：「班固用劉歆七略記易所起，伏羲、文王作卦重爻，與周官不合，蓋出於相傳浮説；言孔氏爲彖、象、繫辭、文言、序卦之屬，亦無明據。論語但言『假我數年，五十以學易』而已，易學之成，與其講論問答，乃無所見，所謂彖、象、繫辭作於孔氏者，亦未敢信也。」又曰：「以乾、坤爲父母，坎、離、震、艮、巽、兑爲男女，皆卜筮牽合之虚文，非孔氏之書所道。」又曰：「易之始，有三而已；自然而成八，有六而已；自然而成六十四，一成一反而名義出焉；一畫對分而爲十二，二卦對立而爲六十四，畫之始終具焉。聖人非罔民以自神者，而學者多異説，不知之過也。」又曰：「易傳惟序卦最淺鄙，於易有害。按：諸卦之名，以象取之，聖人重復殷勤其辭①以訓釋之，多至數十百言未已，蓋其難明如此。今序卦不然，鱗次櫛比而言之，使其果若是，則束而聯之，一讀而盡矣。」又曰：「卦之次序無繫乎易之損益。」又曰：「易有上、下經，因簡帙繁重分之，是也。序卦既錯舉以附合之，又爲之説曰：『有男女，然後有夫婦；有夫婦，然後有父子。』學者因是謂上經首乾、坤，下經首咸、恒者，父母夫婦之象也。夫關雎、鵲巢明指義類，自家形②國，以是爲后妃夫人者，蓋以其事言也。若天地陰陽，則象之而已，其父母夫婦男女安在耶？」又曰：「序卦至未濟乃言『易不可窮』，審如其序，則易已窮於此，所謂『不可窮』者，從孰求之？」

李心傳曰：「文言傳者，十翼之第七篇也。先儒以其首章八句與春秋傳所載穆姜之言不異，疑非孔子之言。故梁武帝以此篇爲文王所作。」

高似孫曰：「易曰：『元者，善之長也。』左傳曰：『元者，體之長也。』易曰：『嘉會，足以合禮。』左傳曰：『嘉德，足以合禮。』善之與體，會之與德，其字不同，其義則別。易之文言以爲孔子所作，然孔子生於襄公二十二年，史作此筮，乃襄公九年，二語蓋在孔子之先也。」

真德秀曰：「易者，陰陽變易之謂，日往月來，寒往暑來，晝夜昏明，循環不息，此天道之常也。聖

---

① 「辭」，文津閣四庫本作「詞」。

② 「形」，四庫薈要本、文淵閣四庫本俱作「刑」。

人擬之以作易，不過推明陰陽消長之理而已，陽長則陰消，陰長則陽消，一消一長，天之道也。人而學易，則知吉凶消長之理，進退存亡之道矣。」

魏了翁曰：「周易備三易之義：闔户謂之坤，即歸藏；終萬物，始萬物，莫盛乎艮，即連山。」

章如愚曰：「聖人作易，本以明道，其緒餘可以卜筮而已。而後之言陰陽者、言星曆者、言樂律者，莫不於易求之，求之自以爲得①，配之自以爲合，然於聖人之意則非也。」

李過曰：「六經中惟大易一書可見聖人之心。蓋自秦人焚滅先王典籍，後漢興，逐旋收拾，雖能略備，如詩、書、二禮、春秋，皆不免有散失牴牾，惟易以卜筮獨存。故大易一書不經秦火，爲聖人全書，學者欲見文王、孔子之心，當於此書求之。」又曰：「文王演易，雖在商末，自武王革命之後，周之子孫所世守，以爲卜筮之書，與三易並藏，故稱周以别餘代，亦猶周書、周禮之立名耳，其所謂周普之義，果安在哉？」

趙汝楳曰：「周官太卜三曰周易，則知爲周人之所自名，以别於連山、歸藏也。」

王應麟曰：「易十二篇，今易乾卦至用九，即古易之本文。鄭康成始以彖、象連經文，王輔嗣又以文言附乾、坤二卦，至文辭連屬，不可附卦爻，則仍其舊篇目。自康成、輔嗣合彖、象、文言於經，學者遂不見古本。」又曰：「迂齋講易，謂：『伏羲未作易之前，天下之人心無非易。伏羲既作易之後，天下之萬事無非易。』愚按：爾雅：『小罍謂之坎，大琴謂之離。』萬物之象，無非易也。」

---

① 「得」，文津閣四庫本作「配」。

陳普曰：「易者，交易而化陰陽、寒暑、治亂、生死之大體也。萬變無窮，日夜相代，無停止也。」

胡一桂曰：「晁氏謂：『古者竹簡重大，以經爲二篇。』然經分上下，誠有至理：上、下經雖有三十卦、三十四卦之不同，以反對計之，各十八卦，一也。上經反對五十二陽爻、五十六陰爻，下經反對五十六陽爻、五十二陰爻，二也。上經以四正卦爲主，首乾、坤而終坎、離，與先天圖南北東西四①方卦合；下經以二變卦爲主，震變爲艮、巽變爲兑，首咸、恒而終既濟、未濟，與先天圖四維之卦合，而坎、離之交不交亦可見，伏羲先天一圖，大旨備見於文王序卦首尾中，三也。若是者，豈以竹簡重大之故耶？」

胡炳文曰：「解易者或以周字爲普偏之義，或以卦爲文王所重。子朱子本義出，然後其説始定，蓋周禮三易，夏曰連山，商曰歸藏；文王之易，命之曰周，以别夏、商也。交者陰陽之對待，變者陰陽之流行，經之分爲兩也，皆自然而然。合三百八十四爻觀之，上、下經多少不齊。在上經者，宜陽多於陰，今陽爻八十六、陰爻九十四，而陰之多於陽者八。在下經者，宜陰多於陽，今陰爻九十八、陽爻百有六，而陽之多於陰者亦八。以反對推之，上、下經各十八卦、各一百八爻，可謂齊矣。在上經者，陽爻五十二、陰爻五十六，而陰之多於陽者四。在下經者，陰爻五十二、陽爻五十六，而陽之多於陰者亦四。或四或八，互爲多少，自然有陰陽相交之象焉。上經首乾、坤，氣化之始也，乾、坤而後十卦，陰陽各三十畫，然後爲泰爲否，而天地之交不交者可見矣。下經首咸、恒，形化之始也，咸、恒而後十卦，陰陽亦各三十畫，然後爲損爲益，而少男少女、長男長女之交不交可見矣。至若上經終坎、離，乾、坤中爻之交；下經

① 「四」字，文津閣四庫本脱漏。

終既濟、未濟，又坎、離中男中女交不交也。本義謂易有交易、變易之義，先交而後變，其旨深矣哉。」

俞琰曰：「呂東萊謂：『經分上下，始於文王。』郭白雲謂：『序卦已分，其來尚矣，故不言分經之由。』邵康節曰：『重卦之象，不易者八，反易者二十八。』故卦有六十四而止用乎三十六，爻有三百八十四而用止乎二百一十有六，知此則知所以分上下者，蓋有由焉，非苟然也。或疑上經卦三十，下經卦三十四，多寡不均①，殊不知卦有對體、有覆體。何謂覆體？屯倒轉爲蒙，需倒轉爲訟之類是也；何謂對體？乾坤、坎離、頤大過、中孚小過相對而不可覆者是也；餘皆一卦倒轉爲兩卦。故上經卦三十，約之則十八；下經卦三十四，約之亦十八；謂之不均，可乎？卦分内外二體，凡六十四陽、六十四陰，約爲三十六，則上經純陽卦六、純陰卦四，下經純陽卦四、純陰卦六，陰陽相重之卦，上、下經皆八，不亦均乎？上經陽爻八十六、陰爻九十四，約爲十八，則五十二陽、五十六陰，共一百八；下經陽爻一百六、陰爻九十八，約爲十八，則五十六陽、五十二陰，共一百八；其均如此。孔穎達謂：『繫辭分上下，無異義，直以簡帙重大，是以分之。』晁以道乃曰：『古者竹簡重大，分經爲二篇，今又何必以二篇成帙？』蓋皆不知六十四卦，約之則爲兩十八也。」

王申子曰：「古今諸家說易，往往求之太過，或以性理，或以氣候，或以步占，或以老、莊，雖切近，如太玄、潛虛、經世，亦各得其一偏耳。繫辭之文，先儒多疑其錯亂，以爲非夫子所作。然其間發明作易之要，示人用易之法，委曲詳盡，有條有理，非胸中有全易者不能道。若夫經中序卦之文，義乖理淺，

① 「均」，文津閣四庫本作「同」。

決非聖人之旨也。」又曰：「易有聖人之道四，而伊川易傳止尚其辭①，康節數學止尚其象，漢上易説止尚其變，晦庵本義止尚其占。」

熊良輔曰：「易卦下之辭謂之彖，『彖曰』以下謂之彖傳；爻下之辭謂之象，『象曰』以下謂之象傳。繫辭傳無經可附，蓋總括卦爻之大意，而云漢以來以繫辭名之，今謂之繫辭亦可。歐陽公謂『非聖人作』，殊不思道德、性命之藴，六經之理皆自此出，而天地事物之情狀，亦靡所不載矣。」

王希旦曰：「善讀易者，要識聖人畫卦作易來處，無非太極、河圖理數自然之妙，則繫辭、啓蒙是其機括。又須分别四聖之易，通卦名義，然後以本義、程傳相參考，沿流泝源，由緼②探精，分合看之，遠近取之，則數存象列，言盡理得，上極天地自然之易。於是始信易與天地準，窮理盡性、開物成務、内聖外王之學備於斯。易何止五經之原，其天地鬼神之奥，豈欺我哉？」

袁桷曰：「五經言理，莫詳於易，其辭深且密，闡幽顯微，不以直易言之。」

吾邱衍曰：「俗儒談易多鄙象數，夫乾九坤六，乾天坤地，非象數而何？」又曰：「夜遊録有言彖、象皆假畜獸。以彖爲大豕，行則俯首，一望而全體皆見，故統論一卦之體，取以喻之。象有六牙，故六爻之義取以喻之。又按説文，蒼頡製易字，象蜥蜴形，蜥蜴善變，則知古人托之③以喻其變不疑也。或

---

① 「尚其辭」，文津閣四庫本作「尚存其辭」。
② 「緼」，依四庫薈要本、文淵閣四庫本、文津閣四庫本應作「粗」。
③ 「托之」，四庫薈要本脱漏，文津閣四庫本作「託之」。

言日月爲易，按易字無從日月之説，而伏羲畫卦時，但云八卦，重卦之後，以其變化無盡，故有變易之名，不可以日月爲易惑也。」

劉夏曰：「庖犧氏作易，易何在也？今六十四卦爻之所以爲象，六十四卦名之所以取義，此則庖犧氏之易書文字矣。至周時，文王、周公、孔子俱各繫以辭，始謂之周易。是故設六十四卦爻以示象，命六十四卦名以示義，往古來今數千萬年，治亂興亡、理勢情狀之所必至者，舉不出六十四卦、六十四義之中矣。」

梁寅曰：「易之爲書，上以原造化之微，下以該人事之著。君子明之以決進退，庶民賴之以知吉凶。然非静之至，不能明之，非誠之至，不能用之。」

薛瑄曰：「聖人言天地之造化，莫備於易，論天地之造化而不本於易，皆妄也。」

章懋曰：「易不爲小人謀，特不爲之謀爲小人之事爾。小人而欲爲君子，易固未始不爲之謀也。」

丘濬曰：「易之爲易，有理有數，言理者宗程子，言數者宗邵子。明理者雖不知數，自能避凶而從吉。學數者倘不明理，必至舍人而言天，且將流爲技術。易雖告以卜筮，而未聞以推步，漢世納甲、飛伏、卦氣，凡推步之術，無不倚易爲説，而易實無之，不若以理言易，則日用常行，無往非易矣。」

邵寶曰：「周之易，爲筮而設也。故仲尼論聖人之道四，而占後焉。後之者，歸重之也。」又曰：「有周易，故羲易有先天之名；有羲易，故周易有後天之名；此後世學易者之議，非易之本義也。」

蔡清曰：「易自彖、象、文言傳亡。今易有『彖曰』、『象曰』、『文言曰』字，後之讀者不知爲後之所加。此今易之所以失，而古易之不可不復也。」

胡居仁曰：「天下之變無窮，惟易可以盡之。蓋易陰陽奇耦，變易無窮，若天地之闔闢、氣運之盛衰、日月之更迭、寒暑之往來、陰陽之消長、人物之死生、國家之興亡、世道之今古，其消息、盈虛、升降、屈伸、吉凶、消長、進退、存亡、幽明、終始、善惡、邪正，惟易能盡也。」

鄭善夫曰：「易也者，用於君子而勿用於小人者也。」

何孟春曰：「周易先乾後坤，陽尊陰卑，天地之定位也。」

楊時喬曰：「重卦始於伏羲，彖辭出於文王，爻辭出於周公。周易名經，始於周，分上、下經爲二篇。彖、象四傳，十翼作於孔子。古易二經、四傳、十翼各自爲篇，取彖、象傳作注解經，文附經下，自費直始，而定於劉向，成於鄭康成。取文言乾、坤二卦，附於乾、坤彖傳後，始於王弼。以繫辭附於象傳後，改説卦上中作繫辭，加『傳』字；以文言十八條附繫辭傳，削去彖、象傳、文言之名，成於韓康伯。至宋，晁以道疑分二經爲非；吕伯恭以分二經爲是，朱子本義從之。吴澂分四傳，以繫辭爲大象，以爻辭爲小象，合爲象傳。亦皆未安。」

郭子章①曰：「書皆始於人，惟易始於天。」

吴安國曰：「易，天地人之理備焉，聖人之精蘊也，以卜筮而存者，易之幸爾，而遂以卜筮言易也，可乎？」

錢一本曰：「周易，漢費直本畫一全卦，繫以彖辭，再畫本卦，繫以爻辭，又畫覆卦，繫以用九用六

---

① 「郭子章」，四庫薈要本、文津閣四庫本俱作「郭于章」。

之辭，後以一『傳』字加彖傳之首。鄭康成本省去費本六爻之畫，又省用九用六覆卦之畫，移上下體於卦畫之下，又移初九至用九爻位之文，加之爻辭之上，又合彖傳、象傳於經，於彖傳加『彖曰』字，於象傳加『象曰』字。王弼本同鄭，但移文言附乾、坤二卦之後，加『文言曰』字，以孔子贊爻之辭，本以釋經，乃各附當爻，每爻加『象曰』字，歷代因之，是爲今易。漢藝文志云『易經，十二篇。』呂大防定爲：『經二卷，傳十卷。』晁説之釐爲八卷，吕祖謙復定爲十二卷，一以古爲斷，是爲古易。嗚呼！易本羲畫，雖無文辭，八卦相錯，剛柔雜居之中，郁郁乎爲天下之至文，乃宇宙間開闢第一文字，是謂之古爾。若文、周、孔子之辭，凡皆以明羲畫之象。合於一處，匪今；釐於二處，匪古；詎在辭之離合間耶？」

郝敬曰：「春秋傳：『韓宣子適魯，觀書於太史，見易象，曰：「吾乃知周公之德與周之所以王。」』然則易象繫自周公久矣。孔穎達作正義，辨之甚詳，而班固云：『易更三聖，世歷三古。』説者以伏羲、文王、孔子爲三聖，周公不與焉。嘗觀孟子序堯、舜以來聞知，止稱文王，亦不及周公。蓋二聖父子同世，言父則不復及子，言三古則不復列四聖。立言應爾，豈謂周公不與於斯文乎？説者因大傳云：『作易者有憂患，當文王與紂之事，其辭危。』因謂危辭多在爻，爻辭亦文王作，非也。文王序易，逐卦繫彖，周公承考，逐爻繫象，易始大備。公嘗自言『文王我師』，孔子亦謂『文王無憂，父作子述』，即此類也。今檢爻辭，如隨云『王用享于西山』，升云『王用享①于岐山』，指文王岐周也。明夷云『明夷于南狩，得

① 「享」，備要本誤作「亨」。

其大首』，指武王誅紂也；『箕子之明夷』，指箕子爲奴也。小畜、履、隨、蠱皆隱用文、武爲①象；泰之六五、歸妹之六五，引商王帝乙，是文王所親臣事者也，豈以繫爻？凡此皆足以徵爻辭之非出自文王甚明也。蓋周公相武王，誅紂伐商，晚遭流言，憂患與文考同，故摹寫往事，真切如此。凡周公之辭，孰非文王之辭？惟彖作自文王，故夫子爲文王作彖傳，爲乾、坤二卦作文言，其象傳則爲周公作，又甚明也。聖人修辭立誠，言不盡意；伏羲畫卦無辭，以俟文王；文王繫彖無爻，以俟周公；周公繫象無傳，以俟孔子。三聖皆以未盡之意遞相傳述，若使文王繫彖，又繫爻，則周公作象，亦宜作翼，孔子成春秋，修經亦宜修傳。如後世自爲綱，自爲目，識者譏之矣。」又曰：「孔子神明天縱，讀易三絶韋編，而作十翼。羲聖卦位爻畫未明，而作説卦。文王演易，次第未明，而作序卦。彖辭未明，而作彖傳。周公爻象未明，而作象傳。恐作者泥於爻，又約其旨而作大象；慮學者局於序，又錯其序，而作雜卦。無所不用其極，而世儒猶謂孔子有未盡之易，以待夫陳摶、魏伯陽、邵堯夫先天、後天、方圓等圖出，而後羲易見②。吁！亦愚且悖矣。」又曰：「卦八而已，無所謂六十四也，六十四者，八之錯耳，經第言八卦，未嘗言六十四。周禮太卜八爲經，六十四爲別，即經之別耳。邵堯夫横圖相生，是經與別渾無分也。既以序生，如榦有枝，枝有葉，則不應言八卦相錯。既序矣，焉用錯？一生二，二生四，四生八，猶強引兩儀、四象、八卦語解，至八生十六，十六生三十二，三十二生六十四，則鑿空漫説矣。其實八卦錯成六十四，安所

① 「爲」，文淵閣四庫本作「之」。
② 「見」字，文津閣四庫本脱漏。

得十六與三十二乎？」

樊良樞曰：「尚書斷自堯始，而欽天敬人，以一中體乾元之大。四詩並始文王，而徽柔懿恭，以小心法坤元之至。春秋正乾坤之大義，經禮立陰陽之大防。易兼三才之撰，故是五經之原，聖人神而明之，賢者默而識之。」

陸振奇曰：「天地定位而易行乎其中矣。故文王之易首乾、坤，陰陽合德，剛柔有體。或謂：『易扶陽抑陰，必盡去陰而後快。』未之然矣。去之不如用之之尊陽也，故天用地而泰，男用女而咸，雷用風而恒，火用水而濟，則一陰一陽之謂道，而生生之謂易，宇宙所以至今不毀爾。」

徐三重曰：「晉人以老、易並言；然易是道，老是術；易是順理，老是用智。」

羅喻義曰：「易是蜥蜴，陸佃云：『蜴善變易，吐雹，有陰陽析易之義，一名蜥蜴。』周易之名蓋取於此。小者長七八寸，生山石間，無所取之，近之使可玩也。其所謂象，乃是毛牛，楊慎云：『狀如犀而角小，善知吉凶，交、廣人謂之豬神是也。』『象曰』猶斷曰也，象者於神，斷則人爾。象者，大荒之獸也，今夫人希見象也，想象之而已，無所取之，遠之使不可玩也。』或遠或近，若遠若近，皆有妙理。爻者，俎也，錯雜陳之，有觕有精，猶文之有吉有凶也。繫者，維也，詩曰：『汎汎楊舟，紼纚維之。』舟繫於杙，若可繫也，亦可解也；繫解舟發，隨所之適，豈有極哉？五者皆寓名也。」

張伯樞曰：「以交易、變易言易，不若『生生之謂易』一語括其要也。」①

---

① 「『張伯樞』至『其要也』」二十四字，文淵閣四庫本脱漏。

陳一洙曰：「秦以卜筮小易，而易獲不火。」

洪化昭曰：「易上經首乾、坤，天地定位也；下經首咸、恒，山澤通氣，雷風相薄也。上經終坎、離，下經終既濟、未濟，水火不相射也。上經首乾、坤，終坎、離，天地絪縕，萬物化醇也；下經首咸、恒，終既濟、未濟，男女構精，萬物化生也。易之有彖、象、文言也，猶文家之有注釋也；易之有繫辭也，猶文家之有評論①也。若夫説卦、序卦、雜卦，則非聖人之言。王元美謂：『爲漢河上公所增入者。』理或然也。」又曰：「易彖、象、文言有就其辭而重發明之者，不嫌其爲同也；有反其辭而別發明之，不嫌其爲異也。必欲強文言以合彖、象，又強彖、象以合卦爻，易之理不若是固矣。」

黄淳耀曰：「自漢以降，言易者無慮千百家，其精者發揮理性，其觕者爲陰陽術數之言，然亦不可謂之非易也。」

錢澂之曰：「易理無所不藴，凡得其一端，皆足以入神。如衛元嵩元包、楊雄太玄、京房卦氣之類是已。至於星曆、音律之學，無不以易爲本。故朱子嘗欲於納甲、飛伏之類，皆欲窮其理，雖非易之本旨，要亦可以見易也。」

徐在滿曰：「世謂包羲作八卦，文王重爲六十四，文王繫彖辭，周公繫爻辭，俱非也。周禮雖未可盡信，如筮人言三易『經卦皆八，其別皆六十四』，則重卦其來久矣。蓋包犧始作八卦，即因而重之，故能通神明之德，類萬物之情。文王則設卦觀象，係辭明吉凶，以成其變化爾。傳曰：『易之興也，當文

① 「評論」，文津閣四庫本作「議論」。

王與紂之事。』傳中累舉包犧、文王，不及周公，則爻辭係於文王無疑。夫文王演易，演包犧之易也；孔子翼易，翼文王之易也。雖然犧之象簡，而文之辭微，學易者舍孔子十翼，孰從觀象而玩辭，觀變而玩占？知其書之不可遠，而道之屢遷者乎？故學易者不必舍彖傳而求彖辭，舍爻傳而求爻辭也，惟彖傳明而彖辭得矣，爻傳明而爻辭得矣。分言之爲包犧、文王、孔子三聖之易，其實孔子之易明，而犧、文之易無餘藴矣。」又曰：「世儒有今易、古易之分，夫文王演羲皇之易，孔子翼文王之易，後學由孔子之易求文王之易，由文王之易①求羲皇之易，則知三聖人無二易，千萬世無二易，聖人先得我心所同然。天地之道可一言而盡，和順道德而理於義，窮理盡性以至於命。先立乎大者，則小者不能奪，不此之求，而以文、孔之易合於一爲今，分於二爲古，矻矻終身，卒無定論，不揣其本而齊其末，惑之甚已。」

黄宗羲曰：「易者，範圍天地之書也，廣大無所不備，故九流百家之學俱可竄入焉，自九流百家借之以行其説，而於易之本意反晦矣。」

黄宗炎曰：「上古樸直，如人名、官名俱取類於物象與？以鳥記官之意及夔龍、稷、契、朱虎、熊羆之屬是也。易者取象於蟲，其色一時一變，一日十二時改換十二色，即今之析易也，亦名十二時，因其倏忽變更，借爲移易改易之用。易，易之爲文，象其一首四足之形，周易卦次俱一反一正，兩兩相對，每卦六爻，兩卦十二爻，如析易之十二時，一爻象其一時，在本卦者，象日之六時，在往來之卦者，象夜之六時，取象之奇巧精確，不可擬議，無踰於此。俗儒反病其一物之微，不足以包含大道，安解日月爲

① 「易」，文津閣四庫本誤作「翼」。

易，開端於虞仲翔，而聖人之取義漸隱。夫日月合體，其字爲明，日升於東，月生於西，故明者不特指其晝夜之光華，而兼指其光華所生之位置，一在東，一在西也。今以上日下月爲易，其舛謬有七：如以日爲天上之日，月爲地下之月，是於時爲望、爲晝，日麗中天，萬象具陳，而獨取九淵之藏魄，以配太陽，不見其得宜，何從而變化，舛謬一也。如以日往月來，月往日來，相推代明，則亦當以左右爲出入，南北爲躔道，甚無關於上下，舛謬二也。如以謂日月同在天上，同經不同緯，則月爲暗魄，於義無補，同經同緯，則日有食之，又災變而非變化，舛謬三也。況其爲文原從勿，但象四足之形，不成字，與日遠甚，舛謬四也。揆厥所由，實因易易字而譌，易①從旦從勿，旦者，日之始出，離於滄海，其光芒灼爍爲五采，而注射於八方，勿者，指其象若旗斿也，易且不可爲月，豈可因易而轉及於易乎？舛謬五也。日將出謂之昧爽，史記作昒爽，日入處謂之昧谷，古作昒谷，則是日將出將入，映於海水，但有光芒四達也，豈可亦指爲月乎？舛謬六也。按説文有暘暘字，聲同易，注云：『日覆雲暫見也。』則原有日之易矣，易上之日自爲蟲首，非日無疑，舛謬七也。羅泌云：『日月爲易，而文正爲勿，勿者，月光之散者也。』是猶疑勿與月之不同，僅指爲月光也。其後戴侗、周伯琦輩襲夫新奇，竟改作冐冐字矣。聖人至理悉去其餼羊，可不辨哉？」又曰：「他書引用易語，今不可考者，未知是篇章偶逸，或緯書依託之文也。左傳疏：『伏羲作十言之教，曰乾、坤、震、巽、坎、離、艮、兑、消、息。』劉向傳：『誣神者殃及三世。』説苑：『建其本而萬物理，失之毫釐，差以千里。又有一道，大足以守天下，中足以守國家，小足以守其身，謙之謂

---

① 「易」，依備要本應作「易」。

也。夫天道毁滿而益謙，不損而益之，故損自損而終故益，又天地動而萬物變化。』風俗通：『其亡斯自取災。』説文：『地可觀者，莫可觀於木。』東方朔：『正其本，萬事理，失之毫釐，差以千里。』鹽鐵論：『小人處盛位，雖高必崩，不盈其道，不恒其德，而能以善終者，未之有也。是以初登於天，後入於地。』細繹諸所引之辭，不但不佀彖、象，亦且不佀大傳，大約爲後儒解經者所述，而引用之人遂渾呼之爲經爾。」

王弘撰曰：「古篆文易從日從月，則日月爲易明矣。參同契亦如此説，若羅泌云：『易於文爲勿，月采之散者也。』則鑿矣。或云：『易，蜥蜴也。身色無恒，日十二變，易取其變也。』趙撝謙亦云然。陳第曰：『夫易開物成務，冒天下之道，乃借義微蟲，不亦鄙乎？』是其取義雖得而釋文實謬，以易爲蜴，陸佃之過也。」又曰：「孔子言：『伏羲始作八卦，因而重之。』二語本自明白，其爲伏羲重卦無疑，若復別有人，孔子豈得無一言乎？又如八卦相錯，明八卦已錯爲六十四矣。周禮：『太卜掌三易，經卦皆八，別皆六十有四。』明夏、商已有重卦矣。楊雄從司馬遷之説，謂文王重卦，而胡安定諸人以爲然，皆非也。」

按：連山、歸藏惟其不著時代，致儒者紛綸，或以爲宓犧，或以爲神農，或以爲黄帝，或以爲夏、商之書，迄無定説。周易成於殷之末世，慮其與歸藏淆也，爰以代名。蓋無俟外史達書名於四方，灼然共信爲文王、周公、孔子之作述，是可法也。鄭氏周普之義，殊爲牽率。

又按：六經自秦火之後，惟周易爲完書，雖費直更之於前，王弼亂之於後，其餘無可議者。而歐陽永叔、王景山乃疑及繫辭，張芸叟疑及爻辭，李邦直、朱新仲、王巽卿疑及序卦傳，皆高明之過也。

經義考卷五

易四

竹書易經

五篇。

佚。

晉書：「太康二年①，汲郡人不準盜發魏襄王墓，或言安釐王冢，得竹書數十車。其易經二篇，與周易上、下經同，易繇、陰陽二篇，與周易略同，繇辭則異；卦下易經一篇，似説卦而異。」

〔補正〕

丁杰曰：「二年當作元年，刊本沿房喬晉書傳刻之譌作二，應据杜預左傳後序及注所引王隱晉書改

① 「二年」，依補正、四庫薈要本應作「元年」。

正。」（卷一，頁一）

杜預曰：「汲郡汲縣有發舊冢者，大得古書，周易上下篇與今正同，別有陰陽說，而無彖、象、文言、繫辭，疑於時仲尼造之於魯，尚未播之於遠國也。」

竹書公孫氏段**邵氏**陟**論易**

二篇。

佚。

晉書：「竹書公孫段二篇，公孫段與邵陟論易。」

卜子商**易傳僞本**

隋志：「二卷①。」唐志同，中經簿：「四卷。」七録：「六卷。」釋文序録：「三卷。」國史志、中興書目：「十卷。」

佚。今存別本十一卷。

〔校記〕

王謨、孫馮翼、張澍、孫堂、馬國翰、黄奭均有輯本。（易，頁一）

家語：「卜商，衛人，字子夏，好論精微，時人無以尚之。」

---

① 「二卷」，文淵閣四庫本作「二本」。

劉歆曰：「漢興，韓嬰傳。」

荀勗曰：「丁寬所作。」

張璠曰：「或馯臂子弓所作，薛虞記。」陸德明曰：「虞，不詳何許人。」

唐會要：「開元七年三月六日詔：『子夏易傳近無習者，令儒官詳定。』四月七日，劉知幾議曰：『按：漢志易有十三家，而無子夏作傳者，至梁阮氏七録始有子夏易六卷。或云韓嬰作，或云丁寬作。然據漢書韓易二篇，丁易八篇，求其符會，則事殊隳刺者矣。夫以東魯服膺文學，與子游同列，西河告老，名行將夫子連蹤，而歲越千齡，時經百代，其所著述，沉翳不行，豈非後來假憑先哲，亦猶石崇謬稱阮籍，鄭璞濫名周寶，必欲行用，深以爲疑。』司馬貞議曰：『按：劉向七略有子夏易傳，但此書不行已久。今所存多失真本，又荀勗中經簿云：「子夏傳四卷，或云丁寬所作。」是先達疑非子夏矣。又隋書經籍志云：「子夏傳殘闕，梁六卷。」今二卷，知其書錯謬多矣。又王儉七志引劉向七略云：「易傳子夏，韓氏嬰也。」今題不稱韓氏而載薛虞記。又今秘閣有子夏傳，薛虞記，其質揔略，旨趣非遠，無益後學，不可將帖正經。』五月五日詔：『子夏傳逸篇，令帖易者停。』」

崇文總目：「此書篇第略依王氏，決非卜子夏之文，又其言近而不篤，然學者尚異，頗傳習之。」

國史志：「子夏易傳，假託真子夏傳，一行所論定，然殘闕。」

中興書目：「按：隋志：『周易二卷，魏文侯師卜子夏傳，殘闕。』唐志：『卜商傳，二卷。』今乃十卷。攷陸德明音義所引，與今本間有合者，若云：『地得水而柔，水得地而流，故曰比。』今本作：『地藏水而澤，水得地而安。』但小異爾。至『束帛戔戔』作『殘殘』，又云：『五匹爲束，三玄二纁，象陰陽。』今本並無此文，蓋後人附益者多。」

孫坦曰：「世有子夏易傳，以爲親得孔子之蘊，觀其辭，略而不粹，間或取左氏春秋傳語證之。晚又得十八占，稱夫子則曰縣官，嘗疑漢杜子夏之學。及讀杜傳，見引明尸對策，疑始釋然。不然，班固序儒林，何以言『易始於商瞿子木』，而遽遺卜商也哉？」

程伯子曰：「子夏易雖非卜商作，必非杜子夏所能爲，必得於師傳也。」

晁説之曰：「古今咸謂子夏受於孔子而爲易傳，然太史公、劉向父子、班固皆不論著。唐劉子玄知其僞矣，書不傳於今。今號爲子夏傳者，唐張弧之易也。弧，唐大理評事，亦不詳何時人。」

晁公武曰：「子夏傳，唐藝文志已亡，今此書約王弼注爲之者，止雜卦。」

洪邁曰：「孔子弟子惟子夏於諸經獨有書，雖傳記雜言未可盡信，然要爲與他人不同矣，於易則有傳，於詩則有序。而毛詩之學，子夏授高行子，四傳而至小毛公，或云：『傳曾申，五傳而至大毛公。』於禮則有儀禮喪服傳一篇，於春秋所云『不能贊一辭』，蓋亦嘗從事於斯矣。公羊高實受之於子夏，穀梁赤者，風俗通亦云：『子夏門人。』於論語則鄭康成以爲仲弓、子夏等所撰定也。後漢徐防上疏云：『詩、書、禮、樂定自孔子，發明章句，始於子夏。』斯其證云。」

按：洪氏申明子夏傳經之功，可謂得其要矣。韓非子：「自孔子之死，有子張之儒，有子思之儒，有顔氏之儒，有孟氏之儒，有漆雕氏之儒，有仲良氏之儒，有公孫氏之儒，有樂正氏之儒。」而子夏之門人，若高行子、曾申、公羊高、穀梁赤傳詩及春秋者，反不與焉，不得其解也。

程迥曰：「子夏易傳，京房爲之箋，先儒疑非卜商也。近世有陋儒用王弼本爲之注，鄙淺①之甚，亦託云子夏，凡先儒所引子夏傳，此本皆無之。熙寧中，房審權萃訓詁百家，凡稱子夏者，乃取後贋本。」

吕祖謙曰：「崇文總目刓去子夏名，以袪誤惑，最爲有理。」

陳振孫曰：「子夏易傳，陸德明、李鼎祚亦時稱引，考漢志初無此書，其經文彖、象、爻辭相錯，正用王弼本，決非漢世書。以德明所引求之，今傳皆無有，豈惟非漢世書，亦非隋、唐所傳書矣。」

章如愚曰：「子夏易傳，竊意非古所傳，觀其書不依古易經次，乃遵費氏、鄭氏、王氏所合彖、象、文言於爻下而傳之。」

趙汝楳曰：「易家有子夏傳，先儒多引以斷疑，雖於其書，不於其人，然亦不容不辨。蓋由隋志以爲卜商，故後人承而弗察，信之者以爲京房爲之箋，疑之者以爲近世人以王弼本冒爲之。傳世有兩書，今觀諸儒所用二書中語，皆不類洙、泗氣象，縱微後人冒作，亦決非卜商之書。孫坦疑子夏傳爲杜子夏之學，按：杜欽、杜鄴與鄧彭祖、王商、萬章、禽慶皆字子夏，二杜於易未聞師授，孫氏之論尚爲可疑；惟彭祖傳梁邱之學，如以子夏爲彭祖，猶有彷彿，以爲欽、鄴，則無所依據。」

王應麟曰：「『帝乙歸妹』，子夏傳謂：『湯之歸妹也。』京房載湯嫁妹之辭曰：『無以天子之尊而乘諸侯，無以天子之富而驕諸侯。陰之從陽，女之順夫，本天地之義也。往事爾夫，必以禮義。』荀爽對策引『帝乙歸妹』，言湯以娶禮歸其妹於諸侯也。張説鄎國公主銘云：『帝唐降女，天乙歸妹。』」

① 「淺」，四庫薈要本作「率」。

何喬新曰：「子夏之易，不依古易篇次，而遵費氏，則爲後人之假託可見。」

按：子夏易傳見於隋經籍志止二卷，釋文序録止三卷爾。至宋中興書目益爲十卷，而今本多至十一卷，不獨篇第悉依王弼，並其本亦無異辭。考陸氏釋文所引，如：屯六二「乘馬班如」，乘音繩，班如，相牽不進貌。比傳「地得水而柔，水得地而流，故曰比①」。小畜九五「有孚攣如」，「攣」作「戀」，思也；上九「月幾望」作「近望」。履九四「愬愬」，恐懼貌。泰六四「翩翩」，輕舉貌；上六「城復于隍」作「堭」。大有九四「匪其彭」作「旁」。謙卦作「嗛」，云：「嗛，謙也。」豫六三「旴②」作「紆」；九四「盍簪」，疾也。噬嗑九四「胏」作「脯」。賁六五「束帛戔戔」作「殘殘」，傳云：「五匹爲束，三玄二纁，象陰陽。」復上六「有災眚」，傳云：「傷害曰災，妖祥曰眚。」頤六二「拂經」作「弗」，云：「輔弼也。」六四「逐逐」作「攸攸」。坎上六「寘于叢棘」，「寘」作「湜」。離六五「戚」作「嘁③」，咨慙也。咸初六「拇」作「踇」。遯上九傳云：「肥饒裕。」晉九四「鼫鼠」作「碩」。明夷六二「夷于左股，用拯馬，狀④吉」，「夷」作「睇」，傳云：「旁視曰睇。」「拯」作「抍」。睽六二「其牛掣作契」，傳云：「一角仰也。」夬九四「牽」作「掔」。姤初六「柅」作「鑈」；九五「包」作「苞」。困九四「徐徐」作「荼荼」，傳云：「內不定之意。」井九二「鮒」，傳謂：「蝦蟇。」六四「井甃」，傳云：「修治也。」豐九三「沛」，傳云：「小也。」「沫」，傳云：「星

① 「曰比」二字，文淵閣四庫本脱漏。
② 「旴」，文津閣四庫本作「盱」。
③ 「嘁」，文淵閣四庫本作「磩」。
④ 「狀」，依文津閣四庫本、備要本應作「壯」。

之小者。」旅九四「資斧」作「齊斧」。既濟六二「茀」作「髴」；六四「繻有衣袽」，「繻」作「禉」，「袽」作「茹」。今文皆不然。又王氏困學紀聞引泰六五傳云：「湯之歸妹也。」今亦無之，且書中引周禮、春秋傳，其僞不待攻而自破矣。

又按：孫坦疑是杜鄴，徐幾、趙汝楳疑是鄧彭祖，蓋兩人俱字子夏也。然繹其文義，總不類漢人文字，並不類唐人文字，謂爲張弧所作，恐非今本。

〔四庫總目〕

朱彝尊經義考證以陸德明經典釋文、李鼎祚周易集解、王應麟困學紀聞所引，皆今本所無，德明、鼎祚猶曰在張弧以前。應麟乃南宋末人，何以當日所見與今本又異？然則今本又出僞託，不但非子夏書，亦並非張弧書矣。流傳既久，姑存以備一家云爾。（卷一，頁四，子夏易傳十一卷提要）

周易子夏十八章僞本

一卷。崇文總目：「三卷。」

佚。

按：紹興闕書目亦有之，五行家言，託名子夏，尤不倫矣。

漢淮南王劉安道訓

漢志二篇。劉向别録、七略作「十二篇」。

佚。

〔校記〕

馬國翰有輯本。（易，頁一一二）

劉向曰：「九師道訓者，淮南王安所造，王聘善爲易者九人，從之采獲，故中書著爲淮南九師書。」

王通曰：「九師興①而易道微。」

洪邁曰：「壽春有八公山，正安所延致客之所，傳記不見姓名，而高誘序以爲蘇飛、李尚、左吳、田由、雷被、毛被、伍被、晉昌等八人。」

何喬新曰：「九師之易，王通以爲易道因之而微，則無資於聖經可知。」

按：陸氏釋文於需、蠱、遯、損諸卦，其所引稱「師」者，當即九師本。而鴻烈解引易曰：「剝之不可遂盡也，故受之以復。」此則道訓之序卦傳文矣。

田氏何易傳

佚。

漢書：「自魯商瞿子木受易孔子，以授魯橋庇子庸，子庸授江東馯臂子弓，子弓授燕周醜子家，子

① 「興」，文津閣四庫本誤作「典」。

家授東武孫虞子乘，子乘授齊田何子莊①。何以齊田徙杜陵，號杜田生。」

〔補正〕

漢書：「子乘授齊田何子莊。」丁杰曰：「漢書作『裝』，經典序録作『莊』。此引漢書而字从經典序録，似訛。」（卷一，頁二）

崇文總目：「田何之易，卦、象、爻、彖與文言、説卦等離爲十二篇，而自爲章句，易之本經也。」

晁説之曰：「商瞿受易孔子，五傳而至田何。漢之易書蓋自田何始，何而上未嘗有書。」

王氏同易傳

漢志：「二篇。」

佚。

漢書：「杜田生授東武王同子中，洛陽周王孫、丁寬，齊服生。同授淄川楊何、齊即墨成、廣川孟但、魯周霸、莒衡胡、臨淄主父偃。」

皇甫謐曰：「自孔子授易，五傳至田何，何以授弟子東武王同子中。」

晁説之曰：「易家著書自王同始。」

① 「子莊」，依補正應作「子裝」。

周氏王孫易傳

漢志：「二篇。」

佚。

漢書：「丁寬至洛陽，從周王孫受古義，號周氏傳。」

丁氏寬易傳

漢志：「八篇。」

佚。

〔校記〕

馬國翰有輯本。（易，頁二）

漢書儒林傳：「寬，字子襄，梁人，從田何受易，復從周王孫受古義。景帝時爲梁孝王將軍，距吳、楚，號丁將軍，作易說三萬言，訓故舉大義而已，今小章句是也。寬授同郡碭田王孫，王孫授施讎、孟喜、梁丘賀，由是易有施、孟、梁丘之學。」

又曰：「丁寬，易家之始師。」

胡一桂曰：「寬師田何，而復師其同門之友，以受古義，可謂見善如不及者矣。然所謂易說三萬言，不過訓故大義，又曰『小章句』。竊意其學只是文義、章句，象數之學恐非所及也。」

何喬新曰：「丁寬作易説三萬言，而訓詁之學興。」

服氏光**易傳**

漢志：「二篇。」

佚。

劉向別録：「服氏，齊人。」①

漢儒林傳曰：「王同、周王孫、丁寬、齊服生皆著易傳數篇。」

蔡公易傳名字未詳。

漢志：「二篇。」

佚。

〔校記〕

馬國翰有輯本。（易，頁二）

漢書藝文志注：「蔡公，衛人，事周王孫。」②

---

① 「劉向別録：『服氏，齊人。』」八字，文淵閣四庫本脱漏。

② 「蔡公易傳」以下二十七字，文淵閣四庫本脱漏。

楊氏何**易傳**

漢志：「二篇。」

佚。

史記：「楊何以易徵，官至中大夫；齊人即墨成以易至城陽相；廣川人孟但以易爲太子門大夫；魯人周霸、莒人衡胡、臨淄人主父偃以易至二千石。然要言易者，本於楊何之家。」

漢書：「楊何，字叔元，菑川人，元光中徵爲大中大夫。」

晁説之曰：「易得立學官，自楊何始，所謂『易楊者』是也。」

韓氏嬰**易傳**

漢志：「二篇。」

佚。

漢書：「韓嬰，燕人，孝文時爲博士，景帝時至常山太傅。嬰言詩，亦以易授人，推易意而爲之傳。燕、趙間好詩，故其易微，惟韓氏自傳之。孝宣時涿郡韓生其後也，以易徵，待詔殿中，曰：『所受易即先太傅①所傳也，嘗受韓詩，不如韓氏易深。』太傅故專傳之。」

① 「太傅」，文淵閣四庫本、備要本俱作「大夫」。

王應麟曰：「蓋寬饒受韓氏易，其上封事引韓氏易傳言：『五帝官天下，三王家天下。』」

施氏讎**周易章句**

漢志：「二篇。」

佚。

漢書：「施讎，字長卿，沛人，從田王孫受易，拜博士，甘露中，與五經諸儒雜論同異於石渠閣。讎授張禹、琅琊魯伯。禹授淮陽彭宣、沛戴崇子平，魯伯授太山毛莫如少路、琅琊邴丹曼容，繇是施家有張、彭之學。」

隋書：「施氏易亡於西晉。」

按：施氏易見於後漢書者，沛人戴賓以授陳留劉昆桓公，又廣漢景鸞亦受施易。

孟氏喜**周易章句**

漢志：「二篇。」梁七録：「十卷。」隋書：「八卷。」釋文序録：「十卷。」新、舊唐書志同。

佚。

〔校記〕

王謨、孫堂、黄奭、馬國翰均有輯本。（易，頁二）

周易災異

漢志：「十一篇，又六十六篇。」蓋合京房言之。佚。

漢書：「孟喜，字長卿，東海蘭陵人。從田王孫受易，舉孝廉爲郎，曲臺署長，病免，爲丞相掾。喜授同郡白光少子、沛翟牧子兄，繇是孟有翟、白之學①。」

〔補正〕

漢書：「繇是孟有翟、白之學。」案：當作「有翟、孟、白之學。」（卷一，頁二）

陸德明曰：「無上經，七録云：『又下經無旅至節，無上繫。』」

隋書：「孟氏、京氏有書無師。」

釋一行曰：「十二月卦出於孟氏章句，其説易本於氣，而後以人事明之。」

王應麟曰：「許氏説文稱『易孟氏』，其文多異。」

胡一桂曰：「孟既師田，又不擇所從，復受之於趙，趙死而遂倍之，以至不見信於友，不獲用於上，亦其宜矣。」

按：許氏説文解字序言「易稱孟氏」，則所引皆孟氏易也，其與今文異者，如：「夕惕若厲，无咎」作

---

① 「繇是孟有翟、白之學」，依補正、四庫薈要本、文淵閣四庫本應作「繇是有翟、孟、白之學」。

「夕惕若夤」句。「泣涕漣如」，「漣」作「連」。「再三瀆」作「黷」。「以往吝」作「遴」。「履，虎尾愬愬，終吉」，「愬愬」作「虩虩」，下有「恐懼」二字。「百穀艸木麗乎土」作「䕻于地」。「日昃之離」，「昃」作「⿸厂白」。「罔孚裕，无咎」，「罔」作「有」。「其牛掣」作「觢」。「天且劓」作「⿰臬刂」。「君子豹變，其文蔚也」，「蔚」作「斐」。「用拯馬，壯吉」，「拯」作「抍」，無「用」字。「繻有衣袽」，「繻」作「需」，「袽」作「絮」。「夫乾確然」，「確」作「寉」。「服牛乘馬」，「服」作「犕」。「重門擊柝」作「欜」。「天地絪縕」作「壹壺」。「雜而不越」作「迖」。「莫暵乎火」作「離」。「爲的顙」，「的」作「馰」。「爲黔喙之屬」無「之屬」字。又如「孰飪，句埶⿰身出句」，「地可觀者，莫可觀于木」，則今本無是文，不知當日何所屬也。

又按：陸氏釋文：孟氏易：「咸，其輔頰舌」，「頰」作「俠」。晉卦作「齊」。「懲忿窒欲」作「恎浴」。「偏辭也」作「偏辭」。「日中則昃」作「稷」。「闃其無人」，「闃」作「窒」。「隤然」作「退然」。「大寶」作「保」。「包犧」作「伏戲」。皆與今文異。

又按：「東漢之爲孟氏易者，南陽洼丹子玉、中山觟陽鴻孟孫、廣漢任安定祖。

〔補正〕

又按：此條下竹垞案：許氏引孟嘉易「百穀艸木麗乎土」作「䕻於地」，今說文「䕻」字下作「䕻於土」。「繻有衣袽」，「繻」作「需」，「袽」作「絮」，今說文作「需有衣絮」。「埶⿰身出」，說文作「槷⿰鬼出」。皆當改正。

（卷一，頁二）

梁丘氏賀周易章句

漢志：「二篇。」

佚。

〔校記〕

馬國翰有輯本。（易，頁二）

漢書：「梁丘賀，字長翁，琅琊諸人。爲武騎，從太中大夫京房受易。顔師古曰：「别一京房，非焦延壽弟子。」房者，淄川楊何弟子也。房出爲齊郡太守，賀更事田王孫。宣帝時，聞京房爲易明，求其門人，得賀。賀時爲都司空令，坐事，論免爲庶人，待詔黄門，數入説教侍中，以召賀，賀入説，上善之，以爲郎。賀以筮有應，繇是近幸，爲大①中大夫給事中，至少府。賀傳子臨，臨代五鹿充宗君孟爲少府，充宗授平陵士孫張仲方、沛鄧彭祖子夏、齊衡咸長賓。繇是梁丘有士孫、鄧、衡之學。」

隋書：「梁丘易亡於西晉。」

洪邁曰：「晉永嘉之亂，梁丘之易亡。」

胡一桂曰：「梁丘初師京房，後雖更事田王孫，卒以京顯，至其子臨專行京法可見也。再傳而五鹿，結黨小人，兼官受譏。三傳而衡咸，爲莽講學大夫，梁氏易至此掃地矣。」

---

① 「大」，四庫薈要本、文津閣四庫本、備要本俱作「太」。

董真卿曰：「商瞿受易孔子，傳至田何，又傳至施、孟、梁邱爲最著，乃古易也。又轉而爲費直，則今易權輿矣。若是則施、孟、梁丘之後，正古今易因革之一會也。」

按：東漢之爲梁丘易者，代郡范升辨卿，升上疏曰：「臣與博士梁恭、山陽太守吕羌俱修梁丘易。」又京兆楊政子行、潁川張興君上亦傳其學。

五鹿氏充宗**周易略説**

漢志：「三篇。」佚。

漢書：「少府五鹿充宗字君孟貴幸，爲梁丘易。自宣帝時善梁丘氏説，元帝好之，欲考其異同，令充宗與諸易家論，充宗乘貴辯口，諸儒莫能與抗。」

漢紀：「元帝時，五鹿充宗與石顯皆貴幸，治梁丘易。帝令諸易家考合異同，充宗乘貴口辨，諸儒莫敢與抗，皆稱疾不會。有薦朱雲能説易者，雲攝齊升堂，抗辭而請，音動左右，既論，連折充宗，諸儒爲之語曰：『五鹿嶽嶽，朱雲折其角。』」

張華曰：「五鹿充宗受易於弘成子。成子少時，嘗有人過之，授以文石，大如鷰卵，成子吞之，遂大明悟，爲天下通儒。成子後病，吐出此石，以授充宗，充宗①又爲碩學也。」

① 「充宗」二字，文淵閣四庫本脱漏。

經義考卷六

易五

焦氏延壽**易林**

隋志五行家：「十六卷。」新、舊唐書志、崇文總目同，七録作「三十二卷」，殆合變占十六卷言之①。

存。

易林變占

隋志五行家：「十六卷。」

佚。

---

① 「殆合變占十六卷言之」，四庫薈要本作「蓋合變占十六卷」。

漢書：「延壽，字贛，梁人，以好學得幸梁王。學既成，爲郡吏察舉，補小黄令，舉最當遷，三老、官屬上書願留贛，有詔許增秩留，卒於小黄。其説長於災變，分六十四卦，更直日用事，以風雨寒温爲候，各有占驗。」

費直曰：「六十四卦變占者，王莽時建信天水焦延壽之所撰也。夫易廣矣大矣，以言乎遠則不禦，以言乎邇則静而正，以言乎天地之間則備矣。然易謂六十四卦也，推而言之，則由説卦之所未盡，故連山、歸藏、周易皆異辭而同卦，雖三家並行，猶舉一隅爾。贛善於陰陽，復造此以致易未見者。其射存亡吉凶，遇其事類則多中；至於靡碎小事，非其類則亦否矣。贛之通達，隱幾聖人之一隅也。」

班固曰：「焦延壽獨得隱士之説，託之孟氏，不相與同。」

孟康曰：「分卦直日之法，一爻主一日，六十四卦爲三百六十日，餘四卦震、離、兑、坎爲方伯監司之官①。所以用震、離、兑、坎者，是二至二分用事之日，又是四時各專王之氣。各卦主一時，其占法各以其日觀其善惡也。」

王俞序曰：「大凡變化象數，莫逃乎易。惟人之情僞最爲難知，筮者尚占，憂者與處。贛明且哲，乃留其術。俞巖畊東鄙，目前困蒙，客有枉駕蓬廬，以焦辭數軸出示。予嘗讀班史列傳及歷代名臣譜系、諸家雜説之文，盛稱自夫子授易于商瞿，僅十餘輩，延壽經傳於孟喜，固是同時。當西漢元、成之

① 「震、離、兑、坎爲方伯監司之官」，文淵閣四庫本作「震、離、兑、坎蓋爲方伯監司之官」。

間，淩夷厥政，先生或出或處，輒以易道上干①梁王，遂爲郡②察舉，詔補小黄令，而邑中隱伏之事，皆預知其情，得以寵異，蒙遷秩，亦卒於官。次其著大易通變，其卦總四千九十六題，事本彌綸，同歸簡易。其辭假出於經史，其意雅合於神明，但齋潔精專，舉無不中，而言近意遠，易識難詳，不可瀆蒙，以爲辭費。後之好事如君行者，則子雲之書爲不朽矣。聖唐會昌景寅③歲。」

崇文總目：「焦贛以一卦轉之六十四卦，各有繇言，著吉凶占驗，然不傳推用之法。」

葉夢得曰：「焦贛易林、京房易二書，大抵皆卜筮、陰陽、氣候之言，不復更及易道。」

黄伯思曰：「易林十六篇，其法每卦變而之六十四爲林，三千八百世，凡筮得某卦之某卦，則觀其所之卦林，以占吉凶。或卦爻不發，則但觀本卦林辭，初未嘗分四時節候。至於漢書京房傳所云『六十四卦更直日用事者』，蓋爻主一日，六十卦當三百六十日，餘四卦爲監司，此法但以風雨寒温爲候而占災變耳。若房封事所謂『辛酉太陽精明，丙戌④蒙氣復起』之類，孟康注之甚詳，此是延壽占災祥一法，非關易筮也。後世昧者勿悟，乃合二術一之，而於直日卦中求所得卦，以考人之吉凶，謬託燕、藺士之秘法，豈不誤甚與？蓋直⑤日之法，分至外，餘日惟一爻用事，而易林變卦則非止一爻也，乃知林自林，

---

① 「干」，文淵閣四庫本作「於」。
② 「郡」，文津閣四庫本作「都」。
③ 「景寅」，文津閣四庫本作「丙寅」。
④ 「丙戌」，文津閣四庫本作「丙寅」。
⑤ 「直」，四庫薈要本、文淵閣四庫本俱作「真」。

直日災祥之法自直日災祥之法，二者雖皆本於易，同出延壽，而初未嘗一其用也。」又曰：「焦延壽易林中或字誤，以快爲快，以羊爲手，以喜爲嘉，以鸛爲鵲，義可兩存。延壽名贛，梁人，以好學得幸梁王。王共其資用，令極意，學既成，爲郡吏察舉，補小黄令。但有盜，先知，盜遂無敢舉者，考最當選，吏民上書乞留，詔許增秩，卒於小黄。世人謂延壽之法，凡筮得某卦，則觀其所之卦林，以占吉凶。或卦爻不動，則但觀本卦林辭。有王佖者，於雍熙二年春遇異人，筮得觀之賁林，云『東行無門，西出華山，道寒於難，游子爲患』之語，最爲有準，後之觀者不可不辨。延壽所著，雖卜筮之書，出於陰陽家流，然當西漢中葉，去三代未遠，文辭雅澹，頗有可觀。」

程迥曰：「漢天水焦延壽傳易於孟喜，此其所著書也。書皆韻語，與左氏傳載『鳳凰于飛，和鳴鏘鏘』、漢書所載『大横庚庚，予爲天王』之語絶相類，豈古之卜者各有此等書耶？」

陳振孫曰：「又名大易通變，唐會昌景寅①越五雲谿王俞序，凡四千九十六卦，蓋一卦可以變六十四也。」又曰：「舊見沙隨程氏所紀，紹興初，諸公以易林筮時事，奇驗。求之多年，寶慶丁亥，始得其書於莆田，録而藏之，皆韻語古雅，頗類左氏所載繇辭。間嘗筮之，亦驗，獨恨多脱誤，無他本是正。嘉熙庚子，自吴門歸霅川，偶爲鄉守王寺丞侑道之，因以家藏本見假，雖復多脱誤，而用兩本參互相校，十頗得八九。於是兩家所藏皆成全書，其間亦多重複，或數爻共一繇，莫可稽究。校畢，歸其書王氏，而誌其校正本末於此。淳祐辛丑五月。」

① 「景寅」，文津閣四庫本作「丙寅」。

薛季宣序曰：「漢焦贛易林十六卷，卷有四林，林六十有四繇，凡六十四卦之變四千九十有六。以所傳中秘書、孫氏藏書參校，中書繇多亡佚，以孫氏書銓補圓備。故書屢經傳寫，字多舛誤，以羊爲[illegible]，以快爲決，若此者衆，爲是正其曉然者。其不可知，以喜爲嘉，以鵲爲鶴，以烏爲鳥，一卦兩占之類，並兩存之，無所去取。具已刊定，可繕寫。漢儒傳易明於占候者，如贛、費直、許峻、崔篆、管輅數家，易俱有林，惟焦氏林今傳於世。東觀漢記：『孝明帝永平五年，少雨，上御雲臺，自爲卦，遇蹇，以京氏易林占之，繇曰：「螘封穴户，天將下雨。」沛獻王輔用體說卦，謂螘穴居知雨。』京房，延壽弟子，今書蹇繇實在震林，林爲焦氏可不疑。贛，延壽字也，其學本以六十四卦更直日用事，以風雨寒温爲候，易林用之卜筮，尚其占與變者。政和間，校書郎黃伯思校中秘書，論林自林，直日災祥自直日災祥，其法雖同出於贛，初未嘗一其用，昧者勿悟，乃合而一之，於直日卦中求所得卦，謬託燕、薊士之秘。本朝王佖於雍熙二年春遇異人，爲筮，得觀之賁，其占乃觀中賁林，觀、賁皆白露之卦，非春所宜用，不當於觀中求之，異人之占固不應誤，是知直日之說非可用之占筮。伯思言若簡易，其實非也。筮法固於直日林中求所遇卦，於遇卦林中求變所之，觀從初，決從終，則雍熙異僧之占，初未嘗與術戾。僧論一幕掀天，一同掃地，自有得之繇林之外者，未可以一術齊也。直卦之法，略在漢京房、郎顗傳，天朝班歷尚取其象，或者直以周易卦爻占數，猶屢有符驗。至用林筮，頗多不合，伯思之說未易循也。京氏學以卦爻分配期日，坎、離、震、兑用事，自分至之首，皆得八十分日之七十三。頤、晉、井、大畜皆五日十四分，餘皆六日七分。歲既有之，日亦宜然，於直日卦中分卦直時，如日之次日，凡十卦一時八刻三分刻之一，配卦時有一刻二①分。頤、晉、井、大畜皆五刻二分，坎、離、震、兑用事於日卦貞悔初爻之首、中爻之中，皆四刻一分，是又卜數一法，不待筮而占者自可通用。易經並論風雨陰陽占候，不必專取諸林。漢儒林傳：『孟喜授易於田王孫，得易家候陰陽災變書，詐言田生且死時枕喜鄰，獨傳喜。同門梁丘賀疏通證明之，曰：「田生絶於施讎手中，時喜歸東海，安得此事？」延壽嘗從孟喜問易，京房以爲延壽即孟氏學，翟牧、白生不肯，皆曰非也。』劉向校書，以爲諸易家説皆祖田何、楊叔、丁將軍，大義略同，惟京氏爲異黨。延壽獨得隱士之説，託之孟氏，不相與同。藝文志：『易有孟氏京房，諸篇無復分異。』京氏書世尚有之，雖陰陽家不特災變之候，論以漢儒林傳、藝文志，自有不可誣者，諸儒黨同伐異，可盡信邪？延壽行事略在京房傳中，舉最小黄，詔聽留增秩矣。其曰：『得我道以亡身者，京生也。』知人見事，未可以明經學士視之。易林近古占書，既自可尚，綴辭引類尤爾雅可喜，尚其辭者，於漢氏西京文字，又可忽諸？乾道六年八月。」

項安世曰：「焦氏卦法，自乾至未濟，並依易書本序，以一卦直一日，乾直甲子，坤直乙丑，至未濟直癸亥，乃盡六十日。而四正卦則直二分二至之日，坎直冬至，離夏至，震春分，兑秋分，不在六十卦輪直之數，此即京房六十卦氣之法。但京主六日七分，此但主一日，京用商易之序，此用周易之序爾。」

趙汝楳曰：「焦延壽不祖田、楊，不用筮卜②，自成一家。」又曰：「焦延壽作易林，以三百八十四爻

① 「二」，文津閣四庫本作「三」。
② 「筮卜」，文津閣四庫本作「卜筮」。

之辭不能周四千九十六變之吉凶，故外易而别爲之辭。又雜以納甲、飛伏之説，是舍人事義理而專於占者也。」

胡一桂曰：「延壽卦變法，以一卦變爲六十四卦，六十四卦通變四千九十六卦。而卦變之次，本之文王序卦，首乾、坤而終既濟、未濟。且如以乾爲本卦，其變首坤，次屯、蒙以至未濟。又如以坤爲本卦，其變首乾，次屯、蒙以至未濟。又如以末一卦未濟爲本卦，其變亦首乾次屯、蒙以至既濟。每一卦變六十三卦，通本卦成六十四卦，且每一卦變成詩六十四首，六十四卦變共四千九十六首，以代爻辭，而文王、周、孔辭並不復用。」又曰：「焦氏卦變卓然自爲一家，而又托①於孟者，惡其無傳也。」

劉誠曰：「焦贛易林專取納甲、飛伏，非聖人法。」

何喬新曰：「焦延壽述陰陽災異而穿鑿之弊起。」

彭華曰：「易之道無所不該，學者各得其一偏耳。然皆不可謂非易也。易自夏、商、周已有三易，其後連山、歸藏不傳，惟周易獨傳。周易至漢儒分而爲三，有田何易，焦贛易，費直易。何之易傳自孔子，分上、下經，以孔子所作爲十傳，而有章句。贛之易專於占察，易林凡十六卷。直之易長於卦筮，無有章句，徒以彖、象、文言等參入卦中以解經。漢末田、焦之學微絶，而費氏獨存，蓋費之後有鄭康成、王弼輩爲之注故也。宋程伊川據弼易爲傳，固出於費；朱氏晦庵據吕伯恭古易爲本義，則本之田何。於是田、費之易皆盛行於世，而贛獨不幸無傳者。近於内閣閲書，得易林，觀其辭韻，皆非後人所能到，

①「托」，四庫薈要本、備要本俱作「託」。

頗類左傳中所載繇辭，因録而藏之，異日間有事以占，亦未嘗不驗也。然則贛之易豈無所本者耶？惜乎末學淺識，不能爲之傳注，使之盛行，以爲夫人之趨吉辟凶一助也。成化癸巳夏五月。」

韓邦奇曰：「焦氏四千九十六變，孔氏之正傳也。京氏直爻則以己意衍之。」

楊慎曰：「焦氏易林，西京文辭也。辭皆古韻，與毛詩、楚辭叶韻相合，或似詩，或似樂府、童謡，觀者但以占卜書視之，過矣。」

鄭端簡公曰：「易林十六卷，世傳出焦延壽，雖隋、唐經籍志亦然。今考漢書儒林傳、藝文志及荀氏漢紀，皆不言焦氏著易林，疑今之易林，未必出於焦氏。延壽爲京房師，今明夷之咸林云：『新作初陵，踰蹈難登，三駒推車，跌損傷頤。』乃成帝時事；節之解林云：『皇母多恩，字養孝孫，脱於襁褓，成就爲君。』似言定陶傅太后育哀帝事。皆在延壽後，不應延壽預言之也。刻本易林載東萊費直曰：『六十四卦變占者，王莽時建信天水焦延壽所撰。』然劉向當成帝時校書，已有延壽易説，延壽非莽時人明矣。況直雖後延壽①，與高相同時，雖直亦非莽時人也。唐王俞序易林云：『延壽與孟喜同時。』又云：『當在西漢元、成間，喜與梁丘賀同門。』豈元、成間人耶？」

姜恩曰：「焦氏易林演六十四卦爲四千九十六卦，而辭變象占皆具，其意精而深，其文簡而古。」

馬𤇥曰：「日兵憲蓉川齊公訊疑未決，顧予曰：『發伏若焦延壽，無遁情矣。』予退而筮之，得訟之隨，云：『甲乙丙丁俱歸我庭，三丑六子入門見母。』後五日獄得，稽其日乃乙丑，訟之者僅六人焉，焦易

① 「後延壽」，文淵閣四庫本作「後於延壽」。

之神如此。」

于慎行曰：「焦氏易林，其辭古奧爾雅，而旨趣深博，有六經之遺①，非漢以下文字，然世徒以爲占卜之書，學士弗誦也。」

楊時喬曰：「焦氏之學，溺於陰陽占察，不類聖人之經。」

鍾惺曰：「焦延壽用韻語作易占，似讖似謡，有數十百言所不能盡者，回翔於一字一句之中，寛然有餘，其鍛鍊精簡，未②可謂無意爲文也。」

顧炎武曰：「易林疑是東漢以後人撰，而托③之焦延壽者。延壽在宣、昭之世，其時左氏未立學官，今易林引左氏語甚多，又往往用漢書中事，如曰：『彭離濟東，遷之上庸。』事在武帝元鼎元年。曰：『長城既立，四夷賓服，交和結好，昭君是福。』事在元帝竟寧元年。曰：『火入井口，楊芒生角，犯歷天門，窺見太微，登止玉牀。』似用李尋傳語。曰：『新作初陵，踰蹈難登。』似用成帝起昌陵事。又曰：『劉季發怒，命滅子嬰。』又曰：『大蛇當路，使季畏懼。』則又非漢人所宜言也。」

陳廷敬曰：「焦贛易林言吉凶，與聖經絶相悖，蓋術數之學，謬妄乖離之尤可鄙者。沙隨程氏偶有驗，乃神奇其書，以爲與左氏傳載『鳳凰于飛，和鳴鏘鏘』，漢書載『大横庚庚，予爲天王』之語相類。今

① 「遺」，文津閣四庫本作「道」。
② 「未」，文津閣四庫本作「不」。
③ 「托」，備要本作「託」。

考其言多俚諺，如程氏所稱，亦未之能及也。」

王弘撰曰：「自焦氏爲詩以代占辭，而後之筮者不復用文王、周公、孔子之辭矣，此焦氏之罪也。」

按：漢易惟焦氏獨全，至李鼎祚易集解於隨卦采贛之説，云：「漢高帝與項籍其明徵也。」當屬變占中語。

經義考卷七

易六

京氏房**易傳**

通志：「三卷。」漢志：「十一篇。」馬氏通考：「四卷。」

存。

〔校記〕

王謨有輯本。（易，頁二）

周易章句

隋志：「十卷。」七録：「十卷，録一卷目①。」釋文序録：「十二卷。」

① 「録一卷目」，各本俱誤，應作「目録一卷」。

〔校記〕

孫堂、黄奭、馬國翰均有輯本。（易，頁二）

周易錯卦

隋志五行家：「七卷。」七録經部：「八卷。」

佚。

周易妖占

隋志五行家：「十二卷。」七録：「十三卷。」

佚。

按：晉書、宋書五行志及水經註、太平御覽俱引之。

周易占事

隋志五行家：「十二卷。」

佚。

周易守林

隋志五行家：「三卷。」

佚。

周易飛候

隋志五行家：「九卷，又六卷。」七録：「八卷。」新、舊唐書①志：「六卷。」

佚。

周易飛候六日七分

隋志五行家：「八卷。」

佚。

按：京氏飛候，太平御覽每引之。

① 「新、舊唐書」，文淵閣四庫本誤作「新、舊唐書詩」。

周易四時候

隋志五行家：「四卷。」新、舊唐書志：「二卷。」

佚。

周易混沌

隋志五行家：「四卷。」

佚。

周易委化

隋志五行家：「四卷。」

佚。

周易逆刺占災異

隋志五行家：「十二卷。」漢志：「災異孟氏京房六十六篇，京氏段嘉十二篇。」

佚。

易傳積算法雜占條例

通考：「一卷。」

存。

漢書：「京房，字君明，東郡頓丘人。受易梁人焦延壽。延壽云嘗從孟喜問易，喜死，房以爲延壽易即孟氏學，翟牧、白生皆曰非也。房以明災異得幸，石顯、五鹿充宗皆疾房，欲遠之，元帝於是以房爲魏郡太守，爲石顯所譖，誅。房授東海段嘉、河東姚平、河南乘弘，繇是易有京氏之學。」又曰：「房本姓李，吹①律自定爲京氏。」

〔補正〕

又案：漢書：「房本姓李，吹律自定爲京氏。」「吹」當作「推」。（卷一，頁二—三）

劉向曰：「諸易家説皆祖田何、楊叔、丁將軍，大義略同，惟京氏爲異黨。」

東觀漢紀曰：「沛獻王輔善京氏易，永平五年，京師少②雨，上御雲臺，自爲卦，以周易林占之，其繇曰：『蟻封穴户，大雨將至。』上以問輔，輔上書曰：『蹇，艮下坎上，艮爲山，坎爲水，山出雲爲雨，蟻穴居，知雨將至，故以蟻興。』」

---

① 「吹」，依補正應作「推」。

② 「少」，文淵閣四庫本誤作「多」。

荀悦曰：「京房受易於梁人焦延壽，獨得隱士之説，託之孟氏。劉校易説，云：『不與孟氏同。』」

王通曰：「京房、郭璞，古之亂常人也。」

金君卿曰：「京生分六十四卦，更值日用事以候風雨寒温，非聖人設卦垂教之本意矣。」

胡旦曰：「京房以卦氣言事，皆有效驗。」

宋咸曰：「京房、郎顗①、關子明輩假易之名以行其壬遁、卜祝、陰陽、術數之學，聖人之旨則無有焉。嗚呼！好怪之甚也。」

李清臣曰：「自焦延壽、京房、毛爽、祖孝孫之徒爲六日七分之説，日辰之支幹、律吕之清濁、風雨寒暑節氣之候與夫天文曆法，以爲皆從易而生，故術者咸自託於易。五行家曰：『我之術出於易也。』太乙家曰：『我之術出於易也。』律家亦曰然，曆象所云又然。已而參同、方伎、卜相、筮占之流，莫不持籌衍圖，指畫天地，自以爲知易，謂之伎術，非聖人之徒也。」

晁説之曰：「是書兆乾、坤之二象，以成八卦，凡八變而六十四，而酬酢乎萬物之表者，炳然在目也。大抵辨三易、運五行、正四時、謹二十四氣、悉七十二候，而位五星、降二十八宿。其進退以幾，而爲一卦之主者，謂之世；奇耦相與，據一以起二，而爲主之相者，謂之應；世之所位，而陰陽之肆者，謂之飛；陰陽肇乎所配，而終不脱乎本，以隱賾佐神明者，謂之伏；起乎世而周乎内外，參乎本數以紀月者，謂之建；終之始之，極乎數而不可窮以紀日者，謂之積；會於中而以四爲用，一卦備四

① 「郎顗」，備要本誤作「即顗」。

卦者，謂之互。乾建甲子於初，坤建甲午於上，八卦之上，乃生一世之初，初一世之五位，乃分而爲五世之位，其五世之上，乃爲遊魂之世，五世之初，乃爲歸魂之世，而歸魂之初，乃生後卦之初。其建，剛日則節氣，柔日則中氣；其數，虛則二十有八，盈則三十有六。蓋有可言者如此。若夫象遺乎意，意遺乎言，則錯綜其用，唯變所適。或兩相配而論内外二象，若世與内，若世與外，或不論内外之象而論其内外之位；或三相參而論内外與飛若伏；或相參而論内外世應建伏；或不論内外而論世建與飛伏；或兼論世應飛伏；或專論世應；或論世之所忌；或論世之所生。於其所起，見其所滅，於其所形，見其所生，故曰：『死於位，生於時，死於時，生於位。』苟非彰往而察來，微顯而闡幽者，曷足以與此。」

葉夢得曰：「按授梁丘賀學者亦京房，顔師古謂别一人。今世有京房易，皆陰陽曆數之書，又有京房雜算數十篇，其言龐雜，專主卜筮，兩人莫知爲誰，審爲授延壽學者。」

晁公遡曰：「明於象數而不達於進退者，京房是也。房深於易，惜非善用易者也。」

晁公武曰：「漢藝文志：『易京氏凡三種，八十九篇。』隋經籍志有京氏章句十卷；又有占候十種，七十三卷。唐藝文志有京氏章句十卷，而易占候存者五種，二十三卷。今其章句亡矣，乃略見於僧一行及李鼎祚之書。今傳者曰：『京氏積算易傳三卷，雜占條例法一卷。或共題易傳四卷。』而名皆與古不同。今所謂京氏易傳，或題曰京氏積算易傳者，疑隋、唐志之錯卦是也；錯卦在隋七卷、唐八卷。所謂雜占條例法者，疑隋志之逆刺占災異十二卷是也①。至唐，逆刺三卷而亡其八卷。元祐八年高麗進書，有京氏周易占十卷，疑隋周易占十二卷是也。」

〔補正〕

按：「疑隋、唐志之錯卦是也」下當補入「雜占條例法者，疑唐志之逆刺占災異是也」。「唐八卷所謂」下當删去十字，作「積算雜逆刺占災異十二卷是也」。（卷一，頁二—三）

林光朝曰：「先秦之爲易者，未有及理義也，自田何而後，章句傳説多矣。見於今者，獨有費氏之書。費氏舊亡章句，而學者宗王弼之説。至於京氏之陰陽占筮，其書雖存，視之爲術數之流矣。易有聖人之道四焉，理義之學以其辭耳。王弼而下，其説紛紛，不若象數之粗有所明也。」

陳藻曰：「漢有二京房，皆出焦延壽之門。」

陳振孫曰：「京房易傳三卷，積算雜占條例一卷，吴鬱林太守陸績注。京氏學廢絶久矣，所謂章句者既不復傳，而占候之存於世者僅若此，較之前志，十百之一二耳。」

趙汝楳曰：「京房傳焦氏之學，專明卦氣占驗，極而至於蘇竟、郎顗、楊由、景鸞、樊英之徒，則以易兼河、洛圖緯、風角、七政，而易儕於讖緯矣。」

項安世曰：「以京易攷之，世所傳火珠林者，即其法也。以三錢擲之，兩背一面爲拆，即兩少一多，

---

① 「錯卦在隋」至「十二卷是也」三十一字，依補正應作「雜占條例法者，疑唐志之逆刺占災異是也。錯卦在隋七卷、唐八卷，所謂積算雜逆刺占災異十二卷是也」。

少陰爻也；兩面一背爲單，即兩多一少，少陽爻也；俱面爲交，交者拆之聚，即三多，老陰爻也；俱背爲重，重者單之積，即三少，老陽爻也。蓋以錢代蓍，一錢當一揲，此後人務徑捷以趨卜肆之便，而本意尚可考。其所異者，不以交重爲占，自以世爲占，故其占止於六十四爻，而不能盡三百八十四爻之變爾。」又曰：「京氏易法只用八卦爲本，得本卦者皆以上爲世爻，得歸魂卦者皆以三爲世爻，亦因下體復得本卦，而三在本卦爲上也。其餘六卦，皆以所變之爻爲世，世之對爲應。凡其所謂變者，非以九六變也，皆自八純卦積而上之，知其爲某爻之所變耳。如乾本卦上九爲世，九三爲應；乾初變姤爲一世卦，初六爲世，九四爲應；再變遯爲二世卦，六二爲世，九五爲應；三變否爲三世卦，六三爲世，上九爲應；四變觀爲四世卦，六四爲世，初六爲應；五變剥爲五世卦，六五爲世，六二爲應；剥之四復變爲晉，謂之遊魂卦，九四爲世，初六爲應；晉下卦皆變爲大有，坤復歸乾，謂之歸魂卦，九三爲世，上九爲應。餘倣此。」又曰：「京房於世爻用飛伏法。凡卦見者爲飛，不見者爲伏。其在八卦，止以相反者爲伏，乾見伏坤之類，皆以全體相反也。至八卦所變世卦則不然，自一世至五世，同以本生純卦爲伏，蓋五卦皆一卦所變，至遊魂一卦則又近取所從變之卦爲伏。如乾一世姤，姤下體巽，飛爲巽初辛丑，伏仍用乾初甲子；二世遯飛爲艮，遯二丙午，伏仍乾二甲寅之類；至五世，皆以本卦乾爻爲伏者也。自五世復下爲遊魂卦，剥四變晉，是艮變其飛爲離四己酉，伏爲艮四丙戌矣。又下爲歸魂卦，晉下三爻變爲大有，自坤變乾，故飛爲乾三甲辰，伏爲坤三乙卯矣。二卦皆近即所從變之卦，不用本生純卦也。餘卦倣此。」

胡一桂曰：「京氏易以八宮卦爲序，分上、中、下三卷。上卷首乾宮八卦，乾、姤、遯、否、觀、剥、晉、大有。

次震宮八卦，震、豫、解、恒、升、井、大過、隨。次坎宮八卦，坎、節、屯、既濟、革、豐、明夷、師。次艮宮八卦。艮、賁、大畜、損、睽、履、中孚、漸。中卷首坤宮八卦，坤、履①、臨、泰、大壯、夬、師②、比。次巽宮八卦，巽、小畜、家人、益、无妄、噬嗑、頤、蠱。次離宮八卦，離、旅、鼎、未濟、蒙、涣、訟、同人。次兑宮八卦。兑、困、萃、咸、蹇、謙、小過、歸妹。蓋專八純卦變六十四卦也。下卷雜論卜筮一篇，首論聖人作易，揲蓍布卦，次及納甲法，次二十四氣候配卦，與夫天、地、人鬼、四易一、二世，地易。四世，人易。五世八純，天易。遊魂、歸魂，鬼易。父母、兄弟、妻子、官鬼等爻龍德、十一月子在坎卦左行。虎刑、五月午在離卦右行。天官、甲、乙、庚、辛之類。地官甲、乙、申、酉之類。與五行生死所寓之類。寅中有生火，丑中有死金之類。此晁氏讀書志所謂星行氣候之學，非章句也。又一本題曰京氏易傳，其間論積算法亦無起例可推。及卜筮新條例：占求官家宅之類。及列六十四卦，定三百八十四爻，斷法與前下卷同，而尤詳備者。但如漢志所載京房易傳，論集中尤無，此豈其所謂章句者歟？」

〔補正〕

胡一桂條内小注：「坤、履、臨、泰、大壯、夬、師、比。」「履」當作「復」，「師」當作「需」。（卷一，頁二—三）

陸深曰：「京房易傳於易無所發明，蓋亦自成一家。言卦分世、應，起星氣、算位，即今世錢卜、五鄉、六親之術。小數也，而文理微密，比太玄頗爲易簡。」

① 「履」，依補正、四庫薈要本、文淵閣四庫本、文津閣四庫本應作「復」。
② 「師」，依補正、四庫薈要本、文淵閣四庫本、文津閣四庫本應作「需」。

韓邦奇曰：「京氏易傳至百餘卷，必於其四千九十六卦俱有所附五星，衆星之經留、順逆、遲速，守犯，自開物以至閉物，俱有定局，惜無所考也。」

朱睦㮮曰：「京房有二，其一頓丘人，其一不知何許人。皆以易學顯，爲太①中大夫者，顔師古謂書字誤耳②。」

王弘撰曰：「京易、揚雄皆以卦配氣候，而爲説各異，唯以卦氣起於中孚則同。」

徐善曰：「京房以十二辟主十二月，而佐以公、侯、卿、大夫。除離南、坎北、震東、兑西分主四季，餘六十卦以五卦主一月。正月，侯小過、大夫蒙、卿益、公漸、辟泰。二月，侯需、大夫隨、卿晉、公解、辟大壯。三月，侯豫、大夫訟、卿蠱、公革、辟夬。四月，侯旅、大夫師、卿比、公小畜、辟乾。五月，侯大有、大夫家人、卿井、公咸、辟姤。六月，侯鼎、大夫豐、卿渙、公履、辟遯。七月，侯恒、大夫節、卿同人、公損、辟否。八月，侯巽、大夫萃、卿大畜、公賁、辟觀。九月，侯歸妹、大夫无妄、卿明夷、公困、辟剥。十月，侯艮、大夫既濟、卿噬嗑、公大過、辟坤。十一月，侯未濟、大夫蹇、卿頤、公中孚、辟復。十二月，侯屯、大夫謙、卿睽、公升、辟臨。其法每爻主六日又八十分日之七，三百六十爻當一歲三百六十五日四分日之一，用中孚初爻起冬至。」

按：京氏易傳「君子體仁」作「體信」。「利物」作「利之」。「福謙」作「富謙」。「不忒」作「不貸」。「般

① 「太」，文淵閣四庫本作「大」。
② 「耳」字下，文淵閣四庫本誤衍「大」字。

薦」作「隱薦」。「盱豫」作「汙豫」。「朋盍簪」作「攢」。「剥床以膚」作「簠」。「君子得輿」作「德輿」。「朋來」作「崩來」。「朵頤」作「瑞頤」。「水洊至」，「洊」作「臻」。「祇既平」，「祇」作「禔」。「大耋」作「經」。「憧憧」作「憧」。「夷于左股」，「夷」作「胰」。「先張之弧，後説之弧」，「弧」作「壺」。「赦過宥罪」作「尤罪」。「劓刖」作「劓劊」。「吾與爾靡之」作「劘之」。「月幾望」作「近望」。「繻有衣袽」作「絮」。「旁行而不流」作「留」。「天下之賾」作「嘖」。「行其①典禮」作「等禮」。「再扐而後掛」作「卦」。「可與酬酢」作「醋」。「易以貢」作「工」。「洗心」作「先心」。「包犧」作「伏戲」。「坎爲豕」作「彘」。「爲瘠馬」作「柴馬」。「爲吝」作「遴」。「爲馵足」作「朱足」。「爲矯輮」作「柔」。「豫，怠也」，「怠」作「治」。皆與今易異辭，見陸氏釋文。

段氏嘉易傳

漢志：「十二篇。」

佚。

〔補正〕

漢書：「京房授東海段嘉、河東姚平、河南乘弘，皆爲博士②。」

① 「其」，文淵閣四庫本、備要本俱作「此」。

② 「博士」，依補正應作「郎、博士」。

當作「皆爲郎、博士」。（卷一，頁三）

蘇林曰：「東海人，爲博士。」

顔師古漢書註：「嘉即京房所從受易者也，見儒林傳及劉向别録。」

〔補正〕

丁杰按：漢書儒林傳：「京房受易於焦延壽，授於東海殷嘉。」此處「從受」二字，當是顔注傳刻之譌。（卷一，頁三）

方綱按：漢書儒林傳作「殷嘉」，蓋漢隸書「殷」字有類於「段」，形近而訛耳。宋胡一桂周易啓蒙翼傳中篇云：「京房授東郡殷嘉，藝文志：『京氏殷嘉十二篇。』」是知古本漢書藝文志作「殷」也。（卷一，頁三—四）

任氏良易旗

漢志著龜家：「七十一卷。」

佚。

漢紀：「京房薦上弟子姚平、任良，願以爲刺史。」

經義考卷八

易七

費氏直**周易注**釋文序録，新、舊書志①作「章句」。

七録：「四卷。」

佚。釋文：「殘闕。」

〔校記〕

馬國翰有輯本。（易，頁二）

① 「新、舊書志」，依備要本應作「新、舊唐書志」。

易林

隋志五行家：「二卷。」七録：「五卷。」

佚。

〔校記〕

馬國翰有輯本。（易，頁二）

周易筮占林

七録五行家：「五卷。」

佚。

易内神筮

隋志五行家：「二卷。」

佚。

漢書：「費直，字長翁，東萊人。治易爲郎，至單父令。長於卦筮，亡章句，徒以彖、象、繫辭十篇文言解説上、下經，琅琊王璜平中能傳之。劉向以中古文易經校施、孟、梁丘經，或脱去『无咎』、『悔亡』，惟費氏經與古文同。」

隋書：「費直傳易，其本皆古字，號曰『古文易』，行於人間而未得立。後漢陳元、鄭衆皆傳費氏之學，馬融又爲傳以授鄭玄。玄作易注，荀爽又作易傳，魏代王肅、王弼並爲之注，自是費氏易大興。」

歐陽修曰：「易至漢分爲三，有田何之易、焦贛之易、費直之易。今行世者惟有王弼易，其原出費氏，費氏興而田學遂息，古十二篇之易遂亡其本。」

邵博曰：「古易卦爻一、彖二、象三、文言四、繫辭五、説卦六、序卦七、雜卦八，其次第不相雜也。先儒謂費直專以彖、象、文言參解易爻，今入彖、象、文言於卦下者，自費氏始。」

朱震曰：「隋書經籍志：『漢費直注周易四卷，鄭康成注周易九卷，魏王弼注周易六卷、韓康伯注繫辭三卷。』鄭、王二家之易本於費氏，康伯之學卒於輔嗣①，則費氏之後，易經上下離爲六卷，繫辭五篇合爲三卷矣，是以二家所注皆九卷也。」

晁公武曰：「焦贛、費直傳受皆不明，漢末焦氏之學微，而費氏獨存。其學無章句，惟以彖、象、文言等十篇解上、下經，凡彖、象、文言等參入卦中，皆祖費氏。東京荀、劉、馬、鄭皆傳其學，王弼最後出，或用鄭説，則弼亦本費氏也。」

吴仁傑曰：「費直易省去彖傳、象傳、繫辭傳之目，但總以一傳字加於彖傳之首。王弼、王肅易皆存傳字，蓋本於此。」又曰：「費直易亡章句，崇文總目序云：『以彖、象、文言雜入卦中者，自費氏始。』按：鄭康成易以文言、説卦、序卦合爲一卷，則文言雜入卦中，康成猶未爾，非自費直始也。」

---

①「輔嗣」，文淵閣四庫本誤作「輔氏」。

馮椅曰：「直傳徒以彖、象、繫辭十篇之言解説上、下經。崇文總目云：『以彖、象、文言雜入卦中，自費始。』蓋誤以『之言』爲『文言』。且康成易猶以文言、説卦、序卦、雜卦合爲一篇，則不始直明矣。彖、象、繫辭之名一没，而汨亂古經則始於此。」

章如愚曰：「費氏興而餘學息，今所傳即費氏易也。」

趙汝楳曰：「漢興，群經殘闕，惟易爲全書，孰謂其紛揉反甚於他經。劉向以中古文易經較施、孟、梁丘經，或脱去『无咎』、『悔亡』，獨費氏經與古文同。施、梁丘、高氏亡於西晉，孟、京亦不傳，陳元、鄭衆皆傳費學。馬融、鄭玄、荀爽、王肅、王弼皆爲之注，今易乃費氏經也。」

熊朋來曰：「漢藝文志：『易經十二篇。』上、下經，十翼各自爲篇也。以彖、象雜入卦中者，自費直始，鄭康成之徒因之，古易遂紊然。其初不過如今乾卦之例，未入小象於各爻。王弼不知小象是韻語，自坤以下六十三卦，輒分入各爻，自乾、坤二卦各附文言，而諸卦文言散逸，今見於大傳者無幾也。」

胡一桂曰：「費直以彖、象、文言參入卦中，古經變亂，實權輿於此。」

朱睦㮮曰：「費直自爲易以相授受，原無師傳。」

佚。

高氏相易説

漢書：「相，沛人。治易，與費公同時，其學亦亡章句，專説陰陽災異，自言出於丁將軍。傳至相，相授子康及蘭陵母將永①，繇是易有高氏學。高、費皆未嘗立於學官。」

隋書：「高氏易亡於西晉。」

朱睦㮮曰：「高相易自言出於丁將軍寬。寬，景帝時人；相，平帝時人；相去甚遠，或亦私淑者也。」

趙氏賓**易論**

佚。

漢書：「蜀人趙賓好小數書，後爲易飾、易文，持論巧慧，易家不能難，皆曰：『非古法也。』賓死，莫能持其說。」

周必大曰：「文王重爻之時，紂雖虐而商未危，箕子尚爲商臣，其明未巳卦之六五巳曰：『箕子之明夷，利貞。』此趙賓所以鑿爲荄茲之說也。」

於陵氏欽**易吉凶**

漢志著龜家②：「二十三卷。」

---

① 「毋將永」，備要本作「毋將永」。

② 「漢志著龜家」，依備要本應作「漢志蓍龜家」。

佚。

伏氏萬壽**周易集林**

隋志五行家：「十二卷。」

佚。

阮孝緒曰：「易集林，伏萬壽撰。」

按：太平御覽引集林文云：「占天雨否。外卦得陰爲雨，得陽不雨，其爻發變，得坎爲雨，得離不雨，坎化爲巽，先雨後風①。」

嚴氏遵**周易骨髓決**

通志：「一卷。」

佚。

高士傳：「嚴遵，字君平，蜀人也。隱居不仕，嘗賣卜於成都市，日得百錢以自給，卜訖則閉肆下簾，以著書爲事。揚雄少從之遊，屢稱其德。」

何孟春曰：「嚴君平卜筮於成都市，以爲卜筮賤業，而可以惠衆人。有邪惡非正之問，則依著

① 「先雨後風」，文淵閣四庫本作「先風後雨」。

龜爲言利害，與人子言依於孝，與人弟言依於順，與人臣言依於忠，各因其勢導之以善。夫易爲卜筮作，以卜筮徵諸易之所言，豈曰賤哉？後世占驗紛論①之爲，則有不假易者，此君平所謂賤業爾。」

崔氏篆**易林**

六十四篇。

佚。

後漢書：「篆，涿郡安平人，王莽時爲郡文學，以明經徵，詣公車，太保甄豐舉爲步兵校尉。篆投劾歸後，爲建新大尹。建武初，幽州刺史舉篆賢良，篆自以宗門受莽僞寵，慚愧漢朝，遂辭歸不仕，客居滎陽。閉門潛思，著周易林六十四篇，用決吉凶，多占驗。」

連叢子：「孔子和爲臨晉令，其友崔駰以其家卦林占之，謂爲不吉。語子和曰：『盍辭乎？』答曰：『學不爲人，仕不擇官，所以爲吉也。且卜以決疑，不疑何卜？吉凶由人，而由卦林乎？』徑往之官。」

李石曰：「篆，駰之祖，著易林六十四篇。或曰卦林，或曰象林。」

① 「論」，備要本作「淪」。

洼氏丹**易通論**

本傳：「七篇。」

佚。

後漢書：「洼丹，字子玉，南陽育陽人，世傳孟氏易。王莽時常避世教授，專志不仕，徒衆數百人。建武初爲博士，稍遷，十一年，爲大鴻臚。作易通論七篇，世號『洼君通』，丹學義研深，易家宗之，稱爲大儒。」

東觀漢記：「丹作通論七卷。」

景氏鸞**易説**

佚。

後漢書：「景鸞，字漢伯，廣漢梓潼人。能理齊詩、施氏易，兼受河、洛圖緯。作易説及詩解，文句兼取河、洛，以類相從，名爲交集。」

益部耆舊傳：「鸞少隨師學經，涉七州之地，作易説及詩解，文句兼取河、洛，以類相從，名曰奥集。」

袁氏太伯**易章句**

佚。

王充曰：「東番鄒伯奇，臨淮袁太伯、袁文術，會稽吴君高、周長生之輩，位雖不至公卿，誠能知之囊橐，文雅之英雄也。觀伯奇之元思，太伯之易章句，文術之咸銘，君高之越紐録，長生之洞曆，劉子政、楊子雲不能過也。」

袁氏京**易難記**

佚。

後漢書：「京，字仲譽，汝陽人，習孟氏易，作難記三十萬言。初拜郎中，稍遷侍中，出爲蜀郡太守。」

彭氏宣**易傳**

佚。

册府元龜：「彭宣，字子珮①，淮陽人。爲大司馬、長平侯，作易傳。」

① 「子珮」，文淵閣四庫本作「子佩」。

胡一桂曰：「張禹授易於宣，位爲上公，見險而止，異於苟患失之者。」

戴氏崇**易傳**

佚。

册府元龜：「戴崇，字子平，沛人。爲少府，作易傳。」

樊氏英**易章句**

佚。

後漢書：「樊英，字季齊，南陽魯陽人。習京氏易，兼明五經、七緯，隱於壺山之陽。安帝初徵爲博士，順帝時拜五官中郎將，以光禄大夫賜告歸。著易章句，世名樊氏學。」

許氏峻**易新林**

隋志五行家：「一卷。」七録：「十卷。」

佚。

易決七録作「易要決」。

隋志五行家：「一卷。」七録：「三卷。」

佚。

易雜占

七録：「七卷。」

佚。

易災條

隋志五行家：「二卷。」

佚。

後漢書：「峻，字季山，汝南平輿人。善卜占①之術，時人方之京房。所著易林，至今傳於世。」

按：北堂書鈔引②許氏易災條云：「母病腹脹，蛇在井旁，當破缾甕，井沸泥浮，五色玄黄。」又初學記引易災條云：「井中有魚，似蟲出流，若當井沸，五色玄珠。」蓋亦焦氏易林類也。

---

① 「卜占」，文淵閣四庫本作「卜筮」。

② 「引」字，備要本脱漏。

馬氏融**周易注**或作「傳」。

七録：「一卷。」釋文序録，新、舊唐書作：「章句，十卷。」

佚。

〔校記〕

孫堂、黄奭、馬國翰均有輯本。（易，頁二）

後漢書：「馬融，字季長，扶風茂陵人。桓帝時爲南郡太守，著三傳異同説，注孝經、論語、詩、易、三禮、尚書。」

荀悦曰：「孝桓帝時，故南郡太守馬融著易解，頗生異説。」

朱震曰：「費氏之易至馬融始作傳，融傳鄭康成，康成始以彖、象連經文。」

按：馬氏易傳見於釋文，與今易異者：「聖人作而萬物覩」作「聖人起」。「婚媾」作「冓」，云：「重昏也。」「擊蒙」作「繫蒙」。「血去」作「恤去」。「履愬愬」作「虩虩」。「天道虧盈」作「毀盈」。「介于石」，「介」作「扴」，云：「觸小石聲。」「由豫」作「猶豫」，云：「疑也。」「盍簪」作「臧」。「天命不祐」作「右」。「百果草木皆甲折」作「甲宅」，云：「根也。」「萃亨」无「亨」字。「德之修也」，「修」作「循」。

經義考卷九

易八

鄭氏玄周易注

隋志：「九卷。」七録：「十二卷。」舊唐志同。釋文序録、新唐書：「十卷。」

佚。王應麟録成一卷。

〔補正〕

案：舊唐志：「鄭氏注九卷。」不知竹垞何以云與七録同也。又案：釋文：「鄭氏注十卷。」下云：「録一卷。」竹垞亦不採此語。則九卷、十卷同異之故不明矣。（卷一，頁四）

〔校記〕

惠棟、張惠言輯本各三卷，袁鈞輯本九卷，孔廣森、丁杰輯本各十二卷，丁本附正誤一卷。孫堂輯本三卷，補遺一卷。（易，頁二）

後漢書：「鄭玄字康成，北海高密人。師事京兆第五元先，始通京氏易、公羊春秋，又從東郡張恭祖受周官、禮記、左氏春秋、韓詩、古文尚書。以山東無足問者，迺西入關，因涿郡盧植事扶風馬融。公車再徵，不就①，徵爲大司農。所注周易、尚書、毛詩、儀禮、禮記、論語、孝經、尚書大傳，又著六藝論、毛詩譜、駁許慎五經異義、答臨孝存周禮難，凡百餘萬言。」

淳于俊曰：「鄭玄合彖、象於經，欲使學者尋省易了。」

陸澄曰：「王弼注易，玄學之所宗。今若弘儒，鄭注不可廢。」

王儉曰：「易體微遠，實貫群籍，施、孟異聞，周、韓殊旨，豈可專據小王，便爲該備？依舊存鄭，意謂可安。」

蕭子顯曰：「康成生炎漢之季，訓義優洽一世。」

李延壽曰：「鄭玄並爲衆經注解，大行於河北。魏末大儒徐遵明門下講鄭氏所注周易，遵明以傳盧景裕及清河崔瑾，景裕傳權會、郭茂。權會早入鄴都，郭茂恒在門下教授，其後能言易者，多出郭茂之門。」

隋書：「鄭康成、王弼二注，梁、陳列於國學，齊代惟傳鄭義。至隋，王注盛行，鄭學寖微，今殆絶矣。」

---

① 「就」，文淵閣四庫本作「至」。

崇文總目：「今惟文言、説卦、序卦、雜卦合四篇止①，餘皆逸。」

〔補正〕

又按：宋志云：「鄭氏周易文言注義一卷。」而崇文總目云：「今惟文言、説卦、序卦、雜卦合四篇止，餘皆逸。」竹垞採崇文總目而不及宋志，何也？（卷一，頁四）

朱震曰：「鄭氏傳馬融之學，多論互體。」

吴仁傑曰：「鄭康成易，省去六爻之畫②，又省去用九用六覆卦之畫。移上下體於卦畫之下，又移卦名於兩體之下，又移初九至用九爻位之文，加之爻辭之上，又合彖傳、象傳於經，於彖傳加『彖曰』二字，於象傳加『象曰』二字。」

馮椅曰：「鄭氏易，隋志九卷，唐志十卷，不知何緣增一卷？崇文總目止有一卷，惟文言、説、序、雜合四篇，餘皆逸。旨趣淵確，去聖人未遠也。中興書目亡。」

王應麟曰：「康成注易九卷，多論互體。江左與王輔嗣學並立，顔延之爲祭酒，黜鄭置王。齊陸澄貽王儉書云：『易自商瞿之後，雖有異家之學，同以象數爲宗，數年後乃有王弼之説。』王濟云：『弼所誤者多，何必能頓廢前儒？河北諸儒專主鄭氏，隋興，學者慕弼之學，遂爲中原之師。唐因之。今鄭注不傳，此景迂晁氏所慨嘆也。』李鼎祚云：『鄭多參天象，王全釋人事，易道豈偏滯於天人者哉？』合彖、

---

①「止」，文淵閣四庫本作「其」。

②「畫」，文淵閣四庫本作「卦」。

象於經，蓋自康成始，其説間見於鼎祚集解及釋文，易、詩、三禮、春秋義疏，後漢書、文選注。乃於讀易之暇，輯爲一卷，庶使先儒象數之學猶有考焉。』又曰：「鄭康成詩箋多改字，其注易亦然。如『包蒙』，謂『包』當作『彪』，文也。泰『包荒』謂『荒』讀爲『康』，虛也。大畜『豶豕之牙』，謂『牙』讀爲『互』。大過『枯楊生荑』，謂『枯』音『姑』，山榆也。晉『錫馬蕃庶』讀爲『蕃遮』，謂『蕃遮，禽也』。解『百果艸木皆甲柝』作『甲宅』，『皆』讀如『解』，『解』謂『坼』，呼『皮』曰『甲』，『根』曰『宅』。困『劓刖』當爲『倪伔』。萃『一握爲笑』，『握』讀爲『夫三爲屋』之『屋』。繫辭『道濟天下』之『道』當作『導』。『言天下之至賾』，『賾』當爲『動』。説卦『爲乾卦』，『乾』當爲『幹』。其説多鑿。」

按：鄭氏之易與王輔嗣本不同者甚多，如：「爲其嫌于无陽也」，「嫌」作「謙」。「君子以經綸」作「論」。「君子幾」作「機」。「包蒙」，「包」作「彪」。「需」讀爲「秀」。「需于沙」作「沚」。「致寇」作「戎患」。「至掇也」，「掇」作「惙」。「終朝三褫」之「褫」作「拕」。「王三錫命」，「錫」作「賜」。「乘其墉」作「庸」。「明辨晳也」，「晳」作「遰」。「裒多益寡」，「裒」作「捊」。「舍車而徒」，「車」作「輿」。「賁如皤如」，「皤」作「蹯」。「頻復」作「顰復」。「枯楊生梯」作「荑」。「不鼓缶而歌」作「擊缶」。「則大耋之嗟」下無「凶」字。「離王公也」，「離」作「麗」。「浚恒」作「濬恒」。「或承之羞」，「或」作「咸」。「羸其角」，「羸」作「纍」。「不詳也」，「詳」作「祥」。「失得勿恤」作「矢得勿恤」。「文王以之」作「似之」。「夷于左股」，「夷」作「睇」。「其牛掣」作「挈」。「先張之弧，後説之弧」，「弧」作「壺」。「宜待也」作「宜待時也」。「懲忿窒欲」，「窒」作「懫」。「壯于頄」作「頯」。「其行次且」作「趑且」。「姤」作「遘」。「后以施命誥四方」作「詰四方」。「升」作「昇」。「劓刖」作「倪伔」。「其形渥」作「剭」。「列其夤」作「臏」。「遇其配主」，「配」作「妃」。「豐其蔀」作「菩」。「豐其沛」作「韋」。「日中見沬」作「昧」。「天際翔也」，「翔」作「祥」。「麗澤兑」作「離澤」。「所樂而玩者」，「玩」作「翫」。「故君子之道鮮矣」，「鮮」作「尟」。「藏諸用」，「藏」作「臧」。「議之而後動」作「儀之有功」。「而不德」作「不置」。「冶容」作「野容」。「又以尚賢也」作「有以」。「暴客」作「虣客」。「雜物撰德」，「撰」作「算」。「爲廣顙」作「黄顙」，「爲科上槁」作「稾」。「爲黔喙之屬」作「黯喙」。「蠱則飭也」，「飭」作「節」①。當日河北諸儒專主鄭學，今則王伯厚所集一卷外，見於陸氏釋文者僅此爾。

〔補正〕

此條竹垞案内「爲其嫌于无陽也」，「嫌」作「謙」。按：王伯厚輯鄭氏易作：「爲其慊于陽也，慊一作濂。」「包蒙」，「包」作「彪」；按：鄭氏易作「苞蒙」，下注云：「苞當作彪。」蓋鄭未嘗改作「彪」也。「需于沙」作「沚」；按：鄭氏易作「沚」，釋文及玉海引鄭易作「沚」，惠棟曰：「當作沚，與沙同。」「裒多益寡」，「裒」作「捊」；按：漢上易引此云：「裒讀作捊，取也。」然則鄭亦未嘗改作「捊」也。「賁如皤如」，「皤」作「蹯」；按：釋文引鄭氏易作「燔」。「頻復」作「顰復」；按：玉海引鄭作「卑復」。「劓刖」作「倪仉」；按：釋文引鄭云：「劓刖當爲倪仉」然則鄭亦未嘗改作「倪仉」也。「暴客」作「虣客」；按：王伯厚輯鄭易作「虣客」。「爲黔喙之屬」作「黯」；按：此「黯」字，「黚」之訛也。「蠱則飭也」，「飭」作「節」；按：此「節」字，「飾」之訛也。（卷一，頁四—五）

① 「節」，依補正應作「飾」。

荀氏爽周易注

隋志：「十一卷。」新、舊唐書志：「十卷。」

佚。

〔校記〕

黄奭、馬國翰均有輯本。（易，頁三）

後漢書：「爽，字慈明，一名諝，潁川潁陰人。延熹五年，拜郎中；獻帝即位，就拜平原相，行①至宛陵，復追爲光禄勳，視事三日，進拜司空。著禮、易傳、詩傳、尚書正經、春秋條例，又作公羊問及他所論敘凡百餘篇。」

張璠曰：「爽起自布衣，九十五日而至三公。」

荀悦曰：「臣悦叔父故司徒爽，著易傳，據爻象承應、陰陽變化之義，以十篇之文解説經意，由是兖、豫之言易者，咸傳荀氏學。」

虞翻曰：「漢初以來，海内英才其讀易者，解之率少。至孝靈之際，潁川荀諝號爲知易，臣得其注，有愈俗儒，又南郡太守馬融有俊才，其所解釋，復不及諝。」

鄒湛曰：「易：『箕子之明夷。』荀爽訓箕爲荄，詁子爲滋，漫衍無經，不可致詰。」

① 「行」字，四庫薈要本脱漏。

程迥曰：「荀爽於説卦添物象以足卦爻所載，查元章謂不須添，添亦不盡。」

九家易解

隋志：「十卷。」釋文序録、新、舊唐書志作「集解」。

佚。

〔校記〕

黄奭、馬國翰均有輯本，九家易解並有王謨、張惠言輯本。（易，頁三）

陸德明曰：「荀爽九家集注十卷，不知何人集，所①稱荀爽者，以爲主故也。其序有荀爽、京房②、馬融、鄭玄、宋衷、虞翻、陸績、姚信、翟子元；注内又有張氏、朱氏，並不詳何人。其説卦傳本乾後更有『四爲龍，爲直，爲衣，爲言』。坤後有『八爲牝，爲迷，爲方，爲囊，爲黄，爲裳，爲帛，爲漿』。震後有『三爲玉，爲鵠，爲鼓』。巽後有『二爲揚，爲鸛』。坎後有『八爲宫，爲律，爲可，爲棟，爲叢棘，爲狐，爲蒺藜，爲桎梏』。離後有『一爲牝牛』。艮後有『三爲鼻，爲虎，爲狐』。兑後有『二爲常，爲輔頰』。注云：『常，西方神也』」。

〔補正〕

---

① 「集，所」，依補正、四庫薈要本、文淵閣四庫本應作「所集，」。

② 「京房」，文淵閣四庫本誤作「景房」。

陸德明曰：「不知何人集，所稱荀爽者，以爲主故也。」「集所」當作「所集」。（卷一，頁五）

朱震曰：「秦、漢之時，易亡說卦。孝宣時，河內女子發老屋，得說卦。至後漢荀爽集解，又得八卦逸象三十有一。」

李心傳曰：「九家易說卦坤有『爲牝，爲迷，爲方，爲囊，爲裳，爲黃，爲帛，爲漿』字。牝，陰陽也。迷，先迷之意。方，地之形。囊，所容物。裳，下服。黃，地之色。帛，桑土所生。漿，未詳其義。」

吳仁傑曰：「易爻三百八十六，諸儒但知三百八十四爻耳。獨荀爽論八純卦之爻，通用九、用六而爲五十，他未有以爲言者。按：說卦所論二篇之策，此三百八十四爻之策也。乾、坤之策則用六、用九兩爻之策也。注、疏既通乾、坤之策爲兩篇之策，朱氏又破荀爽之說，謂用九、用六皆在八卦爻數之內。若爾，則乾、坤之策未免於重出，而用九、用六兩爻亦幾於贅而可削矣。夫有是爻則必有是策，今三百八十六爻具在，而獨置兩爻不論，聖人之意豈若是乎？」

王應麟曰：「荀爽易，其說見於李鼎祚集解，若乾升於坤曰雲行，坤降於乾曰雨施。乾起坎而終於離，坤起離而終於坎；離、坎者，乾、坤之家而陰陽之府，故曰：『大明終始。』皆諸儒所未發。」

董真卿曰：「荀爽有周易章句十卷，又集九家集解十卷。」

郝敬曰：「九家者流，附會穿鑿，迂僻無當。」

按：荀氏易注見於釋文所引，其文不同於今者：「陰疑于陽」，「疑」作「凝」。「爲其嫌於无陽也」，「嫌」作「嗛」。「財成天地之道」作「裁成」。「裒多益寡」，「裒」作「捊」。「朋盍簪」作「宗」。「賁如皤如」，「皤」作「波」。「蔑貞凶」，「蔑」作「滅」。「其欲逐逐」作「悠悠」。「大耋之嗟」作「差」。「下戚嗟若」亦爾。「出涕沱若」，「沱」作「池」。「咸其拇」作「母」。「解而拇」同。「咸其腓」作「肥」。「有疾憊也」，「憊」作「備」。「文王以之」作「似之」。「家人嗃嗃」作「確確」。「其牛掣」作「觭」。「以正邦也」爲漢諱，作「國」。「已事遄往」，「遄」作「顓」。「惕號」，「惕」作「錫」。「包有魚」，「包」作「胞」。「聚以正也」，「聚」作「取」。「君子以除戎器」，「除」作「慮」。「劓刖」作「鯢䠱」。「井谷射鮒」，「射」作「耶」。「井收勿幕」，「收」作「甃」。「震來虩虩」作「愬愬」。「震遂泥」作「隊」。「列其夤」作「瞖」。「厲薰心」，「薰」作「動」。「婦孕不育」，「孕」作「乘」。「歸妹以須」作「嬬」。「月幾望」作「既望」。「中孚同雖句」作「均」。「匪夷所思」，「夷」作「弟」。「婦喪其茀」作「紱」。「言天下之至賾而不可惡也」，「惡」作「亞」。「可與祐神矣」，「祐」作「侑」。「六爻之義易以貢」作「功」。「爲矯輮」作「撓」。「爲亟心」作「極心」。「豐多故親句」，「寡旅也」別爲句。

劉氏表周易章句

隋志：「五卷。」新、舊唐書同。中經簿録：「易注十卷」。七録：「九卷，目録一卷。」

佚。

〔校記〕

黄奭、馬國翰均有輯本，……劉、宋兩家並有孫堂輯本。（易，頁三）

後漢書：「劉表，字景升，山陽高平人，魯恭王之後也。爲鎮南將軍、荊州牧，封成武侯，關西、兗、豫學士歸者千數。表起立學校，博求儒術，綦母闓、宋忠等撰立五經章句，謂之『後定』。」

謝承後漢書：「表受學於同郡王暢。」

漢末英雄記州略：「群寇既盡，表乃開立學官，博求儒士，使綦母闓、宋忠等撰定五經章句。」

宋氏衷**周易注**或作「忠」。

七録：「十卷。」新、舊唐書志同，釋文序録：「九卷。」

佚。

〔校記〕

黄奭、馬國翰均有輯本，……劉、宋兩家並有孫堂輯本。（易，頁三）

隋志：「梁有漢荊州五業從事宋忠注周易十卷，亡。」

虞翻曰：「北海鄭玄、南陽宋忠雖各立注，忠小差玄而皆未得其門，難以問世。」

陸德明曰：「衷，字仲子，南陽章陵人。」

李氏譔**古文易**

佚。

蜀志：「李譔，字欽仲，梓潼涪人。父仁，字德賢，與同縣尹默俱游荊州，從司馬徽、宋忠等學。譔具傳其學，又從默講論五經，延熙元年爲庶子，遷僕射，轉中散大夫右中郎將。著古文易、尚書、毛詩、三禮、左氏傳、太玄指歸，皆依準賈、馬，異於鄭玄，與王氏殊隔，初不見其所述而意歸多同。」

張氏滿**周易林**

唐志：「七卷。」

佚。

按：張滿，未詳何代人，唐志列於許峻之前，姑附於此。

魏氏伯陽**周易參同契**

唐志：「二卷。」崇文總目：「一卷。」通考：「三卷。」

存。

〔補正〕

案：唐志又有「伯陽周易五相類一卷」，應補載。（卷一，頁五）

陸德明曰：「虞翻注參同契，云：『易字，從日下月。』」

三洞珠囊：「魏伯陽撰參同契，其說以周易爻象論作丹之事，而儒者不知神丹之事，多作陰陽注之，殊失其旨。」

中興書目：「參同契明金丹之訣，篇題蓋倣緯書之目，詞韻皆古，奧雅難通。首言乾、坤、坎、離四卦橐籥之外。其次言屯、蒙六十卦，以見一日用功之蚤晚。又次言納甲六卦，以見一月用功之進退。又次言十二辟卦，以分納甲六卦而兩之。蓋内以詳理月節，外以兼統歲功，此書大要，在坎、離二字。」

彭曉序曰：「魏伯陽，會稽上虞人。修真潛默，養志虛無，博贍文詞，通諸緯候，得古人龍虎經，盡獲妙旨，乃約周易譔參同契三篇，復作補塞遺脱一篇，所述多以寓言借事，隱顯異文，密示青州徐從事，徐乃隱名而注之。桓帝時，公復傳授與同郡淳于叔通，遂行於世。參，雜也；同，通也；契，合也；謂與周易理通而義合也。其書假借君臣以彰内外，敘其離、坎，直指汞鉛；列以乾、坤，奠量鼎器；明之父母，保以始終；合以夫妻，拘其交媾；譬諸男女，顯以滋生；析以陰陽，導之反復；示之晦朔，通以降騰；配以卦爻，形於變化；隨之斗柄，取以周星；分以晨昏，昭諸刻漏。莫不託易象而論之，故名周易參同契云。」

晁公武曰：「漢魏伯陽撰。按：神仙傳：『伯陽，會稽上虞人，通貫詩律，文辭贍博，修真養志。』約周易作此書，凡九十篇，徐氏箋注。桓帝時以授同郡淳于叔通，因行於世，彭曉爲之解，隋書不載。按：唐陸德明解易字云：『虞翻注參同契，言字從日下月。』今此書有『日月爲易』之文，其爲古書明矣。」

鄭東卿曰：「伯陽之參同契，意在鍛鍊而入於術，於聖人之道爲異端。」

朱子曰：「參同契本不爲明易，姑借此納甲之法，以寓其行持進退之候。其言納甲之法，則今所謂京房占法，見於火珠林者，是其遺法。所云甲乙丙丁庚辛者，乃以月之昏旦出没言之，非以分六卦之方也。此雖非爲明易而設，然易中無所不有，苟其言自成一家，可推而通，則亦無害於易。」又曰：「參同契文章極好，蓋後漢之能文者爲之，其用字皆根據古書，非今人所能解。」

范成大曰：「伯陽作參同契、五行相類，凡三卷。其説似周易，其實假借爻象以論作丹之意，而世人不攷丹事，每作陰陽決之，殊失其旨。」

黄震曰：「參同契者，漢世上虞人魏伯陽所造，其説出於神仙傳，不足憑。爲之注釋者，五代末彭曉，則此書必出於五代之前也。參，雜也；同，通也；契，合也。此方士煉丹之書，謂與諸丹經理通而義合也。然必冒周易爲稱者，煉丹取子午時爲火候，是坎、離，因用乾、坤、坎、離四正卦於槖籥之外。其次言屯、蒙六十卦，以見一日用功之早晚。又次言納甲六卦，以見一月用功之進退。又次言十二辟卦，以分納甲六卦而兩之。要皆附會周易，以張大粉飾之。其實煉丹無符於易，易本無預於煉丹，而今世言火候者，因以三百八十四爻爲一週天，以一爻值一日，而爻多日少，終不相合，其妄可知。近世①蔡季通學博而不免於雜，嘗留意此書，而晦庵與之游，因爲校正，其書頗行，然求其義，則終無之。嗚呼！煉丹之説盛於唐，而唐世人主若士大夫，凡惑之者無不速其死，此書又可尚乎？道書魏伯陽傳言：『伯陽將三弟子、一白犬入山作金丹，及成，與犬，犬死，伯陽自服自死，弟子繼服又死，二弟子不服而出山，爲伯陽求棺斂，至則伯陽已活矣。』其鄙如此，且或有之，人主奈何以一死試丹，而伯陽之再活者，今安在？壽幾何耶？」

劉辰翁曰：「古書惟參同契似先秦文。」

俞琰曰：「參同契文：『委時去害，與鬼爲隣。』委鬼，魏字也。鄭焕改鬼爲仙，誤矣。『百世一下，

---

① 「世」，文淵閣四庫本作「日」。

遨遊人間。』百一之下爲白，人乃其旁之立人，合之則伯字也。『湯遭阨際，水旱隔並。』湯遭旱①而無水，易②字也；阨之厄際爲卩，合之則陽字也。此自解魏伯陽三字也。」

胡一桂曰：「參同契三篇，補塞遺脱一篇，大概借易以明火候煉丹修養之法。孟蜀彭曉爲之分九十一章解義，朱文公又隱名而爲之注，讎定考辨正文，復爲上中下三篇。」

薛瑄曰：「參同契假易論長生之術，若指諸掌，然終是方技之書。」

陸深曰：「魏伯陽作參同契，本之緯書，文字結搆頗爲古質，時作韻語，多所根據，過於文人華靡之作。」

羅欽順曰：「參同契有彭曉、陳顯微、儲華谷、陰真人、俞琰、陳致虛六家注，皆能得其微旨。」

按：參同契本道家之言，不當列於經義，然朱子嘗爲之注，且謂「無害於易」，故附載之。是書諸家注解頗衆，則概略而不記也。

亡名氏古五子傳

漢志：「十八篇。」

以下俱佚。

---

① 「旱」，文淵閣四庫本誤作「早」。
② 「易」，依文津閣四庫本應作「易」。

〔校記〕

馬國翰有輯本。（易，頁三）

漢律曆志：「日有六甲，辰有五子。」

劉向別録：「所校讎中古五子書，除復重，定著十八篇，分六十四卦。著之辰，自甲子至壬子，凡五子。」

漢書藝文志注：「自甲子至壬子，説易陰陽。」

古雜傳①

漢志：「八十篇。」

〔補正〕

案：漢志云：「古五子十八篇。古雜八十篇。」俱無「傳」字，今應將「傳」字刪去。（卷一，頁五）

神輸

漢志：「五篇②。」

---

①「古雜傳」，依補正應作「古雜」。

②「五篇」下，依補正應補「圖一」二字。

〔補正〕

「神輸，五篇」下有「圖一」二字，當補。（卷一，頁五）

劉向曰：「神輸者，王道失則災害生，得則四海輸之祥瑞。」

梁元帝曰：「易則神輸道訓。」

雜災異

漢志：「三十五篇。」

周易

漢志蓍龜家：「三十八卷。」

蓍書

漢志蓍龜家：「二十八卷。」

周易明堂

漢志蓍龜家：「二十六卷。」

周易隨曲射匿

漢志蓍龜家：「五十卷。」

漢書東方朔傳：「上嘗使諸數家射覆，朔自贊曰：『臣嘗受易，請射之。』迺別蓍布卦而對。」

大筮衍易

漢志蓍龜家：「二十八卷。」

大次雜易

漢志：「三十卷。」

易卦八具

漢志蓍龜家：「卷未詳。」

鼠序卜黄

漢志蓍龜家：「二十五卷。」

周易版詞

通考：「一卷。」

陳振孫曰：「不知名氏，當是漢、魏以前人所爲，其間官名皆東京制也。」

經義考卷十

易九

王氏朗**易傳**

佚。

魏志：「王朗，字景興，東海郡人，魏國初建，以軍祭酒領魏郡太守，遷御史大夫，改司空，進封蘭陵侯，謚曰成。著易、春秋、孝經、周官傳，咸傳於世。正始五年十二月，詔故司徒王朗所作易傳，令學者得以課試。」

魏略：「朗，本名嚴，後改爲朗。」

董氏遇**周易註**釋文序録作「章句」。

七録：「十卷。」

佚。

〔校記〕

孫堂、黄奭、馬國翰均有輯本。（易，頁三）

魏略：「遇，字季直，建安初舉郡孝廉，稍遷黄門侍郎。黄初中出爲郡守，明帝時入爲侍中、大司農。遇善左氏傳，更爲作朱墨別異，人有從學者，遇不肯教，而云：『必當先讀百遍。』言讀書百遍而義自見。從學者云：『苦渴無日。』遇言：『當以三餘。』或問三餘之義，遇言：『冬者，歲之餘。夜者，日之餘。陰雨者，時之餘也。』由是諸生少從遇學，無傳其朱墨者。」

魏志：「明帝時，大司農弘農董遇歷注經傳，頗傳於世。」

陸德明曰：「遇，弘農華陰人。」

朱震曰：「天地之數五十有五，董遇謂其六以象六畫之數，減卦之六畫爲四十九。不知五十有五，天地之極數，大衍之數五十，其一太極不動，而四十九運而爲八卦，重而六十四，若去六畫，即説不通。」

按：董氏易注「君子體仁」作「體信」，與京氏、荀氏同。「裒多益寡」，「裒」作「捊」①，與鄭氏、荀氏同。「洗心退藏于密」，「洗」作「先」，與京氏、荀氏、虞氏、張氏同。「夫坤隤然示人簡矣」，「隤」作「妥」，與陸氏、姚氏同。餘如「拔茅如②，以其彙征」，「彙」作「夤」。「賁如皤如」，「皤」作「槃」。「君子得輿」作

① 「捊」，文淵閣四庫本誤作「桴」。
② 「如」，依四庫薈要本、文淵閣四庫本、文津閣四庫本應作「茹」。

「德車」。「婦喪其茀」作「笄」。「爲乾卦」作「幹卦」。與諸家别。

劉氏邠**易注**

佚。

管輅别傳：「故郡將劉邠，字令先，清和有思理，好易而不能精，與輅相見，自説注易將訖，輅言：『今明府欲勞不世之神，經緯大道，誠富美之秋。然輅以爲注易之急，急於水火，水火之難，登時之驗，易之清濁，延於萬代，不可不先定其神而後垂明思也。自旦至今，聽採聖論，未有易之一分，易安可注也？』邠因易繫辭諸篇之理以爲注，不得其要，輅尋聲下難，事皆窮析，曰：『夫乾、坤者，易之祖宗，變化之根源，今明府論清濁者有疑，疑則無神，恐非注易之符也。』邠言：『數與何平叔論易及老、莊之道，至於精神遐流，與化周旋，清若金水，鬱若山林，非君侶也。』」

管氏輅**周易通靈訣**

隋志五行家：「二卷。」

佚。

周易通靈要決

隋志五行家：「一卷。」

佚。

周易林

唐志五行家：「四卷。」

佚。

隋書：「魏少府丞管輅撰。」

趙汝楳曰：「梁丘賀以占筮顯名，漢宣時費直長於卦筮，高相專説災異，其後虞翻、關子明之徒尤注意於占，至管輅雖分筮八卦，乃絶口不及易中辭義矣。」

胡一桂曰：「公明精於卦筮，窮極幽微，占言吉凶禍福，無毫髮爽，雜以射覆説相，一皆神妙。」

郝敬曰：「管輅分蓍占象，援引易理，自謂得其源，遂涉其流。然此實一人一家之學，其於民義物則至德要道無與焉，聖人所謂隱怪弗爲者也。」

鍾氏會**周易无互體論**

七録：「三卷①。」

佚。

① 「三卷」，文淵閣四庫本作「十卷」。

周易盡神論

隋志：「一卷。」

佚。

魏志：「鍾會，字士季，潁川長社人。太傅繇小子也，爲司徒。初，會弱冠，與山陽王弼並知名，會嘗論易无互體。」

孫盛曰：「荀顗嘗難會易无互體，見稱於世。」

王氏肅周易注

隋志：「十卷。」

佚。

〔校記〕

孫堂、黄奭、馬國翰均有輯本。（易，頁三）

周易音

佚。

魏志：「肅，字子雍，年十八，從宋忠讀太玄，而更爲之解。黄初中爲散騎黄門侍郎，後以常侍領秘書監，兼崇文館祭酒，出爲廣平太守；徵還，拜議郎，頃之，爲侍中，遷太常，後遷中領軍，加散騎常侍。肅善賈、馬之學，而不好鄭氏，采會同異，爲尚書、詩、論語、三禮、左傳解，及撰定父朗所作易傳，皆列於學官。」

李延壽曰：「鄭玄易大行於河北，王肅易亦間行焉。」

陸德明曰：「子邕，東海蘭陵人。魏衛將軍太常、蘭陵景侯，又注尚書、禮喪服、論語、孔子家語，述毛詩注，作聖證論以難鄭玄。」又曰：「爲易音者三人，王肅、李軌、徐邈。」

王應麟曰：「王肅注易十卷，今不傳。釋文云：『自繫辭訖於雜卦，肅本皆有傳字。』漢儒林傳云：『孔子晚而好易，讀之，韋編三絶，而爲之傳。』肅本是也。其注『噬乾胏，得金矢』曰：『四體離陰，卦骨之象，骨在乾，肉脯之象。金矢所以獲野禽，故食之反得金矢。君子於味必思其毒，於利必備其難。』見太平御覽。」

胡一桂曰：「王肅撰定其父成侯朗所作易傳，列於學官，本義所引有曰王肅本者是也。」又曰：「王肅注周易十卷，崇文總目乃十一卷，題王肅傳，云後人纂①陸德明釋文所取者附益之，非肅本書。」

按：王氏易注、易音皆不傳，見於釋文所引者：「六爻發揮」作「輝」。「其惟聖人乎」作「愚人」，後結始作「聖人」。「即鹿」作「麓」。「雲上於天」作「雲在天上」。「致寇至寇」作「戎」。「鞶帶」作「槃帶」。「承天寵也」，「寵」作「龍」。「比之匪人」作「匪人凶」。「天下隨時」作「之」。「隨時之義」作「隨之時

① 「纂」，文淵閣四庫本誤作「算」。

義」。「君子以嚮，晦入宴息」，「嚮」作「鄉」。「君子以振民育德」，「育」作「毓」。「有子考无咎」，以考絶句。「盥而不薦」作「觀薦」。「王用出征以正邦也」，下更有「獲匪其醜，大有功也」八字。「有戾憊也」，「憊」作「斃」。「羸其角」，「羸」作「縲」。「不詳也」，「詳」作「祥」①。「失得勿恤」作「得失勿恤」。「夷於左股」作「般」。「其人天且劓」作「黥」。「中行告公用圭」作「用桓圭」。「后以施命誥四方」，「誥」作「詰」。「繫于金柅」作「抳」。「來徐徐」作「余余」。「劓刖」作「黥刖」。「女歸吉也」作「女歸吉」。「利貞，君子以居，賢德善俗」作「善風俗」。「天際翔也」，「翔」作「祥」。「乾知大始」，「大」作「泰」。「而成位乎其中矣」，「而」下有「易」字。「範圍天地之化」作「犯違」。「開物成務」，「開」作「闓」。「洛出書」作「雒」。「何以守位？曰人」作「仁」②。「妙萬物而爲言」，「妙」作「眇」。「爲臭」作「爲香臭」。「蠱則飭也」，「飭」作「節」③。自繫辭上訖於雜卦，皆有傳字，與諸家多不同。

〔補正〕

竹垞按：王氏易注、易音見於釋文所引者：「六爻發揮」作「輝」；按：陸氏釋文：「『揮』音『輝』」，王肅云：『散也，本亦作輝。』」未嘗云：「王肅本作『輝』也。」「失得勿恤」作「得失」；按：釋文「失得」王肅本作「矢」，王云「離爲矢」，不云「作得失」也。「蠱則飭也」，「飭」作「節」；按：此「節」字乃「飾」字

① 「『詳』作『祥』」，四庫薈要本誤作「『祥』作『詳』」。
② 「作『人』」，依四庫薈要本、文淵閣四庫本應作「『人』作『仁』」。
③ 「節」，依補正應作「飾」。

之訛。（卷一，頁五）

王氏弼周易注

隋志：「六卷。」七志：「十卷。」

存。

〔補正〕

案：新唐志有王弼大衍論三卷，舊唐志作一卷。經義攷未載，所引陳振孫一條內，亦未言及。（卷一，頁六）

〔校記〕

今本注九卷、略例一卷。朱氏於現存各書，皆載前人著録卷數，而不載見存卷數，兹一一補之。（易，頁三）

魏志：「弼好論儒道，辭才逸辨，注易及老子，爲尚書郎，年二十餘卒。」

何劭曰：「弼注易，往往有高麗言，太原王濟好談易、老、莊，常云：『見弼易注，所悟者多。』然弼爲人淺而不識物情。」

孫盛曰：「易之爲書，窮神知化，非天下之至精，其孰能與於此？世之注解，殆皆妄也。況弼以附會之辨，而欲籠統玄旨者乎？故其序浮義則麗辭溢目，造陰陽則妙賾無闡，至於六爻變化，群象所效，日時歲月，五氣相推，弼皆擯落，多所不關，雖有可觀者焉，恐將泥夫大道。」

王儉曰：「易體微遠，實貫群籍，施、孟異聞，周、韓殊旨，豈可專據小王，便爲該備。」

李延壽曰：「河南即青、齊之間，儒生多講王輔嗣所注，師訓益寡。」

孔穎達曰：「傳易者，西都則有丁、孟、京、田，東都則有荀、劉、馬、鄭，大體更相祖述，非有絶倫。惟魏世王輔嗣之注，獨冠古今，所以江左名儒並傳其學，河北學者罕能及之。」

陸德明曰：「弼，字輔嗣，山陽高平人。魏尚書郎，年二十四卒。注易上、下經六卷，作易略例一卷。」

石介曰：「王弼多取康成舊解爲之訓説，今之易蓋出於費説也。」

李石曰：「王弼注易，刻木偶爲鄭玄像，見其所誤，輒呼叱之。」

册府元龜：「顧悦之難王弼易義四十餘條，京口閔康之申王難顧，遠有情理。」

宋祁曰：「王弼著易，直發胸臆，不知鄭康成等師承有自。」

陳皐曰：「易本上下二篇，王弼注釋之時，以孔子十翼文相錯，因離爲六篇，謂之乾傳、泰傳。夫既稱經，又何以名傳？案：鄭康成本並無乾傳、泰傳字，蓋輔嗣加之也。」

代淵曰：「彖與大、小象，諸卦本同乾卦例，皆於六爻後相繼而列之，聚爲一處。至鄭康成、王弼注時，謂彖與大象本論卦體，故列六爻前，小象以釋爻，故各退在逐爻後，使人易曉，惟留乾之一卦不移。」

金君卿曰：「弼出於馬、鄭，馬、鄭出於費氏。」

程伯子曰：「王弼注易，玄不見道，但卻以老、莊之意解説而已。」

司馬光曰：「輔嗣好以老、莊解易，恐非易之本旨，其以雷動風行、運變萬化爲非天之心，然則爲此者果誰邪？」

張子曰：「以老氏、以有無論易，自王弼始。」

晁説之曰：「易雜老、莊而專明人事，則自王弼始。弼好老，魏、晉談玄，皆弼輩倡之，使當暴秦之時，則易豈能以卜筮免乎？」

郭雍曰：「漢興，諸儒僅能訓詁舉大義，或復歸於陰陽家流，大失聖人言易之旨。正始中，王輔嗣一切革去，易以高尚之言。然輔嗣祖述虚無，其辭雖美而無用於天下國家，於是易爲空言矣，又非三聖人所謂易之道也。」

邵博曰：「孔穎達謂王輔嗣之意：『象本釋經，宜相附近，分爻之象，各附當卦。』蓋古易既亂於費氏，又亂於王氏也。」

李綱曰：「弼有『得意在忘象，得象在忘言』之論，深斥象數之學，謂：『互體不足，遂及卦變，變又不足，推至五行，義無所取。』而近世學者遂廢象而不談，失聖人之意多矣。」

朱震曰：「弼去舊説，雜以老、莊之言，於是儒者專尚文辭，不復推原①大傳，天人之道，自是分裂不合。」

王炎曰：「焦延壽、京房、孟喜之徒，遁入於小數曲學，無足深誚。而鄭玄、虞翻之流，穿鑿附會，象既支離，理滋晦蝕。王弼承其後，遽棄象不論，後人樂其説之簡且便也，故漢儒之學盡廢，而弼之注釋

---

① 「原」字，文淵閣四庫本脱漏。

獨存於今。」

吴仁傑曰：「王弼易用康成本，謂：『孔子贊易之辭，本以釋經，宜相附近。』乃各附當爻，每爻加『象曰』以別之，謂之小象；又移文言附於乾、坤二卦，加『文言曰』三字於首，而以繫辭上、下傳字，施之說卦前後二篇；分上經『乾傳第一』、『泰傳第二』、『噬嗑傳第三』，下經『咸傳第四』、『夬傳第五』、『豐傳第六』，而無卷字。」

朱子曰：「王弼周易，巧而不明。」又曰：「古易彖、象、文言各在一處，至弼始合爲一，後世諸儒遂不敢與移動。」

陳振孫曰：「自漢以來，言易者多溺於占象之學，至弼始一切掃去，暢以義理，於是天下宗之，餘家盡廢。然弼好老氏，魏、晉談玄，自弼輩倡之。易有聖人之道四焉，去三存一，於道闕矣。況其所謂辭者，又雜異端之說乎？范甯謂：其罪深於桀、紂，誠有以也。」

章如愚曰：「三易同祖伏羲，而文王之易獨以理傳。五家同傳周易，而費氏之學獨以理傳。馬、王諸儒同釋易之學，而王弼之注獨以理傳。然則明易之要，在理而已矣。」

趙汝楳曰：「西漢之末，向長、范升諸人好談老、易；東都則折像①；魏則何晏、王弼、裴徽皆以玄說易，後至杜弼、王希尸、王績、武攸緒輩皆好之。開元初，詔張說舉通易、老、莊者，則易儕於老、莊矣。」

---

① 「像」，文淵閣四庫本作「象」。

税汝權曰：「易經羲、文、周、孔之手，可謂最古，而篇第不明。蓋漢、魏以來諸儒之皐，而王、韓尤其著者。魏志謂鄭康成始合彖、象於經，厥初猶如今乾卦附之於後，至王弼則自坤以下各爻聯綴之，標題乃以上經乾傳至下經豐傳爲六卷，已不知於義何居。及康伯又以上、下繫爲七、八卷，說、序、雜爲第九卷，略例爲第十卷，使羲、文、周公上下二篇之經不成二篇，而孔子十翼不成十翼。漢、魏迄今幾千餘年，列於學官，專置博士，無一人能辨其非者，惑世誣民，抑何甚哉？」

劉克莊曰：「京房、費直諸人皆舍章句而談陰陽災異，往往揆之前聖而不合，推之當世而少驗。至王輔嗣出，始研尋經旨，一掃漢學，然其弊流而爲玄虛矣。」

王應麟曰：「程子謂學易先看王弼，蓋輔嗣之注，學者不可忽也。其以寂然至无爲復，又云：『冬至陰之復，夏至陽之復。』蘇子美辨其非，愚謂先儒云：『至静之中有動之端，所以見天地之心。』與寂然至無之說異矣。」

黄震曰：「易，聖人之書也，所以明斯道之變易，無往不在也。王弼間以老、莊虛無之說參之，誤矣。」

丁易東曰：「漢去古未遠，諸儒皆以象變言易矣。言象變而遺理，不可也，王輔嗣一掃而去之。以其遺理而去之，可也，並象變而去之，則後之學者不知三聖命辭之本心矣。」

俞琰曰：「易：『初九，潛龍勿用。』此爻辭也，文王之所作也。『潛龍勿用，陽在下也。』此爻傳也，孔子之所述也。古易爻傳自爲一篇，不以附經，自費氏以此解經，而鄭康成傳費氏之學，始移附各卦經文之後，猶未若王弼以之分附於諸爻之下也。弼更以象爻置於爻辭之前，又於象辭之首，並爻傳之首，皆冠以『象曰』二字，於是後人以象辭爲大象、爻辭爲小象，象安有所謂大小哉？」又曰：「文王之辭謂之經，孔子之辭謂之傳；傳者，所以釋經之辭也。經有彖傳，即文王所繫於卦下之辭，孔子釋文王卦下之辭而傳述其意，故謂之彖傳。古者經與傳各爲一書，自費直以傳解注，而後鄭康成以彖傳連經文，然猶若今乾卦次序。至王弼乃自坤卦而始，每卦以彖傳移綴於彖辭之後，又加以『彖曰』二字冠之，後之人遂不謂之彖傳而直謂之彖。夫以孔子之彖傳爲彖，則文王之彖辭當復謂之何哉？學者惟弼是從，竟莫敢移動。呂汲公、王原叔、晁以道、李巽巖、呂東萊、朱紫陽皆以『分經合傳』非古，吴仁傑、税汝權編周易古經，亦皆極論弼之失，讀易者要當審其是，不可紐以舊説，而以彖傳爲彖也。」

吴源曰：「五經惟易最古，至費氏而古易遂變爲今。至鄭康成、王弼，而今易不可復古。噫！使天下後世不知聖人作易繫易之藴，皆漢、晉諸儒之過也。」

王禕曰：「弼注高談理致，以莊、老之意爲解。」

何喬新曰：「王弼之傳，祖尚清虚。」

楊時喬曰：「魏、晉間，王弼説行，依易談玄虚，名雖爲易，聖人卜筮尚占理，象數皆失之矣。」

郝敬曰：「魏、漢①以還，學者迷習訓詁，獨王輔嗣超然窺十翼之藩，而説者謂其於象太疎。」又曰：「易者，象而已矣，而弼曰：『得意在忘象。』弼懲漢、魏諸家之附會，矯枉過直，毁繩墨而尚清言，習氣使然，不可以爲訓也。」

① 「魏、漢」，依四庫薈要本應作「漢、魏」。

泥也。」

黄宗羲曰：「王輔嗣注易，得意忘象，得象忘言，日時歲月，五氣相推，悉皆擯落。顧論者謂其以老、莊解易，試讀其注，簡當而無浮氣，何曾籠絡玄言？故能遠歷於唐，發爲正義，其廓清之功，不可泯也。」

黄宗炎曰：「易以卜筮，獨不罹秦火，其民間自相授受，亦止言卜筮，而不敢及乎理義。故漢儒易學大抵多①論災祥禍福，以象數爲重，蓋其由來使然也。然其章句之沿習與訓詁之垂傳者，固未嘗廢也。乃宋人竟詆之，謂：『秦火焚書而書存，漢儒窮經而經絶。』豈其然哉？輔嗣生當漢後，見象占之牽强拘泥，有乖於聖教，始一切掃除，暢以義理，天下之耳目焕然一新，聖道爲之復覩。唐太宗詔長孫無忌與諸儒刊定義疏十餘家，凡辭尚虚誕者，皆所不取，惟王注獨冠古今，亦其學其辭有足以折服群賢，豈徒以當時習尚而漫爲回護之者哉？乃宋儒竟詆之，謂崇尚虚無，雜述異端曲説，晉、魏談玄，自王倡始。至神州陸沉，中原魚爛，皆輔嗣所肇，甚或擬其罪爲桀、紂。噫！亦太過矣。夫談象數則斥之如彼，詮辭理則咎之如此，爲宋以前之儒者，不亦難乎？」

陳廷敬曰：「費直以彖、象釋經，附於卦後，今乾卦『大哉乾元』至『用九，天德不可爲首』是其例也。雖其初加一傳字，以别於經，然十二篇之經直已亂之矣。至鄭康成注易，合彖、象於經，而所謂彖、象不連經文者猶在。至王弼注易，用康成本，又增入乾、坤文言，雖加『彖曰』、『象曰』、『文言曰』以别於經，然直之所既亂者，弼又從而亂之，若説卦等篇仍其舊，總曰繫辭，自是宋儒知有弼易而不知有古經矣。」

---

①　「多」，文淵閣四庫本作「皆」。

周易略例

隋志：「一卷。」新、舊唐書合周易注作「七卷」。

存。

〔補正〕

案：新唐志有「王弼大衍論三卷」，舊唐志作「一卷」。經義攷未載，所引陳振孫一條内，亦未言及。（卷一，頁六）

〔校記〕

今本注九卷，略例一卷。朱氏於現存各書，皆載前人著録卷數，而不載見存卷數，兹一一補之。（易，頁三）

邢璹曰：「略例者，舉釋綱目之名，統明文理之稱。略，不具也；例，舉並也。輔嗣以先儒注二十餘家，雖小有異同，而迭相雜述，推比所見特殊，故作略例以辨諸家之惑，錯綜文理，略録之也。」

項德棻曰：「王輔嗣周易略例明象、辨位二篇，淵乎邃也！邢氏稱其：『總一部之指歸，明六爻之得失，可以經天緯地，探測鬼神，推辟咎悔。』自博士宗宋，而此書塵土矣。」

沈珩曰：「輔嗣明卦、明爻諸篇，舉義明徹，不特掃象占之溺，亦出漢經師訓詁①之上。」

---

① 「詁」字，文淵閣四庫本脱漏。

周易窮微論

通志：「一卷。」

佚。

國史志：「王弼論易一卷，大類略例而不及。」

易辨

中興書目：「一卷。」

佚。

〔補正〕

案：新唐志有「王弼大衍論三卷」，舊唐志作「一卷」。經義攷未載，所引陳振孫一條内，亦未言及。

（卷一，頁六）

陳振孫曰：「世稱王輔嗣凡爲論五篇，館閣書目：『王弼易辨一卷，論彖論象，亦類①略例。』意即此書。又言：『此書已亡，至晉得之，王羲之承詔録藏於秘府，世莫得見。』未知何據？」

① 「類」，文淵閣四庫本作「頮」。

何氏晏**周易私記**

二十卷。

佚。

周易講説

十三卷。

佚。

册府元龜：「何晏撰周易私記二十卷、周易講説十三卷。」

孫氏炎**周易例**

佚。

魏志：「樂安孫叔然授學鄭玄之門人，稱東州大儒，徵①爲秘書監，不就。作周易、春秋例，毛詩、禮記、春秋三傳、國語、爾雅諸注。」

裴松之曰：「叔然與晉武帝同名，故志稱其字。」

---

① 「徵」，文淵閣四庫本誤作「懲」。

荀氏煇①**周易注**

七録：「十卷。」

佚。

荀氏家傳：「煇，字景文。又云：『字長倩。』太子中庶子，與賈充共定音律，又作易集解。」

魏志：「煇，官至虎賁中郎將。」

〔補正〕

翟均廉曰：「荀氏家傳：『荀彧長子惲，字長倩，官至虎賁中郎將。或兄諶，諶子閎，閎從孫煇，字景文，官太子中庶子，與賈充共定音律，作易集解。』竹垞云：『煇，字景文，又字長倩。』是誤兩人爲一。」（卷一，頁六）

阮氏籍**通易論**

宋志：「一卷。」

存。

魏志：「籍才藻艷逸，而倜黨放蕩，行己寡欲，以莊周爲模則，官至步兵校尉。」

---

① 「荀氏煇」，文淵閣四庫本作「荀氏輝」，以下皆同。

胡一桂曰：「阮嗣宗易通論一卷，凡五篇。」

嵇氏康周易言不盡意論

一篇。

佚。

晉書：「嵇康，字叔夜，譙國銍人，拜中散大夫。」

虞氏翻周易注

隋志：「九卷。」釋文序録：「十卷。」

闕。

〔校記〕

虞注久佚，遺説僅見李氏集解及陸氏釋文。孫堂、張惠言均有輯本。（易，頁三）

吴志：「虞翻，字仲翔，會稽餘姚人。嘗與少府孔融書，並示以所著易注。融答書曰：『易自商瞿以來，舛錯多矣，去聖彌遠，衆説騁辭。曩聞延陵之禮樂，近覩吾子之治易，乃知東南之美，非徒會稽之竹箭也。』孫權以爲騎都尉，數犯顔諫争，權不能悦，又性不協俗，多見謗毁，坐徙丹陽涇縣，權積怒非一，遂徙翻交州。雖處罪放而講學不倦，門徒常數百人，又爲論語、國語訓注，皆傳於世。」

別傳曰：「翻初立易注，奏上曰：『臣高祖父故零陵太守光少治孟氏易，曾祖父故平輿令成纘述其業，至臣祖父鳳爲之最密。臣先考故日南太守歆受本於鳳，最有舊書，世傳其業，至臣五世。臣生遇世亂，長於軍旅，習經於枹鼓之間，講論於戎馬之上，蒙先師之說，依經立注。又臣郡吏陳桃夢臣與道士相遇，放髮披鹿裘，布易六爻，撓其三以飲臣，臣乞盡吞之，道士言：『易道在天，三爻足矣。』豈臣受命，應當知經？所覽諸家解，不離流俗，義有不當實，輒①悉改定以就其正。』」

宋咸曰：「先儒如虞翻、崔憬輩之用互體，京房、郎顗輩之用五行，皆去聖人遠矣。」

張根曰：「三代之書，或曰連山，或曰歸藏，或曰周易，而易之名莫之或改，豈非變通之義不可易與？此八卦所以爲易之本，而三代同之也。虞翻好易，遇飲三之夢，而不得其說，猥曰：『易道在天，三爻足矣。』豈真知易者哉？」

朱震曰：「虞氏論象太密，則失之於牽合，牽合之弊，或至於無說。」

王應麟曰：「虞翻注說卦云：『乾、坤五貴三賤，故定位。艮、兑同氣相求，故通氣。震、巽同聲相應，故相薄。坎戊離己，月三十日一會於壬，故不相符。坤消從午至亥，故順；乾息從子至巳，故逆。』蓋用納甲卦氣之說。」

---

① 「輒」字，四庫薈要本脱漏。

易律曆

隋志五行家：「一卷。」

佚。

陳振孫曰：「虞翻注京氏、參同契、律曆志一卷，專言占象而不可盡通，字亦多誤，未有別本校。」

王弘撰曰：「納甲之説，京氏易傳、魏氏參同契皆有之，而虞氏之説較備。」

周易集林

隋志五行家：「一卷。」

佚。

周易日月變例

七録：「六卷。」

佚。

隋志注：「周易日月變例六卷，虞翻、陸績撰。」

按：虞氏世治孟氏易，然釋文所引，其文或不盡依孟氏，若「陰凝于陽，爲其嗛于无陽也」，則同荀氏本。「鼏其角」，「得失勿恤」，「治容」作「野」，則同鄭氏本。「萃亨」无「亨」字，則同馬氏、鄭氏本。「易以工」則同京氏本。「先心」則依京氏、荀氏本。餘若「匪其彭」作「尫」。「明辨晢也」作「析」。「朋盍簪」作「戠」。「咸其輔」作「酺」。「滕口説也」，「滕」作「媵」。「已事遄往」，「已」作「紀」①。「剛揜也」作「弇」。「坤作成物」作「坤化」。「繫辭焉而明吉凶」，下有「悔吝」二字。「剛柔者晝夜之象」作②「晝夜者剛柔之象也」。「易之序也」作「象」。「所樂而玩者」作「所變」。「樂天知命」作「變天」。「慢藏誨盜，冶容誨淫」作「悔」。「天地之文」作「爻」。「爲龍」作③「駹」。「爲科上槁」，「科」作「折」。「謙輕而豫怠也」，「怠」作「怡」。此與諸家不同。易注凡九卷，雖不傳，而李氏集解摭采獨詳，録之尚可得二三卷，其大略尚存也。

〔補正〕

竹垞按：釋文所引虞氏易若「得失勿恤」，則同鄭氏本；按：釋文引孟、馬、鄭、虞、王肅皆作「矢」，李鼎祚亦引虞云：「矢，古誓字。」是虞作「矢」無疑，不知竹垞何据，而云鄭、虞作「得失」也？「明辨晢也」作「析」；按：此「晢」字是「晢」之訛，「析」字亦「折」之訛也。「已事遄往」，「已」作「紀」；按：釋文引虞作「祀」，李鼎祚引虞云：「祭祀也。」是虞作「祀」無疑，竹垞蓋偶因板本誤爲糸旁耳。（卷一，頁六—七）

① 「紀」，依補正應作「祀」。
② 「作」，文津閣四庫本誤作「也」。
③ 「作」，文淵閣四庫本誤作「爲」。

陸氏績**周易注**釋文序録「注」作「述」。

隋志：「十五卷」。釋文序録、新、舊唐書志：「十三卷。」會通：「一卷。」

佚。鹽邑志林載有一卷。

〔校記〕

孫堂、馬國翰均有輯本。（易，頁三）

注京氏易①

三卷。

存。

〔校記〕

津逮、學津刊本及錢遵王藏舊鈔本並作「陸氏易解」。（易，頁三）

吳志：「陸績，字公紀，吳郡吳人。爲鬱林太守，加偏將軍。雖有軍事，著述不廢，作渾天圖，注易，釋玄，皆傳於世。」

朱震曰：「陸績之學，始論動爻。」

---

① 「注京氏易」，據校記或作「陸氏易解」。

按：陸氏易注已亡，今鹽邑誌林載有一卷，乃係抄撮陸氏釋文、李氏集解二書爲之，所存者幾希矣。其經文異諸家者：「履帝位而不疚」作「疾」。「明辨晳也」，「晳」作「逝」。「納約自牖」作「誘」。「喪羊于①易」作「埸」。

「婦子嘻嘻」作「喜喜」。「君子以懲忿窒欲」作「瘠欲」。「吾與爾靡之」作「縻之」。「三年克之，憊也」作「備也」。曹侍郎秋嶽曾見藏書家有存三卷者，惜侍郎没，無從訪求矣。

〔補正〕

竹垞按：陸氏易注經文異者，「明辨晳也」，「晳」作「逝」。此「晳」字是「晳」字之訛也。（卷一，頁七）

〔四庫總目〕

此本爲鹽邑志林所載，凡一百五十條，朱彝尊經義考以爲抄撮陸氏釋文、李氏集解二書爲之。然此本採京氏易傳注爲多，而彝尊未之及。又稱其經文異諸家者：「履帝位而不疚」，「疚」作「疾」。「明辨晳也」，「晳」作「逝」。「納約自牖」，「牖」作「誘」。「三年克之憊也」，「憊」作「備」。此本又皆無之，豈所見別一本歟？然彝尊明言鹽邑志林，其故則不可詳矣。彝尊又言曹溶曾見有三卷者，然諸家著録併無三卷之本，殆京氏易傳三卷，舊本題曰陸績注，溶偶觀之未審，因誤記誤說也。（卷一，頁八—九，陸氏易解一卷提要）

---

① 「于」，備要本誤作「干」。

程氏秉**周易摘**

佚。

吴志：「程秉，字德樞，汝南南頓人。逮事鄭玄，後避亂交州，與劉熙考論大義，遂博通五經。權聞其名，徵拜太子太傅。著周易摘、尚書駮、論語弼，凡三萬餘言。」

姚氏信**周易注**

隋志：「十卷。」七録：「十二卷。」

佚。

〔校記〕

馬國翰有輯本，姚注又有孫堂輯本。（易，頁四）

阮孝緒曰：「姚信，字元直，吴興人，吴太常卿。」

陸德明曰：「信，字德祐。」

按：阮氏七録有：「姚信集二卷，又嘗著士緯十卷。」吴志陸績傳注有：「表請賜績女鬱生以義姑之號。」又陸遜傳：「姚信以親附太子，枉見流徙。」又孫和傳：「寶鼎二年十二月，遣守丞相孟仁、太常姚信等備官僚中軍步騎二千人，以靈輿法駕東迎神于明陵。」又晉書范平傳：「平研覽墳、索，遍該百氏，姚信、賀部之徒皆從受業。」又南史姚察傳讓選部書曰：「臣九世祖信，名高往代。」云云。今易注已亡，見於釋文者：「盱豫」作「旴」，云：「日始出。」引詩：「旴日始旦。」「夷于左股」作「右槃」。「君子以順德」作「得」。「折其右肱」作「股」。「闃其无人」作「闃」。「日月運行」作「違行」。「言語以爲階」作「機」，「貞勝者也」作「貞稱」。「爲弓輪」作「倫」。「爲羸」作「蠡」。

尚氏廣**周易雜占**

隋志五行家：「九卷。」唐志：「八卷」。

佚。

〔校記〕

馬國翰有輯本。（易，頁四）

翟氏玄**易義**九家易作①「翟子元」。

佚。

〔校記〕

黄奭有輯本，翟氏義並有孫堂、馬國翰輯本。（易，頁四）

陸德明曰：「子元，不詳何人，爲易義。」

① 「作」，文淵閣四庫本作「有」。

按：翟氏易義：「先張之弧，後説之弧」，「弧」亦作「壺」。「惕號」作「錫號」，云：「賜也。」「來徐徐」作「荼荼」，云：「内不定之意。」「正位凝命」作「擬命」，云：「度也。」

張氏易義

佚。

〔校記〕

黄奭有輯本。（易，頁四）

按：張氏易見九家易注，不詳其名。陸氏釋文載有張倫本：「直方大」上有「易曰」二字。「舍車而徒」，「車」作「輿」。「寘于叢棘」，「寘」作「置」。「振恒」作「震恒」，「羸其角」，「羸」作「蘽」。「婦子嘻嘻」作「嬉嬉」。「往蹇來譽，宜待也」，「待」作「時」。「範圍天地」作「犯違」，云：「猶裁成也。」未審即其人否？考之序録，又未列其姓氏，不敢臆定也。

〔補正〕

竹垞按：「釋文載有張倫本。」按：釋文作張璠本。（卷一，頁七）

朱氏易義

佚。

陸德明曰：「荀爽等九家集注，注内又有張氏、朱氏，並不詳何人？」

按：李鼎祚集解引諸家易，中有朱仰之，疑即其人也。

楊氏周易集二王注

隋志：「五卷。」

佚。

周易馬鄭二王四家集解

隋志：「十卷。」

佚。

經義考卷十一

易十

裴氏秀**易論**

佚。

文章敘録：「秀，字季彦，年二十五爲黄門侍郎，累遷散騎常侍、尚書僕射令、光禄大夫，咸熙中，封廣川侯。晉室受禪，進左光禄大夫，改封鉅鹿公，遷司空。著易及樂論，又畫地圖十八篇，傳行於世。」

衛氏瓘**易義**

佚。

晉書：「衛瓘，字伯玉，河東安邑人。太康初司空、侍中、尚書令。惠帝即位，加太保，録尚書事。」

王氏宏**易義**

佚。

晉書：「王宏，字正中，高平人，粲從孫。泰始初爲汲郡太守，遷衛尉、河南尹、大司農。太康中爲司隸校尉，後爲尚書。」

陸德明曰：「宏，弼之兄，晉大司農，贈太常，爲易義。」

鄒氏湛**周易統略**

隋志：「五卷。」新、舊唐志：「統略論，三卷。」

佚。

晉書：「鄒湛，字潤甫，南陽新野人。仕魏，歷通事郎、太學博士。太康中爲散騎常侍、國子祭酒，轉少府。」

劉氏兆**周易訓注**

佚。

晉書：「劉兆，字延世，濟南東平人。武帝時五辟公府、三徵博士，皆不就。撰周易訓注，以正動二體互通其文。」

向氏秀**周易義**

佚。

〔校記〕

孫堂、黄奭、馬國翰均有輯本。（易，頁四）

晉書：「向秀，字子期，河内懷人。爲散騎侍郎，轉黄門侍郎、散騎常侍。」

按：向氏易「文王以之」，依鄭氏、荀氏本作「似」。

阮氏咸**周易難答論**

唐志：「二卷。」

佚。

晉書：「咸，字仲容，歷仕散騎侍郎，出補始平太守。」

唐書：「阮長成、阮仲容難答。」

應氏貞**明易論**

唐志：「一卷。」

佚。

晉書：「應貞，字吉甫，汝南南頓人，魏侍中璩之子。武帝初置太子中庶子官，以貞爲之，後遷散騎常侍。」

王氏濟**周易義**

佚。

晉書：「王濟，字武子。善易，尚長山公主，起家拜中書郎，累遷侍中，出爲河南尹，尋使白衣領太僕。」

皇甫氏謐**易解**

佚。

晉書：「皇甫謐，字士安，安定朝郡人，有高尚之志，以著述爲務，號玄晏先生。」

胡一桂曰：「見正義。」

阮氏渾**周易論**釋文序録「論」作「義」。

隋志：「二卷。」

佚。

陸德明曰：「阮渾，字長成，籍之子。晉太子中庶子，馮翊太守，爲易義。」

袁氏準**周易傳**

佚。

袁氏世紀：「準，字孝尼，著書十餘萬言，爲周易、周官傳及論五經滯義、聖人之微言，以傳於世。」

荀綽曰：「準有儁才，泰始中，爲給事中。」

庾氏運**易義**

佚。

陸德明曰：「庾運，字玄度，新野人。官至尚書，爲易義。」

郭氏琦**注京氏易**

一百卷。

佚。

册府元龜：「郭琦，字公偉，爲著作佐郎，注穀梁春秋、京氏易百卷。鄉人王游等皆就琦學。」

徐氏苗**周易筮占**

七録五行家：「二十四卷。」

佚。

晉書：「徐苗，字叔冑，高密淳于人。與弟賈就博士濟南宋鈞受業，遂爲儒宗，作五經同異評。郡察孝廉，州辟從事、治中、別駕，舉異行，公府五辟，博士再徵，並不就。」

欒氏肇**周易象論**

隋志：「三卷。」唐志：「一卷。」

佚。

陸德明曰：「肇，字太初，泰山人。晉太保掾、尚書郎，爲易論。」

李氏充**周易音**

六篇。

佚。

晉書：「李充，字弘度，江夏人，辟丞相王導掾，轉記室參軍，累遷中書侍郎。注尚書及周易音六篇行於世。」

王氏廙**周易注**

隋志：「三卷。」殘闕，七録：「十卷。」釋文序録：「十二卷。」

佚。

〔校記〕

孫堂、黄奭、馬國翰均有輯本。（易，頁四）

晉書：「王廙，字世將，丞相導從弟，爲荆州刺史，徵爲輔國將軍，加散騎常侍，進左衛將軍。」

按：王氏易注：「明辨晳也」，「晳」作「晰」。「利用侵伐」作「寑伐」。「繻有衣袽」，「繻」作「襦」。見釋文。又其注云：「駮馬能食虎豹，取其至健也。」正義引之。又「艮爲徑」，注云：「物始改爲徑路。」又「震爲大塗」，注云：「大塗，萬物所生。」太平御覽引之。

楊氏乂**周易卦序論**

隋志：「一卷。」新、舊唐志同。

佚。

陸德明曰：「乂，字元舒，汝南人。晉司徒左長史。」

王應麟曰：「御覽嘗引之。」

按：徐堅初學記引乂易卦序論云：「險而止，山也。險而動，泉也。動静皆蒙險，故曰山。」

郭氏璞**周易洞林**

隋志五行家：「三卷。」宋志：「一卷。」

佚。

周易新林

隋志五行家：「九卷。」又「四卷」。

佚。

周易林

七録五行家：「六卷。」

佚。

易立成林

隋志五行家：「二卷。」

佚。

周易玄義經

宋志：「一卷。」

佚。

易斗圖

隋志五行家：「一卷。」

佚。

易八卦命録斗内圖

隋志五行家：「一卷。」

佚。

晉書：「郭璞，字景純，河東聞喜人。博學有高才，而訥於言論，好古文奇字，妙於陰陽算曆。有郭公者，客居河東，精於卜筮，璞從之受業。公以青囊中書九卷與之，由是遂洞五行、天文、卜筮之術。爲著作佐郎，遷尚書郎，嬰王敦之禍。璞撰前後筮驗六十餘事，名爲洞林。又抄京、費諸家要撮，更撰新林十篇、卜韻一篇。注釋爾雅，别爲音義、圖譜。又注三蒼、方言、穆天子傳、山海經及楚辭、子虛、上林賦數十萬言，皆傳於世。」

王廙曰：「璞之爻筮，雖京房、管輅不過也。」

胡一桂曰：「景純得青囊書，遂洞五行、天文、卜筮之術，嘗撰前後筮驗六十餘事，名爲洞林。斷法用青龍、朱雀、勾陳、騰蛇、白虎、玄武六神及太歲諸煞神、時日旺相等推算，靈驗無比。又抄京、費諸家撮要，更撰新林十篇、卜韻一篇。大抵只用卦爻，不假文字，然雜以説相、葬法、行符、壓勝之術，往往流於技藝，而易道日以支離卑下矣。」

按：郭氏洞林，初學記嘗引之。雙湖胡氏撰啓蒙翼傳云：「世罕有其書，從王楚翁才古抄得之。」則元時此書尚存也。洞林之文有三言者，如「簪非簪，釵非釵」。有四言者，如同人之革曰：「朱雀西飛，白虎東起，姦猾銜璧，敵人束手，占行得此，是謂无咎。」隨之升曰：「虎在山右，馬過其左，駮爲功曹，猾爲主者，垂耳而潛，不敢來下，爰升虚邑，遂釋魏野。」豫之小過曰：「五月晦日，群魚來入，州城寺舍。」既濟曰：「小狐汔濟，垂尾累衰，初雖偷安，終靡所依，案卦言之，秋吉春悲。」又有七言者，如否曰：「乾坤閉塞道消長，虎刑挾鬼法凶亂，亂則何時時建寅，僵尸交林血流漂，此占行者入塗炭。」小過之坤曰：「小過之坤卦不奇，雖有卦氣變陽離，初見勾陳被牽羈，暫過則可羈不宜，將見刼追事幾危，賴有龍德終无疵。」遯之姤曰：「卦象出墓氣家囚，變身見絶鬼潛遊，爻墓充刑鬼煞俱，卜病得此歸蒿丘，誰能救之坤上牛，若依子色吉之尤。」賁之豫曰：「時陰在初卦失度，殺陰爲刑鬼入墓，建未之月難得度，消息卦爻爲扶助，馮馬之師乃寡嫗，自然奇救宜餐兔，子若恤之得守故。」豫之解曰：「有釜之象无火形，變見夜光連月精，潛龍在中不游行，案卦卜之藻盤鳴，金爻所憑无咎慶，驗其占法靡不奇。」中所謂林者，自爲韻語，占決之辭猶存左氏傳遺意。

葛氏洪周易雜占

七録五行家：「十卷。」

佚。

晉書：「葛洪，字稚川，丹陽句容人。元帝爲丞相，辟爲掾，以平賊功賜爵關内侯。咸和初轉司徒掾，遷諮議參軍。干寶①薦洪才堪國史，選爲散騎常侍，領大著作。洪辭不就，聞交趾出丹砂，求爲勾漏令，止羅浮山，煉丹積年，著述不輟。」

孫氏盛**易象妙于見形論**

一篇。

佚。

晉書劉惔傳：「時孫盛作易象妙于見形論，簡文帝使殷浩難之，不能屈。惔與抗答，辭甚簡至，盛理遂屈。」

本傳：「孫盛，字安國，太原中都人。桓温留爲參軍，從入關平洛，以功封吴昌縣侯，出補長沙太守，累遷秘書監，加給事中。時殷浩擅名一時，與抗論者，惟盛而已。盛著易象妙于見形論，浩等竟無以難之。」

袁氏宏**周易略譜**

舊唐書志：「一卷。」新唐書同。

---

① 「干寶」，文淵閣四庫本誤作「于寶」。

佚。

晉書：「袁宏，字彦伯。謝尚爲安西將軍，引宏參軍事，尋遷大司馬桓温府記室，自吏部郎出爲東陽郡。」

宣氏舒**通易象論**陸氏經典序録作「通知來藏往論」。

唐志：「一卷。」

佚。

陸德明曰：「舒，字幼驥，陳郡人。晉宜城令，爲通知來藏往論。」

張氏輝**易義**

佚。

陸德明曰：「輝，字義充，梁國人。晉侍中、平陵亭侯，爲易義。」

杜氏育**易義**

佚。

陸德明曰：「育，字方叔，襄城人。晉國子祭酒，爲易義。」

楊氏瓚**易義**

佚。

陸德明曰：「瓚，不知何許人，晉司徒右長史，爲易義。」

邢氏融**易義**

佚。

裴氏藻**易義**

佚。

許氏適**易義**

佚。

楊氏藻**易義**

佚。

陸德明曰：「邢融、裴藻、許適、楊藻四人，不詳何人，並爲易義。」

張氏軌**易義**

佚。

〔校記〕

張軌易義有馬國翰輯本。（易，頁四）

崔鴻曰：「軌，字士彥，安定烏氏人。漢常山王耳十七世孫，涼州刺史，謚武穆。」

按：涼武公易：「得其資斧」，「資」作「齊」，云「齊斧，黃鉞斧也。」

張氏璠**周易集解**

七志：「十卷」。隋志：「八卷，殘缺。」新、舊唐書志仍云：「十卷。」

佚。

〔校記〕

孫堂、黃奭、馬國翰均有輯本。（易，頁四）

略論

一卷。

佚。

陸德明曰：「璠，安定人。東晉秘書郎參著，作集解十二卷。集鍾會、向秀、庾運、應貞、荀惲①、張輝、王宏、阮咸、阮渾、楊乂、王濟、衛瓘、欒肇、鄒湛、杜育、楊瓚、張軌、宣舒、邢融、裴藻、許適、楊藻二十二家序，云依向秀本。」七録云：「集二十八家。」

〔補正〕

陸德明條内「荀惲」當作「煇」。（卷一，頁七）

按：璠嘗撰後漢紀三十卷，所爲易注有云：「險而止，山也。險而動，泉也。」太平御覽引之。

干氏寶周易注

隋志：「十卷。」

佚。今止存一卷，鹽邑志林載之。

〔校記〕

孫堂、馬國翰均有輯本。（易，頁四）

周易宗塗

七録：「四卷。」

① 「荀惲」，依補正、四庫薈要本、文淵閣四庫本應作「荀煇」。

佚。

周易爻義

隋志：「一卷。」

佚。

周易問難

二卷。

佚。

周易玄品

二卷。

佚。

晉書：「干寶，字令升，新蔡人。爲著作郎，平杜弢有功，賜爵關內侯，領國史，補山陰令，遷始安太守。王導請爲司徒右長史，遷散騎常侍。爲春秋左氏義外傳，注周易、周官凡數十篇。」

册府元龜：「干寶爲散騎常侍，領著作，撰周易問難二卷、周易玄品二卷、周易爻義一卷。」

中興書目：「寶之易學以卦爻配月，或配日時，傳諸人事，以前世已然之迹證之，訓義頗有據。」

胡一桂曰：「干寶周易傳十卷，復別出爻義一卷。宣和四年，蔡攸上其書曰：『其學以卦爻配月，或以配日時，傳諸人事，而以前世已然之迹證之，訓義頗有所據。』若大有九三本左傳訓『晏享』，乃與古合，房審權亦採録之。」

屠曾序曰：「吾師草廬先生謂易爲五經冠，而吴、晉英舊以易解聞吾鹽得兩君子，爲陸鬱林公紀、干常侍令升。第干氏易有註者僅三十卦，卦惟乾備六爻，餘止一象一爻而已。要皆自古易類萃中摘抄，然亦義、文象數，幸衍一脈於蛟潭海澨間，不可謂東南易髓不自令升標揭之也。況駿心雄理，遣詞英上，不遜輔嗣，録之不啻起晉儒而清言也乎。」

項皐謨跋曰：「嘗覽群經：干子十卷、干令升寶周易注、十卷，周易宗塗四卷、爻義一卷、問難二卷、玄品二卷，有其名亡其書。及從里中太史氏後借讀文淵閣書目易類一百十種，晉以上惟存京君明傳、鄭康成注、王輔嗣略例並注，而子夏傳唐張素履僞作，不覩有干氏易略，見李鼎祚易傳集解中。海鹽樊侯博綜墳典，專精譔述，録示干常侍易解，似於載籍節比句櫛者，絶無僅有希世奇書也。令升，新蔡人，徙吴郡海鹽，仕吴，爲著作郎，賜爵關内侯。入晉，領國史，爲散騎常侍，補山陰令，遷始安太守。所著晉紀總論、搜神記，具在志林，必悉之。淩稚哲萬姓統譜干、于二姓俱收令升，干氏宗干犨，于氏宗于定國。干裔有居海鹽，有居嘉善，以摶埴爲業，干窰鎮由是得名，是干①非于無疑。」

---

①「干」，備要本誤作「于」。

按：隋志：「周易玄品，二卷。」不注①撰人姓名，當即干氏之書。又有「王氏周易問難二卷」，疑譌干爲王也。其文：「水游至」，「游」作「薦」。「井牧勿幕」，「勿」作「网」。「豐其沛」作「韋」，云：「祭祀之蔽膝。」「爲科上槁」作「熇」。干氏易已無傳，惟散見於陸氏釋文、李氏集解，近海鹽胡氏編鹽邑志林②，乃抄撮其僅存者刊行之。

殷氏融**象不盡意論**

一篇。

佚。

按：南史殷景仁傳云：「陳郡長平人，曾祖融，晉太常。」隋志有：「晉太常卿殷融集，十卷。」

黄氏穎**周易注**

隋志：「四卷。」七録、唐志：「十卷。」

佚。

〔校記〕

①「注」，文淵閣四庫本作「著」。

②「鹽邑志林」，四庫薈要本脱漏作「邑志林」。

黃奭、馬國翰均有輯本。（易，頁四）

隋志：「晉儒林從事黄穎注，今殘缺。」

陸德明曰：「南海人，晉廣州儒林從事。」

按：黄氏易「賁于丘園」，「賁」①作「世」。「豚魚」作「遯魚」。

宋氏岱**周易論**

隋志：「一卷。」

佚。

隋志：「晉荆州刺史宋岱撰。」

徐氏邈**周易音**

隋志：「一卷。」

佚。

晉書：「徐邈，東莞姑幕人。孝武帝招延儒學之士，謝安舉以應選，補中書舍人。撰正五經音訓，

① 「賁」字，文淵閣四庫本脱漏。

學者宗之。選①中書侍郎、太子前衛率。安帝即位，拜驍騎將軍。所注穀梁傳，見重於時。」

〔補正〕

晉書條内「選中書侍郎」，「選」當作「遷」。（卷一，頁七）

陸德明曰：「邈，字仙民。」

按：徐氏於諸經皆有音，顔氏家訓書證、音辭篇屢引之。

范氏宣**周易論難**

佚。

晉書：「范宣，字宣子，陳留人。博綜衆書，尤善三禮。太尉郄鑒命爲主簿，詔徵太學博士、散騎郎，並不就。著禮、易論難，皆行於世。」

李氏顒**周易卦象數旨**

七録：「六卷。」

佚。

晉書：「充子顒，郡舉孝廉，亦有文義，多所著作。」

① 「選」，依補正、四庫薈要本應作「遷」。

隋志：「東晉樂安亭侯李顒撰。」

陸德明曰：「顒，字長林，江夏人，東晉本郡太守。」

顧氏夷等**周易難王輔嗣義**

七録：「一卷。」

佚。

隋志：「晉揚州刺史顧夷等撰。」

李氏軌**周易音**

隋志：「一卷。」

佚。

隋志：「東晉尚書郎李軌撰。」

陸德明曰：「軌，字弘範①，江夏人。東晉祠部郎中、都亭侯。」

---

① 「弘範」，文津閣四庫本作「弘度」。

宋氏處宗**通易論**

唐志：「一卷。」

佚。

李氏悦之**易音**

佚。

晉書：「悦之，字元禮，陳郡陽夏人，始爲謝玄參軍，後爲會稽王道子所親愛，每勸道子專攬朝權，俄而見誅。」

册府元龜：「悦之注繫辭，又爲易音。」

沈氏熊**周易譜**

唐志：「一卷。」

佚。

周易雜音

唐志：「三卷。」

佚。

范氏長生周易注

隋志作蜀才：「十卷。」舊唐志同。

佚。

〔校記〕

孫堂、黄奭、馬國翰均有輯本。（易，頁四）。

顔之推曰：「易有蜀才注，江南學士遂不知是何人。王儉四部目録不言姓名，題云：『王弼後人。』謝炅、夏侯該並讀數千卷書，皆疑是譙周；而李蜀書（一名漢之書）云：『姓范名長生，自稱蜀才。』而方以晉渡江後，北間傳記皆名爲僞書，不貴省讀，故不見也。」

十六國春秋：「西山范長生巖居穴處，李雄欲迎立爲君而臣之，長生固辭曰：『推步大元，五行大會甲子，祚鍾于李，非吾節也。』雄即成都王位，長生乘素輿詣成都，即拜丞相，尊曰：『范賢長生。』善天文，有術數，民奉之如神。」

華陽國志：「李雄克成都，迎范賢爲丞相，尊爲天地太師，封西山侯，賢名長生，一名延久，又名九重。一曰支，字元，涪陵丹興人。」

按：釋文引蜀才注：「大車以載」作「大輿」。「官有渝」，「官」作「館」。「君子以明庶政」，「明」作「命」。「大耋」作「咥」。「羸其角」，「羸」作「累」。「箕子之明夷」，「箕」作「其」。「二簋」作「軌」。「懲忿窒欲」，「懲」作「澄」。「壯于頄」作「仇」。「莧陸夬夬」，「陸」作「睦」。「繫于金柅」作「尼」。「孚乃利用禴」作「躍」。「在天成象」，「成」作「盛」。「知崇禮卑」，「禮」作「體」。「研幾」作「揅幾」。「參天兩地而倚數」作「奇數」。

經義考卷十二

易十一

宋明帝集群臣講易義疏

隋志：「十九卷。」七録、唐志：「二十卷。」

佚。

國子講易議

七録：「六卷。」

佚。

宋書：「帝好讀書，愛文義，在藩時撰江左以來文章志，又續衛瓘所著論語二卷，行於世。及即位，才學之士多引進，參侍文籍，應對左右，於華林園芳堂講周易，常自臨聽。」

隋志：「周易義疏，宋明帝集群臣講。」①

張氏該等**群臣講易疏**

唐志：「二十卷。」

佚。

荀氏柔之**易音**

佚。

陸德明曰：「潁川潁陰人，宋奉朝請。」

册府元龜：「荀柔之注周易繫辭，並爲易音。」

按：釋文「議之而後動」，荀本作「儀之」。

雷氏次宗**周易注**

佚。

豫章古今記：「雷次宗，字仲倫，入廬山，事沙門惠遠，篤志好學，屢徵不起，注禮記、周易。」

---

① 「隋志：『周易義疏，宋明帝集群臣講。』」十三字，文淵閣四庫本誤廁於「張氏該等群臣講易疏」後。

何氏譓之**周易疑通**

七録：「五卷。」

佚。

阮孝緒曰：「宋中散大夫何譓之撰。」

張氏浩**周易占**

隋志：「一卷。」

佚。

按：南史：「張暢子浩，官至義陽王昶征北諮議參軍，融之兄也。」

徐氏爰**易音**

佚。

陸德明曰：「爰，字季玉，琅琊人。」

竇蒙曰：「爰，字長玉，本名瑗，避傅亮諱除玉，宋大中大夫。」

范氏歆**周易義**

隋志：「一卷。」

佚。

隋志：「宋陳令范歆撰。」

齊國學周易講疏

七録：「二十六卷。」

佚。

阮孝緒曰：「齊永明，中國學講。」

祖氏沖之**易義**

佚。

南齊書：「沖之，字文遠，范陽薊人。少稽古，有機思。宋元嘉中，用何承天所制歴，比古十一家爲密，沖之以爲尚疏，乃更造新法。孝武令朝士善歴者難之，不能屈，出爲婁縣令，謁者僕射。永明中轉長水校尉，著易、老莊義釋，論語、孝經注，九章造綴述數十篇。」

顧氏歡注王弼易

佚。

南齊書：「歡，字景怡，吴郡鹽官人。篤志好學，躬耕誦書，夜則然糠自照，母亡，廬於墓次，遂隱遁不仕。於剡天台山開館聚徒，受業者常近百人。太祖輔政，徵爲揚州主簿，及踐阼，乃至，稱山谷臣，請退東歸，上賜麈尾、素琴。永明元年，詔徵爲太學博士，不就，卒於剡山。歡注王弼易、二繫，學者傳之。」

沈氏驎士易經要略

佚。

〔校記〕

馬國翰有輯本。（易，頁四—五）

南齊書：「驎士，字雲禎，吴興武康人。少好學，家貧，織簾讀書，口手不息，隱居餘干吴差山，講經教授，從學者數十百人，各營屋宇，依止其側。昇明末，詔徵爲奉朝請。永明六年，徵爲太學博士。建武二年，徵著作郎。永元二年，徵太子舍人，並不就。著周易兩繫、莊子内篇訓，注易經、禮記、春秋、尚書、論語、孝經、喪服、老子要略數十卷。」

徐氏伯珍**周易問答**

七録：「一卷。」

佚。

南齊書：「伯珍，字文楚，東陽太末人。究尋經史，遊學者多依之，太守王曇生、張淹並加禮辟，伯珍應召乃退，如此者凡十二焉。吴郡顧歡摘出尚書滯義，伯珍訓答甚有條理。永明二年，刺史豫章王辟議曹從事，不就，卒年八十四。」

周氏顒**周易論**

隋志：「十卷。」七録：「三十卷。」

佚。

南史：「顒，字彦倫，顗七世孫。元徽中爲剡令，齊高帝輔政，爲齊殿中郎。建元初，爲文惠太子中軍，録事參軍，轉太子僕，兼著作撰起居注，遷中書郎，轉國子博士。」

梁武帝周易大義

隋志：「二十一卷。」唐志：「二十卷。」

佚。

〔校記〕

馬國翰有輯本。(易,頁四—五)

大義疑問

唐志:「二十卷。」

佚。

周易講疏

隋志:「三十五卷。」

佚。

梁書:「高祖文思欽明,能事畢究,少而篤學,洞達儒玄,雖萬幾多務,猶卷不輟手,然燭側光,常至戊夜。造制旨孝經義、周易講疏及六十四卦、二繫、文言、序卦等義,樂社義、毛詩答問、春秋答問、尚書大義、中庸講疏、孔子正言、老子講疏,凡二百餘卷,並正先儒之迷,開古聖之旨,王侯朝臣皆奉表質疑,高祖皆爲解釋。大同中,於臺西立士林館,領軍朱异、太府卿賀琛、舍人孔子祛等遞相講述,於是四方郡國趨學向風。」

簡文帝易林

十七卷。

佚。

南史：「帝博綜群言，善談玄理，弘①納文學②之士，賞接無倦，嘗於玄圃述武帝所製五經講疏，聽者傾朝野，所著禮大義二十卷、易林十七卷，諸非經義不録。並行於世。」

元帝周易講疏

梁書：「十卷。」

佚。

南史：「元帝性愛書籍，既患目，多不自執卷，置讀書左右，番次上直，晝夜爲常，略無休已，雖倦，卷猶不釋，五人各伺一更，恒致達曉。常眠熟大鼾，左右有睡，讀失次序，或偷卷度紙，帝必驚覺，更令追讀。注③周易講疏十卷、連山三十卷、筮經十二卷。」

① 「弘」，文津閣四庫本作「宏」。

② 「學」，四庫薈要本作「章」。

③ 「注」，依補正、文淵閣四庫本應作「著」。

〔補正〕

南史：「元帝注周易講疏十卷。」案：「注」當作「著」。（卷一，頁七）

顔之推曰：「元帝在江、荆間召置學生，親爲教授，廢寢忘食，以夜繼朝，至於倦劇愁憤，輒以講自解。」

連山

隋志：「三十卷。」

佚。

段成式曰：「梁元帝易連山，每卦引歸藏、斗圖、立成、委化、集林及焦贛易林。」

洞林

隋志：「三卷。」

佚。

元帝自序曰：「蓋聞玄枵之野，鬼方難測，朱鳥之舍，神道莫知。而緹縵曉披，既辨黄鍾之氣；靈臺夕望，便知玉井之色。復以談乎天者，雖絶名言之外，存乎我者，還居稱謂之中。余幼學星文，多歷歲稔，海中之書，略加尋究，巫咸之説，偏得研求。雖紫微迢遞，如觀掌握，青龍顯晦，易乎窺覽，羨門五將，亟經玩習，韓終六壬，常所寶愛。至如周王白雉之筮，殷人飛燕之卜，著名聚雪，非關地極之山，卦有密雲，能擁西郊之氣。文通七聖，世經三古，山陽王氏真解談玄，河東郭生纔能射覆。兼而兩之，竊自許矣。」

筮經

梁書：「十二卷。」

佚。

南平王蕭偉周易幾義

隋志：「一卷。」

佚。

周易發義

唐志：「一卷。」

佚。

梁書：「南平元襄王偉，字文達，太祖第八子也。天監元年，封建安郡王。十七年，改封南平郡王。」

蕭氏巋**周易義記**

佚。

隋書：「巋，字仁遠，梁昭明太子統之孫也。父詧，周太祖以爲梁主，都江陵。詧薨，巋嗣，在位二十年，梁之臣子謚曰孝明皇帝，著孝經、周易義記行於世。」

蕭氏子政**周易義疏**

隋志：「十四卷。」

佚。

册府元龜：「蕭子政爲都官尚書，撰周易義疏十四卷、繫辭義疏三卷。」

伏氏曼容**周易注**

七録：「八卷。」

佚。

〔校記〕

馬國翰有輯本。（易，頁四—五）

周易集林

唐志：「十二卷。」又「一卷」。

佚。

南史：「伏曼容，字公儀，平昌安丘人。善老、易，常云：『何晏疑易中九事，以吾觀之，晏了不學也。』爲驃騎行參軍，宋明帝好周易，嘗集朝臣於清暑殿講，詔曼容執經。曼容素美風采，明帝恒以方嵇叔夜，使吴人陸探微畫叔夜像以賜之。齊建元中，仕爲太子率更令，與河内司馬憲、吴郡陸澄共撰喪服。建武中，拜中散大夫。曼容宅在瓦官寺東，施高坐於廳①事，有賓客，輒升高坐爲講説，生徒常數十百人。梁臺建，召拜司徒②司馬，出爲臨海太守，爲周易、毛詩、喪服集解，老、莊、論語義。」

陶氏弘景**易髓**

宋志：「三卷。」

佚。

南史：「陶弘景，字通明，丹陽秣陵人。齊高帝作相，引爲諸王侍讀，除奉朝請。永明十年，脱朝服

---

① 「廳」，四庫薈要本作「聽」。

② 「司徒」二字，文津閣四庫本脱漏。

挂神武門，上表辭禄，詔許之。止於句容之句曲山，號華陽隱居，時人謂爲山中宰相。大同二年卒，詔贈太中大夫，謚貞白先生。」

褚氏仲都周易講疏

隋志：「十六卷。」

佚。

〔校記〕

馬國翰有輯本，褚疏並有黄奭輯本。（易，頁四—五）

南史：「仲都，錢唐人。善周易，爲當時之冠。梁天監中，歷位五經博士。」

按：褚氏易，錢唐全緩弘立受之，正義每引其説，其云：「雷資風而益遠，風假雷而增威。」頗與子夏傳「地得水而柔，水得地而流」辭義相近。

何氏胤周易注

隋志：「十卷」。

佚。

梁書：「胤，字子季，盧江灊。師事沛國劉瓛，受易及禮記、毛詩。起家齊秘書郎，遷太子舍人，出爲建安太守，遷司徒主簿，注易，又解禮記，於卷背書之，謂爲『隱義』。累遷左民尚書，領驍騎中書令。

高祖踐阼，詔爲特進右光禄大夫，遣領軍司馬王果宣旨，果至，胤單衣鹿巾，執經卷，下牀跪受詔書，就席伏讀，謂果曰：『吾年已五十七，月食四斗米不盡，何容得有宦情？』果還以報，有敕，給白衣尚書禄。胤注周易十卷、毛詩總集六卷①、毛詩隱義六卷、禮記隱義二十卷、禮答問五十五卷。」

賀氏瑒**周易講疏**

佚。

梁書：「賀瑒，字德璉，會稽山陰人。天監初，爲太常丞；四年，初開五館，以瑒兼五經博士；七年，拜步兵校尉，領五經博士。所著禮、易、老、莊講疏、朝廷博議②數十篇。」

朱氏异**集注周易**

七録：「一百卷。」

佚。

梁書：「朱异，字彦和，吴郡錢唐人。遍治五經，尤明禮、易。明山賓表薦异，高祖召見，使説孝經、周易義，甚悦之，召直西署，俄兼太學博士。其年高祖自講孝經，使异執讀，累遷右衛將軍。時城西開

① 「六卷」，文津閣四庫本作「十卷」。
② 「朝廷博議」，四庫薈要本作「朝廷博義」。

士林館以延學士，异與左丞賀琛遞日述高祖禮記中庸義。皇太子又召异於玄圃講易。改加侍中，遷左衛將軍，遷中領軍。侯景舉兵反，以討异爲名，及寇至，文武咸尤之，异慙憤發病卒。所撰禮、易講疏及儀注、文集百餘篇，亂中多亡逸。」

孔氏子袪**續朱异集註周易**

一百卷。

佚。

梁書：「孔子袪，會稽山陰人。通經術，尤明古文尚書。初爲長沙嗣王侍郎，兼國子助教，累遷散騎侍郎，兼中書通事舍人，尋遷步兵校尉。高祖撰五經講疏及孔子正言，專使子袪簡閱群書，以爲義證。事竟，敕子袪與右衛朱异、左丞賀琛於士林館遞日執經，累遷通直正員郎，舍人如故。著尚書義二十卷、集注尚書三十卷、續朱异集注周易一百卷、續何承天集禮論一百五十卷。」

庾氏詵**易林**

二十卷。

佚。

南史：「庾詵，字彦寶，新野人。梁武帝少與詵善，及起兵，署爲平西府記室參軍，詵不屈。普通中，詔以爲黄門侍郎，稱疾不起，卒謚貞節處士，撰易林二十卷。」

費氏元珪**周易注**

七録：「九卷。」

佚。

隋書：「梁有齊安參軍費元珪著周易。」

陸德明曰：「蜀人。」

尹氏濤**周易注**

七録：「六卷。」

佚。

陸德明曰：「不詳何人。」

姚氏規**周易注**

隋志：「七卷。」

佚。

〔校記〕

馬國翰有輯本。（易，頁五）

崔氏覲**周易注**

隋志：「十三卷。」

佚。

〔校記〕

馬國翰有輯本。（易，頁五）

周易統例

隋志：「十卷。」

佚。

馬氏楷**周易爻**

七録：「一卷。」

佚。

沈氏林**周易義**

七録：「三卷。」

佚。

武氏靖**周易雜占**

七録：「八卷。」

佚。

梁氏蕃**周易開題義**唐志作「開題論序疏」。

隋志：「十卷。」

佚。

周易文句義疏

唐志：「二十卷。」

佚。

周易釋序義

唐志：「三卷。」

佚。

周氏弘正**周易義疏**

隋志：「十六卷。」

佚。

〔校記〕

馬國翰有輯本，周疏並有黄奭輯本。（易，頁五）

陳書：「周弘正，字思行，汝南安城人。起家梁太學博士，累遷國子博士。時於城西立士林館，弘正居以講授，聽者傾朝野焉。弘正啓梁武帝周易疑義五十條，又請釋乾、坤、二繫，詔答曰：『知與張譏等三百一十二人釋乾、坤文及二繫，萬幾小暇，試當討論。』大建五年，授尚書右僕射，卒於官，謚曰簡子。所著周易講疏十六卷、論語疏十一卷、孝經疏二卷。」

顔之推曰：「梁世，老、莊、周易總謂三玄，武、宣、簡文躬自講論，周弘正奉贊大猷，化行郡邑，學徒千餘，實爲盛美。」

張氏譏**周易義**或作「講疏」。

隋志：「三十卷。」

佚。

南史：「張譏，字直言，清河武城人，受學於汝南周弘正。梁武帝嘗於文德殿釋乾、坤文言，譏與陳郡袁憲等與焉，敕令論議，諸儒莫敢先出，譏乃整容而進，諮審循環，辭令温雅。帝異之，賜裙襦絹，云：『表卿稽古之力。』爲士林館學士。簡文發孝經題，譏論議往復，甚見嗟賞。陳天嘉中，爲國子助教。後主嗣位，爲國子博士、東宫學士。陳亡，入隋，終於長安。所撰周易義三十卷、尚書義十五卷、毛詩義二十卷、孝經義八卷、論語義二十卷，後主嘗敕就其家寫入秘閣。」

魯氏弘度**易林**

隋志：「三卷。」

佚。

經義考卷十三

易十二

崔氏浩周易注

隋志：「十卷。」

佚。

北史：「浩，字伯深。明元初，拜博士祭酒，常授帝經書。明元好陰陽術數，聞浩説易及洪範五行，善之。因命筮吉凶，參觀天文，考定疑惑。浩總覈天人之際，舉其綱紀者數家，多有應驗。襲爵白馬公，進爵東郡公，拜太常卿，加侍中，特進撫軍大將軍、左光禄大夫，遷司徒。」

浩自序曰：「國家西平河右，敦煌張湛、金城宗欽、武威段承根三人皆儒者，並有儁才，見稱於西川。每與余論易，余以左氏傳卦解之，遂相勸爲注，故因退朝之餘暇而爲之解焉。」

闞氏駰集王朗易傳

佚。

魏書：「闞駰，字玄陰，敦煌人。博通經傳三史群言，經目則誦，時人謂之宿讀。注王朗易傳，學者藉以通經，撰十三州志行於世。沮渠蒙遜重之，常侍左右，拜秘書考課郎中，給文吏三十人，典校經籍，刊定諸子三千餘卷。加奉車都尉，牧犍待之彌重，拜大行臺，遷尚書。」

劉氏昞周易注

佚。

魏書：「劉昞琦，字延明，敦煌人。隱居酒泉，不應州郡之命，弟子受業者五百餘人，李暠署爲儒林祭酒、從事中郎，注周易行於世。蒙遜平酒泉，拜秘書郎，築陸沉館於西苑，躬往禮焉，號玄處先生，月致羊酒。牧犍尊爲國師，親自致拜，命官屬以下皆北面①受業焉。世祖平涼州，拜樂平王從事諸郎。」

按：釋文引劉氏注「豐初九，雖旬」作「鈞」。

① 「面」，文淵閣四庫本誤作「命」。

盧氏景裕周易注

佚。

魏書：「盧景裕，字仲孺，小字白頭，范陽涿人也，專經爲學，居拒馬河，將一老婢作食，妻子不自隨從。又避地大寧，山居無所業，惟在注解，世號居士。前廢帝初，除國子博士，甚見親遇，待以不臣之禮。永熙初以例解，天平中還鄉里，河間邢摩納與景裕從兄仲禮①據鄉作逆，逼其同反，以應元寶炬。齊獻武王命都督賀拔仁討平之，聞景裕經明行著，驛馬特徵，既而舍之，使教諸子，在館十日，一歸家，隨以鼎食。先是景裕注周易，注②尚書、孝經、論語、禮記、老子。其毛詩、左氏傳③未訖，齊文襄王入相，於第開講，招延時儁，令景裕解所注易。景裕義理精微，吐發閑雅，時有問難，或相詆呵，大聲厲色，言至不遜，而景裕神采儼然，風誦④如一，從容往復，無際可尋，由是士君子嗟美之。普泰初，復除國子博士。興和中，補齊王開府屬，卒於晉陽。景裕雖不聚徒教授，所注易大行於世。」

〔補正〕

魏書條内「風誦如一」，「誦」當作「調」。（卷一，頁七）

① 「仲禮」二字，文津閣四庫本脱漏作「禮」。
② 「注」字，依四庫薈要本、文淵閣四庫本、文津閣四庫本應删。
③ 「左氏傳」，四庫薈要本作「左氏」，文淵閣四庫本作「春秋左氏傳」，文津閣四庫本作「春秋左氏」。
④ 「誦」，依補正、四庫薈要本、文津閣四庫本應作「調」。

關氏朗**易傳**

宋志：「一卷。」

存。

〔校記〕

今本亦一卷。（易，頁五）

張晞河東先賢傳：「關朗，字子明，河東解人。有經濟大器，或以占算示人，而不求宦達。魏太和末，并州刺史王虯奏署子明爲記室，因言於孝文帝，帝曰：『張彝、郭祚昔嘗言之，朕以卜筮之道，不足見爾。』虯曰：『此人言微道深，非彝、祚所能知也。』召見，帝問老、易，子明寄言玄象，實陳王道，翼日帝謂虯曰：『關朗，管、樂之器，豈占算而已。』使虯與子明著成疑筮論數十篇。即今易傳。孝文帝崩，明年，虯卒，子明遂不仕，居臨汾山，授門人春秋、老、易，號關先生學。」

中興書目：「關子明易傳一卷，唐趙蕤注，阮逸詮次刊正。」

陳師道曰：「世傳王氏玄經、薛氏傳及關子明易傳、李衛公對問，皆阮逸所著，逸嘗以草示蘇明允，而子瞻言之。」

晁公武曰：「關子明易傳，四庫書不載，李邯鄲始著之目，云：『王通贊易，蓋本此也。』」

陳振孫曰：「關氏易，隋、唐志皆不録，或云阮逸僞作。」

朱子曰：「關子明易，僞書也。」

項安世曰：「唐李鼎祚集解易，盡備前世諸儒之説，獨無所謂關子明者，蓋阮逸僞作也。」

王應麟曰：「子明易傳，卜百年義第一，次以統言易義、大衍、乾坤策、盈虚、闔闢、理性、時變、動静、神義，終於雜義第十一。」

吴萊後序曰：「予始讀文中子中説，頗載關朗子明事，後得天水趙蕤所注關子易傳十有一篇，大概易上、下繫之義疏耳。首述其出處本末，次分卜百年數，别爲一篇，似皆出之王氏。或曰：『王氏中説本於阮逸，關氏易傳肇於戴師愈。師愈，江東老儒也，觀其傳，統言消息、盈虚、爻象、策數之類，獨與張彝相問答。彝嘗薦之魏孝文，而王氏之贊易，世傳關氏學也。』是又豈盡假託而後成書歟？夫易之道大矣，世之言易者，往往不求其道之一，卒使其學鑿焉而各不同，是故談理致①者多溺於空虚，守象數者或流於讖緯，此豈聖人之意哉？蓋天地之初，未始有物也，聖人特因其自然之理，故推而爲七八九六之數，非苟畫焉，將以著其未畫之妙而已。後之儒者苟造其理，而過爲其畫之求，太玄，準易者也，洞極，則又擬玄者也。玄之數起於三，而洞極之數亦起於三，生以配天，育以配地，資以配人，猶易所謂三極之道也。故凡三體九變，三九二十有七，始於萌而實訖於幾，正且通焉。今其書世見之者亦少，中説所載，殆未嘗及此，然而王氏每尊其學之所自，且欲自當達者，以爲聖人復出，王道復行，而洙、泗禮樂之教復明於斯世，毋乃徒托於此而侈言之歟？至於考之以典禮，稽之以龜策，即人事以申天命，懸曆數以示將來，關氏之學蓋深於易者也。雖然，昔者子張嘗欲知來，聖人但言其既往者以告之，是故三代常因

① 「致」，文淵閣四庫本誤作「數」。

其禮之大體而或損益其制，非謂王者有是禮也，必過其所卜之數。夏以金王，得數之生；商以水王，周以木王，得數之成；聖人不敢知也。爲其説者，尊周、漢，廢介鄰，且以明真主正統之所歸，後世讖緯之流耳。楚靈欲并天下，既不得卜，則投①龜而詬天；孫皓亦命尚廣卜焉，且曰：『庚子之歲，青蓋入洛。』彼二君者，曾不悟其己之不修，而徒欲惟天之決也，故天命吉凶，命歷年，必以其類應，亦可見其概耳。元魏以下，争奪擾攘，乃若灼然親覩其事，無有少差忒者。張彝之殺，亂端見矣，曾不告之以避禍者，何也？其數也耶？銓削選格，排沮武人，不可謂之數也，果其理有以召之故耶？雖然，法自此立，命由此出。聖人，人而合天者也，關氏猶拳拳於天人相與之際，今之言天者，類曰：『是莫之爲而爲者。』終至於廢人事而不之講。嗚呼！關氏之學殆孤矣。吾欲削其不合者，而著其合者，且書此以質於人焉。」

胡應麟曰：「新、舊唐書志並無關氏易傳，則此書爲阮逸僞撰無疑。」

李氏鉉**周易義例**

佚。

北史：「李鉉，字寶鼎，渤海南皮人。從浮陽李周仁受毛詩、尚書，章武劉子猛受禮記，常山房蚪受周官、儀禮，漁陽鮮于靈馥受左氏春秋，詣大儒徐遵明受業，居門下五年，稱高弟。撰定孝經、論語、毛詩、三禮義疏及三傳異同、周易義例，合三十餘卷。舉秀才，除太學博士，文襄徵詣晉陽。天保初，兼國

---

①「投」，文淵閣四庫本誤作「役」。

子博士，卒，特贈廷尉少卿。」

權氏會周易注

佚。

北齊書：「權會，字正理，河間鄚人。少受鄭易，探賾索隱，妙盡幽微，詩、書、三禮，文義該洽。魏武定初，貢孝廉，策居上第，解褐四門博士，皇建中，轉加中散大夫。每爲人占筮，小大必中，但用爻辭、象、象以辨吉凶，易占之屬，都不經口，注易一部行於世。」

何氏妥周易講疏

隋志：「十三卷」。北史：「三卷。」

佚。

〔校記〕

馬國翰有輯本。（易，頁五）

北史：「何妥，字棲鳳，西城人。入周，仕爲太學博士，封襄城縣男。文帝受禪，除國子博士，加通直散騎常侍，進爵爲公。出爲龍州刺史，以疾請還，詔許之，尋爲國子祭酒，卒①官，謚曰肅。撰周易講

① 「卒」字，文津閣四庫本脱漏。

疏三卷、孝經義疏二卷，並行於世。」

王氏通**讚易**

十卷。

佚。

杜淹曰：「文中子續詩、書，正禮、樂，修玄經，讚易道，九年而六經大就，門人自遠而至。河南董常、太山姚義、京兆杜淹①、趙郡李靖、南陽程元、扶風竇威、河東薛收、中山賈瓊、清河房玄齡、鉅鹿魏徵、太原温大雅、潁川陳叔達等，咸稱師北面，受王佐之道焉。」

王讜曰：「文中子，隋末隱於白牛谿，著王氏六經，北面授②學者，皆時偉人，國初多居佐命之列，而王氏六經卒不傳。至元和初，劉禹錫撰宣州觀察使王贇碑，盛稱文中子能昭明大道，以大中立言，游其門者皆天下俊傑，自餘士大夫擬議及史册，未有言文中子者。」

司馬光補傳曰：「王通，字仲淹，河東龍門人。受書於東海李育，受詩於會稽夏璵，受禮於河東關朗，受樂於北平霍汲，受易於族父仲華。仁壽三年，西入長安，獻太平十二策，帝不能用，罷歸，尋復徵之。煬帝即位，又徵之，皆稱疾不至。專以教授爲事，乃著禮論二十二篇、樂論二十篇、續書百有五十

① 「杜淹」，文津閣四庫本誤作「社淹」。

② 「授」，文津閣四庫本作「受」。

篇、續詩三百六十篇、玄經五十篇、讚易七十篇，謂之王氏六經。大業十年，尚書召通蜀郡司户，十一年，以著作郎、國子博士徵，皆不至。十四年，病終於家，門人謚曰文中子。」

黄震曰：「文中子之書，以易、老並言，以釋、老與儒爲三教，蓋亦六朝流俗耳。」

王應麟曰：「王通仲淹讚易七十篇，讚易道以申先師①之旨。」

吴師道曰：「程子曰：『王通，隱德君子也，其言爲人傅會，不可謂全書，論其粹處，非荀、楊所及，續經之類，皆非其作。』朱子極論續經之僭，而又曰：『至於假卜筮，象論語，而强引唐初文武名臣以爲弟子，是乃福畤之所爲，而非其意。』二先生所以論王氏者當矣。愚嘗觀韓子送王含序，謂：『讀醉鄉記，悲其託於昏冥，以逃不遇，聖人爲之歸者。』以爲績蓋通之弟。通之學以尊孔氏，與韓同科，何以無一言及之，稱醉鄉之文辭而續經、中説乃反不道耶？因是而思福郊、福畤與其門人既傅會成書，當時耳目猶近，故藏於家而不敢出，意數世之後，殆不復有辨之者。故劉禹錫、李翺始舉其名，二人與韓同時，而韓獨未見，蓋其傳猶未廣。唐季皮日休、司空圖好之而始章，其出没隱顯之故可知矣。然其歲月事實，牴牾乖刺，終不足以揜後世之耳目也。夫子之於親，弟子之於師，其所以尊崇褒美之者，固無不極其至，然當以誠心不欺爲主，虚美誣辭，豈所以爲愛哉？不惟自陷於妄僞，而反爲父師之累。至有不信其真有是人者，郊、時門人之罪，可勝誅哉？因書之以爲世戒。」

① 「師」，文津閣四庫本作「儒」。

楊時喬曰：「諸儒謂文中子之易出於關朗，自言讚易道以申先師之志①，所讚者亦易之末節爾，不知易理故也。」

陸世儀曰：「世之論文中子者，多不同，有極詆之者，有極稱之者，其言皆不平。惟程子謂：『王通，隱德君子，當時言語，後來爲人傅會，其粹處殆非荀、楊所及，若續經之類，皆非其所作。』此爲至當不易之論。」

王氏又玄**周易注**

唐志：「十卷。」

佚。

王氏凱沖**周易注**

唐志：「十卷。」

佚。

〔校記〕

馬國翰有輯本。（易，頁五）

---

① 「志」下，文津閣四庫本作「旨」。

侯氏果易説

佚。

〔校記〕

馬國翰有輯本。（易，頁五）

王應麟曰：「朋盍簪，簪，疾也；至侯果始有冠簪之訓。晁景迂云：『古者禮冠未有簪名。』」

虔氏薛周易音注

佚。

胡一桂曰：「虔薛音注，見陸德明引。」

臨氏孝恭孔子馬頭易卜書

一卷。

佚。

隋書藝術傳：「臨孝恭，京兆人，明天文算術，高祖甚親遇之，令考定陰陽，官至上儀同。」

何氏六象論以下失名。

一篇。

佚。

玉海：「何襄城爲六象之論，曰實象，曰假象，曰偏象，曰圓象，曰義象，曰用象。蕭氏難之，不取偏象、圓象，而立四象之論。」

謝氏周易注

七録：「八卷。」

佚。

莊氏易義

佚。

〔校記〕

馬國翰有輯本。（易，頁五）

按：莊氏易解，正義屢引之，其論彖曰：「彖，斷也，斷定①一卦之義，所以名爲彖也，凡有一十二體。」孔氏稱其理密，所詮巽卦謂得正旨。劉瓛分繫辭下爲十二章，莊氏定爲九章，正義從之。至於釋豫「利建侯行師」，謂建侯即元亨，行師即利貞；孔氏以屯「元亨利貞」文後別云「利建侯」，以莊氏爲②非是。

又按：正義所引莊氏説，每與褚仲都同，惟王弼注：「恒而亨，以濟三事。」褚氏爲③三事爲「无咎，利貞，利有攸往」；莊氏謂三事：「无咎一也，利二也，貞三也。」意見不同。

傅氏周易注

隋志：「十三卷。」啓蒙翼傳作「十四卷」。

佚。

〔校記〕

馬國翰有輯本。（易，頁五）

按：釋文泰初九引傅氏注：「彙，古偉字，美也。」賁卦辭引傅氏注：「賁，古斑字，文章貌。」萃初六

---

①「定」字，文津閣四庫本脱漏。

②「爲」，文津閣四庫本作「謂」。

③「褚氏爲」，依下文「莊氏謂」應作「褚氏謂」。

引傳氏注：「一握①作渥。」

盧氏周易注

隋志：「十卷。」

佚。

〔校記〕

馬國翰有輯本。（易，頁五）

范氏周易音

隋志：「一卷。」

佚。

顏氏周易立成占

隋志：「三卷。」

佚。

---

① 「握」，四庫薈要本誤作「渥」。

顔氏周易孔子通覆決

隋志：「三卷。」

佚。

鄭氏易腦經

隋志：「二卷。」

佚。

晉易髓

八卷。今止存二卷。

闕。

馮椅曰：「前志無之，中興得於民間，題晉人撰。」

周易雜論

七録：「十四卷。」

以下俱佚。

周易問

隋志：「二十卷。」唐志：「十卷。」

擬周易義疏

七録：「十三卷①。」

周易文句義

隋志：「二十卷。」

按：此疑即梁蕃書。

周易新圖

七録：「一卷。」

① 「十三卷」，文淵閣四庫本作「二十卷」。

周易譜

隋志：「一卷。」

周易雜占

隋志：「十三卷。」又「十一卷」。

易要決

隋志：「二卷。」七録：「三卷。」

周易新林

隋志：「一卷。」「又二卷」。

周易林

隋志：「十卷。」七録：「三十三卷。」

易讚林

隋志：「二卷。」

易立成

隋志：「四卷。」

神農重卦經

隋志：「二卷。」

文王幡音

隋志：「一卷。」

易三備

隋志：「三卷。」又「一卷」。

鄭樵曰：「上備言天文，中備卜筮，下備地理。」

宋志題「孔子師徒所述」，蓋依託也。

易占

隋志：「三卷。」

易射覆①

隋志：「二卷。」又「一卷」。

易林要決

隋志：「一卷。」

周易曆

隋志：「七卷。」

周易初學筮要法

七録：「一卷。」

① 「易射覆」，備要本作「易附覆」。

易曆決疑

隋志：「三卷。」

周易卦林

隋志：「一卷。」

易新圖序

隋志：「一卷。」

易通統圖

隋志：「二卷。」又「一卷」。

易統卦驗玄圖

隋志：「一卷。」

易八卦斗内圖

隋志：「二卷。」又「二卷」。

周易八卦五行圖

七録：「一卷。」

周易斗中八卦絶命圖

七録：「一卷。」

周易斗中八卦推游年圖

七録：「一卷。」

周易髓腦

隋志：「二卷。」

周易分野星圖

隋志：「一卷。」

經義考卷十四

易十三

魏氏徵**周易義**

六卷。

佚。

舊唐書：「魏徵，字玄成，鉅鹿曲城人。李密召典書記，竇建德署爲起居舍人，隱太子引直洗馬，太宗引爲詹事主簿。及踐祚①，拜諫議大夫，遷秘書監，代王珪爲侍中，加左光禄大夫，封鄭國公，特進知門下事，拜太子太師。薨，贈司空、相州都督，謚文貞。」

按：是書新、舊唐志均不載，蓋即史證口訣義，惟因荆南田鎬藏書目誤云：「魏鄭公撰。」而紹興中秘

① 「祚」，四庫薈要本作「阼」。

書省續編到四庫闕書目亦載之，昭德晁氏郡齋讀書志已糾其謬矣，今仍著於録，庶洽聞者摘其闕漏也。

〔補正〕

案：通志：「周易義六卷，魏徵撰。周易口訣六卷，唐魏鄭公撰。又周易口訣六卷，史之證撰。」据此，則周易義與周易口訣爲二書，魏氏口訣與史氏口訣又爲二書矣。而晁公武讀書志云：「周易口訣義七卷，唐史證撰，田氏乃以爲魏鄭公撰，誤也。」據此，則七卷與六卷之歧出，口訣義與周易義書名之同異，朱氏皆未之析也。（卷一，頁七—八）

孔氏穎達等周易正義

舊唐志：「十四卷。」中興書目同，新唐志作「十六卷」。

存。

〔校記〕

今本十卷，單疏本十四卷。（易，頁五）

新唐書傳：「孔穎達，字仲達，冀州衡水人。太宗平洛，授文學館學士，遷國子博士。貞觀初，封曲阜縣男，轉給事中，除國子司業。歲餘，以太子右庶子兼司業，加散騎常侍，爵爲子。久之，拜祭酒，後致仕，卒，陪葬昭陵，贈太常卿，謚曰憲。初，穎達與顔師古、司馬才章、王恭、王談受詔撰五經義訓凡百餘篇，號義贊，詔改爲正義云。雖包貫異家，爲詳博，然其中不能無謬冗，博士馬嘉運較正其失，至相譏詆，有詔更令裁定，功未就。永徽二年，詔中書門下與國子三館博士、弘文館學士考正之，於是尚書左僕射于志寧、右僕射張行成、侍中高季輔就加增損，書始布下。」

新唐書志：「國子祭酒孔穎達、顏師古、司馬才章、王恭、太學博士馬嘉運、太學助教趙乾叶、王談、于志寧等奉詔撰，四門博士蘇德融、趙弘智覆審。」

崇文總目：「唐太尉長孫無忌與諸儒刊定，宋朝端拱初，國子祭酒孔維等奉詔是正其言，主申王學云。」

穎達序曰：「夫易者，象也；爻者，效也。聖人有以仰觀俯察，象天地而育群品，雲行雨施，效四時以生萬物。若用之以順，則兩儀序而百物和；若行之以逆，則六位傾而五行亂。故王者動必則天地之道，不使一物失其性；行必協陰陽之宜，不使一物受其害。故能彌綸宇宙，酬酢神明，宗社所以無窮，風聲所以不朽，非夫道極玄妙，孰能與於此乎？斯乃乾坤之大造，生靈之所益也。若夫龍出於河，則八卦宣其象；麟傷於澤，則十翼彰其用。業資九聖，時歷三古，及秦亡金鏡，未墜斯文。漢理珠囊，重興儒雅，其傳易者：西都則有丁、孟、京、田，東都則有荀、劉、馬、鄭，大體更相祖述，非有絕倫。惟魏世王輔嗣之注，獨冠古今，所以江左諸儒，並傳其學，河北學者，罕能及之。江南義疏十有餘家，皆辭尚虛玄，義多浮誕。原夫易理難窮，雖復玄之又玄，至於垂範作則，便是有而教有，若論住內住外之空，就能就所之說，斯乃義涉於釋氏，非爲教於孔門也，既背其本，又違於注。至若復卦云：『七日來復。』並解云：『七日當爲七月，謂陽氣從五月建午而消，至十一月建子始復，所歷七辰，故云七月。』今按輔嗣注云：『陽氣始剥盡，至來復時，凡七日。』則是陽氣剥盡之後，凡經七日始復。但陽氣雖建午始消，至建戌之月，陽氣猶在，何得稱七月來復？故鄭康成引易緯之説，建戌之月，以陽氣既盡，建亥之月，純陰①用事，至建子之月，陽氣始生，隔此純陰一卦，卦主六日七分，舉其成數言之，而云：『七日來復。』仲尼之緯分明，輔嗣之注若此，康成之説，遺跡可尋，輔嗣注之於前，諸儒背之於後，考其義理，其可通乎？又蠱卦云：『先甲三日，後甲三日。』輔嗣注云：『甲者，創制之令。』又若漢世之時，甲令乙令也。』輔嗣又云：『令洽乃誅，故後之三日。』又巽卦云：『先庚三日，後庚三日。』輔嗣注云：『申命令謂之庚。』輔嗣又云：『甲、庚，皆申命之謂也。』諸儒同於鄭氏之説，以爲：『甲者，宣令之日；先之三日，而用辛也，欲取改新之義；後之三日，而用丁也，取其丁寧之義。』王氏注意本不如此，而又不顧其注，妄作異端。今既奉勑删定，考察其事，必以仲尼爲宗，義理可詮，先以輔嗣爲本，去其華而取其實，欲使信而有徵；其文簡，其理約，寡而制衆，變而能通。仍恐鄙才短見，意未周盡，謹與朝散大夫行大學博士臣馬嘉運、守大學助教臣趙乾叶等，對共參議，詳其可否。至十六年，又奉勑與前修疏人及給事郎守四門博士上騎都尉臣蘇德融等②對，勑使趙弘智覆更詳審，爲③之正義，凡十有四卷。庶望上裨④聖道，下益將來，故序其大略，附之卷首爾。」

歐陽修曰：「于志寧撰孔穎達碑，質於唐書列傳，字有不同，傳云『字仲達。』碑云：『字沖遠。』可

① 「陰」，文淵閣四庫本誤作「陽」。
② 「等」字，文津閣四庫本脱漏。
③ 「爲」，文津閣四庫本作「謂」。
④ 「裨」，備要本誤作「神」。

以正傳之謬。」

張唐英曰：「穎達周易正義，發明三聖之旨，通貫萬化之蘊，其亦深於易乎？」

陳振孫曰：「序云十四卷，館閣書目亦云：『今本止十三卷。』按：五經正義本唐貞觀中穎達與顏師古等受詔撰五經義贊，後改正義，博士馬嘉運駁正其失。永徽二年，中書門下于志寧等考訂增損，書始布下。其實非一手一足之力，世但稱孔疏耳。其説專釋一家注文爲正。」

程珌曰：「自王弼以後，江南義疏祖尚虛無，至唐孔穎達辨析音義，頗爲當時所宗，然至於聖賢用心，斯道大統，固未之深及也。」

黃震曰：「陸德明、顏師古、孔穎達訓詁之學，用意良苦，如漢馬、鄭之流矣。」

胡一桂曰：「易正義大概因王弼、韓康伯注爲之解釋敷演①，於義理、象數之學，未能卓然有所見也。」

王褘曰：「孔穎達撰定諸經之疏，號曰正義。自是以來，著爲定論，凡不本於正義者，謂之異端，誠學者之宗師，百世之所取信也。」

按：葉氏菉竹堂書目有：「長孫無忌周易要義五册，凡十八卷。」無錫秦對巖前輩今有其書，大略與正義相同。考正義即係無忌刊定，非别一書也。」

---

① 「演」，文津閣四庫本作「衍」。

周易玄談

六卷。

佚。

董真卿曰：「穎達與顏師古等同撰周易正義，又撰玄談六卷。」

按：紹興書目有之。

陸氏德明①周易文句義疏

唐志：「二十四卷。」本傳：「二十卷。」

佚。

周易大義唐志作「文外大義」。

隋志：「二卷。」

佚。

舊唐書：「陸德明，蘇州吴人，太宗徵爲秦府文學館學士，貞觀初拜國子博士，封英縣男。」

① 「陸氏德明」，備要本誤作「陸氏明德」。

新唐書：「陸元朗，字德明，以字行。隋大業初爲太學博士。世稱左氏有徐文遠，禮有褚徽，詩有魯達，易有陸德明，皆一時冠。」

周易釋文

唐志：「一卷。」

存。

〔補正〕

按：鄭夾漈通志於陸德明周易釋音一卷外，又有陸德明周易并注音七卷，朱氏未載。（卷一，頁八）

陳振孫曰：「多援漢、魏以前諸家説，蓋唐初諸書皆在也，卦首注某宫某世，用京房説。」

王氏玄度**周易注**

舊唐志：「十卷。」

佚。

册府元龜：「王玄度爲校書郎，貞觀十六年十月，上其所注尚書、毛詩、周易並義次三卷，與舊解尤別者一百九十餘條。付學官詳其可否，諸儒皆因習先師，譏其穿鑿，玄度隨方應答，竟不肯屈，太宗欲廣見聞，並納之秘府。」

任氏希古**周易注**

唐志：「十卷。」

佚。

計敏夫曰：「任希古，字敬臣，棣州人。舉孝廉，虞世南器其人，爲弘文閣學士，終太子舍人。」

薛氏仁貴**周易新注本義**

唐志：「十四卷。」

佚。

舊唐書：「仁貴，絳州龍門人。右領軍衛將軍檢校，代州都督，贈左驍衛將軍。」

歐陽棐曰：「苗仁客撰薛仁貴碑，云：『薛禮，字仁貴，河東汾陰①人。』」

李氏淳風**周易玄義**

通志：「三卷。」

佚。

---

① 「汾陰」，文淵閣四庫本作「汾陽」。

〔校記〕

馬國翰有輯本。（易，頁五）

周易薪冥軌

通志：「一卷。」

未見。

舊唐書：「李淳風，岐州雍人，博涉群書，尤明天文曆算陰陽之學。貞觀初，直太史局，除太常博士，尋轉太史丞，遷太史令。」

按：是書一齋書目有之。

袁氏天綱**易鏡玄要**

通志：「一卷。」

佚。

舊唐書：「袁天綱，益州成都人。隋大業中，爲資官令，武德初，蜀道使詹俊赤牒受火井令。」

陰氏弘道**周易新論傳疏**「弘」或作「洪」。①

唐志：「十卷。」

佚。

〔校記〕

馬國翰有輯本。（易，頁五）

新唐書志：「顥子，臨涣令。」

崇文總目：「洪道世其父顥之業，雜采子夏、孟喜等十八家之説，參訂其長，合七十二篇，於易有助云。」

按：紹興闕書目有之。

王氏勃**周易發揮**

唐志：「五卷。」

佚。

楊炯曰：「君所著周易，窮於晉卦。」

---

① 「陰氏弘道周易新論傳疏『弘』或作『洪』」，文津閣四庫本脱漏作「陰氏『弘』或作『洪』周易新論傳疏」。

舊唐書：「勃，字子安，絳州龍門人。年未及冠，應幽素舉及第。上元二年，往交趾省父，渡南海，墮水而卒。勃好著書，撰周易發揮五卷，亡後，並多遺失。」

新唐書：「勃嘗讀易，夜夢若有告者曰：『易有太極，子勉思之。』寤而作易發揮數篇，至晉卦，會病止。」

崔氏憬**周易探玄**

佚。

〔校記〕

馬國翰有輯本。崔氏書，黄奭亦有輯本。（易，頁五）

李鼎祚曰：「崔氏探玄病諸先達，謂大衍說。及乎自料，未免小疵。」

按：崔憬時代莫考，李鼎祚集解引用最多，稱爲新義，中援孔疏，其爲唐人無疑矣。

〔補正〕

惠棟曰：「李資州所謂『崔氏探元』者，謂崔憬探索元理而爲此言，非書名也。崔氏所著書乃周易新義耳，嘗以語竹垞之孫介翁，勸其改正，未之從也。」（卷一，頁八）

趙氏蕤**注關子明易傳**

一卷。

存。

蘧自序曰：「蘧非聖人，五十安①知天命？然從事於易，雖亂離中，未嘗釋卷，蓋天命深微，莫研其極。而子明之傳，蘧粗通之，然恨此書亡篇過半，今所得者無能詮次，但隨文義解注，庶學者觸類而長，當自知之爾。」

孫光憲曰：「蘧，梓州鹽亭人。博學韜鈐，長於經世，夫婦俱有隱操，不應辟召。」

祝穆曰：「蘧篤學不仕，與李白善，嘗著書，號長短經。」

曹學佺曰：「蘧，梓州人，李白嘗師事之，所謂趙徵君也。」

張氏弧周易王道小疏②

宋志：「五卷。」。紹興書目：「十卷。」

〔補正〕

按：宋志載此書云：「張弧周易上經王道小疏，五卷。」「上經」二字不應删去。（卷一，頁八—九）

佚。

按：世所傳卜子夏易，晁景迂謂是「張弧僞作」，而弧自有王道小疏，惜其書不傳，無從辨其辭旨之異

① 「安」字下，文淵閣四庫本有「能」字。

② 「周易王道小疏」，依補正應作「周易上經王道小疏」。

同也。弧未詳何時人，所著素履子三卷，題曰「唐將仕郎試大理寺評事」，考子夏易傳開元中即詔儒官詳定，而資州李氏集解屢引之，意其爲唐初人乎？

王氏隱**周易要削**

宋志：「三卷。」

佚。

胡一桂曰：「自題丘園子，王隱自序云：『總康成、輔嗣輩所説，曰要削者，言撮其要也。』稱天寶庚寅，知爲唐人。」

李氏鼎祚**周易集解**新唐書作「集注周易」。

新唐志：「十七卷。」中興書目、通考：「十卷。」

存。

〔校記〕

明刊及津逮、雅雨堂本並十七卷，附例略一卷。昭文張氏影宋本十卷，略例一卷。（易，頁五）

中興書目：「集解十卷，唐著作郎李鼎祚集子夏、孟喜、京房、馬融、荀爽、鄭康成、劉表、何晏、宋衷、虞翻、陸績、干寶、王肅、王輔嗣、姚信、王廙、張璠、向秀、王凱沖、侯果、蜀才、翟玄、韓康伯、劉瓛、何妥、崔憬、沈驎士、盧氏、崔覲、孔穎達等凡三十餘家，附以九家易、乾鑿度凡十七篇，其所取荀、虞之説爲多。」

中興藝文志：「李鼎祚易宗鄭康成，排王弼。」

鼎祚自序曰：「原夫權輿三教，鈐鍵九流，實開國承家修身之正術也。自卜商入室，親授微言，傳注百家，綿歷千古，雖競有穿鑿，猶未測淵深。惟王、鄭相沿，頗行於代，鄭則多參天象，王乃全釋人事，且易之爲道，豈偏滯於天人者哉。致使後學之徒，紛然淆亂，各修局見，莫辨源流。天象遠而難尋，人事近而易習，則折楊皇①華，嗑然而笑，方以類聚，其在茲乎？臣少慕玄風，游心墳籍，歷觀炎漢，迄今巨唐，採②群賢之遺言，議三聖之幽賾，集虞翻、荀爽三十餘家，刊輔嗣之野文，補康成之逸象，各列名義，共契玄宗。先儒有所未詳，然後輒加添削，每至章句，僉列發揮，俾童蒙之流一覽而悟，達觀之士得意忘③言。當仁既不讓於師，論道豈慚於前哲。至如卦、爻、彖、象，理涉重玄，經注文言，書之不盡，別撰索隱，錯綜根萌，音義兩存，詳之明矣。其王氏略例，得失相參，采葑采菲，無以下體，仍附經末，式廣未聞。凡成一十卷，以貽同好。冀將來君子，無所疑焉。」

計用章後序曰：「易之爲書，無所不通，大焉天地之變，細之鱗介之動，數宜象索，惟神之測。聖師殁，七十弟子喪，後出之師，各專其習，故異同④派焉。晉、魏之際，傳者尤衆，獨王氏爲異，摘去拘滯，特

---

① 「皇」，四庫薈要本作「黄」。
② 「採」，四庫薈要本作「搜」。
③ 「忘」，文淵閣四庫本作「亡」。
④ 「異同」，文淵閣四庫本作「同異」。

論人事，蓋得聖人所以爲易之意，是以歷代貴之，列諸學官，學者誦焉，諸儒章句遂廢不著①，非好古博雅，人間鮮有傳者。慶曆壬午，相府策賢良六題，一出此書，素未嘗見，賢良多下者。是冬，予放謫北歸，復官漢東，至淮安太守平陽公館焉。公，先德學士，蜀之儒宗，名爲博古，因問以請，遂出先學士所藏李氏易本，俾予與其子彦孚習焉。其書會數十章句，取其合者著之，其解卦異者，家世變正時來旁通互採，頗爲煩悉，若何、范之爲春秋者。其所取荀慈明、虞仲翔爲多，而斥王氏、李氏之志也。彦孚既授卒業，且欲中都官文與先學士之意，因緘別本，屬所親眉陽孫景初募工刊刻，以廣傳布。噫，此書意例雖異，其精者連環，錯綜者有理證，似非一人之學所能舉，意仲尼之後，師師相承，以及翻、爽。豈易之道，天地人鬼神萬化，巨細無不貫，後之學者不能兼明，直順所聞言之邪？古之能事，亡逸者多矣，後或有惜之者，況此書聖賢之遺旨所存乎？他日有沉深志古，得之怡然以自廣，斯亦平陽氏之世德也。慶曆甲申七月。」

晁公武曰：「鼎祚集解，皆避唐諱，又取序卦各冠雜②卦之首，其序云：『刊輔嗣之野文，補康成之逸象。』蓋宗鄭學者也。隋書經籍志所録易類六十九部，今所有五部而已，關朗不載於目，乾鑿度自是緯書，焦贛易林又屬卜筮，子夏書或云張弧僞爲；然則隋志所録，舍王弼書，皆未得見也。獨鼎祚所集

① 「著」，文津閣四庫本作「置」。
② 「雜」，各本俱誤，應作「逐」。

諸家之説，時可見其大旨，唐録稱鼎祚書十七卷，今所有止十卷①，蓋亦失其七，惜哉！」

〔補正〕

晁公武曰：「唐録偁鼎祚書十七卷，今所有止十卷，蓋亦失其七，惜哉。」案：通攷引公武此語，「今所有止十卷」下作「而始末皆全，無所亡失，豈後人併之耶？」（卷一，頁九）

李燾曰：「鼎祚自序止云十卷，無亡失也。」

陳振孫曰：「隋、唐以前，易家諸書逸不傳者，賴此書猶見其一二，而所取於荀、虞者尤多。九家者，漢淮南王所聘明易者九人，荀爽嘗爲之集解，陸氏釋文所載説卦逸②象，本於九家易。」

朱睦㮮序曰：「唐藝文志稱：『李鼎祚集注周易，十七卷。』據鼎祚自序云十卷，而首尾俱全，初無亡失，不知唐史何所據，而云十七卷也。崇文總目及邯鄲圖書志亦稱七篇逸，蓋承唐史之誤耳。鼎祚解經，多避唐諱，又取序卦冠於各卦之首；所引有子夏、孟喜、焦贛、京房、馬融、荀爽、鄭玄、劉表、何晏、宋衷、虞翻、陸績、干寶、王肅、王弼、姚信、王廙、張璠、向秀、王凱沖、侯果、蜀才、翟玄、韓康伯、劉瓛、何妥、崔憬、沈驎士、盧氏、崔覲、伏曼容、孔穎達，凡三十二家；又引九家易、乾鑿度諸説；義有未詳，鼎祚乃加增削。予嘗綜其義例，蓋宗鄭學者也。自商翟之後，注易者百家，而鄭氏玄、王氏弼爲最顯。鄭之學主象數，王之學主名理，漢、晉以來，二氏學並立。至劉宋初，顏延之爲祭酒，黜鄭置王，時

① 「十卷」下，依補正應補「而始末皆全，無所亡失，豈後人併之耶？」計十五字。

② 「逸」，文津閣四庫本誤作「易」。

陸澄、王濟輩皆以爲不可。自是汾陽諸儒多主於鄭，江左及青、齊多主於王。唐興，孔穎達受詔撰定五經正義，於易獨取王傳，而鄭學遂廢，先代專門之業，亦復不傳，可勝嘆哉！夫易有聖人之道四焉，世之言理義之學者，以其辭耳。象變與占，其可闕乎？昔吴季札之魯觀樂，見易象，喜曰：『周禮盡在魯矣。』是故象者，易之源也。象成而有辭，辭著而後有變，變見而後有占。若乃顓尚文辭，不復推原①大傳，天人之道，岐而爲二，可乎？康成去古未遠，其所纂述，必有所本，鼎祚恐其失墜，以廣其説，均之爲有裨於易者也。是編刻自宋季，人間希有存者，頃歲，予得之李中麓氏，復用校梓以傳，欲使聖人之道不致偏滯，而自漢迄唐三十家之言，亦不至埃滅弗聞也。鼎祚，資州人，仕唐，爲秘閣學士，以經術稱於時，及閲唐列傳與蜀志，俱不見其人，豈遺之耶？抑別有所載耶？因附論著於此，以俟博雅者考焉。」

〔補正〕

案：李鼎祚集注周易，新唐志十七卷，而宋志作十卷，而宋志五行類又有李鼎祚易髓三卷、目一卷、瓶子記三卷，合之乃十七卷也。蓋唐志總其生平所著卷目言之，而宋志分析書名言之。晁公武、馬端臨、李巽嵒之徒，或以爲集注内亡失七卷，或以爲後人所併，皆未之深攷耳。（卷一，頁九）

〔四庫總目〕

經義考引李燾之言，則曰：「鼎祚自序止云十卷，無亡失也。」朱睦㮮序作於嘉靖丁巳，亦云：「自序稱十卷。」與燾説同。今所行毛晉汲古閣本乃作一十七卷，序中亦稱：「王氏略例附於卷末，凡成一

① 「原」下，文津閣四庫本作「源」。

十八卷。」與諸家所説截然不同，殊滋疑竇。今考序中稱：「至如卦、爻、彖、象，理涉重元，經注文言，書之不盡，别撰索隱，錯綜根萌，音義兩存，詳之明矣。」云云。則集解本十卷，附略例一卷，爲十一卷，尚别有索隱六卷，共成十七卷。唐志所載，蓋併索隱、略例數之，實非舛誤。至宋而索隱散佚，刊本又削去略例，僅存集解十卷，故與唐志不符。至毛氏刊本始析十卷爲十七卷，以合唐志之文，又改序中一十卷爲一十八卷，以合附録略例一卷之數，故又與朱睦㮮序不符。蓋自宋以來，均未究序中「别撰索隱」一語，故疑者誤疑，改者誤改，即辨其本止十卷者，亦不能解唐志稱十七卷之故，致愈説愈訛耳。今詳爲考證，以祛將來之疑。至十卷之本，今既未見，則姑仍以毛本著録，蓋篇帙分合，無關宏旨，固不必一一追改也。（卷一，頁十三—十四，周易集解十七卷提要）

潘恭定公序曰：「此唐李氏鼎祚所輯易解，刻之者，我明宗室西亭氏也。六經之道大矣，而易之爲原，自古庖犧氏之王天下，始畫八卦，重之爲六十四，周文王作卦辭，公旦作爻辭，孔子繫之以十翼，所以闡陰陽之秘，發天地之房者，斯其至哉。語有之：『乾坤毀則無以見易。』言易與天地相始終也。自卜商以後，傳注百家，惟王、鄭爲衆所宗，頗行於代。李氏謂：『鄭則多參天象，王乃全釋人事，易之爲道，豈偏滯於天人哉？於是採摭遺言，歷漢迄唐，集虞翻、荀爽三十餘家，刊輔嗣之野文，補康成之逸①象。』其用意勤矣。夫二氣運行，彰往察來，莫賾於天道，而八象備之，消息盈虚，其數不可略也；貞悔相因，雜物撰德，莫辨於人事，而六位窮之，乘承失得，其理不可遺也，故曰：『易也者，天人之間者也。』

①「逸」，文津閣四庫本誤作「易」。

孰或合之，而孰或離之？李之宗鄭斥王，過矣。迨及有宋，儒道彰明，若正叔程氏之易傳、晦庵朱子之本義，皆淵源王學，而二書沛然大行於時。近世因之，立於學官，凡師之所以教，弟子所肄習者，獨宗朱子。是故童幼而顓一藝，白首而或未能言，蓋安於所習，毀所不見，卒以自蔽，此學者之通患也。儒先有言：『隋、唐以前，易家諸書，逸不復傳，賴李氏此書，猶見其一二。』然則是編何可廢哉？西亭氏者，負陳思之軼才，慕河閒之大雅，詞翰踔絶，躋古作者之塗，邇年好易，潛心韋編，遂以所得宋本，募善工刻之，以廣傳布，詎不謂知本者耶？今夫崑崙之水，其發源也浩瀁無垠，演而爲河流，匯而爲滄海，至於海而水之觀盡矣。羲、文、周、孔之易辟，則崑崙之源也；李氏之集解辟，則河之衆流也；程、朱之傳、義辟，則海之會歸也。是故由集解而溯四聖之微言，則其端倪可測矣；由集解而徵程、朱之著述，則其脈絡益明矣。傳云：『先王之祭川，先河而後海，或原或委，之謂務本。』然則是編之刻，其先河之義也。夫刻既完，授余讀之，且屬余序，余遂詮次其略，俾後之覽者有所考焉。」

按：資州有李鼎祚讀書臺，見袁桷清容居士集。易集解所采，中興書目止列三十家，此外尚有伏曼容、姚規、朱仰之及彭城蔡景君說。

〔補正〕

又按：此條下有「潘恭定公序曰」一條，其偁潘謚者。潘恩，字子仁，上海人，明嘉靖癸未進士，南京工部尚書，謚恭定，竹垞祖母徐之祖父也。竹垞此書終以家學、自敘，儼若用馬、班史例，自成一家之言，故於所親不敢偁名如此。然義取尊經，攷當紀實，司徒掾班彪尚偁於漢書贊語，則於潘獨偁其謚，徒以留待後人攷索耳。（卷一，頁九）

方綱按：説經之書，彙輯前修，有資攷述者，若李氏易集解、衛氏禮記集説、杜氏春秋會義，後人皆宜爲作敍録。如胡氏一桂、董氏真卿之例，俾學者得以詳之。予門人新城魯肇光，積年殫思，撰李氏易解敍録一卷，援据極博，惜其早逝，手稿無從收拾矣。爲識於此，使其姓名附此以傳也。（卷一，頁九—十）

易髓

宋志：「三卷。」

佚。

郭氏京**易舉正**

宋志：「三卷。」

〔校記〕

今本亦三卷。（易，頁六）

存。

崇文總目：「唐蘇州司户參軍郭京撰。京世授五經，得王輔嗣、韓康伯手寫易經，比世所行，或頗差駮，故舉正其訛而著於篇。」

中興書目：「京自序言得王輔嗣、韓康伯手寫定本，比校今所習者，或將經入注，用注作經，小象中間以下句反居其上，爻辭注内移，後義卻處於前，兼有脱遺，二字顛倒謬誤者，並依定本，舉正其訛，總一百三十五處，二百七十三字。」

晁公武曰：「京自稱家藏王、韓手札周易本及石經，校正一百三十五處，二百七十三字。蓋以繇、彖相正，有闕漏處可推而知，託云得韓、王手札及石經耳。如渙之繇『利涉大川』下有『利貞』字，而彖辭無之，則增入。漸之繇『女歸吉』下無『也』字，而彖辭有之，則削去。他如此類。」

洪邁曰：「易舉正三卷，云曾得王輔嗣、韓康伯手寫注定傳授真本，比校今世流行本及國學鄉貢舉人等本，舉正其訛，凡一百三節。今略取其明白者二十處載於此：坤初六：『履霜堅冰至。』象曰：『履霜，陰始凝也，馴致其道，致堅冰也。』今本於象文『霜』字下，誤增『堅冰』二字。屯六三象曰：『即鹿無虞，何以從禽也？』今本脱『何』字。師六五：『田有禽，利執之，無咎。』元本『之』字行書，向下引脚，稍類『言』字，轉寫相仍，故誤作『言』，觀注義亦全不作『言』字釋也。比九五象曰：『失前禽，舍逆取順也。』今本誤倒其句。賁：『亨，不利有攸往。』今本『不』字誤作『小』字。『剛柔交錯，天文也。文明以止，人文也。』注云：『剛柔交錯而成文焉，天之文也。』今本脱『剛柔交錯』一句。坎卦『習坎』上脱『坎』字。姤九四：『包失魚。』注云：『有其魚，故失之也。』今本誤作『无魚』。蹇九三：『往蹇來正。』今本作『來反』。困初六象曰：『入于幽谷，不明也。』今本『谷』字下多『幽』字。鼎彖：『聖人①亨，以亨②上帝，

① 「聖人」二字，文津閣四庫本脱漏。
② 「亨」，文淵閣四庫本作「享」。

以養聖賢。』註云：『聖人用之，上以亨①上帝，而下以養聖賢。』今本正文多『而大亨』三字，故注文亦誤增『大亨』二字。震象曰：『不喪匕鬯，出可以守宗廟社稷，以爲祭主也。』今本脱『不喪匕鬯』一句。漸象曰：『君子以居賢德，善風俗。』注曰：『賢德以止，巽則居風俗以止，巽乃善。』今本正文脱『風』字。豐九四象：『遇其夷主，吉，志行也。』今文脱『志』字。中孚象：『豚魚吉，信及也。』今本『及』字下多『豚魚』二字。小過彖：『柔得中，是以可小事也。』今本脱『可』字，而『事』字下誤增『吉』字。六五象曰：『密雲不雨，已止也。』注：『陽已止下故也。』今本正文作『已上』，故注亦誤作『陽已上，故止也』。既濟彖曰：『既濟②亨小，小者，亨也。』今本脱一『小』字。繫辭：『二多譽，四多懼。』注云：『懼，近也。』今本誤以『近也』字爲正文，而注中又脱『懼』字。雜卦：『蒙稚而著。』今本『稚』誤作『雜』字。予頃於福州道藏中見此書而傳之，及在後省，見晁公武所進易解多引用之，世罕有其書也。」

李燾曰：「京此書使經、傳不相混亂，殘闕復爲真全，頗有益於學者。然『能研諸侯之慮』衍『侯之』字，『成言乎艮』當作『誠』，若此等，京蓋未知。豈王、韓舊本固不免訛舛耶？京開元後人，故所爲書不得著録，本末亦未詳，要可惜云。」

趙汝楳曰：「郭京作舉正，自以爲得王弼、韓康伯手寫注定傳授真本，於今易有所損益，凡一百三條。坤初六象曰：『履霜堅冰，陰始凝也。』京本無『堅冰』二字。按：此乃舉爻辭以通文義，謂言履霜

① 「亨」，文淵閣四庫本作「享」。
② 「既濟」二字，文津閣四庫本脱漏。

而遽及冰者，霜爲陰凝之極，故言始凝以明堅冰之漸，儻去①堅冰，但云始凝，則始字無因而發。或者京因魏許芝之對而云爾。卜史一時之言，可據以改經耶？比九五象曰：『舍逆取順，失前禽也。』京本『失前禽』在『舍逆取順』之上，意彼以釋辭在上，爻辭在下，乃倒顛之。案小象類此頗多。恒九四曰：『田无禽。』象曰：『久非其位，安得禽也？』解初六曰：『無咎。』象曰：『剛柔之際，義无咎也。』旅九三曰：『喪其僮僕。』象曰：『以旅與下，其義喪也。』凡是與此正同，此聖人互文明理之妙，庸可臆改？夫易，全書也，後人猶挾王、韓之名以更古文，他經何望焉？」

王應麟曰：「旅初六：『斯其所取災。』王輔嗣注云：『爲斯賤之役。』郭京謂『斯』合作『㒋』。愚按：後漢左雄傳：『職斯祿薄。』注云：『斯，賤也。』不必改『㒋』字。」

黄宗炎曰：「郭氏易舉正文，其義較長於今本。」

① 「去」文淵閣四庫本誤作「云」。

經義考卷十五

易十四

東鄉氏助周易物象釋疑

唐志：「一卷。」

未見。一齋書目有。

助自序曰：「易以龍象乾，以馬明坤，隨事義而取象，是故春秋傳辭多因物象，而六十四卦三百八十四爻之文，觸類而長。洎甲子以六十爲運，而卦則六十四爲周，六十四而參六十，合九百六十年爲一元紀。助今采於往疏未釋、後學滯懵者標出，目爲周易釋疑，屬象比事，約辭理伸云爾。朝散大夫守江陵少尹柱國賜紫金魚袋東鄉助上。」

蔡攸序曰：「昔者聖人之作易也，始畫八卦，而象在中，象與卦並生，以寓天下之賾，故曰：『易者，象也。』蓋俯仰以觀，遠近以取，神明之德可通，鬼神之情狀可得，而況於人乎？況於萬物乎？及因而重之，發揮於剛柔而生爻，則擬諸形容者，其變不一，而象亦爲之滋矣。故邑屋宮庭、舟車器械、服帶簪屨，下至鳥獸蟲魚、金石艸木之類，皆在所擬。至纖至悉，無所不有，所謂『其道甚大，百物不廢』者，此也。其在上古，尚此以制器，其在中古，觀此以繫辭，而後世之言易者，乃曰：『得意在忘象，得象在忘言。』一切指爲魚兔之筌蹄，殆非聖人作易，前民用以教天下之意也。助之作書，盡推互體變卦之法，以明爻象，可謂有意於此矣。而學之不明，言之不擇，往往傅①致牽合，先後牴牾，學者蓋疑焉。雖然，後之學易而觀易者，必自助發之，故著其書以示來者。」

崇文總目：「唐東鄉助撰，取變卦互體，開釋言象，蓋未始見康成之學而著此書。」

中興書目：「唐守江陵尹東鄉助撰，其説以象之所生，生於義也，有斯義，然後明之以物，如以龍敘乾，以馬明坤之類。」

陳振孫曰：「東鄉，一作東陽。館閣書目又云：『守江陵尹。』東陽、東鄉皆複②姓也。其序言隨事義而取象，若以龍敘乾，以馬明坤，凡注、疏未釋者，標出爲此書。」

董真卿曰：「宋宣和四年，蔡攸上其書。」

---

① 「傅」，文淵閣四庫本誤作「傳」。
② 「複」，文津閣四庫本誤作「覆」。

崔氏良佐**易忘象**

佚。

唐宰相世系表：「良佐，湖城簿。」

唐志注：「良佐，深州安平人。日用從子，共居白鹿山，門人諡曰貞文孝父。」

元氏載**集注周易**

唐志：「一百卷。」

佚。

劉昫曰：「載諂輔國以進身，弄時權而固位，衆怒難犯，長惡不悛，家亡而誅及妻子，身死而殃及祖禰，雖著文章，殊乖德行。」

項德棻曰：「丁子襄注周易，全書二三萬言，而元載集注則一百卷。」

李氏吉甫**易象異義**一作「注一行易」。

佚。

舊唐書：「李吉甫，字弘憲，趙郡人。金紫光禄大夫、中書侍郎平章事、集賢殿大學士，監修國史，上柱國趙國公，嘗討論易象異義，附於僧一行集注之下。」

劉氏禹錫**辨易九六論**

一卷。

存。載中山集。

新唐書：「劉禹錫，字夢得，自言系出中山，擢進士第，登博學宏詞科。淮南杜佑表管書記，入爲監察御史，擢屯田員外郎，貶連州刺史。裴度薦爲禮部郎中集賢直學士，度罷，出爲蘇州刺史。以政最，徙汝、同二州，遷太子賓客。會昌時，加檢校禮部尚書。」

畢氏中和**揲蓍法**

佚。

朱子曰：「畢氏揲法視疏義爲詳，其論三揲皆挂一，正合四營之教。惟以三揲之掛①扐分措於三指間爲小誤，然其大數亦不差也。」

按：劉夢得與董生言易，辨易九六曰：「乾之爻皆九，而坤六，何也？」生曰：「我聞諸畢中和云：『舉老而稱也。』」又謂董生言本畢中和，中和②本其師，師之學本一行云。柳子厚與夢得書以爲中和

① 「掛」，文淵閣四庫本誤作「卦」，文津閣四庫本作「挂」。
② 「中和」二字，文淵閣四庫本脱漏。

承一行僧得此說，子厚詆爲「膚末」，而夢得稱其「不誣」。參以朱子所云，則畢氏之説未爲妄矣。紹興書目有不爲子揲蓍法，通考又有青城山人書，未審較畢氏得失何如也？

李氏翺易詮

宋志：「三卷。」

佚。

舊唐書：「翺，字習之，涼武昭王之後。貞元十四年登進士第，太和初，爲諫議大夫，尋拜中書舍人，九年，檢校户部尚書，襄州刺史，充山南東道節度使。會昌中，卒於鎮，諡曰文。」

王得臣曰：「李翺作易詮，論八卦之性，古今説易者未嘗及。曰：『自古小人在上，最爲難去，蓋得位得權而勢不得摇奪，以四凶尚歷堯至舜而後能去。』嘗玩易之夬，夬一陰在上，五陽并進，以剛決柔，宜若易然，乃爻詞俱險而肆，蓋一小人在上。故易曰：『剛長乃終也。』又曰：『道生一，一生二，二生三，三生萬物。』故自道而下，數至於三，則天地人之道備矣。聖人畫卦，始止於三，謂三才之道，因而重之，乃可以觀變。予觀重卦之内，至於三位，則有小成變革之理，如乾之九四則曰『乾道乃革』。革之九三曰『革言三就』是也，推此而求其變，則可以思過半矣。」

董真卿曰：「李氏易，七卷，先説八卦，次列六十四卦，并雜卦。」

蔡氏廣成**周易啓源**

宋志：「十卷。」

未見。一齋書目有。

周易外義

宋志：「三卷。」

佚。

晁公武曰：「蔡廣成撰。李邯鄲云：『唐人田偉。』置於王昭素之下，今從李説。有德恒、德言、德膚、德翰四目，皆作問對，凡三十六篇。」

胡一桂曰：「廣成，唐太子左諭德，其書皆問答語。」

按：二書紹興書目俱有之，外義止一卷。

韋氏顗**易藴解**

佚。

舊唐書：「顗，字周仁，精陰陽象緯經略風俗之書，以門蔭補千牛備①身，歷吏部侍郎。著易蘊解，推演潛亢終始之義，甚有奧旨。」

錢希白曰：「顗，見素孫。」

徐氏鄖**周易新義**

三卷。

佚。

〔校記〕

馬國翰有輯本。（易，頁六）

唐會要：「太和元年六月，直講徐鄖上周易新義三卷。」

裴氏通**易書**

新唐志：「一百五十卷。」

佚。

新唐書注：「通，士淹子，文宗訪以易義，令進所撰書。」

---

① 「備」，文津閣四庫本作「衛」。

宰相世系表：「通，字又玄，檢校禮部尚書。」

王應麟曰：「通自祭酒改詹事，因中謝，上知通有易學，因訪以精義，仍命進所習經本，著易元解三卷，并總論二十卷，易衆寇十一卷，易洗心二十卷。」

佚。

陸氏希聲周易傳

新唐志：「二卷。」宋志：「十三卷。」中興書目：「六卷。」周易會通作「十卷」。

希聲自序曰：「予乾符初任右拾遺，歲莫端居，夢在大河之陽，曠野數百里，有三人偃臥東首，長各數十丈，有告者曰：『上伏羲，中文王，下孔子也。』三聖皆無言。意中甚愕，寤而震悸，伏而思之，河與天通，圖之自出，三聖衡列，乾之象也。天道無言，示人以象，天將以易道畀予乎？由是考覈少小以來所集諸家注説，貫以自得之理，著易傳十篇。傳上經爲第一，下經爲第二，所以列彖、象之微辭，測卦、爻之奥義。第三篇演文言之純粹，一作精。以顯聖人之賾。第四篇伸繫辭之微意，以彰易道之神。第五篇原作易之始，述列卦之序。第六篇釋説卦之義，辨反對之相資。第六篇窮畫卦象之由，生蓍奇耦之極。第八篇明權與律吕之末，制作禮樂之原。第九通天下之理。第十成天下之務。別撰作易圖一卷、指説一卷、釋變一卷、微旨一卷，又以易經文字古今謬誤，又撰證一卷。」

崇文總目：「唐右拾遺陸希聲撰。希聲作易傳十篇，易圖、指説、釋變、微旨四篇。初隴西李阮學其説，以爲上、下經傳二篇，思屬甚妙，故希聲自爲之解，餘篇差顯，不復爲註，蓋近世之名家歟？今二篇外，餘篇逸。」

中興書目：「希聲著易傳十篇，傳上經爲第一篇，下經爲第二篇，又有演文言、伸繫辭等八篇，又易圖一卷，指説一卷，釋變、微旨各一卷，通爲十卷。又文證一卷，非十編之目。今惟存上、下經傳，分爲六卷，微旨分爲三卷。」

晁説之曰：「虞翻夢吞三爻而通易，陸希聲夢三聖人而捨彖、象作傳。意！夫二子者，可語伏羲之易也。翻乃蔽於互體旁通，希聲不出王輔嗣之藩籬。惜哉！」

朱震曰：「陸氏易傳削去爻象，自謂彌縫其闕，諧音以發其辭，體正如子雲作太玄，俾學者爲進易之梯階，至於言義，則自有中否。」

晁公武曰：「希聲大順中棄官，居陽羨，自號君陽遁叟，著傳十卷。別撰易圖一、指説一、釋變一、微旨，通十卷。」

葛立方曰：「希聲隱居宜興君陽山，今金沙寺其故宅也。嘗著易傳十卷，自序謂：『夢在大河之陽，有三人偃卧東首，上伏羲、中文王、下孔子，以易道畀予，遂悟八卦小成之位，質之象數，有符契。』且云：『今年四十有七，已及聖人之年，於是作易傳以授門人崔澈、王贊之徒，復自爲注。』今觀其書，無可取者，而怪誕如此。後避難，死於道路，蓋不能終君陽之居也。」

陳振孫曰：「按：唐志有易傳二卷，中興書目作六卷，別出微旨三卷。今所謂解説者，上、下經共一册，不分卷。有序言：『著易傳十篇①，七篇以上解易義之精微，八篇以下廣易道之旁行，第爲六卷。又撰易圖、指説、釋變、微旨各一卷，通爲十卷。』其上、下經蓋第一第二篇，經文一句，傳亦一句，門人以爲難曉，故復爲之解。然則其全書十卷不盡傳矣，家舊惟有微旨，續得解説一編②，始知其詳。」

馮椅曰：「希聲，本蘇州吴縣人。」

周易微旨

通志：「三卷。」

佚。

晁公武曰：「微旨皆設問答。」

按：紹興書目有之。

高氏定**周易外傳**

唐志：「二十二卷。」

佚。

---

① 「十篇」，文淵閣四庫本作「十卷」。

② 「一編」，文津閣四庫本作「一篇」。

舊唐書：「高定，郢子，仕至京兆府參軍。」

王讜曰：「高貞公之子定，通王氏易，爲圖合八出以畫八卦，上圓下方，合則爲重，轉則爲演，七轉爲六十四卦，六甲、八節備焉。又著外傳二十二篇。定小字董董，時人多以小字稱。」

盧氏行超**易義**

唐志：「五卷。」

佚。

新唐書注：「字孟起，大中年六合丞。」

邢氏璹**周易正義補闕**

宋志：「七卷。」崇文目同。

佚。

周易略例疏紹興書目作「正義」。

宋志：「三卷。」紹興書目：「二卷。」

〔補正〕

案：宋志云：「邢璹補闕周易正義略例疏，三卷。」通志作：「周易正義補闕略例疏，一卷。」經義攷分爲二條，一作「周易正義補闕，宋志七卷」，一作「周易略例疏，宋志三卷」。檢宋志邢璹條下，並未嘗云七卷。唯孔穎達正義十四卷條下，又有「易正義補闕，七卷」，此即崇文總目所云「不著撰人名氏，其説自謂裨穎達之闕」者。通志亦載此書，但云「四庫書目」而已，亦無撰人姓名。竹垞乃分析邢璹之書以當之，誤矣。（卷一，頁十）

存。止一卷。

璹自序曰：「王輔嗣略例大則總一部之指歸，小則明六爻之得失，承乘逆順之理，應變情僞之端。用有行藏，辭有險易，觀之者可以經緯天地，探測鬼神，匡濟邦家，推辟咎悔，雖人非上聖，亦近代一賢臣。謹依其文，輒爲注解，雖不足敷弘易道，庶幾有裨於教義。亦猶螢爝增輝於太陽，涓流助深於巨壑，臣之志也。」

陳振孫曰：「唐四門助教邢璹撰。按：蜀本略例有璹所注，止有篇首釋『略例』二字文與此同，餘皆不然。此本亦淺近無義理，姑存之。」

張氏轅**周易啓玄**

宋志：「一卷。」

佚。

程迥曰：「唐人張轅作周易啓玄，曰：『老陽變成少陰，老陰變成少陽。』」

趙汝楳①曰：「張氏筮法，初揲掛一，次兩揲不掛左手、不揲右手，但以右手之蓍，足滿左手之餘。初揲：餘一餘二，足滿五；餘三餘四，足滿九。次兩揲：餘一餘二，足滿四；餘三餘四，足滿八；爲九爲六者各八，爲七爲八者各二十四。按：次兩揲不掛，則不合四營；不掛右手，則不合再扐。且初變左餘一，右必餘三，左餘二，右必餘二，與掛而爲五者，乃左右揲四之所餘。蓋理之自然，勢有不容易者，今既不揲右，但視左所餘而益之，則多寡直可任情，何必滿五滿九耶？」

按：紹興書目有之。

任氏奉古**周易發題**

通志：「一卷。」佚。

楊繪曰：「莊遵以易傳楊雄，雄傳侯芭，至沛周郯，郯傳樂安任奉古。」

按：紹興書目有之。

蘇氏鶚**周易開玄關**

通考：「一卷。」

---

① 「趙汝楳」，文淵閣四庫本誤作「趙汝祺」。

佚。

晁公武曰：「唐蘇鶚撰。鶚①自序云：『五代祖晉，官至吏部侍郎，學兼天人，嘗製八卦論，爲世所傳，遭亂遺墜，而簡編尚有存者，鶚乃略演其旨於此。』」

陳振孫曰：「武功蘇鶚德祥，唐光啓進士。」

梁氏運**周易雜占筮訣文**

唐志：「二卷。」

佚。

史氏證②**周易口訣義**宋志作「史文徽」。

宋志：「六卷。」

佚。

崇文總目：「河南史證撰，不詳何代人，其書直鈔孔氏疏，以便講習，故曰口訣。」

晁公武曰：「史證抄注、疏以便講習，田氏乃以爲魏鄭公撰，誤也。」

---

① 「鶚」字，文津閣四庫本脱漏。

② 「史氏證」依四庫總目、校記應作「史氏徵」。

陳振孫曰：「三朝史志有其書，非唐則五代人也，避諱作證字。」

〔四庫總目〕

宋史藝文志又作史文徽，蓋以「徽」、「徵」二字相近而訛，別本作史之徵，則又以「之」、「文」二字相近而訛耳。今定爲史徵，從永樂大典；定爲唐人，從朱彝尊經義考也。（卷一，頁十五，周易口訣義六卷提要）

〔校記〕

四庫提要作史徵，五代人，避諱改作證，著録輯永樂大典本六卷。（易，頁六）

李氏含光周易義略

三篇。

未見。

劉大彬曰：「唐正議大夫玄静①先生，姓李，名含光，江都人，本姓弘，避則天諱易焉。神龍初爲道士，居龍興觀，尋居嵩陽二十年。玄宗召詣闕，詔居陽臺觀，歲餘，稱疾乞還句曲，勑居紫陽觀，賜號，著周易義略三篇。」

〔補正〕

---

① 「玄静」，依補正應作「玄靖」。

顔真卿撰元靖碑云：「以老、莊、周易爲潔静之書，著學記、義略各三篇，皆名實無違，詞旨該博。」方綱按：是碑建於茅山，其書蓋道家者流也。（卷一，頁十一）

又按：劉大彬條内，「静」應改「靖」。（卷一，頁十一）

王氏遠知**易總**

十五卷。

佚。

龍城録：「上元中台州道士王遠知善易，於觀感間，曲盡微妙，善知人死生禍福，作易總十五卷。」

成氏玄英**周易窮寂圖**

宋志：「五卷。」

佚。

晁公武曰：「唐成玄英撰，錯綜六十四卦，演九宫，以直年月日推國家之吉凶。玄英，道士也，故道藏録之，或云釋仁英撰，未知孰是。」

易流演

宋志：「五卷。」

佚。

按：紹興書目有之。

釋一行易傳

十二卷。

佚。今惟大演周易本義①一卷存。

〔校記〕

馬國翰有輯本。（易，頁六）

舊唐書："僧一行，姓張氏，先名遂，魏州昌樂人，襄州都督郯國公公謹之孫也。精曆象陰陽五行之學，時道士尹崇博學先達，一行出所撰大衍玄圖及義決一卷示崇，崇大驚，因與一行談其奧賾，甚嗟伏之，謂人曰：『此後生顏子也。』尋出家爲僧，隱於嵩山。睿宗即位，以禮徵，固辭以疾。開元五年，玄宗令其族叔禮部郎中洽賫勑書強起之。一行尤明著述，撰大衍論三卷。卒，賜謚大慧禪師。"

中興書目："一行易傳，十二卷，元闕四卷。"

朱震曰："孟喜、京房之學，其書概見於一行所集，大約皆自子夏傳而出。"

按：紹興闕書目有「唐易論一卷」，疑即一行書。

① 「大演周易本義」，文淵閣四庫本作「大演易義本義」。

杜氏失名**新易林占**

唐志：「三卷。」

佚。

任氏正一**周易甘棠正義**

宋志：「三十卷。」

佚。

崇文總目：「任正一撰，以孔穎達爲本。『甘棠』者，正一爲陝州司馬，故名其書。」

〔補正〕

此條所引崇文總目與通攷不同，通攷引崇文總目云：「梁陝州大都督府左司馬任正一撰，孔穎達正義申演其説。」案：此二條，一以任在孔後，一以孔在任後，鄭氏通志作「五代任貞一撰」，則通攷所載，似有脱誤。（卷一，頁十一）

蒲氏乾貫**易軌**劉恕十國紀年「乾貫」作「虔觀」。

一卷。

佚。

晁公武曰：「僞蜀蒲乾貫撰。專言流演，其序云：『可以知否泰之源，察延促之數。』蓋數學也。」

陸游曰：「易學自漢以後寖微，自晉以後，與老子並行，其説愈高，愈非易之舊。宋興，有酸棗先生以易名家，同時种豹林①亦開門傳授，傳至邵康節，遂大行於時。然康節欲以授伊川，程先生乃拒勿受。而伊川每稱胡安定、王荆公易傳，以爲：『今學者所宜讀，惟此二家。』王公乃自毁其説，以爲不足傳，著論悔之，易之難知如此。夜讀蜀蒲公易傳、老子解，蓋各自立説，迹若與晉諸人同而實異也。」

周易指迷紹興書目作周易軌革指迷訣。

宋志：「三卷。」紹興書目：「二卷。」

佚。

釋希覺**周易會釋記**

通志：「二十卷。」

佚。

鄭樵曰：「僞吴僧陸希覺撰。」

按：紹興書目有之。

① 「种豹林」，文淵閣四庫本誤作「仲豹林」。

麻衣道者正易心法

宋志：「一卷。」

存。

〔校記〕

今本亦一卷。（易，頁六）

程準序曰：「姑谿太守李公出麻衣説、關子明傳，曰：『吾得二書，不敢私諸己，今用廣於人。』準竊幸管闚，信神物也。公得其傳，行其道，又以傳於世，蓋將救易學之病，而還易之本旨，豈誦説云乎哉？『正易』者，正謂卦畫，若今經書正文也。每章四句者，『心法』也；訓於其下，消息也。」

李潛曰：「麻衣道者羲皇氏正易心法，頃得之廬山一異人，或云許堅。」

戴師愈曰：「五代李守正陷河中，周太祖親征，麻衣語趙韓王曰：『李侍中安得久，其城中有三天子氣。』未幾，城陷。時周世宗與宋朝太祖侍行。錢文僖公若水、陳希夷每見，以其神觀清粹，謂可學僊，有昇舉之分，見之未精，使麻衣決之。麻衣云：『無僊骨，但可作貴公卿耳。』夫以神僊與帝王之相，豈易識哉？麻衣一見決之，則其識爲何如也。即其識神僊、識帝王眼目以論易，則其出於尋常萬萬也，固不容於其言矣。」

朱子曰：「麻衣心易頃歲嘗見之，固已疑其辭意凡近，不類一二百年前文字。所謂『雷自天下而發，山自天上①而墜』之類，皆無理之罔②談。所謂『一陽生於子月，而應在卯月』之類，乃術家之小數。所謂『由破體煉之，乃成全體』，則爐火之末技。所謂『人間萬事悉是假合』，又佛者之幻語耳。其他比比非一，不容悉舉。要必近年術數末流，道聽塗説，掇拾老、佛、醫、卜諸説之陋者，以成此書。而其所以託名於此人者，則以近世言象數者必宗邵氏，而邵氏之學出於希夷，於是又求希夷之所敬，得所謂麻衣者而託之。以爲若是，則凡出於邵氏之流者，莫敢議已，而不自知其説之陋，不足以自附於陳、邵之間也。夫麻衣，方外之士，其學固不純於聖賢之意，然其爲希夷所敬如此，則其爲説亦必有奇絶過人者，豈其若是之庸瑣哉？後二年，假守南康，始知③，有前湘陰主簿戴師愈者來謁。老且躄，使其壻自掖而前，坐語未久，即及麻衣易説，其言暗澀，殊無倫次。問其師傳所自，則曰：『得之隱者。』問隱者誰氏，則曰：『彼不欲世人知其姓名，不敢言也。』既復問之邦人，則皆曰：『書獨出戴氏，莫有知其所自來者。』予省前語，雖益疑之，然亦不記前已見其姓名也。後至其家，因復扣之，則曰：『學易而不知此，則不明卦畫之妙，而其用差矣。』予問所差謂何，則曰：『坎、兑皆水，而卦畫不同，苟煮藥者不察而誤用之，則失其性矣。』予了其妄，因不復詢。而見其几間有所雜著書一編④，取而讀之，則其詞語氣象宛然麻衣易也。其間雜論細事，亦多有不得其説，而公爲附託以欺人者。予以是始疑前時所料三五十年以

① 「上」字，文津閣四庫本脱漏。
② 「罔」，四庫薈要本作「妄」。
③ 「知」，依補正、四庫薈要本、文淵閣四庫本應作「至」。
④ 「有所雜著書一編」，依補正應作「有所雜著書一編」，文淵閣四庫本作「有所著雜書一編」。

來人者，即是此老。既歸，亟①取觀之，則最後跋語固其所爲，而一書四人之文，體製規模，乃出一手，然後始益深信所疑之不妄。」又曰：「麻衣道者本無言語，秖因小説有陳希夷問錢若水骨法一事，遂爲南康軍戴師愈者僞造正易心法之書以託之也。」

〔補正〕

朱子條内「假守南康始知」，「知」當作「至」；「有所雜著書一編」，「著」當作「著」。（卷一，頁十一）

陳振孫曰：「舊傳麻衣道者授希夷先生，崇寧間，廬山隱者李潛得之，凡四十二章，蓋依託也。朱侍講云：『南康戴主簿師愈撰。』」

王炎曰：「洛水李壽翁侍郎喜論易，炎嘗問曰：『侍郎在當塗板行麻衣新説，如何？』李曰：『程沙隨見屬。』炎曰：『恐托名麻衣耳，以撲錢背面喻八卦陰陽純駁，此鄙説也。以泉雲雨爲陽水，以澤爲陰水，與夫子不合。』李曰：『然。然亦有兩語佳。』炎曰：『豈非「學者當於羲皇心地上馳騁，不當於周、孔脚跡下盤旋」耶？然此二語亦非也，無周、孔之辭，則羲皇心地，學者何從②探之？』李無語。李名椿。」

胡一桂曰：「正易心法四十二章，章四句，句四言，題：『希夷先生受，並消息。』李壽翁刊於當塗，乾道間，南康戴師愈孔文始爲之跋以行，未可據也。」

張萱曰：「道者，五代末人。宋嘉定間胡巖起前序、李潛後序，謂：『得之廬山野人。』」

---

① 「亟」，文淵閣四庫本作「急」。
② 「從」，文淵閣四庫本作「能」。

亡名氏周易服藥法

唐志：「一卷。」

佚。

周易雜圖序

唐志：「一卷。」

佚。

周易內卦神筮法

唐志：「二卷。」

佚。

經義考卷十六

易十五

陳氏摶易龍圖

宋志：「一卷。」

未見。

東都事略：「陳摶，字圖南，亳州真源人。舉進士不第，隱武當山，移居華山。周世宗聞其名，召見，命爲諫議大夫，辭不受。嘗乘白驢欲入汴，中塗聞太祖登極，大笑，墜驢，曰：『天下於是定矣。』太祖召之，以羽服見於延英殿，賜號希夷先生。摶好讀書，常自號扶摇子。」

摶自序曰：「原夫龍馬負圖，出於羲皇之代，在太古之先，今存已合之位，猶或疑之，況更陳其未合之數耶？然則何以知之？答曰：『於仲尼三陳九卦之義探其旨，所以知之也。』且天之垂象，的如貫珠，少有差忒，則不成次序，故自一至於盈萬，皆累累然如絲之於縷也。使龍圖本合，則聖人不得見其象矣，所以天意先未合而形其象，聖人觀象以明其用。是龍圖者，天散而示之，伏羲合而陳之，仲尼默而形之者也。其未合也，惟五十五數。上二十五，天數也，中貫三、五、九，外包十五，盡天三、天五、天九，并五十之用，後形一六无位，又顯二十四之爲用也，茲所謂天垂象矣。下三十，地數也，六分五位，皆明五之用也，十分而爲六，形地之象焉。六分而成四象，地六不配，在上則一不動，形二十四，在下則六不用，亦形二十四。其既合也，天一居上，爲道之宗，地六居下，爲氣之本，天三斡地二、地四爲之。用三若在陽則避孤陰，在陰則避寡陽。大矣哉！龍圖之變，岐分萬途，今略述其梗概焉。」

王湜曰：「先天圖傳自希夷，前此則莫知其所自來也。」

邵伯温曰：「希夷先生學易，生於意言象數，不煩文字解説，止有一圖先天方圓圖，亦非創意以作，孔子繫辭述之明矣，真窮理盡性之學也。」

朱子曰：「先天之學，康節得於李之才挺之，挺之得於穆修伯長，伯長得於希夷。」

魏了翁曰：「先天之學，秦、漢而後，惟魏伯陽闚見此意，至華山陳處士始盡發其秘。」

吴澂曰：「河圖、洛書，邵所傳原於穆，劉所傳原於种，皆得自希夷者也。」

胡一桂曰：「按：龍圖序希夷正以五十五數爲河圖，則劉牧以四十五數爲圖，托言出於希夷者，蓋亦妄矣。」

王申子曰：「先天圓圖，陽左陰右，易之體也。後天横圖，陰左陽右，易之用也。此二圖不知希夷以前何所托，至希夷始出，亦已奇矣。」

雷思齊曰：「宋初，陳圖南始創意推明象數，自謂因玩索孔子三陳九卦之義，得其遺旨，新有書述，特稱龍圖。離合變通，圖餘二十，貫穿易理。」

黄宗炎曰：「周茂叔之太極圖，邵堯夫之先、後天圖，同出於陳圖南。夫陰陽老少之説，未嘗見於十翼，不過後人以揲蓍求卦，著於版上，以爲分别紀數也，故稱其名，俗而不古。然猶强解曰：『畫卦自下而上，有一畫，始有二畫，以至三畫。』故作此影響之論。若夫六畫之卦，一乾爲主，爲下卦，是爲貞卦；而遞以八卦加之，爲上卦，爲是①悔卦。其他七卦，莫不皆然。安得於此時拆去其上二畫而爲四畫，拆去其上一畫而爲五畫也哉？如既已重之，則一卦各錯八卦，顯然成六十四卦，安得於此中有先後去取之殊，而爲十六、爲三十二也哉？圖南本黄冠師，此圖不過仙家養生之所寓，故牽節候以配合，毫無義理，再三傳而堯夫受之，指爲：『性天窟宅，千古不發之精藴，盡在此圖。』本義崇而奉焉，證是羲皇心傳，置夫大易之首。以言乎數，則不逮京房、焦贛之可徵；以言乎理，則遠遜輔嗣、正叔之可據。且曲爲之説曰：『此圖失自秦火，流於方外，自相授受，不入人間。』夫易爲卜筮之書，不在禁例，宜并其圖而不禁，豈有止許民間藏卦爻而獨不許藏圖之事？朱元晦與王子合書云：『邵氏言伏羲卦位近於穿鑿附會，且當闕之。』乃易學啓蒙、本義又如此其敬信，不可解也。」

徐善曰：「圖南之書已亡，度其目，約二十一篇，而圖、書二象居其末。馬氏經籍考不載，則由其徒秘不示人，故當時未傳爾。其序文義晦澀，葉夢得以爲僞作，良是。」又曰：「圖、書得圖南而始顯，乃昧

①「爲是」，文津閣四庫本作「是爲」。

者緣之，復滋異辭。有謂天地十數列九五位之圖爲伏羲自造者，范諤昌也；有謂河圖止一圈①而九宮非河圖者，豐坊也；有謂九宮、五位、二象皆河圖者，章俊卿、王采也；有謂撰十圖以盡河圖變體，妄相傳述者，趙以夫、黄鎮成②、熊朋來也。至雷思齊則但信九數爲圖而不信有書，蔣德之則但信十數爲書而不信有圖，其持論皆不能無疵。及乎西山蔡氏反易之後，異解更多。有托言青城隱者，陰陽相含，就其中八分之以當八卦，謂之河圖，用井文界分九宮，謂之洛書者，羅願③也；有謂河圖即太極圖者，趙謙也；有彷彿八卦作坎、離中畫交流，謂之真河圖，得於異人傳授者，謝枋得也。若乃圖、書形狀，亦人人殊，襲漢人者謂圖呈於龍甲，信星點者謂龜文如瑇瑁。楊龜山謂圖、書但出於水，無龜與龍。俞琰謂河圖之文鐫於寶石，若近世喻國人謂泉脈上湧而紋成水面，則益怪矣。嗚呼！又奚怪司馬君實、歐陽永叔、王子充、歸熙甫諸人之欲盡廢圖、書也哉？」

王氏昭素**易論**

宋志：「三十三卷。」

未見。

---

① 「圈」，文津閣四庫本誤作「圖」。
② 「黄鎮成」，文津閣四庫本作「王鎮成」。
③ 「羅願」，文淵閣四庫本作「羅源」。

長編：「開寶三年三月，以處士王昭素爲國子博士致仕。昭素，酸棗人，篤學有志行，著易論三十三篇，學者多從之遊。上聞其名，召見便殿，時年已七十餘，上問曰：『何以不仕，致相見之晚。』昭素謝不能，上令講乾卦，至『九五，飛龍在天』，則斂容曰：『此爻正當陛下今日之事。』援引證據，因示風諫微旨。上甚悦，留月餘，數求歸，故有是命。年八十九①，乃卒於家。」

崇文總目：「昭素易論，取諸家之善，參以其言折衷之。」

中興書目：「昭素以王、韓注易及孔、馬疏義或未盡，乃著此論。」

胡旦曰：「京房學於焦贛，七日來復，其説則源於易矣。東漢郎顗明六日七分之學，最爲精妙，自楊子雲、馬融、鄭康成、宋衷、虞翻、陸績、范望並傳此學，至昭素獨非之。」

晁公武曰：「昭素隱居求志，行義甚高，史臣以王烈、管寧比之。太祖時嘗召令講易。其書以注、疏異同互相詰難，蔽以己意。」

吕中曰：「古今言易者失之拘，在陛下則爲『飛龍在天』，在臣下則爲『利見大人』，善言易者，莫如王昭素矣。古今言陰陽者失之泥，時事未判時屬陽，已判時屬陰，善言陰陽者，莫如張詠矣。」

王應麟曰：「王昭素謂：『序卦有：「離者，麗也。麗必有所感，故受之以咸，咸者，感也。」凡十四字。』晁以道古易取此三句，增入正文，謂後人妄有上、下經之辨，吴仁傑亦從王、晁之論。」

胡一桂曰：「此書專辨注、疏同異，往往只是文義之學。而朱文公語録云：『太祖一日問昭素：

---

① 「八十九」，文淵閣四庫本作「八十七」。

「乾九五：『飛龍在天，利見大人。』常人何可占得此爻？」昭素曰：「何害？若臣等占得，則陛下『是飛龍在天』，臣等『利見大人』，是利見陛下。」此説得最好。』以此觀之，解中説象占，必有可觀者。」

劉氏遵**周易異議論**

通志：「十卷。」

佚。

朱震曰：「『七日來復』之義，自子夏、京房、陸績、虞翻皆以陽涉六陰、極而反初爲七日，王昭素暢其説，胡旦難之。劉遵謂：『天行躔次有十二，陰行其六，陽行其六，當於陰六，陽失位，至於七，則陽復本位。此周天十二次，環轉反覆，其數如此，施之於年月日時並同。故一日之中，七時而復；一月之中，七日而復；一年之中，七月而復；一紀之中，七歲而復。胡旦復難以爲妄論，然遵論陰陽運行之數，得天道之行七日必復之理，但不本於乾、坤二卦消息之象以論之，是以其言漫漶，要之亦有所長，未可斥之爲妄也。」

胡氏旦**周易演聖通論**

宋志：「十六卷。」

佚。

晁公武曰：「胡旦，字周父，渤海人。太平興國三年進士第一人，知海州。上河平頌，先是盧多遜、趙普罷，頌有『逆遜投荒，姦普屛外』之句，太宗怒貶商州團練副使。上平燕八議，召復官，再遷知制誥，終秘書監。景德初，以目疾致仕。」

王偁曰：「旦雋辨强敏，退老漢上，既喪明，猶令人讀經史，憑几聽之，未嘗少輟，著演聖通論七十三卷。」

朱震曰：「先儒數十篇之次，其説不一，獨胡旦爲不失其旨。」

長編：「天聖四年正月，秘書監致仕胡旦言撰成演聖通論七十卷，以駁正五經，家貧不能繕寫，奏御。庚子，賜旦錢十萬、米百斛。五年十二月，旦上所撰演聖通論七十二卷，景祐九年七月，旦妻盛氏上旦所撰續演聖論。」

董真卿曰：「旦，字周父，濱州人，仕宋知制誥。易演聖通論，經二篇，傳十篇，彖一、大象二、小象三、乾文言四、坤文言五、上繫六、下繫七、説卦八、序卦九、雜卦十。多引經疏及王昭素論爲之商確。」

李氏溉卦氣圖

一篇。

存。

朱震曰：「李溉卦氣圖，其説原於易緯類是謀①、通卦驗。」

---

①「易緯類是謀」，備要本誤作「易緯類是説」。

楊時喬曰：「溉得易圖於种放，放得之陳希夷，希夷諸圖皆易説卦所言者，此圖與之不同。想溉所自作，無關於易之大義，然亦依傍易説，可以節取。」

龍氏昌期**周易注**

通志：「十卷。」

佚。

周易絶筆書

通志：「四卷。」

佚。

文彦博曰：「武陵先生龍君平，陵陽人也，藏器於身，不交世務，閉關卻掃，開卷自得，著書數萬言，窮經二十載，名動士林，高視西蜀。」

范仲淹曰：「岷山處士龍昌期，論易深達微奥，福唐部將延與郡人講易，率錢十萬遺之，范公雍以所著書奏御，遂行於時。」

陳振孫曰：「蜀人龍昌期，其學迂僻，專非周公，妄人也。」

王闢之曰：「龍昌期，陵州人。祥符中，别注易、詩、書、論語、孝經、陰符、道德經，攜所著遊京師，范雍薦之朝，不用。韓魏公安撫劍南，奏爲國子四門助教，文潞公又薦，授校書郎，講説府學。明鎬再奏，授太子洗馬，明堂汎恩，改殿中丞，又注禮論、政書、帝王心鑑、八卦圖、精義入神、絶筆書、河圖①、照心寶鑑、春秋復道、三教圖通、天保正名等論。昌期該洽過人，著撰雖多而所學雜駁。」

宋史：「昌期嘗注易、詩、書、論語、孝經、陰符經、老子，其説詭誕穿鑿，至詆斥周公。初用薦者補國子四門助教，文彦博守成都，召至府學，奏改秘書省校書郎，後以殿中丞致仕。著書百餘卷，嘉祐中詔取其書，昌期②時年八十餘，野服自詣京師，賜緋魚絹百疋，歐陽修言其『異端害道，不當推奬』，奪所賜服，罷歸，卒。」

四川總志：「龍昌期，字起之，仁壽人。」

高氏志寧周易化源圖

佚。

韓琦誌墓曰：「志寧，字宗儒，河南洛陽人。幼通六經，尤深於大易。咸平中，舉明經，應識洞韜略運籌決勝科，召對龍圖閣，言兵事莫備於師卦，因講其卦於上前，真宗大悦，授大理評事。又應才識兼茂明於體用科，執政罷之，改太子左贊善大夫。天聖中，充河北沿邊安撫副使，以右領軍衛大將軍致仕，享明堂恩，轉衛尉卿，所著周易化源圖行於世。」

① 「河圖」，文津閣四庫本作「河洛」。
② 「昌期」二字，文津閣四庫本脱漏。

劉氏牧**新注周易**

宋志：「十一卷。」紹興書目：「十卷。」

佚。

卦德通論紹興書目作「統論」。

宋志：「一卷。」

存。

周易先儒遺論九事

一卷。

存。

按：九事者，太皞受龍馬負圖第一，重六十四卦推盪訣第二，大衍之數五十第三，八卦變六十四卦第四，辨陰陽卦第五，復見天地之心第六，卦終未濟第七，蓍數揲法第八，陰陽律吕圖第九。

易數鈎隱圖

宋志：「一卷。」讀書志、紹興書目作「三卷」，今本同。

〔補正〕

案：書録解題作「二卷」。（卷一，頁十一）

存。

牧自序曰：「夫易者，陰陽氣交之謂也，若夫陰陽未交，則四象未立，八卦未分，則萬物安從而生哉？是故兩儀變易而生四象，四象變易而生八卦，重卦六十四，於是乎天下之能事畢矣。夫卦者，聖人設之，觀於象也。象者，形上之應，原其本則形由象生，象由數設，舍數則無以見四象所由之宗矣。是故仲尼之贊易也，必舉天地之極數，以明成變化而行鬼神，則知易之書必極數以知其本也。詳夫注疏之家，至於分經析義，妙盡精研，及乎解釋天地錯綜之數，則語惟簡略，與繫辭不偶，所以學者難曉其義也。今夫摭天地奇偶之數，自太極生兩儀而下至於復卦，凡五十五位，點之成圖，於逐圖下各釋其義，庶覽之者易曉耳。夫易道淵邈，雖往哲難闕於至微。牧也蕞生祖述，誠愧其狂簡，然則象有實位，變有定數，不能妄爲之穿鑿者，博雅君子試爲詳焉。」

朱震曰：「劉牧畫圖爲乾者四，爲坤者四，乾天左旋，坤地右轉，乾、坤上下自然相交而成六子，則夫數策之義也。」

晁公武曰：「皇朝劉牧長民撰。仁宗時，言數者皆宗之。慶曆初，吴秘獻其書於朝，優詔奬之，田況爲序。又有鈎隱圖三卷，皆易之數也。凡四十八圖，并遺事九，有歐陽永叔序，而文殊不類。」

陳振孫曰：「黄黎獻爲之序，又爲略例圖，亦黎獻所序。又有三衢劉敏士刻於浙右庾司者，歐公①序文，淺俚，決非公作，其書三卷，與前本大同小異，牧易學盛行慶曆時。」

〔補正〕

陳振孫條内「歐公序文淺俚」，「歐」上脱「有」字。（卷一，頁十一）

林千之曰：「孔安國、馬融、鄭康成、關子明諸儒皆謂自一至十爲河圖，自一至九爲洛書，惟劉牧反是，牧非無見而然也。按：春秋緯：『河圖之篇有九，洛書之篇有六，河以通乾出天苞，洛以流坤吐地符。河圖本於天，宜得奇數而居先，洛書本於地，宜得偶數而居後。』此其所據，依以爲左驗者也。」

王應麟曰：「牧撰易數鈎隱圖，黄黎獻受於牧，摭爲略例一卷，隱訣一卷。吴秘受於黎獻，作通神一卷，以釋鈎隱。奏之，凡三十四篇。」

胡一桂曰：「鈎隱一篇，自易至河圖、洛書二圖外，餘皆破碎穿鑿。」

雷思齊曰：「自圖南五傳而至劉長民，增至五十五圖，名以鈎隱，師友自相推許，更爲唱述。各於易間有注釋，曰卦德論、曰室中語、曰記師説、曰指歸、曰精微、曰通神，亦總謂周易新注，每欲自神其事，及跡而究之，未見其真能有所神奇也。」

黄瑞節曰：「楊鼎卿彙六經爲圖，唐仲友輯經世圖譜，並守劉牧之説。」

王道曰：「牧以九爲圖、十爲書，朱、蔡不能辨倒，仍爲兩可之辭以支吾，可見牧之所執者是也。」

---

① 「歐公」上，依補正、文淵閣四庫本應補「有」字。

按：劉長民河圖數九、洛書數十，此受於師者然爾，西山蔡氏乃更之，非長民易置也。」

宋氏咸**易訓**

宋志：「三卷。」

佚。

易補注

宋志：「十卷。」

佚。

王劉易辨

一卷。紹興書目：「二卷。」

佚。

閩書：「宋咸，字貫之，建陽人。天聖二年進士，慶曆初，知尤溪縣，移知韶州，轉職方員外郎，官至都官郎中。所著有易注，毛詩正紀、外義，論語增注。所注易，大爲歐陽文忠所稱賞，咸自序易訓曰：『予既以補注易奏御，而男億請餘義，凡百餘篇端，因以易訓名之。』蓋言不敢以傳世，特教其子而已。」

咸自序易辨曰：「近世劉牧既爲鈎隱圖以畫象數，盡刊王文，直以己意代之。業劉者實繁，謂：

『劉可專門，王可焚竄。』咸聞駭之，摘乾、坤二卦中王、劉義及鈎隱圖以辨之也。凡二十篇，爲二卷，題曰王劉易辨云。」

余靖序補注曰：「易之道深矣，自漢興，有施、孟、梁丘、京氏、費、高諸家之學列於庠序。而傳異端、師異説，往往入於五行讖緯之術，故其學中絶焉。王氏之學，傳自魏、晉，盛於隋、唐之際，大都言陰陽變化，人事得失，不悖於三聖，不蕩於術數，故獨爲學者所宗。近世言易者，復以奇文詭説相尚，自成一家之言，考之卦、繇、爻、象、彖、繫之微，有所不通矣。今廣平宋君貫之補注周易，蓋懲諸儒之失，而摘去異端，志在通王氏之説，合聖人之經，字有未安，意有未貫，必引而伸之，用明文王、周公之旨。初著易明數十篇，後得唐郭京舉正之説，意與己合，遂採郭氏舉正與易明相參，綴於經注之下，辨墜簡之所缺，啓後人之未悟，朱墨發端，粲然可觀，其自敘詳矣。於戲！古之儒者以明經爲本，兩漢名臣未嘗不以經進，自儒林、文苑派分以來，縉紳之士，視經爲蘧廬耳。貫之學必稽古，言必貫通，以詞章取科第，以通博副名實。皇祐元年，歲在荒落，補注既成，聞於旒扆，俄頒中旨，附郵投進。其明年，鑾事平息，因談經義，遂得副本爲示，迺周而研之。嘗觀劉氏鈎隱圖言宓羲氏因龍圖、龜書之文以畫八卦，又言天五地五，大衍之用，其深於數者。及觀貫之之釋，以爲宓犧稽象於天，取法於地，觀鳥獸之文，通萬物之情以畫卦，奚獨取於龍馬之文耶？又其言乾、坤之策生於四象①，其於尼父之經、輔嗣之注，亡所戾而有所明焉。固可秘之藏室，流之學官，寧止是正文字而已哉！歎其言近旨遠，故題而序之。」

---

①「象」，文津閣四庫本誤作「策」。

胡旦曰：「咸讀易疏，惡易緯之學，而并廢消息之卦，豈得爲善觀書者乎？」

晁公武曰：「易訓凡三卷，頗論陸希聲、劉牧、鮮于侁得失云。」

陳振孫曰：「咸嘗撰易明，凡一百九十三條，以正亡誤。及得郭京舉正於歐陽公，遂參驗爲補注十卷。皇祐五年，表上之。別有易訓，未見。易辨凡二十篇，爲一卷。劉牧之學大抵求異先儒，穿鑿破碎，故李、宋或删之、或辨之。」

玉海：「至和元年十二月，宋咸上注周易十卷，詔褒諭。」

胡一桂曰：「咸以既補注易，以其餘百餘篇大可疑者三十有六，題曰易訓，謂訓其子而已。易辨，康定元年自序，宣和四年蔡攸上其書曰：『咸引正義以辨。』然穎達專以弼爲宗，非所以辨二家之得失。至謂孔子不繫小象於乾卦，以尊文王、周公，不知易本各自爲篇，豈孔子旨哉？咸嘗注揚子法言，糾李軌之誤五百餘義，蓋亦工於訶人者。」

李氏見**易樞**

十卷。蜀中著作記：「五卷。」

佚。

玉海：「天禧二年七月戊寅，富順監言李見撰易樞十卷，詔附驛以聞。」

曹學佺曰：「江陽李見讀易於神龜山，著易樞五卷，天禧中，令附驛以聞，不起，乃終隱焉。」

邵氏古**周易解**

通考：「五卷。」

未見。一齋書目有。

晁公武曰：「古，字天叟，雍之父也。世本范陽，而卒於洛，其學先正音文云。」

古孫伯温曰：「大父伊川丈人，年七十有九，以治平四年正月一日捐館。先公謀葬大父，與正叔程先生同卜地於伊川神陰原。」

縱氏康乂**周易會通正義**

宋志：「三十三卷。」①

佚。

按：紹興書目有之。

林氏巽**易範**

八篇。

---

① 「三十三卷」，文淵閣四庫本誤作「三十二卷」。

佚。

姓譜：「林巽，字巽之，海陽人。天聖中應才識兼茂明於體用科，慶曆中投匭論事，仁宗異之，除徐州儀曹，不就。南歸讀易，著書八篇，曰卦元、卦經、卦緯、叢辭、起律、吹管、範餘、敘和，總名曰易範。人稱爲草範先生。」

陳淳曰：「林賢良草範之書，度越流俗，恨學無本原，用心良苦，無加損於易。」

孫氏坦**周易析藴**

十卷。

〔補正〕

按：通攷及書録解題並作「二卷」。（卷一，頁十一——十二）

佚。

玉海：「皇祐三年九月，評事孫坦上周易析藴十卷，帝嘉其勤博。」

陳振孫曰：「坦不知何人，國史志及中興書目皆不著。」

代氏淵**周易旨要**①

宋志：「二十卷。」

佚。

隆平集：「代淵，字仲顔，永康軍人。天聖二年登進士第，累遷至太常丞，知益州。田況表其所著周易旨要②二十卷，朝廷特授祠部員外郎。」

長編：「皇祐四年五月，太常丞致仕代淵爲祠部員外郎。淵，導江人，舉進士甲科，得清水主簿，嘆曰：『禄不及親，何所爲耶？』還家教授，著周易旨要③，翰林學士田況上其書，詔優加兩官。淵晚年日菜食，巾褐山水間，自號虚一子。」

陸氏秉**周易意學**

宋志：「十卷。」

佚。

晁公武曰：「秉，字端夫，舊名東。寶元二年，以此書奏，御敕書嘉獎，秉嘗通判蜀州。首篇論易之名，頗采參同契之説。」

①②③ 「周易旨要」，文淵閣四庫本作「周易指要」。

陳振孫曰：「其説多異先儒，穿鑿無據。」

胡一桂曰：「秉周易意學十卷，云欲撰易決緼，難就，今秖成此書，亦如前代傳易之法，自題曰齊魯後人。」

吴氏秘**周易通神**

宋志：「一卷。」閩書作「五卷」。

佚。

閩書：「吴秘，字君謨，甌寧人。景祐元年登第，歷侍御史，知諫院，以言事出知濠州，提點京東路刑獄，因乞閒郡，除守同安。」

黄氏黎獻**續鈎隱圖**

一卷。

佚。

略例義

一卷。

佚。

室中記師隱訣

宋志：「一卷。」

佚。

胡一桂曰：「黎獻學於劉牧，采摘其綱宗，以爲略例，又筆其隱訣，目爲室中記。」

按：宋志載黎獻鈎隱圖略例一卷，紹興書目分載續鈎隱圖、略例義各一卷，今從之。

經義考卷十七

易十六

李氏覯易論

集一卷。

存。

刪定易圖序論

宋志：「六卷。」通考：「一卷。」

存。

東都事略：「李覯，字泰伯，盱江人，有富國強兵之學，著禮論、易論行於世，以海門簿召赴太學，説書以卒。」

覯自序曰：「覯嘗著易論十三篇，援輔嗣之注以解義，蓋急乎天下國家之用，毫析幽微所未暇也。世有治易根於劉牧者，其説日不同，因購牧所爲易圖五十五首觀之，則甚複重，假令其説之善，猶不出乎河圖、洛書、八卦三者之内，彼五十二皆疣贅也，而況力穿鑿以從傀異。考之破碎，鮮可信用，大懼詿誤學子，壞隳①世教，乃刪其圖而存之者三焉，所謂河圖也，洛書也，八卦也。於其序解之中，撮舉而是正之，諸所觸類，亦復詳説，成六論，庶乎人事修而王道明也。其小得失，不足喜慍者，不盡糾割。別有一本，黄黎獻爲之序者，頗增多誕謾，自鄶以下，可無譏②焉。牧又注易所以爲新意者，合牽象數而已，其餘則攘輔嗣之指而改其辭，將不攻自破矣。先代諸儒各自爲家，好同惡異，有甚寇讐，吾豈斯人之徒哉？憂傷後學，不得已焉耳。」

范仲淹進狀曰：「伏見建昌軍草澤李覯前應制科，首被召試，有司失之，遂退而隱，竭力養親，不復干禄，鄉曲俊異，從而師之。善講論六經，博辨明達，釋然見聖人之旨，著書立言，有孟軻、楊雄之風義，實無愧於天下之士，而朝廷未賜采收，識者嗟惜，可謂遺逸者矣。臣竊見往年處州草澤周啓明攻③於詞藻，又江寧府草澤張元用及近年益州草澤龍昌期並老於經術，此三人者，皆蒙朝廷特除京官，以示獎勸。臣觀李覯於經術文章，實能兼富，今草澤中未見其比，臣今取到本人所業禮論七篇、明堂定制圖一

---

① 「壞隳」，文津閣四庫本作「隳壞」。

② 「譏」，文淵閣四庫本作「議」。

③ 「攻」，文津閣四庫本作「工」。

篇、平土書三篇、易論十三篇，共二十四篇，爲十卷，謹繕寫上進，伏①望聖慈當乙夜之勤，一賜御覽，則知斯人之才之學，非常儒也。其人以母老不願仕，伏乞朝廷優賜，就除一官，許令侍養，亦可光其道業，榮於閭里。」

〔補正〕

胡一桂曰：「宋志不載其説②，與鈎隱圖同刊，不過文義之學，象數概乎其未有聞也。」

案：胡一桂周易啓蒙翼傳云：「覯，字泰伯，盱江人，此解宋志不載。」而經義攷云：「宋志六卷。」然今宋志板本乃作李遇。（卷一，頁十二）

又案：竹垞亦引胡一桂曰：「宋志不載其説。」「其説」二字，啓蒙翼傳無之，恐是竹垞增此二字，以周旋宋志六卷之語耳。（卷一，頁十二）

雷思齊曰：「李泰伯著六論以駮劉長民非是，至謂：『憫其註誤學子，壞隳③世教，而删其圖之重複，存之者三焉，河圖也，洛書也，八卦也。』夫長民之多爲圖畫，固未知其是，而泰伯亦元未識此圖之三本之則一耳。」

---

①「伏」，文淵閣四庫本誤作「狀」。
②「其説」二字，依補正應删。
③「壞隳」，文津閣四庫本作「隳壞」。

徐氏庸周易意蘊凡例總論

宋志：「一卷。」

佚。

卦變解

宋志：「二卷。」

佚。

庸自序卦變解曰：「皇祐初，述周易凡例，惝驗彖辭，然未罄萬事之變。閱唐李氏所集諸儒易注，遂成周易卦變解二卷，益明卦有意象，爻有通變，以矯漢、魏諸儒旁通互體推致之失云。」

晁公武曰：「皇朝徐庸以春秋凡例，易亦有之，故著書九篇，號意蘊凡例總論，其學祖劉牧、陸秉云。」

陳振孫曰：「庸，皇祐時人，凡爲論九篇，館閣書又有卦變解，未見。」

胡一桂曰：「庸，東海人，皇祐初撰，以注、疏滮漫，故著論九篇，始於易緼，終於大衍。」

趙鏜衢州府志：「徐庸，其先汴人，有名錬者，仕錢氏，官於衢，因家焉。庸，直集賢院，嘗表上周易意蘊。」

李氏之才變卦反對圖

八篇。

闕。

六十四卦相生圖

一篇。

存。

東都事略：「之才，字挺之，青州人。舉進士，後爲殿中丞，僉書澤州判官。初，華山陳摶讀易，以數學授穆修，修授之才，之才授邵雍。」

晁説之曰：「挺之師河南穆伯長，時蘇子美亦從伯長學易，其專授受者惟挺之。伯長之易受之种徵君明逸，徵君受之希夷先生陳圖南，其源流爲最遠。究觀三才象數變通，非若晚出尚辭以自名者。」

林至曰：「李挺之卦變反對圖八篇、六十四卦相生圖一篇，漢上朱氏以爲康節之子伯温傳之於河陽陳四丈，陳傳之於挺之。長楊郭氏序李氏象學先天變卦曰：『陳圖南以授穆伯長，伯長以授李挺之，挺之以授邵堯夫、陳安民，安民以授兼山。』」

楊時喬曰：「楊甲六經圖謂之才卦圖傳之邵子，邵子傳之河陽陳氏。是圖不獨八卦能生，六十四卦又旁通相生。得此，然後易之彖辭可知其所從來，所謂象學也。」

范氏諤昌**大易源流圖**

宋志：「一卷。」

佚。

易證墜簡

宋志：「一卷。」

佚。

東都事略：「華山陳摶讀易，以象學授种放，放授許堅，堅授范諤昌。」晁說之曰：「諤昌受易於种徵君，以授彭城劉牧，而聱隅先生黄晞及陳純臣之徒皆由范氏知名者也。其於康節之易，源委初同，而淺深不倫矣。」

晁公武曰：「皇朝天禧中，毘陵從事建溪范諤昌撰，其書酷類郭京舉正。如震卦彖辭内云脱『不喪匕鬯』四字，程正叔取之；漸卦上六疑『陸』字誤，胡翼之取之。自謂其學出於湓浦李處約、廬山許堅，意者果有師承，故程、胡有所取焉。」

朱震曰：「范諤昌著易證墜簡，曰：『諸卦彖、象、爻辭、小象，乾、坤、文言，並周公作。自文言以下，孔子述也。』以經傳攷之，明夷之彖曰：『内明文①而外柔順，以蒙大難，文王以之。利艱貞，晦其明也，内難而能正其志，箕子以之。』則彖非文王作，斷可知矣。蓋彖者，孔子贊易十篇之一，先儒附其辭於卦辭之下，故加『彖』以明之。諤昌以乾彖②釋『元亨利貞』，文言又從而釋之，疑其重複，謂『非孔子之言』，且引穆姜之言證之，此又不然。文言者，文其言也，猶序彖、説卦之類，古有是言，或文王，或周公之辭，孔子因其言而文之，以垂後世爾。穆姜之言曰：『元，體之長也。亨，嘉之會也。利，義之和也。貞，事之幹也。體仁足以長人，嘉德足以合禮，利物足以和義，貞固足以幹事。』以今易考之，删改者二，增益者六，則古有是言，孔子文之爲信然矣。諤昌遂以『六十四卦之彖皆出於周公』，則誤也。又謂：『乾卦答問以下，爲孔子贊易之辭，非文言也。』此亦誤也。孔子作十篇以贊易，彖也、大象也、小象也、繫辭上下也、乾文言也、坤文言也、説卦也、序卦也、雜卦也，若以答問以下爲非文言，則先儒未以文言附於乾、坤之下，其辭當列於何篇耶？蓋文言之後，又有此言贊乾、坤六爻之義，故通謂之文言，如繫辭之中，廣述困、解、否、豫、復五卦之爻是也。聖人以易之藴盡在乾、坤，而六十二卦由此而出，故詳言爻義，以例諸卦耳。又謂『大象、小象皆出於周公』，亦誤也。且八卦成列，象在其中矣，因而重之，爻在其中矣。聖人有以見天下之賾，擬諸其形容，象其物宜，是故謂之象。有卦之象焉，有爻之象焉。彖也者，言乎其象者也，言卦之象也。爻象動乎内，言爻之象也，方設卦變爻之時，其象已具乎卦爻之中，如

① 「内明文」，依補正、文淵閣四庫本應作「内文明」。
② 「乾彖」，備要本作「乾象」。

曰：『君子以非禮勿履。』則孔子所繫之大象也，何以明之？且以復卦大象言之，曰：『雷在地中，復，先王以至日閉關，商旅不行，后不省方。』考之夏小正：『十一月，萬物不通。』則至日閉關，后不省方，夏之制也。周制以十一月北巡狩，至於北嶽矣。以是知繫大象之時，非周公作也。崔杼欲娶東郭偃之姊，筮之，遇困之大過，陳文子曰：『不可娶也。』且其繇曰：『困于石，據于蒺藜，入于其宮，不見其妻，凶。』其繇與今困卦六三爻辭正同，是時小象未作，故文子曰：『困于石，往不濟也。據于蒺藜，所恃傷也。入于其宮，不見其妻，凶，无所歸也。』使小象亦周公作，則文子必稽之矣，故曰誤也。」

〔補正〕

朱震條内「内明文而外柔順」，當作「内文明」。（卷一，頁十二）

陳友文曰：「十翼，先儒皆謂夫子作，獨范諤昌、王昭素乃謂：『彖、象、爻辭小象、文言，並周公作。』不知何據？」

王應麟曰：「范諤昌證墜簡震彖辭脱『不喪匕鬯』四字，程子取之。漸上六疑『陸』字誤，胡安定取之。」

胡一桂曰：「大易源流圖一卷，其説先定納甲之法，以見納音之數。證墜簡一卷，謂：『諸卦彖，象，爻辭，小象，乾、坤文言，並周公作，自文言以下，孔子述也。』朱漢上極辨其非。諤昌，建溪人，天禧中毘陵從事。」

雷思齊曰：「諤昌著大易源流，稱：『龍馬負圖出河，羲皇窮天人之際，重定五行生成之數，定地上八卦之體，故老子自西周傳授孔子造易之源，天一正北，地二正南，天三正東，地四正西，天五正中央，地六配子，天七配午，地八配卯，天九配酉，地十配中，寄於末，乃天地之數五十有五矣。』」

佚。

徐氏復、**林氏**瑀**等周易會元紀**

東都事略：「徐復，字復之，建州人。常游京師，舉進士不第，退而學易，通流衍卦氣之法，自知無禄，故不復進取。慶曆初，范仲淹過潤州，問以衍卦，占西邊用兵，日月無少差。其後與郭京同召對，問以天時人事，復舉京房易卦，推今年所配年月日時當小過：『剛失位而不中，宜在強君德。』仁宗又問明年主何卦，復對曰：『乾卦用①事。』説至九五而止。明日特除復大理評事，固辭，乃賜號沖晦處士。」

曾鞏曰：「徐復，字希顔，莆田人。康定中，李元昊叛，詔求有文武材可用者，參知政事宋綬、天章閣侍讀林瑀皆薦復，詔賜裝錢，州郡迫趣上道。既至，仁宗見復於崇政殿，因命講易乾、坤、既濟、未濟，又問今歲直何卦？西兵欲出如何？復對歲直小過，而太乙守中宫，兵宜内不宜外。仁宗善其言，欲官之，復固辭，迺留復登聞皷院，與林瑀同修周易會元紀。歲餘，固求東歸，仁宗禮以束帛，賜號沖晦處士。因家杭州，以周易太玄授學者。」

葉夢得曰：「京房易世久無通其術者，復遇隱士，得之，而雜以六壬遁甲，自筮終身無禄，遂罷舉。仁宗召見，命以大理評事，不就，賜號沖晦處士，歸杭州萬松嶺其故廬也。」

---

①「用」，文津閣四庫本誤作「周」。

閩書：「林瑀，莆田人，舉天聖二年進士，授太常博士。康定初，仁宗親擢天章閣侍讀，尋命與徐復同修周易天人會元紀，賜五品服。」

長編：「景祐末，災異數起，上憂之，瑀言災異皆有常數，不足憂，依周易推演五行陰陽之變，爲書上之。參知政事程琳言瑀所挾書多圖緯之言，而上大好之。慶曆二年二月，太常博士天章閣侍讀林瑀落職，通判饒州。先是瑀奉詔撰周易天人會元紀，其説用天子即位年月日辰占所直卦，以推吉凶，且言自古聖王即位，必直乾卦，若漢高祖及太祖皇帝皆是也。書成上之，詔學士院看詳，皆言瑀所編定事涉圖緯，乞藏秘閣，詔賜瑀銀絹各五十兩疋。御史中丞賈昌期嘗①面折瑀所言不經，瑀與昌期辨於上前，由是與昌期忤。及是瑀又言：『上即位，其卦直需，其象曰：「雲上於天，需，君子以飲食燕樂。」臣願陛下頻出宴遊，極水陸玩好之美，則合卦體，當天心矣。』上駭其言，因問太宗即位直何卦，瑀對非乾卦。問真宗，對亦然。上始厭瑀之迂誕，昌期即劾奏瑀儒士不師聖人之言，專挾邪説罔上聽，不宜在經筵，上乃謂輔臣曰：『人臣雖有才學，若過爲巧僞，終涉形迹。』遂罷絀瑀。」

按：沖晦處士徐復以薦召見於崇政殿，留登聞鼓院，與林瑀同修周易會元紀，亦見杜大圭名臣琬琰之集。

① 「嘗」，文津閣四庫本作「當」。

胡氏瑗**易傳**宋志作「易解」。

宋志：「十卷。」又「口義十卷，繫辭説卦三卷」。

口義，存。

〔四庫總目〕

朱彝尊經義考引李振裕之説云：「瑗講授之餘，欲著述而未逮，其門人倪天隱述之，以非其師手著，故名曰口義。後世或稱口義，或稱易解，實無二書也。」其説雖古無明文，然考晁公武讀書志有云：「胡定安易傳蓋門人倪天隱所纂，非其自著。」故序首稱先生曰，其説與口義合，又列於易傳條下，亦不另出口義一條，然則易解、口義爲一書明矣，宋志蓋誤分爲二也。（卷二，頁四，周易口義十二卷提要）

〔校記〕

四庫全書著録倪天隱周易口義十二卷，乃天隱述其師胡瑗之説，故曰「口義」。案：彭汝勵鄱陽集：「天隱，字茅岡，桐廬人，學者稱爲千乘先生。治平、熙寧中，曾爲合肥學官，晚年主桐廬講席，弟子千人。」（易，頁六）

東都事略：「胡瑗，字翼之，泰州如皋人。爲人師，言行而身化之。景祐、明道以來，學者有師，惟瑗與孫復、石介三人。瑗以布衣召見，論樂，拜校書郎。嘉祐中，遷太子中允，充天章閣侍講，以太常博士致仕。」

晁公武曰：「安定易解甚詳，或云門人倪天隱所纂，非其自著也，無繫辭。」

陳振孫曰：「新安王晦叔嘗問南軒曰：『伊川令學者先看王輔嗣、胡翼之、王介甫三家易，何也？』南軒曰：『三家不論互體，故云爾，然雜物撰德，具於中爻，互體未可廢也。』南軒之説雖如此，要之程氏專主文義，不論象數，三家者文義皆坦明，象數殆於掃除略盡，非特互體也。」

朱子曰：「胡安定易分曉正當，伊川亦多取之。」

趙汝楳曰：「易畫備於包犧，辭詳於三聖，性命道德之藴，夫子盡已發之。顧乃災異於西漢，圖緯於東都，老、莊於魏、晉之交。賴我朝王昭素、胡安定諸儒挽而回之，伊、洛益闡其説，究極指歸，然後始復爲性命道德之言。」

黄震曰：「先生明體用之學，用范文正薦，白衣召對，教授湖學，又主太學，師道之立，自先生始。然其始讀書泰山，十年不歸，及既教授，猶夙夜勞瘁二十餘年，人始信服，立己立人之難如此。」

胡一桂曰：「安定口義解中，好處甚多。」

董真卿曰：「胡氏易傳十卷，經二篇，傳十篇，上彖一、下彖二、大象三、小象四、文言五、上繫六、下繫七、説卦八、序卦九、雜卦十。」又曰：「胡氏著周易口義十卷，繫辭説卦三卷，授其弟子記之，大抵祖王弼。」

李振裕曰：「宋藝文志既列胡瑗易解，復列口義十卷、繫辭説卦二卷①，而揚州志亦仍其目，誤也。」

① 「二卷」，四庫薈要本、文淵閣四庫本、文津閣四庫本俱作「三卷」。

蓋安定講授之餘，欲著述而未逮，倪天隱述之，以其非師之親筆，故不敢稱傳，而名之曰口義。傳諸後世，或稱傳，或稱口義，各從其所見，無二書也。」

阮氏逸**易筌**

宋志：「六卷。」

佚。

長編：「景祐三年正月，詔鎮江節度推官阮逸校定舊鐘律。八月，以逸爲鎮安節度掌書記。皇祐五年九月，復勒停人阮逸爲户部員外郎以制鐘律，成，特遷之。」

陳振孫曰：「逸，字天隱，每一爻各以一古事繫之，頗多牽合。」

王應麟曰：「易著人事，皆主商、周。『帝乙歸妹』，『高宗伐鬼方』，『箕子之明夷』，商事也。『密雲不雨，自我西郊，王用享于岐山』，周事也。阮逸云。」

胡一桂曰：「易筌六卷，凡三百八十四筌。」

王氏洙**周易言象外傳**

宋志：「十卷。」

佚。

宋史：「王洙，字原叔，應天宋城人。舉進士，爲翰林學士，以兄子堯臣參知政事，改侍讀學士兼侍講學士。卒，謚文，著易傳十卷①。」

崇文總目：「皇朝王洙原叔撰。洙以通經侍講天章閣，乃集前世諸儒易説，折衷其理，依卦變爲類，其論以王弼傳爲内，故自名曰外。」

中興書目：「周易言象外傳十卷，侍講王洙撰，凡十二篇。序云：『論次舊義，附以新説，以王弼傳爲内，摘其要者②，表而正之，故云外也。』」

陳振孫曰：「其序言學易於處士趙期，論次舊義，附以新説，凡十二篇，十卷。」

〔補正〕

中興書目條内「其要者」，或作「其異者」。（卷一，頁十二）

古易

宋志：「十二卷。」

存。

葉夢得曰：「吾嘗於睢陽王原叔家得古易本，自乾、坤而下，分咸、恒爲二篇，但有六爻之文，如乾、

① 「十卷」二字，文淵閣四庫本脱漏。

② 「摘其要者」，依補正、四庫薈要本或作「摘其異者」。

坤①首言『初九，潛龍勿用。九二，見龍在田』之類。至繇辭、彖辭、大象、小象、序卦、説卦、雜卦、文言與今上、下繫辭，皆别爲卷。今本各以彖、象之辭繫每卦之下，而取孔氏之傳謂之繫辭者，王輔嗣之誤也。」

陳振孫曰：「古易十二卷，亦出王原叔家。上、下經惟載爻辭，外卦辭一、彖辭二、大象三、小象四、文言五、上繫六、下繫七、説卦八、序卦九、雜卦十。葉石林以爲此即藝文志所謂古易十二篇者。按：隋、唐志皆無古易之目，當亦後人依倣録之耳。」

范氏仲淹**易義**

一卷。

存。闕。

張唐英作傳曰：「范仲淹，字希文，蘇州人。祥符八年登進士第，曰：『朱説者是也。』累遷大理寺丞，召試秘閣校理，出通判河中府，遷陳州，擢爲右司諫，降知睦州，遷蘇州，召爲禮部員外郎、天章閣待制，命知開封府，落職，知饒州事。寶元初復職，知永興軍，道授陜西都轉運，遷龍圖閣直學士，兼領延安軍，尋以四路都招討委之，開府於涇，召爲樞密副使，拜參知政事。」

按：范公易義載集中，僅存乾、咸、恒、遯、大壯、晉、明夷、家人、睽、蹇、解、損、益、夬、萃、升、困、井、

① 「坤」字，依文津閣四庫本當删。

革、鼎、震、艮、漸、豐、旅、巽、兑二十七卦。

張氏公裕**周易注解**

佚。

范純仁墓誌①曰："公裕，字益孺，蜀之江源人。皇祐中，應進士舉，中甲科，爲戎州軍事推官，調忠武軍節度掌書記，改太子中允，知定州唐縣。以韓魏公薦，英宗選充秘閣校理，同知太常禮院，改判吏部，丐郡，知嘉州，遷太常博士。以父喪哀毁致疾，服除，請閑官就醫，授管勾成都府玉局觀，會改官制，爲承儀郎，終於官。公於書無所不讀，而於詩、易、春秋尤能究達其義，各爲之注解，共三十三卷。"

鄭氏昇**易學釋疑**

佚。

興化府志："鄭昇，字元舉，仙遊人。皇祐元年進士，試秘書省校書郎。"

---

① "誌"字，文津閣四庫本脱漏。

桂氏詢①**周易略例**

通志：「一卷。」

佚。

江西通志：「貴谿人，皇祐五年登第。」

按：淩氏萬姓統譜稱是晉人，誤。

于氏房**易傳**

佚。

按：房易傳載王氏續文獻通考。姓譜有「景祐四年知奉化縣事」者，係定襄人；金華志有「嘉祐四年進士，官屯田員外郎」者，係浦江人，不知誰爲易傳者？

楊氏繪**易索藴**

佚。

范祖禹志墓曰：「楊繪，字元素，漢州綿竹人。治經濟，尤長於易、春秋。皇祐五年進士第二人，終

---

① 「桂氏詢」，備要本誤作「杜氏詢」。

天章閣待制。」

陳師道曰：「楊内翰繪云：『莊遵以易傳揚雄，雄傳侯芭，自芭而下，世不绝傳，至沛周郯。郯傳樂安任奉古，奉古傳廣凱，凱傳繪。所著索蘊，乃其學也。』」

丁未録：「楊繪過池陽，見丘璿，璿曰：『明年當改元，以周易步之，豐卦用事，必以豐字紀年。』果改元豐。」

陳氏希亮**鈎易圖辨**紹興書目作「辨劉牧易」。

一卷。

佚。

制器尚象論

通志：「一卷。」

佚。

東都事略：「陳希亮，字公弼，眉州青神人。天聖中舉進士，歷京西、京東轉運使。」

胡一桂曰：「希亮長於易，謂：『韓康伯著十三象，徒釋名義，莫得尚象之制，故作論以明之。』」

曹學佺曰：「希亮，官太常少卿，季常慥之父也。」

周氏孟陽**易義**

通志：「一卷。」

佚。

宋史：「周孟陽，字春卿，其先成都人，徙海陵。第進士，爲潭王宫教授，加直秘閣，同知太常禮院，遷集賢殿①修撰，兼侍讀。神宗初立，拜天章閣待制。」

長編：「治平元年十月，屯田員外郎直秘閣同知禮院周孟陽引對於延和殿，自是數召見，最後至隆儒殿，在邇英閣②後苑中，群臣未嘗至也。」

龔氏鼎臣**易補注**

宋志：「六卷。」

佚。

姓譜：「鼎臣，字輔之，鄆州人。景祐初進士，爲泰寧軍節度掌書記。石介死，讒者謂其北走遼，詔兗州劾狀，鼎臣願以闔門證其死，尋知諫院。以忤王安石，出知兗州，再知青州。」

---

① 「集賢殿」，文津閣四庫本作「集賢院」。

② 「邇英閣」，文津閣四庫本作「邇英殿」。

陳氏襄**易講義**

二卷。

存。闕。

李綱曰：「古靈先生未仕，刻意於學，得鄉士陳烈、周希孟、鄭穆相與爲友，以古道鳴於海隅，四先生名動天下。既登第，累官劇邑，所至修學校，率邑之子弟，身爲横經講説，士風民俗翕然丕變。官至樞密直學士、尚書右司郎中，累贈少師。」

按：陳述古易講義載古靈先生集中，僅存師、大有、謙、豫、隨五卦而已。

周氏希孟**易義**

佚。

蔣垣曰：「希孟，字公闢，侯官人。通五經，尤邃於易，與陳襄、陳烈、鄭穆爲友，稱爲海濱四先生。詔授國子監四門助教，力辭，弟子七百餘人，著有易、詩、春秋義。」

黄氏晞**易義**

通志：「十卷。」

佚。

姓譜：「晞，字景微，建安人。」

長編：「嘉祐元年十一月，黄晞爲太學助教，致仕。晞少通經，聚書數千卷，學者多從之游，著聱隅書十卷，自號聱隅子。慶歷中，石介在太學，遣諸生以禮聘召，不至。至是樞密使韓琦表薦之，受命，一夕而卒。」

掌氏禹錫**周易集解**

十卷。

佚。

周易流演遁甲圖

一卷。

佚。

蘇頌志墓曰：「許之郾城有儒學之老，曰尚書工部侍郎致仕掌公，諱禹錫，字唐卿，起布衣，取進士第，凡仕四十六年，由太子賓客遷貳卿，謝事還里。所著述有周易集解十卷，生平篤信推命之學，自撰周易流演遁甲圖一卷。」

長編：「至和元年，禹錫以太常少卿掌集賢院，嘉祐三年，以光禄卿直秘閣。」

黄氏通**易義**

通志：「一卷。」

佚。

姓譜：「通，字介夫，邵武人，嘉祐初進士，除大理丞。」

劉氏彝**周易注**

佚。

董真卿曰：「彝，字執中，福州人，有易注一部，安定門人也。」

蔣垣曰：「懷安劉彝、邵武游烈、汀州徐唐，俱從安定胡先生受業。」

皇甫氏泌**易解**

宋志：「十九卷。」通考：「十四卷。」

未見。

晁公武曰：「泌，官至尚書右丞，有述聞一卷、隱訣一卷、補解一卷、精微三卷，又有紀師説①、辨道②，通爲八卷。」

① 「紀師説」，依補正或作「師説」。
② 「辨道」，依補正或作「明義」。

〔補正〕

晁公武條內：「又有紀師説、辨道，通爲八卷。」案：書録解題「師」上無「紀」字，「辨道」作「明義」。（卷一，頁十二）

朱震曰：「皇甫泌謂互體不可取。」

陳振孫曰：「其學得之常山抱犢山人，而莆陽游中傳之，劉彝、錢藻皆爲之序，山人不知名，蓋隱者也。泌嘗守海陵，治平以前人。」

玉海：「治平三年四月，工部侍郎皇甫佖①上所著周易精義，賜帛。」

令狐氏揆**易疏精義**

佚。

王得臣曰：「先生字子先，安陸名儒。筮仕齊安理掾，歲滿還里，卜築溳溪之南，耕釣之外，彈琴著書而已。於書無所不讀，著易疏精義，予嘗從同堂兄伯芑假觀。」

石氏汝礪**乾生歸一圖**

宋志：「十卷。」通考：「二卷。」

---

① 「皇甫佖」，依四庫薈要本、文津閣四庫本、備要本應作「皇甫泌」。

佚。

晁公武曰：「皇朝石汝礪撰。先辨卦、彖、爻、象之別，後列數圖，頗雜以釋、老之說。」

陳振孫曰：「汝礪，嘉祐初人。序取乾爲生生之本，萬物歸於一也，有論有圖，亦頗與劉牧辨，然或雜以釋、老之學。其所謂一者，自注云：『一則靈寂真元。』首篇論道，專以靈明無體無生爲主。又曰：『因靈不動，而生寂體。』豈非異端之説乎？」

胡一桂曰：「石氏畫圖著論，先辨卦、彖、爻、象之別，後列數圖，頗雜釋、老之説。」

廣東通志：「石汝礪，英德人，號碧落子。五經都有解説，於易尤契微妙。嘗曰：『易不須注，但熟讀自見，互相發明，總一「乾，元亨利貞」之道。』晚年進所著易解、易圖於朝，爲荊公所抑。蘇軾謫惠州，遇之聖壽寺，與之談易，至暮方散。」

經義考卷十八

易十七

石氏介**周易解**宋志作「口義」，建本作「解義」。

宋志：「十卷。」紹興書目卷同，題曰「易義通考」，作「五卷」。

佚。

晁公武曰：「石介，字守道，兗州奉符人。天聖八年登進士第，遷直集賢院，作慶歷聖德詩，專斥夏竦。其後守道死，竦因誣以北走契丹，請剖棺驗視云。」又曰：「景迂云：『易古文十二篇，先儒謂費直專以彖、象、文言參解易爻，以彖、象、文言雜入卦中者，自費直始。』孔穎達云：『王輔嗣又分爻之象辭各附當爻。』則費氏初變古制時，猶若今乾卦①彖、象繫卦之末歟？古經始變於費氏，卒大亂於王弼，惜

---

① 「乾卦」，文津閣四庫本誤作「乾爻」。

哉！今學者曾不之知也①。石守道亦曰：『孔子作彖、象於六爻之前，小象繫逐爻之下，惟乾悉屬之於後者，讓也。嗚呼！他人尚何責哉？』家本不見此文，豈介後覺其誤改之歟？」

陳振孫曰：「所解止六十四卦，解亦無大發明。晁景迂言守道云云，今觀此解義，言王弼注易，欲人易見，使相附近，他卦皆然，惟乾卦不同者，欲存舊本而已。更無他說，不知景迂何以云爾也。按：宋咸補注首章頗有此意，晁殆誤記耳。」

黄震曰：「先生，奇士也，折節師事泰山孫先生，拜起必扶侍，躬耕徂徠山下，葬不葬者七十喪，高風篤行，有益世教爲多。惟其志存憂國，作爲文章，極陳古今，指切當世。自謂②：『我言不用，雖獲禍死不悔。』致夏竦輩深憾之，幾不免身後剖棺之禍，悲夫！」

董真卿曰：「徂徠傳孫明復學，周易口義十卷，建本作解義，説本王弼旨。」

歐陽氏修**易童子問**

宋志：「三卷。」

存。

東都事略：「修，字永叔，吉州廬陵人。舉進士，試國子監、禮部皆第一，遂中甲科。嘉祐五年，爲

① 「也」，文津閣四庫本作「乎」。

② 「謂」，文津閣四庫本誤作「爲」。

樞密副使，明年，拜參知政事，以觀文殿學士、太子少師致仕。卒，贈太子太師，謚文忠。修於六經，長於易、詩、春秋，其所發明，多古人所未見，有易童子問三卷、詩本義十四卷。」

施德操曰：「歐陽公論易，謂文言、大繫皆非孔子所作，乃當時易師爲之，韓魏公心知其非，然未嘗與辨，但對歐陽公終身不言易。」

陳振孫曰：「歐陽永叔撰。設爲問答，其上下卷專言繫辭、文言、説卦而下，皆非聖人之①作。」

程迥曰：「陸希聲深病爻辭之不類，輒欲去取。歐陽公童子問、王景山儒志亦疑於易文，聖人之言固難知也，謂不類，非也。」

朱子曰：「歐陽作易童子問，正王弼之失數十事，然因圖、書之疑，并繫辭不信，此是歐公無見處。」

公之孫謙益曰：「初公作易或問三篇，第二篇論卦、爻、彖、象，其後删去，别作一篇論繫辭，集所載是也。元論卦、爻、彖、象一篇，諸本皆不載，恐遂棄遺，今編入外集。」

王應麟曰：「歐陽公以河圖、洛書爲怪妄。東坡云：『著於易，見於論語，不可誣也。』南豐云：『以非所習見，則果於以爲不然，是以天地萬物之變爲可盡於耳目之所及，亦可謂過矣。』蘇、曾皆歐陽公門人，而議論不苟同如此。」

胡一桂曰：「易之不可無十翼審矣，歐陽公乃致疑，於其書童子問中，直以繫辭與文言爲非夫子作，是何其無見於易一至此耶。」

---

① 「之」，四庫薈要本作「所」。

張氏巨**易解**

續通考：「十卷。」

佚。

歐陽修序曰：「易之爲書，無所不備，故其爲説者，亦無所不有。蓋滯者執於象數以爲用，通者流於變化而無窮，語精微者務極於幽深，喜誇誕者不勝其廣大，苟非其正，則失而皆入於賊。若其推天地之理以明人事之始終，而不失其正，則王氏超然遠出於前人，惜乎不幸短命而不得卒其業也。張子之學，其勤至矣，而其説亦詳焉，其爲自序尤多所發明。昔漢儒白首一經，雖孔子亦晚而學易，今子年方壯，所得已多，而學且不止，其有不至者乎？」

王圻曰：「巨，武進人，從胡瑗游。嘉祐中舉明經，薦爲國子監直講，王安石新法行，巨乃引去，時論高之。」

毗陵志：「張巨，字微之，擢嘉祐二年第，與蔣之奇、胡宗愈、丁騭爲四友，學易於歐陽公，易解十卷，公爲之序。」

趙氏承慶**周易注**

二十卷。

佚。

楊傑撰碑略曰：「天水郡公承慶，字祐之，秦悼王之孫，武信軍節度使，追封循國公，諡康簡。生平博覽墳典，嘗注易二十卷，極天人性命之理，天子覽而嘉歎，賜以金幣。國朝以來，宗室著述，自公始也。」

鮑氏極**周易重注**

宋志：「十卷。」

佚。

朱震曰：「鮑極論卦變之義，曰：『遯，陰長之卦，邪道並興，聖人易一爻而成无妄，欲以正道止其邪也。』」

胡一桂曰：「周易重注十卷，治平中，建昌軍司户鮑極撰，右司諫鄭獬表進秘閣校理，錢藻序。宣和中，秘書少監孫近重行改定，取贊附經之末，以全一家之書。」

孫氏載**易釋解**

五卷。姑蘇志作「五十卷」。

佚。

龔明之曰：「孫載，字積中，崑山人。舉治平二年進士及第。大觀中，遷朝議大夫。著易釋解五卷。」

葉氏昌齡**周易圖義**

宋志：「二卷。」

未見。

中興書目：「二卷，治平中葉昌齡撰，以劉牧鈎隱圖之失，遂著此書，凡四十五門。」

胡一桂曰：「昌齡，錢唐人，治平中職方員外郎。」

按：鄭氏藝文略有：「葉子長易義，二卷。」當即昌齡之字。

王氏晳**周易衍注**

四卷。

周易綱旨

二十篇。

俱佚。

胡一桂曰：「晳爲兵部郎中、集賢校理，周易衍注四卷，周易綱旨二十篇，名卦在第二，謂：『伏羲作八卦，則八卦之名，伏羲所制也，因而重之，則六十四卦蓋亦然也。或假其象，或舉其義，或以一言而定，或以二字而成，隨義象名之也。』蔡攸上其書曰：『晳著易衍注，又撮綱要成此書，其論名易之義，信能不惑於多岐者。』未有脱誤一篇，大率稽述郭京、范諤昌之説，間出己意，斷以去取。」

石氏牧之**易解**

佚。

紹興府志：「石牧之，字聖咨，新昌人。慶歷二年進士，試校書郎，移天台令。時王安石知鄞，陳襄知仙居，號江東三賢。後知温州。」

按：趙清獻公集有「温守石牧之以詩見寄，次韻之作」。

李氏畋**易義**

佚。

晁公武曰：「畋，蜀人張詠客也，與范鎮友善，熙寧中致仕，歸編該聞録。」

宋史張詠傳：「初蜀士知向學而不樂仕宦，詠察郡人張及、李畋、張逵者，皆有學行，爲鄉里所稱，遂敦勉就舉，而三人者悉登科，士由是知勸。」

四川總志：「李畋，字渭父，華陽人。淳化中登第，知榮州，嘗著孔子弟子傳贊六十卷。」

羅氏適**易解**

佚。

台州府志：「羅適，字正之，寧海人。治平中進士，提點兩浙刑獄。」

王氏存**易解**

佚。

宋史新編：「王存，字正仲，丹陽人。登進士第，累遷尚書左右丞，進資政殿學士、吏部尚書。」

按：王氏易解宋志不載，見尤氏遂初堂書目。

朱氏長文**易意**

佚。

〔校記〕

方氏碧琳瑯館叢書刻朱長文易解四卷，不知即易意否？（易，頁六）

張景修志墓曰：「樂圃先生朱伯原，諱長文。擢嘉祐四年進士第，爲蘇州教授，歷五考，召爲太學博士，改宣德郎，除秘書省正字兼樞密院編修文字，傷足，不果仕。安貧樂道，因舊圃葺臺榭池沼、竹石花木，有幽人之趣。太守章伯望表所居曰樂圃坊，鄉人尊之，稱樂圃先生。」

子發曰：「先人自少年登科，即嬰足疾，絶意仕進，以著書立言爲事。受春秋於孫明復，得發微深旨，作通志二十卷；書有贊，詩有説，易有意，禮有中庸解①，樂有琴臺志，自成一家書。」

莊氏綽揲蓍新譜

一卷。

佚。

薛季宣序曰：「聖人之道行於古，聖人之法具於經，學者不務窮經，泥夫師説，故聖經法則晦以不明。士當以經爲據依，斷然不惑於習，略去衆多之論，以盡其心，夫然後聖典森然，無不得也。易，六經之原委也，揲蓍之法詳繫辭，可按以考也。自脱於秦火，師法紛綸，而經闇不通，舉世罔知攸定，士服先儒爲用，久且不疑，旅出一途，而蓍法隱矣。揲蓍新譜毅然易大傳之從，始謂一三爲奇，二四爲偶，得奇偶之正，無偏陂之失，契於經旨，有足多者。其引徵以張轅揲蓍之法，可以爲審矣，而師春氏説，又略與符同。其法用蓍四十九莖，總箸把之，以意中分，扐一小指間，四揲之。第一指揲，餘一二足滿五，餘三四足滿九；第二、第三指揲，餘一二足滿四，餘三四足滿八。四五爲少，八九爲多，三多老陰交分，三少老陽重分；兩少一多，少陰拆分；兩多一少②，少陽單分。是法最爲近古，然而餘二足五，餘三足九，與張氏説皆不與易通。走嘗聞巫山隱者袁道潔先生言，特與莊氏會，第以四八爲多爲未盡，走甚疑而參

---

① 「中庸解」，文津閣四庫本脱漏作「中庸」。

② 「兩多一少」上，文津閣四庫本誤衍「分」字。

考之。惟策數幾莊氏，何則？乾之策三十有六，坤之策二十有四，莊氏莢悔虧二，袁氏則二差而爲乾矣。以知莊氏之説容有未當，何哉？繫辭之云蓋十八變而成卦，夫爻一三少變，六爻而數通矣，不必皆大變也。先儒自陳圖南、邵堯夫輩，爻之再變已用四十有八，莊氏則盡用四十九。故從先儒則合於策，而四十九之用失矣；從莊氏則合於用，而二篇之筴羸矣。惟①劉禹錫辨易九六論揲以三指，其法與師春同，既用無四十八之僞，而筴復與二篇叶，是則莊氏之奇偶，師春之變卦既可信，皆可從，作易之道其不外是矣。」

趙汝楳曰：「莊氏新譜，三揲皆用四十九數，掛一不在奇偶數中，爲九爲六者各八，爲七爲八者各二十四。按：古法次揲②用初揲掛扐餘蓍，三揲用次揲餘蓍，今三揲皆用四十九，又掛一不用，是與古戾矣。」

按：陳傳良③作薛季宣行狀，稱其校讐是書，且爲之序。今存浪語集中，綽嘗著雞肋編者也。

陳氏皐易論

通志：「十卷。」

---

① 「惟」字，文津閣四庫本脱漏。
② 「揲」，文津閣四庫本誤作「用」。
③ 「陳傳良」，備要本誤作「陳傅良」。

佚。

按：陳皐，字希古，見文同梓州處士張公①墓志，當②是蜀人。

勾氏微**周易廣疏**紹興書目作「句徽」。

通志：「三十六卷③。」

佚。

董真卿曰：「陳皐、勾微，鄭氏通志不載何代。」

按：淩氏萬姓統譜以微爲南北朝人。觀其論周易義云：「唐衛元嵩作元包，以坤卦爲首，乾卦後之。」疑是宋初人。

薛氏温其**易義**

佚。

按：薛氏易説散見周易義海，其釋蠱二云：「危行言孫，信而後諫。」非梁公之徒，孰能與此？又釋渙

① 「張公」二字，文津閣四庫本脱漏。
② 「當」字上，文津閣四庫本誤衍「墓誌」二字。
③ 「三十六卷」，文津閣四庫本作「三十三卷」。

象云：「二以身入險，四則輔君任事，上下同濟，厥事乃濟。李晟入險，陸贄輔后，二爻之象。」又釋既濟象云：「衰亂之起，必自逸樂，開元之盛，繼以天寶，初吉終亂之驗也。」皆引唐事①以爲之證，當屬宋初人。

金氏君卿**易義**

佚。

洪邁曰：「君卿策高科，歷郡守部使者，積代至度支郎中。」

江西通志：「金君卿，字正叔，浮梁人。登慶曆二年進士，歷官秘書丞、太常博士，知臨州，權江西提刑，入爲度支郎中，嘗著易說。」

按：曾氏元豐類藁有衛尉寺丞金君墓志文，曰：「皇祐二年，祀明堂，推恩群臣，秘書丞金君得以其父爲大理評事。五年，郊，金君爲太常博士，又得以其父爲衛尉寺丞。惟衛尉府君有四子，曰君卿，博士也，兄弟皆舉進士。」

冀氏震**周易義略**

宋志：「十卷。」

---

① 「事」，文津閣四庫本誤作「書」。

佚。

陳氏良獻**周易發隱**

宋志：「二十卷。」

佚。

胡一桂曰：「周易發隱二十卷，嘉祐中良獻自序云：『第一卷首序乾、坤，至十二卷有疑義者，輒著於篇，所以尊卦德也。自第十二卷至末，明天地之數、陰陽五行之變，所以終其要也。』」

常氏豫**易源**

宋志：「一卷。」

佚。

胡一桂曰：「豫，字伯起，爲太常博士。易源一卷，范陽盧涇序之，云：『易之緼，數世莫得傳，劉既窺其端，常乃善繼其緒，總斯大旨，著乎六篇，命曰易源。』劉謂牧也。」

張氏簡**周易義略**

通志：「九卷。」

佚。

易問難

二十卷。

佚。

王氏錡**周易口訣**

通志：「六卷。」

佚。

何氏維翰**易義**

佚。

四川總志：「何維翰，字叔良，成都人。韓魏公安撫劍南，薦授四門助教。」

劉氏緯**易義**

佚。

四川總志：「劉緯，遂寧人。」

陳氏文佐**易義**

佚。

四川總志：「陳文佐，普州人。」

袁氏建**易義**

佚。

盧氏穆**易義**

佚。

白氏勳**易義**

佚。

薄氏洙**易義**

佚。

汪氏沿**易義**

佚。

于氏弇**易義**

佚。

按：王錡、袁建、盧穆、白勳、薄洙、汪沿、于弇俱義海所引，時代爵里莫考。

鄧氏至**易義**

佚。

四川總志：「鄧至，雙流人，通六經，翰林學士綰之父，尚書左丞洵仁、知樞密院事洵武之祖。」

彭氏宗茂**易解**

佚。

長沙府志：「彭宗茂，字尚英，湘陰人。隱居好學，作易解，始於屯、蒙，終於乾、坤，吳獵、吳旂序之，漕使鄧汝譏寘之學宮。」

經義考卷十九

易十八

周子惇頤**易通**即通書。

一卷。

存。

東都事略：「周惇頤，字茂叔，舂陵人。以蔭爲將作監主簿，調南安軍司理參軍，後通判永州，擢廣南東路轉運判官，移提點刑獄，以病求知南康軍，病劇，上南康印，分司南京。惇頤酷愛廬阜，買田其旁，築室以居，號曰濂溪，倡明道學，著通書行於世。」

胡宏序曰：「通書四十章，周子之所述也。周子，名惇頤，字茂叔，舂陵人。推其道學所自，或曰：『傳太極圖於穆修，修傳先天圖於种放，放傳於陳摶。』此殆其學之一師歟？非其至者也。希夷先生有天下之願，而卒與鳳歌荷篠長往不來者伍①，於②聖人無可無不可之道，亦似有未至者。程明道先生嘗謂門弟子曰：『昔受學於周子，令尋仲尼、顔子所樂者何事。』而明道先生自再見周子，吟風弄月以歸。道學之士皆謂程顥氏續孟子不傳之學，則周子豈特爲种、穆之學而止者哉？粤若稽古孔子，述三、五之道，立百王經世之法。孟軻氏闢楊、墨，推明孔子之澤，以爲萬世不斬，人謂孟氏功不在禹下。今周子啓程氏弟子以不傳之妙，其功蓋在孔、孟之間矣。人見其書之約也，而不知其道之大也；見其文之質也，而不知其義之精也；見其言之淡也，而不知其味之長也。顧愚何足以知之，然服膺有年矣，試舉一二語爲同志者起予之益乎。患人以發策決科，榮身肥家，希世取寵爲事也，則曰：『志伊尹之所志。』患人以知識見聞爲得而自畫，不待價而自沽也，則曰：『學顔子之所學。』人有真能立伊尹之志、修顔子之學者，然後知通書之言包括至大，而聖門之事業無窮矣。故此一卷書皆發端以示人者，宜其度越諸子，直與易、書、詩③、春秋、語、孟同流行乎天下。是以敘而藏之，遇天下之善士，又尚論前修而欲讀其書者，則傳焉。」

朱子跋曰：「通書者，濂溪夫子之所作也。夫子姓周氏，名惇頤，字茂叔。自少即以學行有聞於世，而莫或知其師傳之所自。獨以河南兩程夫子嘗受學焉，而得孔、孟不傳之正統，則其淵源因可概

---

① 「伍」，文津閣四庫本脱漏。
② 「於」字上，文津閣四庫本有「疑」字。
③ 「書、詩」，文津閣四庫本作「詩、書」。

見。然所以指夫仲尼、顏子之學①，而發其吟風弄月之趣者，亦不可得而悉聞矣。所著之書又多放失，獨此一篇，本號易通，與太極圖說並出程氏②，以傳於世，而其爲說實相表裏。大抵推一理、二氣、五行之分合，以紀綱道體之精微，決道義、文辭、利祿之取舍，以振起俗學之卑陋。至論所以入德之方、經世之具，又皆親切簡要，不爲空言。顧其宏綱大用，既非秦、漢以來諸儒所及，而其條理之密、意味之深，又非今世學者所能驟而窺也。是以程氏既歿，而傳者鮮焉。其知之者，不過以爲用意高遠而已。熹自蚤歲即幸得其遺編，而伏讀之初，蓋茫然不知其所謂，而甚或不能以句。壯歲獲遊延平先生之門，乃始得聞其說之一二，比年以來，潛玩既久，乃若粗有得焉。雖其宏綱大用，所不敢知，然於其章句文字之間，則有以實見條理之愈密、意味之愈深，而不我欺也。顧自始讀以至於今，歲月幾何，倏焉三紀③。慨前哲之益遠，懼妙旨之無傳，竊不自量，輒爲注釋。雖知凡近不足以發夫子之精蘊，然創建大義，以俟後之君子，則萬一其庶幾焉。」

〔補正〕

朱子條內「仲尼、顏子之學」，「學」或作「樂」。「倏焉三紀」，「三」當作「二」。（卷一，頁十二）

---

① 「學」，依補正、文淵閣四庫本或作「樂」。

② 「程氏」，文津閣四庫本誤作「陳氏」。

③ 「三紀」，依補正、四庫薈要本應作「二紀」。

邵子雍古周易

八卷。宋志無，見周易會通因革。

未見。

宋史：「雍，字堯夫，河南人。事北海李之才，受河圖、洛書、宓犧八卦六十四卦圖象，探賾索隱，妙悟神契，玩心高明，以觀天地之運化、陰陽之消長，遠而古今世變，微而飛走草木之性情，深造曲暢，庶幾所謂不惑。而非依倣象類，億則屢中者，遂演宓羲先天之旨，著書十餘萬言行於世。嘉祐詔求遺逸，留守王拱辰以雍應詔，授將作監主簿，復舉逸士，補潁川團練推官，皆固辭，乃受命，竟稱疾不之官。卒，贈秘書省著作郎，元祐中賜謚康節。」

程子曰：「先生之學得之李挺之，挺之得之穆伯長，推其源流，遠有端緒。今穆、李之言及其行事概可見矣，而先生純一不雜，汪洋浩大，乃其所自得者多。」

張崏曰：「先生覃思於易經，夜不設寢，日不再食，三年而學以大成。大名王豫天悅博達之士，尤長於易，聞先生之篤志，愛而欲教之，既與之語三日，得所未聞，始大驚服，卒舍其學而學焉，北面而尊師之，衛人乃知先生之有道也。」

邵博曰：「古易卦、爻一，彖二，象三，文言四，繫辭五，説卦六，序卦七，雜卦八，其次序不相雜也。予家藏大父手寫百源易，實古易也。百源在蘇門山下，康節讀書之處。」

王炎曰：「邵氏之學長於古易。夫文王之演易，不專爲占筮用也，静而正心誠意，動而開物成務，易皆具焉。惟以占筮論之，則古人如管輅、郭璞、關朗之徒，足以盡易之道矣，不特邵氏能之也。」

魏了翁曰：「衆人以易觀易而滯於易，先生以易觀心而得於心。其方圓圖、皇極經世諸書，消息陰陽之幾，貫融内外之分，蓋洙、泗後絶學也。」

黄震曰：「易言天地定位者，天尊而上，地卑而下，其位一定而不可易；易取其象，於卦爲乾、坤，凡二者爲天地之氣之統宗，譬諸父母，雖若無所施爲，實主宰乎一家而居其尊者也。山澤，通氣者，山澤一高一下，水脈灌輸，而其氣實相通，通之爲言貫也；易取其象，於卦爲艮、兑。雷風，相薄者，雷風一迅一烈，氣勢翕合而其形實相薄，薄之爲言逼也；易取其象，於卦爲震、巽。水火，不相射者，水火一寒一熱，宜若相息滅，而下然上沸，以成既濟之功，乃不相射，不相射者，言不如射者之相射音石害也；易取其象，於卦爲坎、離。凡六者皆天地之氣之爲，譬如六子迭相運用，而悉出於父母者也。聖人設此章以釋八卦之義，似不過如此而已。歷漢、唐以至本朝伊、洛諸儒，未有外此而他爲之説者，惟邵康節得陳希夷數學，創爲先天之圖，移易卦之離南坎北爲乾南坤北，曰：『此取易之天地定位也。』然易曰：『離也者，明也，南方之卦也』；坎者，水也，正北方之卦也。』則離南坎北，經有明文矣。『天地定位』，於經未嘗明言其爲南北也，何以知其此爲先天之卦位言，徒以卦言位，或彼或此，猶固未可知。今以事理之實可見者考之，則風一從南，即盎然以温，風一從北，即泠然以寒，南方屬夏，其熱如此，北方屬冬，其凍如此。離南坎北，信乎其如今易經之言矣。康節移之以位乾、坤，將何所驗以爲信耶？康節既移乾、坤於南北，又移艮以居西北，移兑以居東南，曰：『此取易之山澤通氣也。』然易曰：『艮，東北之卦也。』

又曰：『兌，正秋也。』則艮居東北，兌居正西，經有明文矣①。若山澤通氣，特言其通氣而已，於經未嘗明言艮爲西北，兌爲東南也，康節何所考而指此爲先天之卦位？若以事理之實而考之，山必資乎澤，澤必出乎山，其氣相通，無往不然，豈必卦位與之相對而後氣可相通耶？康節既移東北之艮於西北，遂移震於東北，而移巽於西南，曰：『取易之雷風相薄也。』然易曰：『震，東方也。』又曰：『巽，東南也。』則震居東方，巽居東南，經有明文矣。若雷風相薄，特言其相薄而已，於經未嘗明言震爲東北，巽爲西南也。康節何所考而指此爲先天之卦位？若以事理之實考之，震惟居正東，巽惟居東南，逼近而合，故言相薄，若遠而相對，安得相薄？而東北爲寅時，方正月，又豈雷發之時耶？康節既移離、坎之位以位乾、坤，乃移離於正東，移坎於正西，曰：『取易之水火不相射也。』然南方爲離，北方爲坎，經文萬世不磨，水火不相射，特言其性相②反而用則相資耳。於經未嘗明言離爲東方之卦，坎爲西方之卦也，康節又何所見而指此爲先天之卦位？説者雖指火爲日，遂以離爲東，指水爲月，遂以坎爲西，然按説卦先言『離爲火』，然後言『離爲日』，獨言『坎爲水』，而未嘗言『坎爲月』，蓋日乃太陽之精，非特可以離言，月乃太陰之精，非特可以坎言。月雖陰而其出必於東，日雖陽而其没必於西，周流運轉，晝夜不停，非若水火之定位於一方者比也，又可借日月以代水火爲言耶？易畫於伏羲，演於文王，繫於孔子，傳之天下萬世，惟此一易而已，未聞有先天後天之分也。雖曰：『未有天地，已有此理。』然而作易始於伏羲，不言

① 「矣」，文津閣四庫本作「也」。
② 「相」，文津閣四庫本作「雖」。

先天，康節特托易以言數，諸儒未有以此而言易者也。晦庵以理學集諸儒之大成，原聖人因卜筮而作易，始兼以康節之説而詳之。若據門人所録語類，乃因康節之先天而反有疑於文王、孔子之易，及有疑於伊川之易傳，且有疑於易經此章八卦之位。然按晦庵先生答王子合書，明言：『康節言伏羲卦位，近於穿鑿附會，且當闕之。』以此概彼門人所録，其一時之言爾，抑録之者未必盡當時之真耶？蓋易所言者道，而康節所言先天者，數也。康節雖賢，不先於文王、孔子也。康節欲傳伊川以數學，伊川堅不從，則不可以其數學而反疑伊川之易學，又可知也。學者且當以晦庵親答王子合之言爲正，毋以門人記録晦庵之言爲疑。」又曰：「邵子無易解，不過觀物、經世、先天圖。」又曰：「邵易不藐之爲象數，則憚其難知。」

董真卿曰：「邵子古周易八卷，與晁氏説之本同。」

朱升曰：「邵子發明易之數，而一動一静之間，天地人之至妙，邵子固以理而妙是數矣。」

王褘曰：「自周、秦以來，伏羲之圖鮮或傳授，而淪落於方技家。孔子於繫辭、説卦固嘗言之，學者不察也，邵子始發揮之。蓋邵子得之李挺之，挺之得之穆伯長，伯長得之陳希夷，所謂先天之學也。自先天之學明，人知有伏羲之易，而學易者不斷自文王、周公始矣。」

王廷相曰：「易雖有數，聖人不論數而論理，要諸盡人事爾。故曰：『得其義則易數在其中。』故邵子以數論天地人物之變，棄人爲而尚定命，以故後學論數紛紜，廢置人事，別爲異端，害道大矣。」

楊慎曰：「易圖，先天始於希夷，後天續於康節。蓋康節因孔子易傳難明，因希夷之圖，又作後天圖以示人，如周子因孔子『易有太極』一句而作太極圖。朱子所以不明言者，因其出於希夷而諱之，恐人疑其流於神仙也。」

楊時喬曰：「希夷所傳諸圖，舊秖存圖而已。康節始以圓者爲天，方者爲地，次序爲横圖，乃皆還之於易。自此而説卦自『天尊地卑』至『天地定位』，諸書辭變象數之學，皆粲如指掌，不然。孰從而知所爲位？所爲象數哉？」

鄭氏夬**周易傳**

通考：「十三卷。」讀書志、玉海俱作「十二卷」，宋志不列易傳，別著時用書二十卷、明用書九卷、易傳辭三卷、易傳辭後語一卷。

佚。

司馬光劄子曰：「伏見并州盂縣主簿鄭揚庭，自少及長，研精易道，譔著所傳成易測六卷，不泥陰陽，不涉怪妄，專用人事，指明六爻，求之等倫，誠難多得，臣不敢蔽，輒取進呈。」

沈括曰：「江南人鄭夬，字揚庭，曾爲一書談易，其間一説曰：『乾、坤，大父母也，復、姤，小父母也。乾一變生復，得一陽；坤一變生姤，得一陰云云。至乾六變生歸妹，本得三十二陽；坤六變生漸，本得三十二陰；乾、坤錯綜，陰陽各得三十二，生六十四卦。』夬之爲書，皆荒唐之論，獨有此變卦之説，未知其是非。予後見兵部員外郎秦玠論夬所談，駭然曰：『何處得此法？』玠曰：『嘗遇一異人授此歷數，推往古興衰、運歷，無不皆驗，嘗恨不能盡其術。』西都邵雍亦知大略，已能洞知吉凶之變，此人乃形之於書，必有天譴，此非世人所得聞也。」

邵伯温曰：「先君易學微妙玄深，不肖所不得知也。其傳授本末，則受易於李之才挺之，挺之師穆修伯長①，伯長②師陳摶圖南。先君之學雖有傳授，而微妙變通則其所自得也。平時未嘗妄以語人，惟大名王天悦、滎陽張子望嘗從學，又皆蚤死。秦玠、鄭夬嘗欲從先君學，先君以玠頗好任數，夬志在口耳，多外慕，皆不之許。玠嘗語夬以王天悦傳先君之學，夬力求之，天悦不許，天悦感疾且卒，夬賂其僕，於卧内竊得之，遂以爲己學，著易傳、易測、明範、五經明用數書，皆破碎妄作，穿鑿不根，嘗以變卦圖示秦玠。夬竊天悦書入京師，補國子監解試，策問八卦次序，夬以所得之説對，有司異之，擢在優等。既登第，以所著書投贄公卿之門，後以贓罪竄秦，謂必有天譴，恐指此。秦既知夬竊書，乃謂：夬何處得此法，又謂西都邵某聞大略，近乎自欺矣。然謂得之異人，蓋指希夷而言也。」

晁公武曰：「姚嗣宗謂劉牧之學授③之吴秘，秘授之夬④，邵雍言：『夬竊其學於王豫。』沈括亦言：『夬之學似雍。』云。」

〔補正〕

晁公武條内「姚嗣宗謂劉牧之學授之吴秘，秘授之夬」，「授」當作「受」。（卷一，頁十三）

吴仁傑曰：「鄭夬以序卦爲文王六十四卦，雜卦爲伏羲六十四卦，其説非是。」

---

① 「穆修伯長」，文津閣四庫本脱漏作「穆伯長」。

② 「伯長」，文津閣四庫本作「穆伯長」。

③④ 「授」，依補正、四庫薈要本俱應作「受」。

馬中錫曰：「夬著書談易變，曰：『乾一變生復，得一陽；二變生臨，得二陽；三變生泰，得四陽；四變生大壯，得八陽；五變生夬，得十六陽；六變生歸妹，得三十二陽。坤一變生姤，得一陰；二變生遯，得二陰；三變生否，得四陰；四變生觀，得八陰；五變生剥，得十六陰；六變生歸妹，得三十二陰。乾、坤錯綜，陰陽各三十二；乾、坤，大父母也；復、姤，小父母也；歸妹者，歸宿之地也。』一時無人解其旨①，獨秦玠者知之，謂所親曰：『此天地之秘藏，西都邵雍稍知粗迹，已能洞達吉凶之變，鄭君何敢筆之於書，當必有天譴，吾因達是，動②遭坎軻，恐亦不久於世矣。』已而鄭與秦果俱死，此即焦延壽所謂四千九十六卦者耶？」

張子載横渠易説

宋志：「十卷。」

存。

〔校記〕

四庫著録及通志堂刊本均三卷。（易，頁六）

東都事略：「張載，字子厚，長安人。學古力行，篤學好禮，爲關中士人所宗，世所謂横渠先生者

---

① 「旨」，四庫薈要本作「指」。

② 「動」，文津閣四庫本誤作「洞」。

也。舉進士，爲祁州司法參軍，神宗召見，除崇文檢書，以疾求去，築室南山下。敝衣疏食，專精治學，召還，同知太常禮院，復以疾請歸，道病卒。」

宋史：「先生之學，以易爲宗，以中庸爲體。」

晁公武曰：「載居橫渠，故以名書，其解甚略，繫辭差詳。」

程珌曰：「宋興百年，名儒輩出，胡安定得其義，邵康節得其數，程明道、伊川得其理，周濂溪得其體，張橫渠得其用，然後易之道大明於天下。」

董真卿曰：「橫渠易說三卷，發明二程所未到處。」

呂枬曰：「橫渠易說簡易精實，於發經開物修身，教人甚切，當爲先生之書無疑。竊謂易本爲人事而作，雖歷四聖，其究一揆，非專説天以道陰陽也，故孔子以『君子行此四德』解乾『元亨利貞』，示諸卦爻皆此例爾，今以質諸易說，益篤信焉。」

楊時喬曰：「今本止六十四卦，無繫辭，實未全之書。」

〔補正〕

案：通志堂刻本有繫辭，而說卦傳無「天地定位」一節。（卷一，頁十三）

王氏安石易解

宋志：「十四卷。」通考作「二十卷」。

佚。

晁公武曰：「王安石，字介甫，撫州臨川人。慶曆三年進士，熙寧三年，拜中書門下平章事，七年罷，明年再入相，九年罷。卒，謚文。介甫三經義皆頒學官①，獨易解自謂少作未善，不專以取士。故紹聖後復有龔原、耿南仲注易，三書偕行於場屋。」

楊時曰：「荊公於易，只是理會文義，未必心通。易不比他經，須心通始得。」

黄震曰：「荊公釋易中字義甚詳，卦名解始於剛柔始交之屯，展轉次第，用序卦之法而論其次，頗有牽強處。」

顧氏棠**周易義類**

宋志：「三卷。」

佚。

陳振孫曰：「叔思，未詳何人。序言先儒論説甚衆，而其旨未嘗不同，卦爻或有不同，而辭意未嘗不一，各立標目，總而聚之。」

胡一桂曰：「周易義類三卷，以先儒論易不同，因取其辭説同者，分目而聚之，凡九十五條。」

吴中人物志：「棠，字叔思②，與張僅、幾道皆爲王安石門下士，安石作三經義，僅、棠與焉。」

---

①「官」字，文淵閣四庫本作「宫」。

②「叔思」，文津閣四庫本誤作「思叔」。

沈氏季長**周易新義**

通志：「二卷。」

佚。

長編紀事：「季長，錢唐人，王安石妹婿也，判國子監。」

按：曾氏元豐類藁有貴池縣主簿沈君夫人元氏墓志：「子三人，曰季長，越州司法參軍。」

王氏逢**易傳**

通考：「十卷。」

未見。

王安石作墓志曰：「逢，字會之，太平州當塗縣人。以進士起家，權南雄州軍事判官，留爲國子監直講，於書無所不觀，而尤喜易。作易傳十卷、乾德指說一卷、復書七卷，名士大夫多善其書者。」

晁公武曰：「逢嘗爲國子直講，著易傳十卷，其學宗王弼。」

董真卿曰：「逢爲王介甫客，官國子直講，易傳十卷，宗王弼。」

司馬光易說

宋志：「一卷。」①又「三卷」。佚。

〔四庫總目〕

是其書在宋時所傳本已往往多寡互異，其後乃并失其傳，故朱彝尊經義考亦註爲「已佚」。今獨永樂大典中有之，而所列實不止於隨卦，似即朱子所稱後得之本。其釋每卦或三四爻，或一二爻，且有全無說者，惟繫詞差完備，而說卦以下僅得二條，亦與晁公武之言相合。又以陳友文集傳精義、馮椅易學、胡一桂會通諸書所引光說核之，一一具在，知爲宋代原本無疑。其解義多闕者，蓋光本撰次未成，亦如所著潛虛，轉以不完者爲真本，並非有所殘佚也。（卷二，頁四—五，温公易說六卷提要）

〔校記〕

四庫輯大典本，六卷。經苑有刊本。（易，頁七）

晁公武曰：「司馬光②君實，陝州夏縣人。初以父蔭入官，舉進士甲科，除館閣校理。神宗即位，擢翰林學士、御史中丞，後除樞密副使，力辭而去。元祐初，拜門下侍郎，繼遷尚書左僕射。卒，謚文正。

---

① 「一卷」，四庫薈要本作「十卷」。

② 「司馬光」下，四庫薈要本、文津閣四庫本俱有「字」字。

易説雜解易義，無銓①次，蓋未成書也。」

朱子曰：「嘗得温公易説②於洛人范仲彪炳文，盡隨卦六二之半，其後缺焉。後數年，好事者於北方互市，得版本，始亦喜其復全，然無以考其真僞也。」

陳仁子序曰：「九師興而易道微，易之微豈專九師咎哉？彖、翼而下，旁薄深廣，留七分者亡幾。田、丁、施、費，脈脈師授，俾勿墜。龍龜圖、書，或左用之而不悟。京房守緯數，其失也泥。韓康伯談名理，其失也浮。二千年間，易道倀倀，如蒙霧行，述而不論，河、汾猶難之。曆越五閏，真人御宇，王澤萃鍾，異人間出，希夷抉羲畫而成於邵，濂溪泄周經而融於程，以至匯爲漢上而尚變，演爲考亭而尚占，支析爲合沙而尚象，三聖玄藴，剖抉靡遺，而讀者瞭然如生③三代之世。晚得温公易説一編，視諸老猶最通暢，今流傳人間世，藁雖未完，其論太極陰陽之道，乾、坤律吕之交，正而不頗，明而不鑿，獵獵與濂、洛貫穿，中間分剛柔，中正配四時，微疑未安，學者宜心會爾。易之作，聖人吉凶與民同患之書也，非隱奥艱深而難見也，談易而病其隱且艱，非深易者也，參習是編，易道庶其明乎。」

① 「銓」，四庫薈要本作「詮」。
② 「易説」，文津閣四庫本誤作「易傳」。
③ 「生」字，四庫薈要本脱漏。

呂氏大防周易古經

通考：「二卷。」書録解題：「十卷。」

存。

大防自序曰：「周易古經者，彖、象所以解經，始各爲一書。王弼專治彖、象以爲注，乃分綴卦爻之下，學者於是不見完經，而彖、象辭次第貫穿之意，亦缺然不屬。予因案古文而而①正之，凡經二篇，彖、象、繫辭各二篇，文言、説卦、序卦、雜卦一篇，總一十有二篇。」

〔補正〕

自序内「予因案古文而而正之」，重一「而」字。（卷一，頁十三）

晁公武曰：「呂大防，字微仲，京兆藍田人。皇祐初中進士，哲宗即位，召知制誥、翰林學士，拜尚書左僕射兼門下侍郎。紹聖初，謫授舒州團練副使、循州安置，未踰嶺，卒。古經凡十二篇②，别無解釋。」

尤袤與吳仁傑書曰：「頃得呂東萊所定古易一編，朱元悔③爲之跋，嘗以板行，乃與左右所刊呂汲

---

① 「而」字，依補正、四庫薈要本、文淵閣四庫本、文津閣四庫本應删。

② 「古經凡十二篇」，四庫薈要本作「古經几十二篇」，文淵閣四庫本作「古經八十二篇」，文津閣四庫本作「古經義十二篇」。

③ 「朱元悔」，依補正、四庫薈要本、文淵閣四庫本、文津閣四庫本應作「朱元晦」。

公古經①無毫髮異，而東萊不及微仲，嘗編此書，豈偶然同耶？」

〔補正〕

又尤袤與吴仁傑書内「朱元悔」當作「元晦」。（卷一，頁十三）

陳振孫曰：「呂大防微仲所録上、下經，並録繫辭②；彖、象隨經分上下，爲六卷，上、下繫二卷，文言、説卦③各一卷。」

〔補正〕

又陳振孫條内「繫辭」或作「爻辭」，「文言、説」下脱「序、雜」二字。（卷一，頁十三）

胡一桂曰：「古易之亂，肇自費直，繼以鄭玄，而成於王弼。古易之復，始自元豐汲郡呂微仲，嵩山晁以道繼之，最後東萊先生又爲之更定，實與微仲本暗合，而東萊不及微仲，嘗編此，蓋偶未之見也。」

董真卿曰：「呂氏周易古經，上經第一、下經第二、上彖第三、下彖第四、上象第五、下象第六、繫辭上第七、繫辭下第八、文言第九、説卦第十、序卦第十一、雜卦第十二，其所次序本末，並與東萊定本同。但東萊只分上經、下經，而無第一、第二字，又東萊稱彖上傳第一至雜卦傳第十，小有不同爾。」

---

① 「古經」，文津閣四庫本誤作「古編」。
② 「繫辭」，依補正、四庫薈要本、文淵閣四庫本應作「爻辭」。
③ 「説卦」，依補正、四庫薈要本應作「説、序、雜卦」。

王氏巖叟易傳

佚。

東都事略：「巖叟，字彦霖，大名清平人。舉明經，元豐末爲監察御史，元祐六年拜樞密直學士，僉書樞密院事，七年罷爲端明殿學士。卒，贈正議大夫。紹聖①中坐元祐黨，追貶雷州别駕。」

鮮于氏侁周易聖斷

宋志：「七卷。」

佚。

東都事略：「侁，字子駿，閬州人，舉進士第，元祐初拜左諫議大夫，以請外除集賢殿修撰，知陳州，卒。」

晁公武曰：「鮮于子駿，景祐中登進士乙科，元祐中仕至諫議大夫。是書本之王弼、劉牧，而時辨其非，且云：『衆言淆亂，折諸聖。』故名其篇曰聖斷。」

陳振孫曰：「其書本於王弼、劉牧，而時辨其非，又乾、坤二卦不解爻象，欲學者觀彖、象、文言而自得之。」

---

① 「紹聖」，文津閣四庫本誤作「紹興」。

魏了翁曰：「鮮于子駿，裕陵稱其文學，司馬文正公稱其政事，蘇文忠公稱其文章，泰山孫先生稱其經術，其爲人大略可概矣。」

孫氏覺**易傳**

佚。

游酢序曰：「易之爲書，該括萬有，而以一言蔽之，則順性命而已。陰陽之有消長，剛柔之有進退，仁義之有隆汙，三極之道皆原於易而會於理。其所遭者，時也；其所託者，義也；其所致者，用也；知斯三者而天下之理得矣。斯理也，仰則著於天文，俯則形於地理，中則隱於人心，而民之迷日久，不能以自得也。冥行於利害之域，而莫知所尚，聖人有憂之，此易之所爲作也。伏羲象之而八卦成，文王重之而六爻具，周公繫之辭，仲尼訓其義，自伏羲至於仲尼，則易之書不遺餘旨矣。蓋將領天下於中正之塗，而要於時措之宜也。居則觀象而玩辭，動則觀變而玩占，以研心則慮精，以應物則事舉，天且助之，人且與之，而何凶咎之有？故曰：『是興神物，以前民用。』又曰：『因貳以濟民行。』此四君子之用心也。孫公莘老少而好易，常以是行己，亦以是立朝，或進或退，或語或默，或從或違，皆占於易而後行也。晚而成書，辭約而旨明，義直而事核，又將於學者共之，蓋亦先聖之所期，豈徒爲章句以自名家而已？此先生傳易之意也，學者宜以是觀之。」

晁公武曰：「高郵孫覺，字莘老。元豐末自秘書少監除右諫議大夫，元祐初遷給事中、吏部侍郎。莘老素與王介甫善，後爲諫官，論新法，遂绝。」

佚。

鄒氏浩易解

毘陵人品記：「鄒浩，字志完，晉陵人。登元豐進士，潁昌教授，元祐中擢右正言，以諫立劉后忤旨，羈管新州。大觀初，召還，遷左司諫，進中書舍人，遷吏部侍郎，以寶謨閣待制知江寧府，再謫衡州別駕，尋竄昭州，五年始歸，以疾卒。高宗即位，贈寶文閣直學士。」

浩自序曰：「余元祐中爲太學博士，講易，講未終篇，俄以罪去，然易之大旨，蓋嘗潛心矣。後十年，崇寧二年，竄處昭州，因以循省餘隙，北面於易而承教焉。始也怳若三聖親以指授，然而猶有易也；中也卦爻象數一念冰釋，然而猶有易也；終也在天而天，在地而地，在人而人，在物而物，不知何者非易耶？不知何者是易耶？索之而不得也，簡之而不得也。然則昔之作易者其誰乎？今之學易者其誰乎？不知誰之所以誰者，又其誰乎？不得已而喙鳴焉。蓋作易者以憂患興，而學易者以憂患入也。作易者以憂患興，經著之矣；學易者以憂患入，未有過於孔子者。故曰：『吾再逐於魯，伐木於宋，削跡於衛，窮於周，圍於陳、蔡之間。』親戚益疎，徒友益散，其所以韋編三絶，是乃易之所不得遯也。五十而學易，有易可學也；七十而從心所欲，不踰矩，則不可爲典要，惟變所適矣。孔子，易也；易，孔子也。孔子與易，雖大智，迷矣。予未得爲孔子徒也，然自元祐以來，黜於襄州，竄於新州，又竄於永州、昭州，親老不得養，兄弟妻子離散，舉夫言罪戾者必歸焉，行年四十有五，又適近於孔子言『加我數年』之時也。孔子於是時前言學易，予以是時願學焉，幸而得之，以進於學，則所謂『可以無大過』者，尚竊庶幾焉，不瞠若乎其後也。莊子曰：『果有言邪？其未嘗有言耶？』予既以夫未嘗有言者容聲於筆端矣，於是又爲之序。」

蘇氏軾**易傳**

宋志：「九卷。」通考：「十一卷。」

存。

〔校記〕

四庫本九卷；萬曆甲午刊本作蘇氏易解，八卷；崇禎刊本作大易疏解，十卷。（易，頁七）

東都事略：「蘇軾，字子瞻，眉山人。試禮部第二，中甲科，除大理評事，僉書鳳翔判官，召試秘閣，直史館，判官誥院，通判杭州，徙知密州、徐州、湖州。言者摭軾詩，謂之訕上①，坐②貶黃州團練副使安置，徙汝州。哲宗即位，起知登州，召爲禮部郎中，除起居舍人，遷中書舍人，尋遷翰林學士兼侍讀，以龍圖閣學士知杭州，召爲翰林學士，承旨兼侍讀。復請外，以龍圖閣學士知穎州③，徙揚州，俄以兵部尚書召還，兼侍讀，尋遷端明、翰林侍讀二學士，守禮部尚書。紹聖初，落職，知英州，又以寧遠軍節度副

---

① 「上」字下，文津閣四庫本有「者」字。
② 「坐」字，文津閣四庫本脱漏。
③ 「穎州」，依補正、四庫薈要本、文津閣四庫本、備要本應作「潁州」。

使①惠州安置，貶瓊州別駕昌化軍安置。徽宗即位，移廉州，改舒州團練副使，徙永州，未幾，提舉玉局觀，尋致仕，卒。父洵晚讀易，作易傳，未究，疾革，命軾述其志，卒以成書，復作論語說。最後居海南，作書傳，三書既成，撫而歎曰：『後有君子，當知我矣。』」

蘇籀記其祖轍遺書曰：「公言先曾祖晚歲讀易，玩其爻象，得其剛柔遠近、喜怒逆順之情，以觀其辭，皆迎刃而解，作易傳，未完，疾革，命二公述其志。東坡受命，卒以成書。初二公少年皆讀易，爲之解說，各仕他邦，既而東坡獨得文王、伏羲超然之志，公乃送所解於坡，今蒙卦猶是公解。」

晁公武曰：「東坡自言其學出於父洵，且謂卦不可爻別而觀之，其論卦必先求其所齊之端，則六爻之義未有不貫者，未嘗鑿而通之也。」

陸游曰：「蘇氏易傳，方禁蘇氏學，故謂之毘陵先生。」

馮椅曰：「蘇洵作傳，未竟，命軾卒其業。朱子有辨蘇氏易，即此書也。」

胡一桂曰：「晁以道問東坡曰：『先生易傳，當傳萬世。』曰：『尚恨其不知數學耳。』東坡亦可謂不自欺者矣。」

蘇氏轍**易說**

三篇。

---

① 「節度副使」，文津閣四庫本作「節度使使」。

存。

宋史：「蘇轍，字子由，與兄軾同登進士科，又同策制舉，又代軾爲翰林學士，尋擢吏部尚書，使契丹，還爲御史中丞，拜尚書右丞，進門下侍郎。哲宗朝，落職知汝州，再知袁州，責筠州居住，又責化州别駕、雷州安置，移循州，徙永州、岳州。崇寧中致仕，築室於許，號潁濱遺老①。政和二年，卒，追復端明殿學士。淳熙中，謚文定。」

① 「穎濱遺老」，依補正、四庫薈要本、文津閣四庫本、備要本應作「潁濱遺老」。

經義考卷二十

易十九

程氏頤易傳

通考：「十卷。」宋志：「傳九卷，繫辭解一卷。」

存。

〔校記〕

四庫本四卷，古逸叢書復宋本六卷。（易，頁七）

東都事略：「頤，字正叔，以經術爲諸儒倡。哲宗即位，司馬光、吕公著上其行事於朝，授汝州團練推官、西京國子監教授，頤力辭，又以爲秘書郎，召至京師，除崇政殿説書，罷職，監西京國子監。父喪服除，尋以直秘閣判西京國子監，主管崇福宫。紹聖中黨論興，頤坐貶官涪州安置，元符末放還，崇寧初復判西京國子監，屏居伊闕山數年，卒年七十五。學者尊之，稱爲伊川先生。有易傳六卷，諸經解説未成，編者附於集。」

程子自序曰：「易，變易也，隨時變易以從道也。其爲書也，廣大悉備，將以順性命之理，通幽明之故，盡事物之情，而示開物成務之道也。聖人之憂患後世，可謂至矣，去古雖遠，遺經尚存，然而前儒失意以傳言，後學誦言而忘味，自秦而後，蓋無傳矣。予生千載之後，悼斯文之湮晦，將俾後人沿流而求源，此傳所以作也。易有聖人之道四焉，以言者尚其辭，以動者尚其變，以制器者尚其象，以卜筮者尚其占，吉凶消長之理，進退存亡之道，備於辭，推辭考卦，可以知變象與占在其中矣。君子居則觀其象而玩其辭，動則觀其變而玩其占，得於辭，不達其意者有矣，未有不得於辭，而能通其意者也。至微者，理也；至著者，象也；體用一源，顯微無間。觀會通以行其典禮，則辭無所不備，故善學者求言必自近，易於近者，非知言者也。予所傳者，辭也，由辭以得其意，則在乎人焉①。」

尹焞曰：「先生平生用意，惟在易傳。求先生之學，觀此足矣。」

楊時跋曰：「伊川先生著易傳，方草具，未及成書，而先生得疾，將啓手足，以其書授門人張繹，未幾，繹卒，故其書散亡，學者所傳無善本。政和之初，予友謝顯道得其書於京師，示予，錯亂重複，幾不可讀。東歸待次毘陵，乃始校定，去其重複，踰年而始完。先生道學足爲世師，而於易尤盡心焉，其微辭妙旨，蓋有書不能傳者。恨得其書晚，不及親受旨訓，其謬誤有疑而未達者，姑存之以俟知者，不敢輒加損也。然學者得其書，得其意，忘言可爾。」

---

① 「焉」，文淵閣四庫本作「矣」。

晁公武曰：「朱震言頤之學出於周惇頤，惇頤得之穆修，亦本於陳摶，與邵雍之學本同。然考正叔①之解不及象數，頗與胡翼之相類。景迂云：『胡武平、周茂叔同師潤州鶴林寺僧壽涯，其後武平傳其學於家，茂叔則授二程。』與震之言不同。」

陳造曰：「程氏之學與蘇氏角立，通儒碩士，不可偏廢，多所發明。」

呂祖謙跋曰：「伊川先生遺言見於世者，獨易傳爲成書，傳摹浸舛，失其本真，學者病之。某舊所藏本出尹和靖先生家，標注皆和靖親筆。近復得新安朱元晦所訂，讐校精甚，遂合尹氏、朱氏書與一二同志手自參定，其同異兩存之，以待知者。既又從小學家是正其文字，雖未敢謂無遺憾，視諸本亦或庶幾焉。會稽周汝能堯夫、鄮山樓鍔景山方職教東陽，迺取刊諸學宫。」又曰：「程氏易傳理到語精，平易的當，立言無毫髮遺憾。」

馮當可曰：「王輔嗣蔽於虚無，而易與人事疏，伊川專於治亂，而易與天道遠。」又曰：「近有伊川，然後易與世故通，而王氏之説爲可廢。然伊川往往舍畫求易，故時有不合，又不會通一卦之體，以觀其全，每求之爻辭離散之間，故其誤十猶五六。」

陳振孫曰：「伊川止解六十四卦，不解大傳，而以序卦分置諸卦之首，唐李鼎祚集解亦然。」

朱子跋曰：「易之爲書，更三聖而制作不同。若包羲氏之象，文王之辭，皆依卜筮以爲教，而其法則異，至於孔子之贊，則又一以義理爲教，而不專於卜筮也。是豈其故相反哉？俗之淳漓既異，故其所

① 「正叔」，四庫薈要本作「頤」。

以爲教爲法，不得不異，而道則未嘗不同也。然自秦、漢以來，考象辭者泥於術數，而不得其弘通簡易之法，論義理者淪於空寂，而不適乎仁義中正之歸。求其因時立教，以承三聖不同於法同於道者，則惟伊川先生程氏之書而已。」

陳淳曰：「自秦以來，易幸全於遺燼，道則晦而不章。卑者泥於窮象數，而穿鑿附會，爲災異之流；高者溺於談性命，而支離放蕩，爲虛無之歸。程子蓋深病焉，於是作傳以明之，一掃諸儒之陋見，而傳即日用事物之著，發明人心天理之實，學者於是始知易爲人事切近之書。」

魏了翁曰：「程易明白正大，切於治身，切於用世，未易輕議，故無智愚皆知好之。」

馬端臨曰：「伊川之易精於義理，而略於卜筮象數，此固先儒之說。然愚嘗以爲易之象數卜筮，豈出於義理之外？蓋有此理則有此象、有此數，而卜筮之說，其所謂趨吉避凶，惠迪從逆云者，又未嘗不一出於義理。平時本諸踐履，則觀象玩辭，此義理也；一旦謀及卜筮，則觀變玩占，亦此義理也；初不必岐而二之。然言出聖賢之口則單辭片語，皆有妙理，假借旁通，悉爲至教，往往多借易以明理，初不拘於說易也，自夫子而然矣。何也？『君子學以聚之，問以辨之，寬以居之，仁以行之。』爲乾九二而言也，而乾之九二豈有學問寬仁之義乎？『日往則①月來，月往則日來，日月相推而明生焉；寒往則暑來，暑往則寒來，寒暑相推而歲成焉。』爲咸九四而言也，而咸之九四豈有歲時代謝之義乎？蓋其初因講易，遂借易以言理，言理雖精，而於易此卦此爻之旨則遠矣。如程子因『君子豹變』而發爲自暴自棄之

---

①「則」，文津閣四庫本作「而」。

論，因『君子得輿』而發爲匪風下泉之論，亦是意也。晦庵所謂『不看本文，自成一書』者是已。」

董真卿曰：「程傳正文，只據王弼本，亦只有六十四卦，繫、序傳有及爻卦者，掇入傳中，故無繫辭以後。至東萊呂氏始集周子、二程子、張子諸家經説、語録及程子門人共十四家之説爲精義以補之。」

朱升曰：「京房吹律，其爲數也，徒煩於推衍。王弼亡象，其爲理也，遂荒於高虛。程子發明易之理，而加一倍法之言，則知數者莫程子若也。」

王禕曰：「邵子之易本於數，程子之易本於理，爲得先天後天之秘，而理數二者未始相離也。」

何喬新曰：「自漢以來，考象占者泥於術數，而不得其弘通簡易之法；談義理者淪於空寂，而不適乎仁義中正之歸。迨程子作易傳，易之義理始大明；朱子作本義，易之象占始益著。蓋程子之易，發揮孔子之十翼者也；朱子之易，則推三聖教人卜筮之旨者也。後世有功於易道，非程子而何哉？」

李瓚曰：「伊川之易，有用之學也。自是程氏之易與孔子十翼同功，非特解經而已。或者例以注、疏觀之，非真知程子者矣。」

楊時喬曰：「程傳説理精到，而於卜筮未合。」又曰：「程伯子論易理，叔子著易傳，惟舉所聞於周子太極之説與自家體貼發明，無遺理。」

郝敬曰：「程正叔易傳，大抵因王輔嗣之舊，廓而充之，於象數闊略，徒執君子小人治亂生解，其於三極之道，殊覺偏枯。」

龔氏原**易傳**①

宋志：「十卷。」

〔補正〕

案：通攷作易講義，書録解題作易解義，此從宋史。（卷一，頁十三）

未見。

續解易義②

宋志：「十七卷。」

未見。

〔校記〕

佚存叢書有龔氏周易新講義十卷，不知爲易傳，抑易義。（易，頁七）

① 「易傳」，四庫薈要本作「易解義」。

② 「續解易義」，四庫薈要本作「易續解義」。

東都事略：「龔原，字深父①，處州遂昌人，舉進士。紹聖初爲國子司業，遷秘書少監，改起居舍人，擢中書舍人，徽宗朝爲兵部侍郎。原力學以經術，尊敬王安石，始終不易也。有易傳、春秋解、論語、孟子解各十卷。」

鄒浩序曰：「易之旨不明於世久矣。神宗皇帝以道涖天下，於是造士以經，表通經者講於太學，以訓迪②四方。時陸公佃詩、孫公諤書、葉公濤周禮、周公常禮記，而先生專以易授，諸公咸推先焉。先生蓋王文公門人之高弟也，三聖之所秘，文公既已發之於前，文公之所略，先生又復申之於後，始而詳説之，終以反説約。故自熙寧以來，凡學易者靡不以先生爲宗師，因以取上科、躋顯位、爲從官、爲執政，被明天子所眷遇，而功名動一時者，踵相躡而起，至於今不絶也。先生之於斯文，豈曰小補之哉？某獲從先生游二十餘年矣，始見之廣陵，乃先生廢黜之後也，聽其言而觀其貌，未嘗戚然，猶在太學也；中見之京師，乃先生復用之初也，聽其言而觀其貌，未嘗欣然，猶在廣陵也；晚見之西垣，又見之東省，又見之中臺，先生之所以出入進退，數數然矣，恬不以爲欣戚，亦無異於前日也。頃聞其歿，初無甚苦，一日正坐，若隱几然而逝③矣。莊子曰：『死生無變於己，而況利害之端乎？』然則先生之於易，

① 「深父」，文淵閣四庫本作「深文」。
② 「訓迪」，文津閣四庫本作「迪訓」。
③ 「逝」，文津閣四庫本作「遊」。

非徒言之，躬行之矣。是以言天下之至頤①而不可惡，言天下之至静②而不可亂，使人擬議以成其變化，亦易而已。後之學者果忘言而忘象，雖捐書可也。若猶篤志於韋編，則先生之說，方且與易皆行而不朽，亦何待於序乎？姑以夫可以容聲者，塞其子見屬之意云。」

〔補正〕

又鄒浩序內「言天下之至頤」，「頤」當作「賾」。（卷一，頁十四）

楊時曰：「龔深父說易，元無所見，一生用功，都無是處。」

陳振孫曰：「原，字深之，嘉祐八年進士，初以經學爲王安石引用，元符後，入黨籍。」

董真卿曰：「龔侍郎易續解義十七卷，晁氏志作二十卷。」

胡一桂曰：「一十五卷後乃雜義，有釋卦、釋彖、釋象、辨重卦、辨上下位、辨上下繫等說，學者多師之。」

浙江通志：「原少從王安石游，篤志明經，以經學爲邑人倡，是時周、程尚隱於濂、洛。永嘉先輩之學，以經鳴者，淵源皆出於原。」

---

① 「頤」，依補正、四庫薈要本、文淵閣四庫本應作「賾」。

② 「静」，四庫薈要本、文淵閣四庫本俱作「動」。

邵氏伯温周易辨惑

宋志：「一卷。」

未見。

〔四庫總目〕

朱彝尊經義考載此書，注曰「未見」。此本自永樂大典録出，蓋明初猶存。宋史藝文志但題「辨惑一卷」，無「易學」字，永樂大典則有之，與書録解題相合，故今仍以易學辨惑著録焉。（卷二，頁十一，易學辨惑一卷提要）

〔校記〕

四庫輯大典本，一卷。（易，頁七）

宋史：「邵伯温，字子文，洛陽人，康節處士雍之子也。以薦授大名府助教，提點成都府①刑獄，除利路轉運副使，提舉太平觀。紹興四年，卒。趙鼎表墓曰：『以學行起元祐，以名節居紹聖，以言廢於崇寧。』三語盡伯温出處云。」

〔補正〕

宋史條内「成都府」，「府」或作「路」。（卷一，頁十四）

---

① 「成都府」，依補正或作「成都路」。

陳氏瓘**了翁易説**

宋志：「一卷。」

存。

〔校記〕

今本亦一卷。澹生堂、振綺堂藏鈔本並作了齋易説，焦竑經籍志亦作了齋。（易，頁七）

子正同跋曰：「先公晚年益绝世念，致一性命之理，嘗著易説以遺諸孤，正同謹以家藏刊於毘陵官舍，庶幾流傳，不没先志。紹興十二年十月。」

晁公武曰：「陳瓘，字瑩中，南延平人。建中靖國初爲右司諫，移書責曾布及言蔡京及卞之姦，章疏十上，除名，編隸合浦以死。靖康中，贈諫議大夫。瓘自號了翁，易數言天下治忽，多驗。」

楊時曰：「了翁説易，多以一字貫衆義。」

陳振孫曰：「了翁晚年所著，止解六十四卦，辭旨深晦。」

馮椅曰：「嘗從其孫大應見了翁有易全解，不止一卷也，多本卦變，與朱子發之説相類。」

胡一桂曰：「了翁子正同，紹興十二年知常州，刊於官舍，刊本止題云了翁易説，初不分卷。」

李氏賁**易義**

通志：「二卷。」

佚。

按：楊仲良長編紀事本末：「崇寧二年，編管黨人子弟李賁單州。」又元祐黨籍餘官中有賁，又中書省開具①「元符臣僚章疏」，分正上、正中、正下、邪上尤甚、邪上、邪中、邪下七等，賁名在邪上尤甚中，其後追復元祐黨人，賁名在餘官二等。

李氏平**西河圖傳**

宋志：「一卷。」

未見。

胡一桂曰：「政和中撰。」

按②：崇寧中籍黨人，又詔中書省開具「元符臣僚章疏」，姓名列邪中一百五十人，李平與焉。

晁氏說之**録古周易**

宋志：「八卷。」通考作「十二卷」。

存。

---

①「具」，文津閣四庫本誤作「元」。

②「按」，備要本誤作「接」。

晁氏世譜：「説之，字以道，一字伯。以元豐五年進士，累官中奉大夫、徽猷閣待制，卒，累贈至光禄大夫。平生慕司馬公爲人，自號景迂生。」

説之自序曰：「周易卦、爻①一，彖二，象三，文言四，繫辭五，説卦六，序卦七，雜卦八。案：晉太康初，發汲縣舊塚，得古簡編科斗文字，散亂不可訓知，獨周易最爲明了，上下篇與今正同，別有陰陽説而無彖、象、文言、繫辭。杜預疑：『於時仲尼造之於魯，尚未播之遠國。』而漢藝文志：『易經十二篇，施、孟、梁邱三家。』顔師古曰：『上、下經及十翼，故十二篇。』是則彖、象、文言、繫辭始附卦爻而傳於漢歟？先儒謂費直等專以彖、象、文言參解易爻，以彖、象、文言雜入卦中者，自費氏始。其初，費不列學官，惟行民間，至漢末陳元方、鄭康成之徒皆學費氏，古十篇之易遂亡。孔穎達又謂：『輔嗣之意，象本釋經，宜相附近，分爻之象辭各附當爻。』則費氏初變亂古制，時猶若今乾卦彖、象繫卦②之末歟？古經始變於費氏，而卒大亂於王弼，惜哉！奈何後之儒生，尤而效之。杜氏分左氏傳於經，宋衷、范望輩散太玄贊與測於八十一首之下，是其明比也。揆觀其初，乃如古文尚書，司馬遷、班固序傳，揚雄法言序篇云爾。今民間法言列序篇於其篇首，與學官書不同，概可見也。唐李鼎祚又取序卦冠之卦首，則又效小王之過也。今悉還其初，庶幾學者不執彖以狥卦，不執象以狥爻云。昔韓宣子適魯，見易象，是古人以卦爻統名之曰象也，故曰：『易者，象也。』其意深矣。豈若後之人，卦必以象明，象必以辭顯，紛紛

---

① 「爻」，文津閣四庫本誤作「象」。
② 「卦」，文淵閣四庫本誤作「辭」。

多岐哉？嗚呼！學者曾未之知也。劉牧云：『小象獨乾不繫乎爻辭，尊君也。』石守道亦曰：『孔子作彖、象於六爻之前，小象繫逐爻之下，惟乾悉屬之於後者，讓也。』嗚呼！他人尚何責哉？若夫文字①之傳，始有齊、楚之異音，卒有科斗、籀、篆、隸書之四變，因而訛謬者多矣。劉向曾以中古文易經校施、孟、梁邱經，至蜀李譔又嘗注古文易。則今之所傳者，皆非古文也，安得覩夫劉、李之書乎？其幸而諸儒之傳，今有所稽考者，具列其異同舛訛於字下，亦庶幾乎同復乎古也。或曰：『子能古文，何不以古文寫之？』曰：『有改於華而無變於實者，予不爲也。』如古者竹簡重大，以經爲二篇，今又何必以二篇成帙哉？謹録而藏諸，以俟博古君子。」

晁公武曰：「從父詹事公，諱説之撰。以諸家易及許氏説文等九十五書是②正其文字，且依漢田何本分易經上、下，并十翼，通爲十二篇③，以矯費氏、王弼之失。謂：『劉向嘗以中古文易經校施、孟、梁丘經，至蜀人李譔又嘗注古文易④，遂名曰古易。』」

程迥曰：「晁説之作古易，彖、象别異於卦爻，欲學者不執象以論卦，不執象以論爻。」

李燾曰：「晁氏專主北學，凡故訓多取許叔重説文解字、陸德明章義，僧一行、李鼎祚、陸希聲及本朝王昭素、胡翼之、黄聱隅輩論亦時採掇。吕公書文字句讀，初無增損，景迂則輯諸家異同，或斷以己

---

① 「字」，文津閣四庫本作「辭」。
② 「是」，四庫薈要本、文淵閣四庫本俱作「考」。
③ 「篇」，備要本誤作「編」。
④ 「古文易」，文津閣四庫本誤作「古人易」。

意，有增有損。篇第則放費長公未解、輔嗣未註以前舊本，并十二篇爲八篇。呂、晁各有師承，初不祖述，而其指歸則往往暗合。」

陳振孫曰：「卷首列名二十餘家，文字異同，則散見於諸卦。」

董真卿曰：「濟北晁以道，東坡嘗以著述科薦之，其易學本康節。」

易規

一卷。

存。

說之自序曰：「某山縣無事，輒以所聞讀易自娱，若著書則不敢，而又未能忘言於斯世也，作易規十有一篇。」

京氏易式

佚。

說之自序曰：「元祐戊辰仲冬，在兖州初學京氏易，乃據其傳爲式，以便其私，何敢示人？其後江、淮間有好事者頗傳，去今三十年矣。既校正其傳，而前日之式亦不得不修定①也。惟是其已出者，殆未

① 「定」，備要本作「更」。

容改過，奈何。益知昔人自期死而後傳其所著之書，其用意深矣。嗟夫！按式以求傳，因傳以明易，可不敬諸？」

晁子健曰：「先大父平生著易書，曰易商瞿大傳、曰易商瞿小傳、曰商瞿易傳、曰商瞿外傳、曰京氏易式、曰易規、曰易玄星紀譜，靖康後悉爲灰燼。建炎二年，喬寓海陵，作周易太極傳、外傳、因説，是年渡江，寓金陵，疾亟，終於舟中。建炎三年①七月也，子健訪求遺文，編成一十二卷，又得京氏易式并周易太極傳、外傳、因脱藁繕寫，藏於家。」

朱子曰：「晁氏、吕氏大同小異，互有得失。先儒雖言費氏以彖、象、文言參解易爻，然初不言其分傳以附經也。至謂鄭康成始合彖、象於經，則魏志之言甚明，而詩疏亦云：『漢初爲傳訓者，皆與經别行，三傳之文不與經連，故石經書公羊傳皆無經文，而藝文志所載毛詩故訓傳亦與經别。及馬融爲周禮注，乃云：「欲省學者兩讀，故具載本文。」而就經爲注。』焉鄭相去不遠②，蓋倣其意而爲之爾。故吕氏於此義爲得之，而晁氏不能無失。至晁謂：『初亂古制，時猶若今之乾卦彖、象并繫卦末，而卒大亂於王弼。』則其説原於孔疏，而吕氏不取也。蓋孔疏之言曰：『夫子所作彖辭，元在六爻經辭之後，以自卑退，不敢干亂先聖經世之辭。及至輔嗣之意，以爲：「象者本釋經文，宜相附近，其義易了。」故分爻

---

① 「三年」，四庫薈要本、文津閣四庫本俱作「二年」。

② 此一段話，朱彝尊引用時，原誤作「而説經爲注焉鄭相去不遠」，今據税與權易學啓蒙小傳朱文公晁吕二氏古易得失辨訂正。

之象辭，各附其當爻下言之。』此其以爲夫子所作元在經辭之後，爲夫子所自定，雖未免於有失，而謂：『輔嗣分爻之象以附當爻。』則爲得之。故晁氏捨其半而取其半也。其實今所定復爲十二篇者，古經之舊也。王弼注本之乾卦，蓋存鄭氏所附之例也；坤以下六十三卦，又弼之所自分也。吕氏於跋語雖言：『康成、輔嗣合傳於經。』然於音訓乃獨歸之鄭氏，而不及王弼，則未知其何以爲二家之別。而於王本經、傳次第兩體之不同，亦不知所以爲説矣。豈非闕哉？」

經義考卷二十一

易二十

王氏湜易學

通考：「一卷。」

存。

湜自序曰：「余生平喜易，内求於己，外求於人，非一日矣。晚得邵康節易學，喜不自禁，晝夜覃思，未嘗暫捨，方其有所得也，或不寐達旦。然聖人至理，萬物取之不竭，而康節先生遺書，或得於家之草藁，或得於外之傳聞，草藁則必欲删而未及，傳聞則有訛謬而未實，儻不能用心精擇，則是非雜擾，而至理終不出矣。於是平心如權衡，無今古，無物我，無知愚，無彼此，惟道是從而輕重之。自希夷先生陳公而下，如穆伯長、李挺之以至劉長民鈎隱圖之類，兼而思之，罔或遺佚。亦不敢以私知去取，但重别推衍，使明白易見，或見不能窺測藩籬而難盡者，作闕疑説以示方來，俟明哲者之思索焉。大抵道之不明，其説有二，愚不肖者固不足以及此，賢與智者反從而鑿之，其於聖人妙意，豈不胥失乎哉？凡諸好學君子，當如是求焉可也。」

喬氏執中**易説**

宋志：「十卷。」

未見。

宋史：「喬執中，字希聖，高郵人。擢進士，元祐初爲吏部郎中，遷起居郎，權給事中，進中書舍人，以寶文閣待制知鄆州。」

李氏清臣**易論**

三篇。

存。

東都事略：「李清臣，字邦直，魏人。皇祐中舉制科，授秘書郎，僉判平江軍，召試集賢校理，累遷翰林學士、吏部尚書。元豐六年擢尚書右丞，元祐初爲户部尚書，以資政殿大學士知河南府，尋奪職。徽宗即位，以禮部尚書召，復大學士，拜門下侍郎。」

史氏通**易著**

佚。

唐庚志墓曰：「通，字子深，眉州青神人。以貢舉不第，退居楠溪之上，杜門著書，絶人事者數年，得易著若干卷，乾坤别解三卷，禮記義一卷、詳説四卷，律吕氣數十二卷，書義八卷，詩義若干卷，論語、孟子解各若干卷，史論若干卷。其書既出，學者翕然稱之。君①中元祐三年進士第，歷達州、通州尉，資州磐石令。」

黄氏蕡②**易傳**

佚。

閩書：「蕡，字仲實，浦城人。元祐五年進士，爲贛尉，罷去，起爲宣城丞，調奉新令。嘗著易傳，推明大衍之數，號爲精確。」

---

① 「君」，文津閣四庫本作「后」。
② 「黄氏蕡」，四庫薈要本、文津閣四庫本俱作「黄氏賁」。

王氏端禮**易解**

佚。

江西通志：「王端禮，字懋甫，吉水人。元祐三年進士，仕富川令。」

彭氏汝礪**易義**

宋志：「十卷。」

佚。

伏羲俯仰畫卦圖

通志：「一卷。」

佚。

東都事略：「彭汝礪，字器資，饒州鄱陽人。舉進士，爲禮部第一。元祐中拜中書舍人，紹聖初拜吏部尚書，著有易義、詩義。」

房氏審權**周易義海**

通考：「一百卷。」

闕。

晁公武曰：「其書集鄭康成至王安石，凡百家，摘取其專明人事者爲一編，或諸家說有異同，輒加評議，附之篇末。」

陳振孫曰：「書只四卷，近時江東①李衡彦平稍加删削，而益以東坡、漢上、伊川之說，爲撮要十卷，所稱百卷，未之見也。」

〔補正〕

陳振孫條内「江東李衡彦平」當作「江都」。（卷一，頁十三）

費著曰：「審權，秘書昭庶之子，著大樂演義。」

胡一桂曰：「義海專明人事，則象數必非所備矣。」

米氏芾**易義**

闕。僅存眞蹟書二條。

芾自題曰：「元符元年春、二年夏、三年秋，游中天竺，訪堂頭禪師。紹聖四年，同佛印訪禪師，師已垂年②，苦留心於易，芾遂贈其易義并大書『讀易堂』三字遺之。」

---

① 「江東」，依補正、四庫薈要本應作「江都」。

② 「年」，備要本作「老」。

周伯琦曰：「米襄陽爲天竺大士書易義數語，深得乾造坤化之奥。世每以能書讓襄陽，而其學識乃如此，豈知米公者哉？」

鄭元祐曰：「襄陽論易及於洪範五行、五位、五性、五味。五味人皆可知，獨『金曰從革，從革作辛，辛爲辛辣，使以金銀銅鐵百計煮之，不能辛也』。此雖細事，然於朱子門人固嘗以爲問，終不能折，其爲何如，恨不能起襄陽於九京①而質之。」

張氏汝明**易索**

宋志：「十三卷。」

佚。

陳振孫曰：「汝明，字舜文，撰上、下經六卷，外觀象三，觀變、玩辭、玩占、叢説各一。汝明，元祐壬申進士，大觀初爲御史省郎，游酢定夫誌其墓。」

董真卿曰：「汝明，吉州左利人。登元祐壬申第，知岳州。易索每卦以『索曰』釋經，又有觀象、觀變、玩辭、玩占、叢説，通十三卷。」

胡一桂曰：「其説支離，蓋以意逆之也。」

---

① 「於九京」三字，文津閣四庫本脱漏。

宋史：「汝明易學精微，研象數，所著書不蹈襲前人語①。」

江西通志：「汝明，泰和人。元祐進士，徽宗時拜御史，後知岳州。」

潘氏鯁**易要義**

三卷。

佚。

張耒志墓曰：「齊安有君子，曰潘昌言，其學也正，其言也文，其居家篤於孝弟，其爲吏惠下愛民。嗚呼！君子哉。君諱鯁，從周希孟學，登元豐己未進士。初調蘄水縣尉，遷和州防禦推官，知江州瑞昌縣，監楚州都鹽倉，吉州軍事推官，改宣德郎，監漢陽軍酒稅，以奉議郎致仕。有春秋斷義十二卷、講義十五卷、易要義三卷。」

黃氏裳**周易澶州講義**

一篇。

存。載演山集。

---

① 「語」字，文津閣四庫本脱漏。

程瑀①撰碑曰：「公諱裳，字勉仲，其先金陵人，五代時遷延平。元豐五年登進士第，歷越州簽判、太學博士、秘書省校書郎、大宗正丞、尚書考功員外郎、起居舍人、太常少卿。徽宗朝，遷兵部侍郎，又遷禮部侍郎，求外任，差知潁昌府②，移河南府，未行，留爲禮部尚書。閱數月，申前請，除顯謨閣學士出知青州，移廬州，又移鄆州，久之，丐宫祠，差提舉杭州洞霄宫。政和四年，以龍圖閣直學士起居③福州，歷二任，除龍圖閣學士，於是復以提舉杭州洞霄宫居錢塘。至宣和七年除端明殿學士，再領宫祠。建炎二年，始歸延平，抗章乞致仕，轉正議大夫④。」

何氏執中周易解

佚。

括蒼彙記：「何執中，字伯通，熙寧進士，歷官吏部尚書，特進尚書左僕射，改太宰，進少師，封榮國公，進封清源郡王，卒謚正獻。」

---

① 「程瑀」，文津閣四庫本作「程禹」。
② 「潁昌府」，依四庫薈要本、文淵閣四庫本、備要本應作「潁昌府」。
③ 「居」，文淵閣四庫本作「知」。
④ 「正議大夫」，文津閣四庫本作「政議大夫」。

蘇氏伯材**周易解義**

三十卷。

佚。

閩書：「伯材，字廷構，晉江人。紹聖四年進士，知潮陽，擢知韶州。」

沈氏括**易解**

通考：「二卷。」

未見。

東都事略：「沈括，字存中，吳興人。舉進士，熙寧間爲太子中允，遷集賢校理、太常丞，未幾，以右正言知制誥權三司使，遷翰林學士。」

陳振孫曰：「沈存中易解甚略，不過數卦，而於大、小畜，大、小過獨詳。」

朱氏玠**易傳**

佚。

赤城志：「朱玠，字寶臣，臨海人。元豐五年進士，終棣州防禦判官，有朱氏①易行於世。」

呂氏大臨**易章句**

宋志：「一卷。」

佚。

晁公武曰：「大臨，字與叔，登進士第，歷太學博士、秘書省正字，從程正叔、張子厚學，通六經，尤精於禮，解中庸、大學等篇行於世。易解甚略，有統論數篇，無詮次，未完也。」

朱子曰：「呂與叔惜乎壽不永，如天假之年，必所見又別。」

董真卿曰：「芸閣先生微仲親弟，易解一卷，統論數篇，無詮次，未成之書也。學出程門，朱子謂呂與叔易說精約可看。」

游氏酢**易說**

宋志：「一卷。」

存。

楊時作誌曰：「公諱酢，定夫其字，建州建陽人。元豐六年登進士第，用薦爲太學録，忠宣范公秉

① 「朱氏」文津閣四庫本作「朱子」。

國政，除公太學博士，請外，除徐州簽書判官廳公事，再調泉州僉判①。上皇即位，召爲監察御史。」

楊氏時**易說**

闕。散見大易粹言。

陳振孫曰：「工部侍郎延平楊時中立，及從程明道，卒當建炎四年，年八十七，於程門最爲壽考。」

黄震曰：「易自升卦以後闕，餘皆全書。蓋先生平生最用工②於易，於程門理義之學多有發明。惟其以潛龍爲顏子事，見龍爲孔子事，九三爲周公居攝事，九四爲顏淵未見其止，飛龍爲孔子猶天之不可階而升，似頗拘。又以『天行健，君子以自強不息』爲乾象，非聖人不足以盡，故取其行健而已，似不必於本意上更探高一等耳。聖經何以求加爲哉？」

閩大紀：「公將樂人，熙寧九年進士，除徐州司法，以師禮見程伯子於潁昌，歸，送之門曰：『吾道南矣。』明道卒，復師伊川。高麗使至，問龜山先生安在？乃召爲秘書郎，尋兼國子祭酒，歷工部侍郎，以龍圖直學士致仕，贈少師，謚文靖。明弘治九年追封將樂伯，從祀孔子廟廷。」

---

① 「僉判」，文淵閣四庫本作「簽判」。

② 「工」，文津閣四庫本作「功」。

謝氏湜**易義**

宋志：「十二卷。」

佚。

姓譜：「湜，金堂人，元豐進士，官至國子博士，伊川高弟也。」

王氏蘋**周易傳**

一卷。

佚。

吴郡志：「王蘋，字信伯，福清人。繼世父伯起後。伯起居吴江震澤，命蘋從游於伊川。紹興四年，召對，補迪功郎，特賜進士出身，除秘書省正字兼史館校勘，遷著作佐郎，通判常州，主管台州崇道館。」

徐釚曰：「先生著有易傳，見尹和靖書，蓋與和靖講習而成者，當時曾鏤板於慈谿，今不得見矣。」

郭氏忠孝**兼山易解**

宋志：「二卷。」

闕。惟大易粹言所載存。

四學淵源論

宋志：「三卷。」

佚。

晁公武曰：「郭忠孝撰。忠孝，字立之，河南人。頗明象數，自謂得李挺之卦變論於陳子惠，因亟讀，有得焉。靖康中，持憲關右，死於難，故其書散落大半。」

程迥曰：「易者，開物成務，冒天下之道者也。而辭變象占，皆易中之一體，主於一則用其三。至秦指爲卜筮之書，豈秦人以巽言對暴君，俾得不焚，抑所見者然耶？近世郭兼山乃曰：『周易，古者卜筮之書。』是襲秦人之謬也。」

陸游曰：「郭立之從程先生遊最久，程先生疾革，猶與立之有問答語，著於語録。而尹彥明獨謂：『立之自黨論起，即與程先生绝，死至不弔祭。』蓋愛憎之論也。程氏易學，立之父子實傳之。」

朱子曰：「兼山易書溺於象數之學。」

陳振孫曰：「忠孝，名將樞密逵之子，自言得先天卦變於河陽陳安民子惠，其書出李挺之，由是頗通象數。仕爲永興軍路提刑，死於難，其書散逸。」

譙氏定易傳

佚。

程迥曰：「譙定，字天授，涪州人。嘗受易於羌中郭載，載告以『見乃謂之象』與『擬議以成變化』之義。郭本蜀人，其學傳自嚴君平，定嘗過武侯廟，觀八陣圖，謂必本於易。見伊川先生於涪，伊川欲與同修易書。後和國許公薦於朝，授通直郎。」

宋史：「定學易於郭曩氏，自『見乃謂之象』一語以入郭曩氏者。世家南平，始祖在漢爲嚴君平之師，世傳易學，蓋象數之學也。定至汴，聞伊川程頤講道於洛，潔衣往見，棄其學而學焉。其後頤貶涪，實定之鄉也，北山有巖，師友遊詠其中，涪人名之曰『讀易洞』。靖康初，吕好問薦之，召爲崇政殿説書，辭不就。高宗即位，定猶在汴，許翰又薦之，詔宗澤津遣詣行在，會金兵至，定復歸蜀。愛青城大面之勝，棲遯其中，蜀人指其地曰譙巖，稱之曰譙夫子，繪象祀之。定易學授之胡憲、劉勉之①，而馮時行、張行成則得定之餘意者也。」

佚。

陳氏易易解、先天圖説

興化總志：「陳易，字體常，興化縣人。崇寧初，舉遺逸，又舉八行，辭不赴。」

〔補正〕

丁杰按：經義攷體例，凡一人數書，俱分行排列，此獨以先天圖説附於易解之下，想其説既佚，不能

① 「劉勉之」，文津閣四庫本作「劉勉中」。

辨其是一是二，故附於此，後似此者同之。（卷一，頁十三—十四）

羅氏志沖**易解**

佚。

姓譜志：「沖，合州人。精於易，作解發明程氏爲多。」

黃氏庶先**易圖**

一卷。

佚。

文同跋曰：「京房受易於焦延壽，延壽謂『房必以吾道亡其身』，後果然，豈以其自置太審而尚鑿與？取六十卦更直用事，候一歲風雨寒溼，以驗其災祥，獨以坎、離、震、兑號方伯監司，以分至專王之氣主之。彊配不精，後人臨文而惑，此庶先之論所由興也。庶先少遊四方，博學善辨，悟周流六虚之説，遂以完合京之罅漏，散八卦所重之畫，均諸消息而著之圖焉。終始出入，無一悖謬，如瑤之聚斗，如輻之擁轂，循睨僂指，不失倫類。復撰明閏、演圖、卦氣三篇，以證諸家之未至。世之君子考其圖、閱其書，不待講解而其法自得矣。」

周氏秩**易説**

十卷。

佚。

揚州府志：「周秩，字重實，泰州人。熙寧癸丑，與兄穜同舉進士，仕終集賢殿修撰，贈徽猷閣待制。」

徐氏鐸**易談**

二十卷。

佚。

興化府志：「徐鐸，莆田人。熙寧九年進士第一，官至吏部尚書。」

林氏虙**易説**

宋志：「九卷。」

未見。一齋書目有。

陸友仁曰：「林虙，字德祖，其先福清人，今爲吳縣人。紹聖四年進士，教授潤州、常州、揚州，擢河北西路提舉學事①，除開封府左司録。一日上章請老，夜自書牘，旦報可，家人無知者，即日束裝出國門，士大夫走餞皆不及。既歸，杜門與宗族故鄺嘯咏山水間，無一言及世事。所著有易說、詩義、書、禮解。」

趙氏克頏**周易開奥圖**

佚。

玉海：「熙寧九年五月，宗子克頏進周易開奥圖，詔褒之。」

趙氏令湑**易發微**

宋志：「十卷。」

佚。

張氏弼**葆光易解**宋志作「易解義」。

宋志：「十卷。」

佚。

---

① 「事」，文津閣四庫本誤作「士」。

黄裳序曰：「易之爲道，不出乎象數，不足以爲聖人，以前民用；不用乎象數，不足以爲天下，以同民患。是故聖人方其坐進乎道，怳乎惚其中有物，惚兮怳其中有象，有物即有象，有象即有數，及其怳惚之象數、杳冥之真精，相遇而爲混沌，然後二儀、萬物、五行、四象皆存乎其中，可以作易。故惟聖人爲能知象之所以立，知數之所以起，知言之所以默云，知意之所以用捨。以蓍得爻，以爻得卦，吉凶之兆，禍福之證，如響之聲，如形之影，可以善勝，難以幸免。蓋夫神易之在聖人，入而反一，則形而上者與之爲體，出而應物，則形而下者與之爲用。惟象與數，本於道，行於神，聖人取其無乎不爲之易，以濟民行，以同民患，乃命以爲書焉。舜元讀易於山中，輒自大悟，以謂後世之學易者類以臆論，徒説義理，第爲虚言，無補於事。蓋夫聖人不以前民用，則何事乎爲易？不用乎象數，則何以前民用？於是範天地之化而得象，圍天地之化而得數，聖人言意，本於爻象，象數本於神易。舜元推於爻卦之變動，禍福之兆，休廢之理，密與人事合若符節①。因民之言動而貳之以是非，使之趨吉而背凶，因民之向往而貳之以迷悟，使之違惡而依善。一氣之起滅、五行之衰盛②，有常有幸，或依或違，使之知所避以幸而遂免，使之知所修以常而獲報。而彼末學方用區區之説，與人徒論人事，雖執以歸，竟無其實，然則舜元之學當與秦、漢之高士議其優劣，諸生其勤而承之，不可失也。」

---

① 「符節」，文津閣四庫本誤作「附節」。
② 「衰盛」，文津閣四庫本作「盛衰」。

晁公武曰：「弼，興化軍人，字舜元。章惇薦於朝，賜號葆光處士。紹興①二年，黄裳等再薦之，詔以爲福州司户、本州教授，其學易頗宗鄭氏。」

〔補正〕

晁公武條内「紹興」當作「紹聖」。（卷一，頁十四）

林至曰：「馬融、虞翻、崔憬多論互體，近世張弼專用以解易，其説曰：『大傳二與四同功而異位，三與五同功而異位。』此正論互體，不知聖人六位當否，言而非爲互體設也②。」

〔補正〕

又林至條内「六位」上脱「爲」字。（卷一，頁十四）

董真卿曰：「莆陽張汝弼泉州教授，賜號葆光處士。周易解義十卷，紹聖三年③章惇進其書九卷，建本二十五卷。黄裳、龔原皆序之，稱其明於象數古今之説，未能當意，默誦繫辭二十年，一日釋然而悟，得大例幾百條。毛伯玉謂其專主輔嗣，然亦主卦變，如朱子發。」

〔補正〕

董真卿條内「三年」當作「二年」。（卷一，頁十四）

---

① 「紹興」，依補正應作「紹聖」。

② 「不知聖人六位當否，言而非爲互體設也」，依補正、四庫薈要本應作「不知聖人六位爲當否，而言非爲互體設也」，備要本作「不知聖人以六位當否，言而非爲互體設也」。

③ 「三年」，依補正、四庫薈要本應作「二年」。

胡一桂曰：「舜元，莆陽人。紹聖二年，章惇劄進其周易解義九卷。三年，授福州司户參軍，充泉州州學教授。」

何喬遠曰：「弼刻意於易，以爲繫辭者，聖人所以翼易，其大例當在於此。乃置諸家傳注，獨執經誦之，凡三十年，釋然領悟，不覺引鼓自撾，窮日不已。久而益信，推明爲書，根象數、原義理①，雖與前此談易者異同，而用於爻象之辭，一字皆有所本，有漢、晉易家所不到者。」

卜子夏易傳解②

佚。

按：弼子夏易解見尤氏遂初堂書目。

范氏浚**易論**

一篇。

存。

① 「理」字，文津閣四庫本脱漏。
② 「卜子夏易傳解」，文津閣四庫本作「弼子夏易傳解」。

陳巖肖①曰：「先生姓范氏，名浚，字茂明，家世父祖爲名卿賢刺史，昆弟多居膴仕，而先生了無仕進意。今天子詔復科舉，公卿有以先生應詔者，先生立辭。予嘗過香溪之上，見先生危坐一室，塵埃棲户牖，凝几席，敗帷故器，人所不堪，而先生神宇泰然，其言經術如親得聖人而授其旨，其爲文辯博而峻整，非志於道而全其氣②者，能若是乎？」

① 「陳巖肖」，文津閣四庫本作「陳巖省」。
② 「氣」，文津閣四庫本作「器」。

經義考卷二十二

易二十一

陳氏禾易傳

宋志：「十二卷。」本傳：「九卷。」

未見。

中興書目：「周易傳十二卷，皇朝正言陳禾撰。」

宋史：「陳禾，字秀實，明州鄞縣人。元符三年進士，累遷辟雍博士，擢監察御史，遷左正言，除給事中，抗疏劾童貫，謫監信州酒税，起知廣德軍，移知和州、舒州。卒，謚文介。有易傳九卷，春秋傳十二卷，論語、孟子解各十卷。」

王明清曰：「紹興間，史直翁再相，上禾所著易與春秋傳，特官其孫。」

陳氏高**八卦數圖**

宋志：「二卷。」

佚。

姓譜：「高，字可中，仙遊人。元符三年進士第，除太學博士，政和中建醫學，除太醫學司業，以忤蔡京致仕。」

凌氏唐佐**周易集解**通考作「凌公弼易解義」。

宋志：「六卷。①」通考：「十卷。」②

佚。

羅願曰：「凌待制唐佐，字公弼，休寧人。登元符進士第，知嚴州，暇日與諸生講學③，作易傳數萬言進之。建炎初，提點京畿刑獄，除知應天府。劉豫欲污以樞轄，不從，使留守應天，得豫虛實，密以蠟書奏朝廷，事泄，豫捕致害之，時紹興二年也。明年詔贈待制。」

---

① 「六卷」，文津閣四庫本作「十卷」。

② 「通考：『十卷。』」四字，文津閣四庫本脱漏。

③ 「學」，文津閣四庫本作「易」。

陳振孫曰：「其書十卷，善解釋，文義頗簡潔，有所發明。館閣書目有集解六卷①，稱『朝奉大夫凌唐佐撰』，亦不著本末，豈即其人耶？」

林氏師説**易説**

佚。

林光朝志墓曰：「公諱師説，字箕仲，仙遊人。以進士累遷尚書兵部員外郎，知建昌軍，移知江州，改漳州。公不喜爲新經偏旁之學，晚而學易，取晉、宋以來京房、郭璞、關子明易，包諸家之説，而折衷以伊川、康節之書。」

杜氏紘**易説**

佚。

晁補之志墓曰：「紘，字君章，京兆萬年人，徙濮州鄄城。中進士，爲刑部侍郎，有易説數十篇。」

張氏根**吳園易解**

宋志：「九卷。」通考：「十卷。」

① 「六卷」，文津閣四庫本作「二卷」。

存。

〔補正〕

丁杰按：書録解題及通攷皆云：「卷後有序論五篇，又雜説、泰論各一篇。」（卷一，頁十四）

〔校記〕

四庫本九卷，自説卦傳：「乾，健也。」下缺。有經苑刊本。（易，頁七）

孫垓後序曰：「先祖太師年十四與鄉薦，連三舉，以二十一登進士第三十一，官至陞朝闕。重親在堂，適遇郊霈，有旨：『願以敘封回授祖父母者，聽。』是歲即丐休致，遂獲恩封上逮。當時朝貴咸賦詩相慶，如右丞黄公履詩云：『一發誠心四美具，（謂以官及親，一美也；以父之封及大父，二美也；以母之封及大母，三美也；以妻之封及母，四美也。）與參養志便爲徒；及親從事於今有，爲祖休官自古無。豈但高情伸李密，堪嘉孝治顯姚虞。夜來子姪從頭説，喜甚翻悲獨早孤。』士大夫傳誦，莫不欽歎。後因廬墓群鶴朝夕集於墓上，孝行著聞，有薦於朝者，特落致仕，召對，時年四十一，浸膺擢用，將漕淮南、江西，陞秘閣修撰。閒居十年間，杜門著書，自歷代至本朝編年，凡數百卷，五經諸子皆爲之傳注。先公忠定收拾於兵燹之餘，綴輯殘稿，未及全備，而復謝世。垓不肖，弗克負荷①，未能悉以刊行，大懼湮没不彰，惟有易解屢加闕。」

宋史：「張根，字知常，饒州德興人。第進士，大觀中爲轉運使，知直龍圖閣，尋以花石綱力陳其

① 「荷」，文津閣四庫本作「克」。

弊，責監信州酒稅，再貶濠州團練副使，安置郴州，以討淮賊功，以朝散大夫終於家。」

董真卿曰：「吴園先生，參政忠定公燾之父也。易解義九卷、序論五卷，又雜説、泰論①。」

曾氏元忠**周易解**

佚。

江西通志：「曾元忠，字居正，永豐人。崇寧五年進士，仕司户，改廣州教授。所著有春秋歷法、論語解、周易解，門人私謚文節先生。」

尹氏天民**易論要纂**

宋志：「一卷。」

佚。

易説拾遺

宋志：「二卷。」

佚。

---

① 「泰論」二字下，四庫薈要本有「各一篇」三字。

江西通志：「尹天民，字先覺，會昌人。爲太學博士，出知果州相如縣，後除侍講，不就。」

林氏震**易問**

五卷。

佚。

易傳

十卷。

佚。

閩書：「林震，字時旉，莆田人。崇寧二年進士，累官左正言，權給事中，遷太常少卿，知鎮江府，移守汝州，召入，除起居郎，遷秘書少監，卒。震自號介翁，所著禮問三十卷、易問五卷、易傳十卷。」

饒氏子儀**周易解**

佚。

江西通志：「饒子儀，字元禮，臨川人。結庵於淩雲山，杜門著書，王安石欲薦之，不爲屈。崇寧中，以經明行修，錫命於朝，著周易、論語解。」

董氏逌**廣川易學**

通考：「二十四卷。」

佚。

陳振孫曰：「中書舍人東平董逌彥達撰。」

牛氏師德**先天易鈐**

通考：「二卷。」

佚。

晁公武曰：「皇朝牛師德撰，自云傳邵雍之學於司馬溫公，而其說近於術數，未知其信然否？」

陳振孫曰：「未詳何人，蓋爲邵氏之學，而專乎術數者也。」

〔補正〕

丁杰按：通攷及讀書志並作「先天易鈐、太極寶局二卷」，書録解題作「先天易鈐一卷」。據此，則通攷以二書各一卷，合稱二卷甚明。此舉先天易鈐一書而云二卷，似訛。（卷一，頁十四）

譚氏世勣**易傳**

宋志：「十卷。」

未見。

東都事略：「譚世勣，字彦成，長沙人。舉進士，又中詞學兼茂科，爲秘書省正字。蔡京得政，世勣不附和，六年不得遷，京罷，始遷員外郎，又遷吏部員外郎、少府監、中書舍人、禮部侍郎，贈①端明殿學士。」

耿氏南仲**易解義**②

宋志：「十卷。」

存。

〔校記〕

四庫本作周易新講義，十卷。（易，頁七）

南仲自序曰：「易之爲言變也，蓋道之□名也。道體常而盡變，乃全著而爲書，而滯於言象之間。言有常理而象有常形，則宜於變有所不能盡。然而言象之間，化而裁之，推而行之，而其變無窮焉，是故特以變稱而名之曰易也。繫辭之言易者屢矣，一言而盡易之義者，『易無體』是也。蓋有體則定而不易，其所□□合□□屢易而不居者，乃以其無體也。易無體也，易無體而有書，何也？猶神無方而無著

① 「贈」，文津閣四庫本誤作「待」。
② 「易解義」，文津閣四庫本作「易義解」。

龜之神物也，神不在物，則是物外者神之方，烏得爲無方？易不在書，則是易外者易之體，烏得謂①無體？故神□物，乃所以爲無方，易有書，乃所以爲無體也。易之爲書，始於作卦，作卦則三畫而已，終於重卦，重卦則有六爻焉。以謂其六□□□□□判焉有定位，易見而法象具。惟天地人之三②極耳，故以三畫象焉。然而六畫則三極之謂也，又有所以極道之□者。天之道曰陰與陽，地之道曰剛與柔，人之道曰仁與義，總之九六，故以六爻具焉。六爻具而剛柔變化、吉凶悔吝總錯其間，探之不得其端，循之不見其緒矣。雖然，易之道有要，在無咎而已。要③在無咎者何，善補過之謂也。凡④天下有侈乎至足之分；拂乎自然之宜者，皆過之：拂乎人情猶爲小過，拂乎天道是爲大過。聖人之作易，順性命，調而補之，使天下後世觀其象而玩其辭，則獲自天之祐而無大過，蓋所謂⑤善補過者。孔子曰：『加我數年，五十以學易⑥，可以無大過矣。』以是知易之要，在無咎而已。然而易之生蓍⑦倚數、立卦生爻，直詮諦之寄耳，所以爲易則不在是，故經曰：『易者，象也，象也者，象此者也。』以爲易之爲象，姑像此而已，非

① 「謂」，文淵閣四庫本作「爲」。
② 「三」，文津閣四庫本作「所」。
③ 「在無咎而已，要」六字，文津閣四庫本脱漏。
④ 「凡」字上，文津閣四庫本有「凡天下之謂也」六字。
⑤ 「謂」字，文津閣四庫本脱漏。
⑥ 「五十以學易」，文津閣四庫本誤作「五十十以學易」。
⑦ 「蓍」，文津閣四庫本誤作「著」。

其真也。猶象龍之非真龍也，認象以爲真，則失易之旨矣。」
胡一桂曰：「建本題『進周易解義』。」
董真卿曰：「南仲，字希道，開封人，有周易講義十卷。」
宋史：「南仲在東宫十年，欽宗即位，拜資政殿大學士，簽書樞密院事，陞尚書左丞、門下侍郎。」

汪氏天任**易説**

佚。

江西通志：「汪天任，字莘老，浮梁人。大觀三年進士，知汀州。」

鄭氏廷芬**易索隱**

六卷。

佚。

興化府志：「鄭廷芬，莆田人。大觀三年進士，成都路轉運副使。」

馬氏永卿**周易拾遺**

二卷。

佚。

廣信府志：「馬永卿，字大年，揚州人。大觀三年進士，退居鉛山，撰論語解十卷、易拾遺二卷。」

程氏迥**易解**

宋志：「十卷。」

佚。

江西通志：「程迥，字彦通，浮梁人。」

新安文獻志程克俊傳：「父迥，登政和二年進士，不樂仕，授徒里中，遠近來者至不能容，乃建鄉校，立宣聖祠，朔望春秋奠謁，習爲禮容，相師成俗。有易解十卷、論孟解十卷、五經解題二十卷，學者號九龍先生，贈太師。」

李氏椿年**逍遥公易解**

通考：「八卷。」

未見。

周易疑問

通考：「二卷。」

未見。

陳振孫曰：「直學士李椿年仲永撰。其門人鄱陽吴説之景傳所述，胡邦衡爲作序。疑問者，説之所録其問答之語也。」

董真卿曰：「椿年，字仲永，饒州浮梁人，直學士院。易解八卷、疑問二卷，門人吴説之編，淳熙乙未胡銓序。」

胡銓序易解曰：「孔子既没，易道微矣。自漢、魏迄今，學易者不知幾人。歐陽子獨稱王弼，何也？余嘗考東坡、横渠、伊川學，以求其説，又嘗聞龜山、文定、紫巖、寂照、了翁、漢上諸老先生謦欬，然後知歐陽子之學蓋本於弼。夫易至漢分爲三，田何也，焦贛也，費直也。田氏始於子夏，傳之孔子，有上下二篇，又有彖、象、繫辭、文言等十篇，而説者自爲章句，易之本經也，凡學章句者皆祖焉。焦氏無所師授，自言得之隱者，專於陰陽占察之術，歐陽子謂『不類聖人之經』，凡學陰陽占察者皆祖焉。費氏無章句，亦無師授，顓以爻、彖、象、文言參解上、下經，凡以彖、象、文言雜八卦中者皆祖焉。費氏初微，至東京陳元、鄭康成之徒皆學費氏，而田學遂衰，古十二篇遂亡其本。弼注亦用彖、象相雜之經，自晉已後，弼學獨行。歐陽子凡説易①必祖弼，弼不解繫辭，止解『大衍四十有九』，歐陽子亦謂：『繫辭龐雜，七八九六無老少，乾、坤無定策。』且曰：『易無王弼，其淪於異端之説乎？』愚故謂歐陽子之學蓋本於弼。其故人鄱陽逍遥公李仲永潛心易學，衛道甚嚴，一旦夢弼，而有得，遂成一家之書，殆與歐陽子之意默契。其門人府庠校正，雲巖吴君説之攝其樞要，冠於篇首，丐某正其説，則曰：『就有道而正焉。』

① 「易」，文津閣四庫本誤作「學」。

某固辭不獲，遂書其始末。昔蜀人趙賓爲易釋文①，云受孟喜，及賓死，喜因不敢仞，及博士缺，衆人薦喜，漢帝聞喜改師法，遂不用喜。若説之，可謂不背本矣。聖上鋭精經術，某頃侍邇英，備員侍讀，得旨進六經②解，側聞不輟③丙夜之觀，倘逍遥之書達聖聽，説之當遂補博士缺矣。孟喜有知，得不泚其顙？仲永，名椿年，嘗直學士院云。淳熙乙未。」

胡一桂曰：「其説專主王輔嗣。」

江西通志：「李椿年，字仲永，浮梁人。政和進士，歷官户部侍郎，兼直學士院，權吏、兵兩部，封普寧郡開國侯。」

王氏昇易説

佚。

方勺曰：「王昇，字君儀，居嚴州烏龍山。布衣疏食，無書不讀，爲湖、婺二州學官，罷歸山中。每正旦筮卦，以卜一歲事，豫言災祥，其驗甚多。宣和乙巳，以待制領宫祠。」

林之奇曰：「王君儀説易，大抵論象，謂：『易無非象者，如：乾初爻「潛龍勿用」，蓋初爻是震，故

---

① 「易釋文」，文淵閣四庫本作「易飾易文」。
② 「六經」，文津閣四庫本誤作「上經」。
③ 「輟」，備要本誤作「輒」。

爲龍」；二爻是坎，龍在水下，所以爲潛龍。二爻「見龍在田」，此爻變爲離，有見龍象。三爻「君子終日乾乾，夕惕若」，此爻變兑，有夕意。四爻「或躍在淵」，亦如初爻，而震爲足，故躍。上九「亢龍」，此爻變夬，澤在天上，所以爲亢。』」

陸游曰：「王君儀待制易學雖出於葆光張先生，然得於心者多矣。」

朱子曰：「嚴州王君儀能以易言禍福，其術略如徐復、林瑀之説，以一卦直一年。嘗言：『紹興壬戌，太母當還。』其後果然。人問其説，則曰：『是年晉卦直事，有「受茲介福于王母」之文也。』此亦小數偶中爾，若遂以君儀爲知易，則吾不知其説也。」

王氏俊乂**易説**

十卷。

佚。

揚州府志：「王俊乂，字堯夫，如皋人。宣和乙亥，以上舍釋褐，官國子博士，進吏部員外郎，遷右司員外郎。與王黼忤，以直秘閣，知岳州，卒。有易説二卷。」

李氏彦章等**周易全解**

十卷。

佚。

董真卿曰：「李氏彦章元達與李端行聖與李舜由彦安、李士表元章合成一書，凡十卷，號四李先生周易全解。」

胡一桂曰：「易全解十卷，説卦以後三卷。宣和四年序者不著其名，謂：『四人者，俱有職於庠序。』則太學講義也。」

林氏疑獨等**太學十先生易解**

十二卷。

佚。

董真卿曰：「林氏疑獨慎微與吴子進、袁志行、李元量①、劉仲平、路純中、洪成季、陳子明、鄭正夫、閻彦升共成一書，凡十二卷，號太學十先生易解。」

胡一桂曰：「書凡十二卷，又有説卦以後論三卷，亦有發明處。」

按：興化府志有林疑獨傳，名曰：「黨附蔡卞，官宣德郎，著周易解疑，即十先生之一也。」

康氏平**河圖解**

通考：「二卷。」

① 「李元量」，文津閣四庫本作「李先生」。

佚。

晁公武曰：「皇朝康平撰，凡五十二篇。」

雷氏度**周易口義**

佚。

江西通志：「雷度，字世則，臨川人。靖康初爲舉首，然無意利禄，研精於易，有易口義。」

李氏開**易解**

三十卷。

佚。

胡一桂曰：「三家易解三十卷，有進表，合李宏、芸閣爲三家。宏，潼州府路轉運判官，蜀人。」

熊良輔曰：「小舟李氏開，字去非。」

喻氏唐**周易宗經**

十卷。

佚。

李氏勃**周易正例**

三卷。

佚。

陳氏正中**周易卦象賦**

一卷。

佚。

黃氏宗旦**易卦象賦**

二卷。

佚。

杜氏令貢**周易歌**

一卷。

佚。

以上五書見紹興書目。

劉氏不疑**易論**

二十四卷。

胡一桂曰：「劉不疑易卦正名論一卷、廣論一卷、大義疑問二十卷、大義一卷、發義一卷。」

丘氏鑄**周易卦斷**

通志：「一卷。」

郭氏思永**周易明文**

通志：「十卷。」

周氏鎮**周易精微**

通志：「三卷。」

莊氏道名**周易略例疏**

通志：「一卷。」紹興書目同。

楚氏泰**周易析微通説**①

通志：「三十卷。」

周易質疑卜傳

通志：「三十卷。」

許氏季山**易訣**

宋志：「一卷。」

王氏曉**周易太清易經訣**

通志：「一卷。」

鄭樵曰：「曉，號玉笥山人。」

---

① 「周易析微通説」，文津閣四庫本作「周易析疑通説」。

王氏守一**周易探玄**

通志：「九卷。」宋志：「本十卷。」

黄氏景元**周易卦頌**

通志：「一卷。」

阮氏兆**周易玉鑑頌**紹興書目「鑑」作「鏡」。

通志：「一卷。」

邢氏朝宗**周易八仙經疏**

通志：「一卷」。紹興書目：「二卷。」

王氏鄯**易鏡**

宋志：「三卷。」

鄭樵曰：「中條山道士，號無惑子。」

周易通神歌

宋志：「一卷。」

張氏胥**周易繚繞詞**

通志：「一卷。」

按：劉不疑以下，時代未詳，存佚亦莫可考。

郝氏失名**周易述解**

佚。

釋契嵩序曰：「子郝子治易，平生得聖人作易之大法，乃解易以自發其法，謂聖人所以作易在治道，治道在君臣，君臣法陰陽以爲爻，列爻以成卦，立卦以成易。是故求治道者必觀乎易，求易象者必觀乎卦，求卦體者必觀乎爻，求爻變者必原乎陰陽。陰陽也者，作易之本也，治道之大範也。陰爻者，臣道也；陽爻者，君道也。陰陽之爻升降得其所，則卦吉；陰陽之爻失其所，則其卦凶。是故君臣之道正則其政治也，君臣之道繆則政亂也；治則三綱五常修也、三才順也、萬物遂也，亂則彝倫萬事斁也；夫天下萬世治亂規誡之道，易其備矣。方绝筆，乃出其書示於潛子，欲我亂①而明之。潛子稽其説、條其緒，雖累百而無不與聖人之法合者，揭然而自立義例，精而且至大，略如乾、坤、小畜、大畜卦之類，雖古之善治易者不過是也。潛子因語其人曰：『子之書是也，然易之始，固出於河圖，河圖所見，惟陰陽之數最爲其本也，而君臣之法與有神物皆出矣。雖然，其吉凶治亂之效未著，乃資乎聖人者君天下而發之。故包犧氏出焉，示與神道適會，遂卦之而又爻之，用其法以王天下。然其法非聖人作，君不能張之，聖人非以是不能王之，故易與聖人而相需也。孔子，聖人也，雖知其法而無位，歎不得如伏羲行其道於當世，徒文而傳之耳。故曰：「鳳鳥不至，河不出圖，吾已矣夫。」然其傳自孔子之商瞿，更九世，至漢人楊何而所傳遂絶。其後諸儒用己見，各爲其家，紛然騁其異説，師弟子相承相勝，不復守聖人之道，其易之道遂微。而子當易道支離紛錯、漫漶難審之時，乃毅然獨推聖人之軌法，解其書以遺學者，其於聖人之道亦有力焉。』子郝子益謂潛子曰：『吾考雜卦，其説煩且重，殆非聖人之意，是蓋後世學者括衆卦而歌之之言也。預之十聖，不亦忝乎？吾嘗削之，乃離序卦爲之上下篇，而以裨夫十翼可乎？』潛子曰：『揚子雲謂學者審其是而已矣，仰聖人而知衆説之小也。子非之果是，而排其瀆聖人之言者，宜也，何必疑之。』」

①「亂」，文津閣四庫本作「闡」。

經義考卷二十三

易二十二

李氏綱梁谿易傳内外篇

通考：「十九卷。」

佚。

綱自序内篇曰：「六經皆所以載道，而易以道陰陽，故剛柔相推而生變化，天道備矣。聖人繫辭焉而明吉凶，以盡人事，所以和同天人之際，而使之無間也。古文日月爲易，日，陽也，月，陰也；月逌日邁，一晝一夜，相推而生明；陽奇陰耦，一剛一柔，相推而成卦。故曰：『陰陽之義配日月。』又曰：『剛柔者，晝夜之象也。』聖人觀變於陰陽而立卦，發揮於剛柔而生爻，卦爻具而謂之易者，蓋專以變易爲義。先儒謂易含三義，有不易、簡易之意者，非也。故自太極兆而爲奇耦，自奇耦積而爲乾、坤，自乾、坤索而爲六子，自八卦相重相錯而爲六十四卦，無非變者。六爻之義，易以貢，變動不居，周流六虚，上下無常，剛柔相易，不可爲典要，惟變所適，此所以謂之易歟？易也，道也，神也，異名同實，其旨一也。生生之謂易，一陰一陽之謂道，陰陽不測之謂神，三者渾淪而不相離，語其大則範圍天地，語其小則充足毫末，刻雕衆形，橐籥萬化，自有形至於無形，自有心至於無心，莫不綜攝乎此。則易之爲書，何爲者耶？載此而已。剛柔有自然之位，進退往來有自然之序，消息盈虚有自然之理，皆所以載天道也，而人事存焉。是以聖人察卦爻之變，因其有是象則繫之以是辭，以愛惡情僞之相感，爲吉凶悔吝之端，以君子小人之相長，爲治亂安危之本。其所以告之，使避凶趨吉，雖不離於日用之間，而精義入神，有出於思爲之表。和順於道德而理於義，窮理盡性以至於命，此學者所以不可不盡心也。周官：『太卜掌三易之法，一曰連山，二曰歸藏，三曰周易，其經卦皆八，其別卦皆六十有四。』則自伏羲畫八卦，因而重之，六十四卦已陳矣。連山，夏易也，以艮爲首，故曰連山。歸藏，商易也，以坤爲首，故曰歸藏。孔子觀商道於宋，得坤、乾焉，蓋歸藏之書。然而讀易韋編至於三絶，作彖、象、文言諸篇以贊明之，則三易之書至周易而後大備。故韓宣子適魯，見易象及春秋，曰：『吾乃今知周公之德與周之所以王矣。』易卦先後之序與彖、爻①之辭，皆文王造始，而周公續終之，故有『王用享于岐山』、『箕子明夷利貞』之語，不然，韓宣子何以知周公之德哉？孔子於易，其説尤詳，而論語記群弟子問答，獨罕於易，故曰：『子所雅言，詩、書、執禮，皆雅言也。』以詩、書、執禮爲雅言，則易罕言矣。豈非易者天道所在，而性與天道，雖子貢亦有所不得聞故耶？秦焚詩、書，易以卜筮之書而幸存，今餘經類多亡闕，而易獨爲完經。蓋天

① 「爻」，文津閣四庫本作「象」。

相之以垂訓於萬世，使一卦一爻有不備者，則乾、坤或幾乎熄矣。漢、晉間如九師之流，一主於象數而不稽義理，故其取象蔓衍迂闊，多悖聖人之意。自王輔嗣以來及近世學者，一主於義理而不求象數，故其訓義與象相違，因失聖人之意者，亦不爲少。二者胥失也。夫聖人極數以定象，立象以盡意，象數者，易之所自作而義理寓焉，舍象數以求意，是猶舍筌蹄而求魚兔，捐麴糵而求酒醴也。魚兔得，然後筌蹄可忘；酒醴成，然後糟粕可棄。故必質諸象數而不謬，考諸義理而不惑，六通四闢，無所滯礙，然後聖人之意可見焉。孔子彖、象蓋兼之矣，然而象少義多者深其阜，眇其根，幽其所以然，使學者精思而自得故也。余以罪謫海上，端憂多暇，取易讀之，屏去衆説，獨以心會，即象數之幽渺，究理義之精微，於以窺聖人之制作，燦然如據璣衡以觀天，日月星辰、經緯昭回之文，吉凶妖祥之理，皆可歷數而周知，喟然嘆曰：『不學易而涉世，其蹈禍固宜。』罪大不死，乃得窮聖經於荒絶之鄉，心醉神開，恍若有授之者，豈非幸耶？昔人作易於憂患者，非特智慮不用於時，欲有所表見於後，蓋以險阻艱難備嘗之矣。人之情僞盡知之矣，然後思深慮危，足以發難言之妙藴，以貽範於將來。余雖固陋，困窮流離之甚，其敢忘此？乃以所妄見者，著易傳内外篇：訓釋上、下經，上、下繫，説卦，序卦，雜卦，總論，合爲十卷；外篇，釋象七，明變一，訓辭二，類占一，衍數二，合爲十有三卷；凡二十有三卷。雖未足以測聖人之意，然發明易學必由象數以極義理之歸，庶幾或自此書始也。引義比類，反覆參錯，文辭繁費，所不得已，覽者取其意而勿誚焉可也。書始於建炎，歲次己酉中夏，時赴謫所，南征，次鬱林；成於庚戌季春①，時自海上北

① 「春」，文淵閣四庫本作「夏」。

歸，次寧遠；凡期年云。」

綱自序外編①曰：「易有聖人之道四焉，以言者尚其辭，以動者尚其變，以制器者尚其象，以卜筮者尚其占。易本於數，而數不與焉，極其數，遂定天下之象，數兼於象故也。有數而後有象，有象而後有變，有變而後有占，而鼓天下之動則存乎辭，辭所以該極象數，各指其所之，而明吉凶以示人者也。古之學者必備是五者，然後足以窺聖人作易之旨。故有推步氣候律曆之學，所以知數也；有正卦互體俯仰之學，所以觀象也；有卦變時來消長之學，所以察變也；有五行世應遊魂歸魂之學，所以考占也；有訓詁其言解釋其義之學，所以修辭也。近世言者唯尚言辭，務明其義，而象數變占之學皆失其傳，則不得聖人之旨多矣。今卦爻之象變具在，含蓄妙意，發揮至理，示人甚明，顧勿深考，而占筮術數之法載於經傳者，班班可考。苟能精以思慮，默契於心，則古人之學不難到也。聖人作易之旨，雖非即此而可窮，亦非舍此而能得，不鑿不拘，惟其是之爲從而已。余年運而往，行將知命，學易於憂患之中，既以所妄見者爲之傳，又作釋象七篇，明變一篇，訓辭二篇，類占、衍數各一篇，合十有二卷，目爲易傳外篇，以解剥易體，庶幾聖人難盡之意，或因是而可窺。至於洞象數之表，達變通之幾，占筮之巧妙，辭義之精微，有不可以筆舌傳者，則覽者當自得焉。蓋易者，學道之筌蹄，此書又學易之筌蹄，魚兔已得，則筌蹄雖忘焉可也。書始於建炎三年己酉之中秋，時謫居海上，行次雷陽；成於四年之仲春，時蒙恩北歸，行次容南；凡半年云。謹志歲月，總其大略，爲之序，冠於目録之首。」

①「外編」，文淵閣四庫本作「外篇」。

陳振孫曰：「丞相昭武李綱伯紀撰。按序，内、外篇凡二十三卷：内篇訓釋上、下經，繫辭，説、序、雜卦，并總論，合十卷；外篇、釋象七、明變一、訓辭二、類占一、衍數二，合十有三卷。今内篇闕總論，外篇闕訓辭及衍數下卷，存者十卷。蓋罷相遷謫時所作，其書未行於世，館閣亦無之。莆田鄭寅子敬從忠定之曾孫得其藏本，頃倅莆田，借鄭本傳録。今考梁谿集，紹興十三年所編，其訓辭二序，已云有録無書，則雖其家亦亡逸久矣。豈其有序而書實未成耶？其書於辭、變、象、占，無不該貫，可謂博矣。」

張氏浚紫巖易傳

宋志：「十卷。」

存。

〔校記〕

四庫本亦十卷。（易，頁七一八）

趙希弁曰：「右紫巖居士魏國張忠獻公浚德遠所著也。」

朱子作行狀曰：「公之學一本天理，尤深於易、春秋、論、孟，有論語解四卷，易解并雜説共十卷，春秋解六卷，中庸解一卷，詩、書、禮解三卷。」

張獻之跋曰：「曾王父忠獻公潛心於易，嘗爲之傳，前後兩著稿，親題第二稿云：『此本改正處極多，紹興戊寅四月六日某書，始爲定本矣。』獻之頃嘗繕録之，附以讀易雜説，通爲十卷，藏之於家。忠獻嘗與屏山劉公書云：『無他用心，惟静默體道，卒究聖人心法。』又答澹庵胡公書云：『杜門亦惟聖賢之道是求，夫求而得之者，其在是矣。』惜其傳之未廣。揭來春陵，刻於郡齋，與學者共之。」

王應麟曰：「張浚易解并雜記共十卷，其論易數曰：『太極，一也；兩儀，三之也。分爲二而七八九六之數五十有五，此天地之中數也。』論剛柔之義，曰：『君道主剛，而其義也用柔，故乾動則爲坤矣；臣道主柔，而其動也用剛，故坤動則爲乾矣。』」

胡一桂曰：「紫巖易傳第十卷係讀易雜記，主劉牧説，紹興三年四月六日定本成，嘉定庚辰曾孫獻之刊於春陵郡齋。」

李氏光**讀易老人解説**

宋志：「十卷。」

未見。

〔補正〕

案：宋志「解説」作「易説」，書録解題作「詳説」，通攷與此合。（卷一，頁十四）

〔四庫總目〕

自明以來，久無傳本，朱彝尊經義考亦云：「未見。」兹從永樂大典薈萃成編。原缺豫、隨、无妄、睽、蹇、中孚六卦及晉卦六三以下，其復與大畜二卦，永樂大典本不缺，而所載光解復卦，缺大象及後四爻，大畜則一字不存，繫辭傳以下亦無解，其爲原本如是，或傳寫佚脱，均不可知，姑仍其舊。其書宋史作易傳諸家書目，或作讀易老人解説，或作讀易詳説，殊不畫一，而十卷之數則並同，殆一書而異

名也。今從永樂大典題爲讀易詳説,仍析爲十卷,存其舊焉。(卷二,頁十六—十七,讀易詳説十卷提要)

〔校記〕

宋志作易傳。四庫輯大典本作讀易詳説,十卷,缺豫、隨、无妄、睽、蹇、中孚六卦,復與大畜亦有缺文,繫辭以下無解。(易,頁八)

宋史:「李光,字泰發,越州上虞人,崇寧五年進士。」

趙希弁曰:「紹興中,光參知政事,庚申歲,金敗盟,奪河南地。光在榻前攻秦檜之短,遂罷,尋謫藤州,移瓊州,又移萬安。檜死,量移郴,己卯用赦還,舟行至江州而卒。」

陳振孫曰:「參政李光泰發撰。光忤秦檜,謫海外,爲此書,光嘗受學於劉元城。」

董真卿曰:「李莊簡公光,紹興初謫嶺南,著書自號讀易老人,其學本劉元城,元城學於司馬公。」

許氏翰易傳

佚。

林泉野記:「許翰,字崧老,洪州進士。宣和中,爲給事中。靖康初,以李綱薦召爲御史中丞,綱黜,翰并罷。建炎初,綱入相,復薦爲尚書左丞。」

按:許氏易傳宋志不載,見尤氏遂初堂目。

沈氏該周易小傳

宋志：「六卷。」

存。

〔校記〕

四庫及通志堂本均六卷。（易，頁八）

該自序曰：「易有太極，是生兩儀，兩儀生四象，四象生八卦。四象者何也？六七八九是也。七爲少陽，九爲老陽，陽盈也。八爲少陰，六爲老陰，陰盈也。物極則盈，盈極則變理之常也。故七八者，陰陽之静也，九六者，陰陽之動也。吉凶悔吝生乎動者也，惟動則有占，不動則無兆。故聖人作易，筮者亦必以爻變定吉凶，所謂：『動則觀其變，以玩其占也。』如陳厲公生敬仲，筮之，遇觀之否，周史以謂：『風爲天於土上，山也；有山之材而照之以天光，於是乎居土上，利用賓于王。』秦伯將納王，筮之，遇大有之睽，卜偃以謂：『天爲澤以當日，天子降心以逆公，戰克而王饗之，吉孰甚焉。』如此之類，左氏載之甚多，皆用爻變以言吉凶。嘗以經考之，聖人設卦觀象，列尊卑而辨貴賤，所以明不可易之大法。故有内外以明出處，有承乘以辨逆順①，有遠近以察安危，有初上以列終始，三才就列，六位時成，此其大法也。聖人因六爻之變，繫辭焉以命之，以辨吉凶，所以通不可不易之至變。故上下無常，剛柔相易，變

① 「逆順」，文津閣四庫本作「順逆」。

動不居，惟變所適，其道屢遷，不可爲典要。爻也者，言乎其變也，此之謂也。是故爻辭之所命，雖不離乎大常，而變卦之微寓焉。自王輔嗣而下，皆未嘗以變卦釋爻辭，道其大常也。若夫變動不居之妙，則在學者精思默識而已，輒以臆見妄窺淵奧，既以正體發明爻象之旨，又以變體擬議變動之意，亦庶幾萬有一得焉耳。夫觀象玩占，易道之小者也，雖小道，亦有可觀者焉，名之曰易小傳，以別於大傳云爾。若夫一卦之内，義有可明，爻變之外，言有未盡者，每卦別爲論，亦庶幾變而不失其正，小而不遺其大者也。」

進易小傳劄子曰：「臣不揆，妄意於易三十餘年矣。智識闇淺，見聞寡陋，豈足以窺精微之義。竊嘗謂易有四象，六七八九是也，而六爻九六。所謂爻也者，言乎其變者也。自王弼而下，未嘗以變體釋爻辭，近世之言變體者，復入爻象之正。臣竊以臆説爲易小傳，既以正體發明爻象之旨，又以變體擬議變卦①之意，每卦別爲一論，其詳見於序，爲六卷十二册，繕寫上進②。」

〔補正〕

此條下載進易小傳劄子末應補云：「紹興二十八年六月。」（卷一，頁十四—十五）

案：竹垞先生此書所最失檢者，於進表及序跋多删其歲月也。今方綱隨所見者補入，亦頗未能詳盡，謹識於此，以當發凡。（卷一，頁十四—十五）

① 「卦」，文淵閣四庫本作「動」。

② 「進」字下，依補正應補「紹興二十八年六月」八字。

高宗御筆奬諭曰：「覽卿所進易小傳，研究陰陽之奥，發明變動之理，卦後一論，最爲精切，皆前人所略者，彌日終卷，深用歎嘉。卿以元弼，曉然於天人之際，願力陳以輔不逮，稱朕意焉。」

中興館閣録：「沈該，字守一作元。約，吴興人。登嘉王榜進士，紹興二十六年，以左僕射兼修國史。」

林至曰：「沈丞相易小傳既以正體發明爻象之旨，又以變體擬議變動之意，以求合乎『動則觀其變而玩其占』之辭，亦未免拘攣也。」

陳造曰：「諸家詁注易多矣，有得必有失，惟丞相沈公筆爲小傳，皆以春秋君子用易之説，充而周之，沿而求之，源而流之，邃哉妙矣！蔡墨言龍而曰：『在乾之姤曰「潛龍勿用」，初九變則姤也。同人曰「見龍在田」，九二變則同人。大有曰「飛龍在天」，九五變則大有。坤曰「見群龍无首」，變而盡則坤。坤之剥曰「龍戰于野」，坤上六之變也。』丞相之學，其本如此。亡友周令譽授余一紙書，乃春秋時占法，其法純用易，而盡屏卜筮家神將時日諸説，云：『用之占筮，如神。』乃知讀古書可得古法，思與不思爾。」

陳振孫曰：「釋六爻兼論變卦，多本春秋左氏傳占法，卦爲一論。又有繫辭補注十餘則，附之卷末。」

胡一桂曰：「僕射小傳，每卦别爲一論。」

浙江通志：「該撰易小傳，其説以左氏卦變爲文，嘗進之高宗，降詔褒奬。」

曾氏幾**周易釋象**

宋志：「五卷。」

佚。

中興館閣録：「曾幾，字吉甫，贛州人。政和五年，因銓試優等第一人，賜上舍出身。紹興二十七年十月，除秘書少監；二十八年七月，權禮部侍郎。」

陳振孫曰：「吉甫，紹興末年已老，始擢用。乾道中，年八十三以卒，號茶山先生。」

王氏庭珪**易解**

二十卷。

佚。

周必大曰：「公學無不通，而尤邃於易。少嘗師鄉先生張汝明，晚自得於意言之表，漢上朱先生震、文定胡公安國、薌林向公子諲見其解，皆嘆賞，以爲必傳。」

胡銓志墓曰：「公少從鄉先生張公汝明學易，晚益悟於理表。張公蓋作易索，嘗爲御史擊蔡氏者。漢上先生朱公震、薌林居士向公子諲過草堂，談經旨，嘗繼晷，見所講易，皆降歎。文定胡公安國經從，亦款留，爲作易解序。」

陳振孫曰：「直敷文閣廬陵王庭珪民瞻，政和八年進士，仕不合，棄去，隱居數十年，坐作詩送胡邦衡除名，徙辰州，年已七十矣。阜陵初政，召爲國子監主簿，九十餘乃終，寄禄繞承奉郎。」

何氏兑**龜津易傳**

佚。

邵武府志：「何兑，字太和，上饒人。重和元年進士。紹興中，通判辰州，自號龜津，學者因稱爲龜津先生。」

王氏師心**易説**

佚。

汪應辰志墓曰：「師心，字與道，金華人。政和八年進士，權吏部尚書，兼侍讀，改福建路安撫使，乾道初致仕。卒，謚莊敏。」

按：師心易説，李氏學易説、熊氏本義集成皆采之。

朱氏震**漢上易集傳**

宋志：「十一卷。」

存。

〔校記〕

四庫及通志堂本卷與宋志同。（易，頁八）

周易卦圖

宋志：「三卷。」

存。

〔校記〕

四庫及通志堂本卷與宋志同。（易，頁八）

周易叢説

宋志：「一卷。」

存。

〔校記〕

四庫及通志堂本卷與宋志同。（易，頁八）

宋史：「朱震，字子發，荊門軍人，登政和進士第。趙鼎入參知政事，上諮以當世人才，鼎曰：『臣所知朱震，學術深博，廉正守道，士之冠冕，使位講讀，必有益於陛下。』乃召爲祠部員外郎，遷秘書少監，兼侍經筵，轉起居郎，遷中書舍人，兼翊善，轉給事中，兼直學士院，遷翰林學士。震經術深醇，有漢上易解。」

震進易集傳表曰：「臣聞商瞿學於夫子，自丁寬而下，其流爲孟喜、京房。喜書見於唐人者，猶可考也，一行所集房之易傳，論卦氣、納甲、五行之類，兩人之言同出於周易繫辭、説卦。而費直亦以夫子十翼解説上、下經，故前代號繫辭、説卦爲周易大傳。爾後馬、鄭、荀、虞各自名家，説雖不同，要之去象數之原猶未遠也。獨魏王弼與鍾會同學，盡去舊説，雜之以莊、老之言，於是儒者專尚文辭，不復推原大傳天人之道，自是分裂而不合者，七百餘年矣。國家隆興，異人間出，濮上陳摶以先天圖傳种放，放傳穆修，修傳李之才，之才傳邵雍。放以河圖、洛書傳李溉，溉傳許堅，堅傳范諤昌，諤昌傳劉牧。修以太極圖傳周敦頤，敦頤傳程顥。程頤，是時張載講學於二程、邵雍之間。故雍著皇極經世之書，牧陳天地五十有五之數，敦頤作通書，程頤述易傳，載造太和、三兩等篇。或明其象，或論其數，或傳其辭，或兼而明之，更迭倡和，相爲表裏，有所未盡，以待來學。臣頃者遊宦西洛，獲觀遺書，問疑請益，徧訪師門，而後粗窺一二，造次不捨十有八年。起政和丙申，終紹興甲寅，成周易集傳九卷、周易圖三卷、周易叢説一卷，以易傳爲宗，和會雍、載之論，上採漢、魏、吴、晉、元魏，下逮有唐及今，包括異同，補苴罅漏，庶幾道離而復合，不敢傳諸博雅，姑以自備遺忘，豈期清問俯及蒭蕘？昔虞翻講明秘説，辨正流俗，依經以立注，嘗曰：『使天下一人知己，足以不恨。』而臣親逢陛下曲訪淺陋，則臣之所遇過於昔人遠矣。其書繕寫一十三册，謹隨狀上進以聞。」

卦圖自序曰：「卦圖所以解剥象，推廣説卦，斷古今之疑，發不盡之意，彌縫易傳之闕者也。」

晁公武曰：「朱震子發撰。自謂其學以程頤爲宗，和會邵雍、張載之論，合鄭玄、王弼①之學爲一，云其書多采先儒之說以成，故曰集解，然頗舛謬。」

朱子曰：「王弼破互體，朱子發用互體，互體自左氏已言，亦有道理，只是今推不合處多。」

陳振孫曰：「其學專以王弼，盡去舊說，雜以莊、老，專尙文辭爲非是，故其於象數頗加詳焉。序稱九卷，蓋合說、序、雜卦爲一也。」

馮椅曰：「漢上易傳，毛伯玉力詆其卦變、互體、伏卦、反卦之失，謂如『乾五爲坎，坎變離，離爲飛，故曰飛龍』之類，切中其膏肓云。」

魏了翁曰：「漢上易太煩，人多倦看，卻是不可廢。」

胡一桂曰：「變互、伏反、納甲之屬，皆不可廢，豈可盡以爲失而詆之。觀其取象，亦甚有好處，但牽合處多，且文辭煩雜，使讀者茫然不能曉會，看來只是不善作文爾。」

尹氏躬**易解**

佚。

胡銓序曰：「大道之行，天下爲公。其薦絀置舍，不以新故遐邇蔕芥於胸次，惟當其可焉耳。士之睨播物者，亦必睨其用心之公不公，不以新故遐邇竊議乎巖廊之人也。故播物者，手握國柄，直道而

---

① 「鄭玄、王弼」，文淵閣四庫本作「康成、輔嗣」。

行，進賢絀不肖，泰然其不病乎士之議己也。其爲士者，砥礪操履，介然其不疑於播物者之枉己也。以故上下相安，爲上相不難而下無覬覦，有如十六相焉，登庸而弗忌，有如四凶焉，竄殛而弗顧。而所謂十六相者，亦曰：『上之用我也公。』所謂四凶者，亦曰：『上之罪我也直。』去古既遠，公道日蓁，上忌其下，下疾視其上，於是親親賢賢不遺，故舊之義遂爲希闊事。見所謂十六相者苟有一日雅，則必曰：『吾故人也，薦之得無雅故之嫌乎？』見所謂四凶者苟跡疏情邈，則曰：『彼不吾親也，斥之得無異己之嫌乎？』天下之所稱賢人君子焉者，誦言排之擊之，諱聞其名，心非不知其非，不若是，非遠嫌也已。上下交蒙，寧怫心不怫乎時，寧違道不違於俗，必若是，乃合乎世之所謂名卿才大夫也。寵乃可保，禄乃可懷，位乃可固矣。嗟夫！後之有大物者，何太多事哉？播物者何其不公哉？賢人君子何其常不得志，而姦雄小人何其接迹并肩於時也哉？余嘗求其故而不得，則曰：『時使然也。』余竊謂之不知言者，夫所謂時者非耶？人爲之耳，非天之所爲也。何謂人爲之？蓋其萌非一朝，其蔓非一人，其萌也由心之不誠，其蔓也由己之不公，自欺其心而謂舉世皆欺也，其植根甚深，其芟薙而藴崇之也，豈易哉？非明乎善而剛乎用心，篤於守道，望其拔乎流俗而悔前之爲也，不可得也。嗚呼！時也者，果天之所爲而非人爲之耶？果不可易耶？然則若吴興通守尹侯者，其與時左者耶？尹侯中進士第於政、宣之間，逮今四十年矣，後出新進躐取卿相者踵相攝①，而尹侯官不偶。朝之貴遊、當塗要官求其平生故人，用是抑壓尹侯，矯而疏之。尹侯不歸譏於時，而自反曰：『播物者何咎？咎我之由。』則退而學易，味於其

①「攝」，依四庫薈要本、文淵閣四庫本、文津閣四庫本應作「躡」。

所不昧，欣然有得，則曰：『不事王侯，高尚其事，我未能也。不見是而無悶，我則行之。』於是乎又爲之訓解。予病今世人不得則戚戚以懟上，舍己之沐猴而攻人沐猴者，皆非也。若尹侯者，仕如伏虎，有二十四齟齬焉，信與時左矣，而不怨天尤人，其不謂之君子人乎哉？予以是知尹侯後日誠異乎俗之所謂名卿才大夫也，蓋將與天下爲公者也。予得序所解，掛名經端，自託不腐，幸矣！其又奚辭？」

江西通志：「尹躬，字商老，永新人。宣和三年進士，宰新喻，遷江西憲屬，至正郎，著易解、冬官解。」

黃氏祖舜**易說**

佚。

閩書：「祖舜，字繼道，福清人。宣和六年進士，累仕至軍器監丞，守尚書屯田員外郎，徙吏部員外郎，出通判泉州，遷右司郎中，權刑部侍郎，兼侍講，知樞密院事。卒，謚莊定。」

曹氏粹中**易解**

佚。

姓譜：「粹中，字純老，定海人。宣和六年進士，李光之壻①。光謫海南，粹中不復仕，自號放翁。」

① 「壻」字下，依四庫薈要本、文淵閣四庫本、文津閣四庫本、備要本應補「也」字。

金氏安節**周易解**

佚。

宋史：「金安節，字彦亨，歙州休寧人。宣和六年進士第，隆興中權吏部尚書，兼侍講，以敷文閣學士致仕，有周易解。」

孫文剛家傳曰：「先公官至中奉大夫，贈通奉大夫，爵休寧縣開國子，食邑五百户，累贈開府儀同三司少保，謚曰忠肅。貫通經史，尤精於易，學者多宗之，嘗著易解以遺後人。」

程氏克俊**易通解**

十卷。

佚。

新安文獻志：「克俊，字元籲，其先自歙徙浮梁。宣和六年策進士，擢甲科，官至參知政事、中奉大夫，贈官至銀青光禄大夫，職名至資政殿學士，爵至鄱陽郡開國侯，食邑至一千七百户，謚章靖，有易通解十卷。」

經義考卷二十四

易二十三

胡氏銓易傳拾遺

宋志：「十卷。」

佚。

陳振孫曰：「敷文閣直學士廬陵胡銓邦衡撰。銓，建炎甲科，上書乞斬秦檜，謫嶺海，秦死得歸。孝宗即位，始復官，又以沮再和之議得罪，去。乾道中，入爲丞郎。銓謫新州，作此書，大概宗主程氏，而時出新意於易傳之外，李泰發爲之序，其曰拾遺，謙辭也。」

王應麟曰：「小畜下體乾，復上體坤，乾、坤相應，故小畜初九『復自道』、九二『牽復吉』，與復六四『中行獨復』、六五『敦復无悔』，義甚相類。牽復中不自失，敦復中以自考，二五皆得中故也。澹庵云。」

宋史：「銓在嶺海，嘗訓傳諸經，歸，上所著易、春秋、周禮、禮記解詁，藏秘書省。」

洪氏興祖周易古今考異釋疑

宋志：「一卷。」

佚。

中興館閣録：「洪興祖，字慶善，丹陽人。嘉王榜上舍出身，紹興三年正月除著作佐郎，五月爲駕部員外郎。」

王應麟曰：「興祖爲漢以來諸儒所傳，各有師承，唐陸德明著音義，兼存别本，諸儒各以所見去取，今以一行所纂古子夏傳爲正，而以諸書附注①其下。」

周易通義

二十卷。

佚。

古易攷義

十卷。

---

① 「注」，文津閣四庫本脱漏作「□」。

佚。

古今易總志

三卷。

佚。

右三部見鎮江府志。

錢氏述**易斷**

佚。

見尤氏遂初堂目録。

林氏儵**易説**

宋志：「十二卷。」

佚。

變卦天道大備書

宋志：「八卷。」又五卷。

佚。

變卦纂集

宋志：「一卷。」

佚。

馮椅曰：「其説考甲子通數，以八卦定八方，並以乾、坎、艮、震、巽、離、坤、兑爲序。」

玉海：「紹興六年，林儵乞上所著易書，詔給事中朱震詳問。震言用功至勤，仍令明州給札，録其所著易説及天道大備書、變卦纂集等，合二十六卷上之。二月甲辰，儵循資與堂，除直秘閣。」

胡一桂曰：「右迪功郎林儵易説十二卷、變易①八卷、變卦纂集一卷。」

李氏授之**易解通義**

宋志：「三十卷。」

佚。

玉海：「紹興八年六月，李授之上易解，除直秘閣。」

胡一桂曰：「授之，紹興初知簡州。易解每卦之首各著論一篇，以言一卦之大要。又著論十篇，明

---

① 「變易」，文淵閣四庫本作「變卦」。

易之旨趣。」

劉氏翔**易解**

宋志：「六卷。」

佚。

玉海：「紹興十五年十月，劉翔進易解。」

董真卿曰：「翔，福州水口人。易解六卷，紹興十五年表進，監學官看詳云：『通達經旨，附近人情，間出新意，議論不詭。旁涉史傳，援證明白。』特差福州教授，書藏禁中，洪邁爲序。」

閩書：「劉翔，字圖南，通諸經，尤注意於易。官蘄春尉，上所著易卦辭，授福州教授，再授潭州教授，卒於官。」

吴氏沆**易璇璣**

宋志：「三卷。」

存。

〔校記〕

四庫及通志堂本均三卷。（易，頁八）

沆自序曰：「臣自少學易，病其難明，求諸聖人之言，曰：『知者觀其彖辭，則思過半矣。』又求諸明彖之言，曰：『處璇璣以觀大運，則天地之動，未足怪也。』臣自是誦易之彖，浸歷歲時，涣然冰釋，然後知自彖而求易，無不得，捨彖而求易，無不惑。彖也者，易之門户，而象之管鑰也。臣學彖既有所省，以次求之卦，求之象，求之爻，稍見諸儒缺失，因捨其餘遺，竊爲議論，以爲易之道莫大於乾、坤，而聖人以天爲法，乃作法天。六子之用，初無定體，變而通之，存乎其人，作通六子。乾、坤六子皆以中道爲貴，作貴中。中也者，二五之位也，而六爻之位，互分陰陽，去其初上，則不足以成章，作初上定位。踐其位者，非六即九也，六九之名當定於自然，而先儒以人事加之，於理未安，作六九定名。位既定則六十四變決非偶然，作天地變卦。卦變之説，不一而足，先儒考傳，或失其正，論其至當，不過有四，作論變有四。泥於辭，不知象之可貴，則不見天地之藴奥，作有象。明象之端，莫先於彖，作求彖。聖人之作易，非直爲卜筮而已，所以崇帝王之德業，辨君臣之名位，而定君子小人之分也，乃作明位明君。道明君子，君子之德，足以養人，然後刑可議，刑可議，而後伐可致，作論養論刑論伐。蓋天下之旨，不明於天下，則教道不立，教道不立，内外不分，而吉凶無辨也，作辨聖辨内外辨吉凶。易之爲道，變動不居，卦無定象，爻無定辭，不可以有執也，乃作通卦通象通爻通辭。苟期乎通，而無一定爲證，則失之汎，汎無統，作通證。事有一定，而未免於疑者，重卦繫辭是也，作釋卦釋繫。互體之説雖不可泥，而亦不可廢，作存互體。如是而易略備矣。凡物既備，則當思其未備者以廣之，作廣演而終焉。凡二十七篇，分爲三卷。上以明天理之自然，中以講人事之修，下以備傳疏之失，庶幾上補聖時崇廣經術之意，名之曰易璇璣云①。」

①「云」字下，依補正應補「紹興十六年夏五月」八字。

〔補正〕

自序末應補云：「紹興十六年夏五月。」（卷一，頁十五）

玉海：「紹興十六年，撫州布衣吴沆進易璇璣三卷二十七篇。」

宋鑑：「紹興十六年九月，撫州布衣吴澥進宇内辨、歷代疆域志，吴沆進易璇璣、三墳訓義。太學博士王之望言：『三墳，書無所傳授，疑近世好事者所爲。』詔澥永免文解，沆以書犯廟諱，故賞不及焉。」

胡一桂曰：「沆，字德遠，號環溪先生，臨川人，環溪，其所居也。易璇璣三卷，每卷九篇，雜論易義。又有易禮圖説，前有或問六條，圖説十二軸。」

郭氏仲**易解**

佚。

玉海：「紹興十六年四月，郭仲上易解。」

宋鑑：「紹興十六年四月丙辰，通判成州郭仲獻易解。上曰：『易象深微，極難窮究，須自有得，仍不穿鑿，始可謂之通經。仲議論亦牏通，可略加旌擢。』於是進仲一官。」

王氏義朝**易説**

十卷。

易論

十二卷。

俱佚。

紹興府志：「王義朝，字國賓，麗水人。登進士第，主光澤簿，調紹興教授，因家上虞。嘗進易論十二卷，高宗下其書國子監，命典諸王宮大小學，歷江東提舉，罷歸，著易説十卷。」

張氏掄**易卦補遺**

佚。

王應麟曰：「張掄爲易卦補遺，其言曰：『易以初上二爻爲定體，以中四爻爲變，繫辭謂之中爻，先儒謂之互體。所謂雜物撰德，辨是與非，八卦互成，剛柔相易之道，非此無見焉。』」

丘氏礪**易議**

佚。

姑蘇志：「丘礪，字師説，朐山人。建炎初知吴江縣，因家常熟，入爲國子監丞、御史臺檢法、大理寺丞、權户部郎，知筠、泰、建三州，除福建提舉兼提刑，改轉運判官，有易議。」

王氏大寶**周易證義**

十卷。

佚。

董真卿曰：「大寶，字元龜，潮州人。孝宗時以諫議大夫兼侍講，上語曰：『高宗謂卿邃於易，故有是除。』後官禮部尚書，有周易證義十卷。」

胡一桂曰：「證義多是文義，間亦及象，雖明白而甚淺近。」

閩書：「大寶，建炎二年進士，紹興中任福建提點刑獄司，仕終禮部尚書，所著易義，表進於朝。」

吴氏巘**周易詳解**

四十卷。

未見。

胡一桂曰：「巘，字元綬。周易詳解四十卷，只是敷演文義，爲時文之學，不及象數，紹興丁丑書成。」

周氏聿**易説**

佚。

江西通志：「周聿，字德元，青州人，徙居上饒。紹興間召對，陳經論，稱旨，累官戶部侍郎。」

徐氏霖易傳

佚。

姓譜：「霖，玉山人。紹興初進士，著有易傳、春秋發微。」

章氏服易解

二卷。

佚。

金華志：「章服，字德文，永康人。紹興二年進士，累官吏部侍郎。」

鄭氏克揲蓍古法

宋志：「一卷。」

未見。

王應麟曰：「紹興中鄭克武子撰。以今之言揲蓍法者，或不取四營成易，不待三變成爻，而謂之『小衍』，或不揲右手所分，不數小指所掛，而謂之『新譜』。故列舊法，使有可據。」

劉氏藻**易解**

五卷。

佚。

閩書：「劉藻，字昭信，福州人。嘗解易，有曰：『見險而止爲需，見險不止爲訟，能通其變爲隨，不能通變爲蠱。』」

關氏注**易傳**

一卷。

佚。

陳善曰：「紹興中，錢唐關注子東著易傳一卷。」

郭氏雍**傳家易説**

宋志：「十一卷。」

闕。今惟大易粹言所載存。

〔四庫總目〕

朱彝尊經義考謂雍原書不傳，僅散見大易粹言中，此本十一卷，與宋志相合，蓋猶舊本，彝尊偶未見

也。（卷三，頁十五，郭氏傳家易説十一卷提要）

〔校記〕

四庫據澹生堂鈔本著録十一卷，不闕。（易，頁八）

雍自序曰：「易道冥昧於鴻荒之世，庖犧氏始畫而明之，歷數千年，概見於聖人行事，而述作無聞焉。文王重之，然後焕然成章，此文王之所以爲文也。逮春秋時，大道不行，獨卜筮行於世，孔子於是作傳，大明其道，然後天下復知文王之易爲大道之書。故自開闢以來，力舉斯道而明之者，三聖人而止耳。觀三聖人之爲心，所以曉天下萬世者，亦可謂至矣。自孔子没，微言復絶，至秦、漢間，斯道大否。漢興，諸儒僅能訓詁舉大義，或復歸於陰陽家流，大失聖人言易之旨。正始中，王輔嗣一切革去，易以高尚之言，然輔嗣祖述虚無，其辭雖美，而無用於天下國家，於是易爲空言矣，又非三聖人所謂易之道也。虚無之學，流弊至今，卒無以正之，兹大道所以不明歟？大抵自漢以來，學者以利禄爲心，明經祇欲取青紫而已，責以聖人之道，固不可得而聞也。宋興百有餘載，有明道、伊川二程先生，横渠張先生出焉，監前世儒者之弊，力除千餘載利禄之學，直以聖人爲師，斯道爲己任，豈非古之所謂豪傑之士也哉？其於孟氏之功，聖智巧力之間而已。先人受業伊川先生二十餘年，雍始生之時，横渠、明道久已謝世，甫四歲，而伊川殁，獨聞先人言先生之道，其所學所行所以教授，多見於易與春秋、中庸、論語、孟氏之書，是以門人悉於此盡心焉。且自周公殁，大道不行五百餘歲而得孔子，孔子殁百有餘歲而得孟子，去聖人世如此未遠，而道之難明亦已甚矣。況於孔子殁後千五百餘年，而三先生欲力復聖人之道，其難矣哉！夫先知先覺之士曠世無有，將使百世之下，聞者莫不興起，豈非三先生之力也與？雍不肖無聞，甘與草木腐久矣，重念先人之學殆將泯绝，先生之道亦因以息，唯懼無以遺子孫，於是潛稽易象，以述舊聞傳於家，使毋忘先人之業，道雖不足，志則有餘矣。孟子所謂『嘐嘐然曰古之人，古之人』者，其庶幾歟？」

宋史：「郭雍，字子和，其先洛陽人。傳其父忠孝學，隱居峽州，放浪長楊山谷間，號白雲先生。乾道中薦於朝，旌召不起，賜號沖晦處士，後更封頤正先生。」

陳振孫曰：「傳家易説十一卷，沖晦處士郭雍頤正撰。自言其父忠孝受學於程伊川，伊川示以易之艮，曰：『艮，止也，學道之要，無出於此。』自是方覺讀易有味，牓其室曰兼山，立身行道皆自止始。兵興之初，先人舊業掃地，念欲補續其説，中心所止①者，『艮，止也』。潛稽易學，以述舊聞，用傳於家。雍隱居陜州長楊山中，帥守屢薦，召之不至，由處士封頤正先生。其末提舉趙善譽言於朝，遣官受所欲言，得其傳家□學②六卷以進，時淳熙丙午也。」

〔補正〕

陳振孫條内「中心所止」，「止」應改「知」。又「易學六卷」，「易」字板誤空。（卷一，頁十五）

馮椅曰：「白雲山人易説，紹興辛亥歲序，不以彖爲卦辭，而直循王弼之名，以爲孔子自言。其彖泥於卦變，毛伯玉不以爲不然。」

---

① 「止」，依補正、四庫薈要本、文淵閣四庫本應作「知」。

② 「傳家□學」，依補正、四庫薈要本、文津閣四庫本、備要本應作「傳家易學」，文淵閣四庫本誤作「傳家兵學」。

楊士奇曰：「頤正先生於易發明精到。」

卦辭旨要

六卷。

未見。

中興書目：「郭雍卦辭旨要，六卷。」

王應麟曰：「艮者，限也，限立而内外不越。天命，限之内也，不可出。人欲，限之外也，不可入。郭沖晦云。」

蓍卦辨疑

二卷。

未見。

趙希弁曰：「右上卷康節先生揲蓍法、横渠先生大衍説、伊川先生揲蓍法、兼山郭先生蓍數説，下卷則辨證也。兼山之子雍爲之序，謝艮齋諤識其後。」

都氏潔**易變體**一作「體裁」。

宋志：「十六卷。」

未見。一齋書目有。

〔校記〕

四庫輯大典本作易變體義，十二卷，缺豫、隨、大畜、大壯、睽、蹇、中孚七卦。（易，頁八）

續中興書目：「易變體十六卷，紹興中吏部郎中都潔進，謂筮有某卦之某卦爲變體。如蔡墨言『潛龍勿用』，不曰乾初九而曰乾之姤；言『龍戰于野』，不曰坤上六而曰坤之剥；此謂變體。自乾之姤至未濟之解，以意演之，爻爲一篇，凡三百八十四篇。」

張九成序曰：「余早遊學校，與易家者流談，其論六十四卦三百八十四爻，與夫繫辭至雜卦并爲一談，曰：『此神也，此道也，此體用也，此德業也。』鑿空駕遠，紊實隳真。望其貌，雖超然若不可挹，叩其中，乃空然初無所有，繫風摶影，卒以自欺。小則不足以治心修身，大則不足以用天下國家，其誣易也甚矣。後余至京師，見先生長者論大易之説，乃一皆歸之人事仁義陰陽剛柔，蓋一體而無間焉，乃知夫仁義即天地之道也，其餘六經之旨，劣①無杪忽之差。吾僚友都聖與一日示余以所傳易，且曰：『嗚呼！余尚忍言之耶？昔潔先君子言行爲一邦師法，服習六藝而尤邃於易。某此訓傳，談易之義、乾坤之氣、天地之形、六子之用、三才之判、八十四卦之變。其於爻象也，某不先於辭而先於理，以爲卦爻大象適與理相當者，聖人則有辭以繫之，象爻之辭未盡，聖人又爲傳於六十四卦之後以明之。一章示賢人也，二章示君子也，三章戒衆人也，四章言聖人體易之道也。説卦説八卦之理，序卦論六十四卦之

---

① 「劣」，文淵閣四庫本作「略」。

序，雜卦論六十四卦之用。』又曰：『此潔所聞於先君子也，輒拾其遺説而爲之傳。』嗟乎！其深思旁取如此，亦已勤矣。異夫前所謂神道體用之説者，故余竊有取焉，且求余爲序，余故摭其所得於易者而序之，因退而考其先公，世爲丹陽人，諱郁，字子文，終惠州教官云。」

程迥曰：「都聖與少卿作周易變體，推廣沈丞相小傳。如觀之九五不言『觀我生君子，无咎』，獨論剥六五『貫魚以宫人寵』，推象數過當。」

馮椅曰：「潔父郁爲一邦師法，尤粹於易，以所聞於父者爲之傳。先於理而次以象義，每卦終，又爲統論。」

董真卿曰：「潔，字聖與，丹陽人，知德慶府。父郁，惠州教官，粹於易，潔以所聞於父者爲傳，曰周易變體，十六卷。」

周易説義

十四卷。

佚。

喻氏樗**易義**

佚。

王圻曰：「樗，祥符人，登建炎進士。」

紹興府志：「喻樗，字子才，其先南昌人，後徙嚴州。少時楊時游，舉進士，累官工部郎中，終浙東提舉。」

李氏郁**易傳**

佚。

姓譜：「郁，字光祖，光澤人，少從楊時學，時妻以女。紹興初，嘗被召入對便殿，還家，築室西山，學者號曰西山先生。其卒也，朱熹志其墓。」

鄭氏剛中**周易窺餘**

宋志：「十五卷。」

未見。

〔四庫總目〕

明初文淵閣書目、葉盛綠竹堂書目尚著於録，其後傳本殆絶，朱彝尊經義考亦以爲「未見」。惟永樂大典尚存其文，今採掇裒輯，依經編次，其七卦爲原本所闕者，則但録經文，或其説别見他書者，亦蒐録補入，依仿原目，仍定爲十五卷。（卷三，頁二，周易窺餘十五卷提要）

〔校記〕

四庫輯大典本，十五卷。（易，頁八）

剛中自序曰：「窺餘，窺竊易家餘意，綴緝而成也。老來心志凋落健忘，自覺所學漸次遺失，恐他時兒童輩有問，寖就荒唐無以對，故取平日所誦今昔易學與意會者，輒次第編録，時自省覽，此窺餘之所爲作，所爲名，序之所爲縷縷也。伏羲氏畫八卦，古無異論，至重卦則指名不一，鄭康成輩謂神農，孫盛謂大禹，史遷、楊雄謂文王。攻爲神農之説者曰：『耒耜之利，日中之市，固已收諸益、取諸噬嗑，豈應後來方重卦？』神農之説破，則盛以下自當無語矣。孔穎達、王弼又謂伏羲氏始用蓍，十有八變而成卦，觀變之數則用蓍，猶在六爻之後。造書契以代結繩之治，而書契之作取諸夬，重卦者非伏羲乎？伏羲氏既畫卦，又爲重卦，文王爲卦下之辭，又分上、下經，孔子爲十翼，周公爲爻辭，此易緯所謂三聖人。而周公不與者，周公本文考之志而爲之，舉文王則知周公之聖也。穎達既堅守弼論不移，後之立異相可否者，猶未是已，要指擿①相勝，無明白證據，當以王、孔爲允。復有疑者曰：『爻辭亦文王所作，非周公也。』此蓋不攷明夷爾。文在羑里，無自稱文王之理，亦不得先謂箕子爲明夷。韓宣子適魯，見易象，云：『吾乃知周公之德。』則公作爻辭何疑？馬融、陸績皆知此意也。繫辭曰：『知者觀彖辭則思過半矣。』又曰：『聖人設卦觀象，繫辭焉而明吉凶。』遂又疑『夫子不應自贊如此，彖辭必文王所爲也』。曾不知卦下之辭，乃文王所繫，其所繫辭亦可謂之彖，夫子於上、下繫，特贊序之，與夫子所謂彖、繫自不相礙。范諤昌誤疑乾彖與文言重複，而謂文王爲彖者，亦此類也。至於十翼之目，亦復紛紛。以彖、象、繫辭三者各分上下，而與文言、序卦、説卦、雜卦四篇號爲十者，穎達主之。象也，大、小象也，上、下

① 「擿」，四庫薈要本、文淵閣四庫本俱作「摘」。

繫辭也，乾、坤文言也，而與序卦、説卦、雜卦三篇號爲十者，胡旦主之。以象分大小而不以彖分上下，旦説爲勝，以文言分乾、坤，似未安。去古遠矣，學者要當以意所安者爲是，故兩存之，以俟來哲。通乎此，然後可以讀易。或問曰：『子爲書始屯、蒙，何也？』曰：『予於乾、坤，不敢談也。易者，天地萬物之奧。乾、坤則又易之奧，聖人妙易書之神而藏之乾、坤，其所示人者，猶委曲載之文言，孰謂學者可以言定乎？尊乾、坤而不敢論，自屯、蒙而往，以象求爻，因爻識卦，萬有一見其髣髴，則隨子索母，沿流尋源，乾、坤之微，或可得而探也，今固未敢妄有窺焉。』又問：『易自商瞿子木親受業夫子，下抵漢、魏，專門名家者不勝計，雖互有得失之論，大抵不過象義二者。就其意旨不合最甚者，惟李鼎祚、王弼；其專用象變三十餘家，而不及義者，鼎祚也；盡掃象變，不用古注，而專以意訓者，弼也。子爲書，爲象乎？爲義乎？』曰：『有象則有義，以義訓者不可以遺象也。義不由象出，是猶終日論影而不知形之所在，偏於一而廢於一，學者所以難了，竊餘所不然也。近世程頤正叔嘗爲易傳，朱震子發又爲集傳，二書頗相彌縫於象義之間，其於發古今之奧，爲有功焉。但易之道廣大變通，諸家不能以一辭盡，有可竊之餘，吾則兼而取之。』杜預春秋經傳集解後序載晉太康元年汲縣發舊冢，大得古書，皆科斗文字，不可訓知，獨周易及紀年最爲分了。周易上下篇與今正同，而無彖、象、文言、繫辭。預疑於時仲尼造之於魯，尚未播之遠國，而漢藝文志：『易經十二篇。』謂上、下經及十翼也。以是考之，漢之易已十二篇，但經與十翼自爲篇帙，非若今易之各附卦爻。先儒謂費直專以彖、象、文言參解易爻；謂王輔嗣象本釋經，欲相附近，故辭與象各附於當爻。要之，取古本輒相分合，二子不容無過，然于聖人之旨未大悖也，併見於序之末，紹興壬申。」

中興館閣録：「鄭剛中，字亨仲，東陽人。張九成榜進士及第，紹興九年二月，除秘書少監，十一月，除禮部侍郎。」

何耕志墓曰：「故資政殿學士東陽鄭公，紹興間宣撫四川，留蜀門者六年。承朝廷新與金和之後，外飭邊備，内御將帥，上接士大夫，辨其賢不肖而采用其長，下撫五十六州之民，無有遠邇，皆便安之。故相秦檜忌其能，誣致其罪，置獄遣酷吏鍛鍊，竟竄嶺外以歿。檜死，朝廷知其寃，追復官職。公諱剛中，字亨仲，其先閩人，徙居婺之金華，紹興二年賜進士第三人。」

陳振孫曰：「資政殿學士金華鄭剛中亨仲，紹興二年亞魁，受知秦相，使川、陝，後忤意，貶死封州。説易兼取象義，不解乾、坤二卦，獨自屯卦始。剛中嘗得罪秦檜，豈其於乾、坤之義有所避耶？」

大易賦

一篇。

存。

經義考卷二十五

易二十四

鄭氏東卿易卦疑難圖

通考：「二十五卷。」

未見。

東卿自序曰：「此爲朋友講習而作也。富沙丘先生告某曰：『易盡在畫中，當求諸畫中，始得其理。若易之用，則畫有所不盡。』於是畫一卦置之座則，六十四卦周而復始，積日累月，幾五年而後有所入，醫卜算曆之書、黄老丹竈之説、經傳子史，凡與易相涉者，皆博觀之，不泥於文字，而一採其意旨，以求於吾之卦畫，則始之六十四卦皆一理也。一理皆本於吾之一心，心外則無理，理外則無心，心理混融，與象數體用冥而爲一，言乎天地之大、蚊蝱之細，皆不出於吾心之内焉，聖人豈欺我哉？」

陳振孫曰：「其書以六十四卦爲圖，外及六位、皇極、先天、卦氣等圖，各附一①論說，末有繫辭解。自言其學出於富沙丘先生，以爲易理皆在於畫中，於是日畫一卦，周而復始，久而後有所入。沙隨程迥可久曰：『丘程，字憲古，嘗有詩曰：「易理分明在畫中，誰知易道畫難窮；不知畫意空箋註，何異丹青欲畫風。」其學傳之東卿云。』永嘉所刻本作二册，不分卷，無繫辭解。東卿，三山人，字少梅。」

〔補正〕

陳振孫條内「各附一論説」，「一」改「以」。（卷一，頁十五）

馮椅曰：「東卿，字少梅，自稱合沙漁父。周易疑難圖解三十卷，紹興丁巳自序，其云丘先生者，名程，字憲古，建陽人。憲古之學傳東卿，東卿之學傳潘冠英。潘説十三卦處内象極當，而少梅所撰無之，蓋聞之鄉人于公梁國輔，于親授之於潘也。」

馬廷鸞曰：「此書本五行卦氣之説，而象數義理出焉。無朱子發之瑣碎、戴師愈之矯僞，讀之時有會心者。」

董真卿曰：「東卿自稱合沙漁父，大易約解九卷、易説二卷，宋志及馮氏作周易疑難圖三十卷。紹興丁巳自爲序。」

① 「一」，依補正應作「以」。

易說

宋志：「三卷。」

未見。

先天圖注

一卷。

佚。

東卿自序曰：「東卿自學易以來，讀易家文字百有餘家，所可取者古先天圖、楊雄太玄經、關子明洞極經、魏伯陽參同契、邵堯夫皇極經世書而已。惜乎！雄之太玄、子明之洞極，倣易爲書，泥於文字，後世忽之，以爲屋上加屋，頭上安頭也。伯陽之參同，意在煅錬而入於術，於聖人之道又爲異端也。堯夫毅然擺去文字小術而著書，天下又不顧之，但以爲律曆之用。難矣哉！四家之學皆兆於先天圖，先天圖其易之源乎？復無文字解注，而世亦以爲無用之物也。今予作方圓相生圖爲先天圖注脚，比之四家者爲最簡易，而四家之意不出於吾圖之中，於易之學爲最易。曰：『廣大配天地，變通配四時，陰陽之義配日月，是天地四時日月之理也。』苟不能髣髴其理，詎敢欺我同志乎？有意於易者，請自此圖始。』孔子有言曰：『學而不思則罔，思而不學則殆。』思本於心，非耳目與口也，區區耳目口之學者，無觀我之圖焉。學者能自此圖以達古聖賢之用心，則我之願也。我小人耳，何足與言學哉？」

馮氏當可**易論**

三卷。

佚。

程迥曰：「蜀人馮時行，字當可。嘗言易之象在畫，易之道在用，號縉雲先生，其學傳之李舜臣。」

王應麟曰：「趾所以行，輔所以言。艮其趾，雖行猶不行也；艮其輔，雖言猶不言也。故能時行時止，動静不失其時，其道光明。馮當可云。」

董真卿曰：「當可，字時行，蜀人。易論三卷，止六十四卦，孫興祖編。朱子曰：『馮當可，字時行，名字見於跋語。』陳氏書解名時行，字當可，今從朱子。」

姓譜：「時行，字當可，巴縣人。紹興狀元，極言和議之非，秦檜忌之，出知左州。」

晁氏公武**易詁訓傳**一名「易廣傳」。

宋志：「十八卷。」

佚。

陳振孫曰：「晁公武子止撰。博採古今諸家，附以已聞，又考載籍行事，以明諸爻之變。其文義音讀之異者，別①之逐條，曰同異考。乾道中上之。其議論精博，不主一家，然亦略於象數。」王應麟曰：「晁子止爲易廣傳，馮當可答其書云：『判渾全之體，使後學無以致其思，非傳遠之道也。』」

董真卿曰：「公武，字子止，彭城人。高孝時官至尚書，直敷文閣，易詁訓傳十八卷。」

夏氏休**周易講義**

宋志：「九卷。」

佚。

馮椅曰：「其說以言、動、制器、卜筮四尚之說，綜而通之，以乘、承、比、應爲例。」

胡一桂曰：「休，會稽人，中興時紹興府進士。」

徐氏珣**易解**

佚。

江西通志：「徐珣，字温甫，上饒人。高宗朝進士，除辰州教授，轉池州判官，所著論、孟、易解，學者多宗其說，號止齋先生。」

---

① 「別」，四庫薈要本作「列」。

鄭氏厚**存古易**

佚。

閩書：「鄭厚，字景韋，興化軍人。紹興五年舉吏部奏賦第一，授左從事郎、泉州觀察推官。著存古易，削去彖、象、文言、大傳，以爲皆後之學易者所作。」

徐氏良能**易説**

佚。

金華志：「徐良能，字彦才，蘭谿人。登紹興五年進士丙科，爲殿中侍御史、給事中，終龍圖閣待制。」

陳氏天麟**易傳**

佚。

姓譜：「天麟，宣城人。紹興中進士，累官至集賢殿修撰，嘗編易三傳、左氏綴節等書。」

諸葛氏説**艮園易説**

佚。

陳傅良作行狀曰："説，字夢叟，永嘉人。紹興庚辰進士，授福州長樂縣主簿，有易、論語説，自敘讀書二十年，得一『健』字。"

陳氏知柔**易本旨**

十六卷。

佚。

易大傳

三卷。

佚。

易圖

一卷。

佚。

閩書："知柔，字體仁，晉江人。紹興十二年進士，授台州判官，教授建、漳二州，知循州，徙賀州，自號休齋居士。"

鄭氏畊老**易範**

佚。

閩書：「鄭畊老，字穀叔，莆田人。紹興十五年進士，明州教授，以薦召見，孝宗擢國子監簿，添差福建安撫司機宜文字，著詩、易、中庸範，論、孟訓釋。」

王氏剛中**易説**

佚。

宋史：「王剛中，字時亨，饒州樂平人。紹興十五年進士第二人，端明殿學士，簽書樞密院事，進同知院事。卒，謚恭簡。有易説、春秋通義、經史辯。」

劉氏季裴**周易解頤**

佚。

閩書：「劉季裴，字少度，福安人。歷秘書丞、監察御史、起居郎兼太子左庶子，終朝散郎秘閣修撰。所著有論語、孟子、周易解。」

錢氏俁**易説**

三卷。

佚。

姑蘇志：「錢俁，字廷碩，一字惟大。登進士乙科，授泰州教授，除太學正，改宣教郎，宗正寺簿，大府寺丞，宗正丞，丐外知袁州，除著作佐郎，遷將作少監，請祠，除福建路提舉，終朝請郎，有諸經講解十卷、易説三卷。」

姓譜：「俁字惟大，紹興二十一年進士，授泰州教官，入爲太學正，歷秘書丞、將作少監，出爲福建路提舉，終朝請郎。有易説三卷、諸經講解十卷。」

彭氏與**周易義解**

十册。

神授易圖

四册。

易證詩

一册。

易義文圖①

二軸。

俱佚。

林之奇曰：「興化士人彭帝錫，名與。自言於易有見處，其易圖最多。有一圖謂之地中圖，以六居中，縱横十八，以與河圖爲對。蓋河圖五居中，左三右七，戴九履一，四二爲前，八六爲後，天中圖也。彭之地中圖則每位加一焉，六居中，右八左四，戴十履二五，三爲前，九七爲後，此亦自然之數。」

玉海：「紹興二十七年九月，彭與上周易義解十册、神授易圖四册、太極歌一册、易證詩一册、易義文圖二軸。館學看詳，謂：『潛心象數，訓釋淵貫。』詔②補上州文學。」

〔補正〕

玉海無「易」字。（卷一，頁十五）

宋鑑：「紹興二十七年五月，興化軍免解進士彭與進所著周易解義及神授圖、太極歌。」

---

① 「易義文圖」，依補正或作「羲文圖」。
② 「詔」，文淵閣四庫本、文津閣四庫本俱誤作「紹」。

宋氏大明**周易解**

佚。

玉海：「紹興三十年三月，宋大明上周易解。」

黄氏開**周易圖説**

佚。

紹興府志：「黄開，字必先，諸暨人。紹興中進士，官崇安令。」

魯氏訔**易説**

二十卷。

佚。

周必大志墓曰：「訔，字季欽，秀州嘉興人。徙海鹽，起家左迪功郎、餘杭縣主簿，升從正郎、台州教授，用薦改宣教郎，知衢州江山縣，遷奉議郎、大宗正司，主管財用，賜五品服，擢國子監丞，改太常丞。隆興二年召對，拜監察御史，改吏部員外郎，進大府少卿，兼權大理少卿，請補外。除直敷文閣，江西轉運副使，徙江東提點刑獄公事，又徙閩，力請奉祠，得主管台州崇道觀，遂致仕，積官至朝請郎。著有易説二十卷、論語解十卷。」

陸友仁曰：「魯季欽論易，至艮卦云：『「艮其背，不獲其身，行其庭，不見其人。」方其當止，必內遺其身，外空其人，方能免咎，一有物我之累，則不能止矣。』」

芮氏燁①**易傳**

一卷。

佚。

周必大曰：「公字仲蒙，一字國器，吴興人。高宗擢爲監察御史，歷國子祭酒。博通諸經，尤長於易。坎之象曰：『坎惟素習，則在險不失其常，險至方習，亦復何及？故初爻獨云「習坎」，他爻曰「坎」而已。雖然，習當出險，乃復入于坎窞者，爲陰柔小才設也。』其論雜卦②九三曰：『日中必昃，人生必死，當如曾子易簀，子路結纓，怡然死生之際。嗟則惑，惑則凶矣。』」

柴氏翼**易索隱**

佚。

周必大曰：「三衢柴翼鴻舉，著易索隱若干卷，可謂勤且博矣，講解會粹之學，有功於道，豈

---

① 「芮氏燁」，文津閣四庫本作「芮氏煜」。

② 「雜卦」，應作「離卦」。

小哉？」

閭丘氏昕**胡氏**寅**二五君臣論**

一卷。

未見。

趙希弁曰：「右胡寅明仲、閭丘昕逢辰二侍郎之論也。六十四卦各爲之説，南軒先生張宣公栻爲之序。」

馮椅曰：「昕，字逢辰，與胡寅明仲在三舍爲友，同出胡文定公之門。此書明仲多潤色之，其説謂：『卦以六爻而成，二，臣也，五，君也，二五，君臣正體也。』若以陽居陰爲九二，則臣有時而失之強，以陰居陽爲六五，則君有時而失之弱。蓋作於紹興間，意有所屬也。乾道辛卯歲張栻序其書。」

姓譜：「閭丘昕，麗水人，舉進士爲義烏令。除監察御史，累遷吏部侍郎。卒，謚清簡。」

胡氏宏**易外傳**

一卷

存。載五峰集。

陳振孫曰：「右承務郎胡宏仁仲，文定季子，不出仕，篤意理學，南軒張栻其門人也。」

胡一桂曰：「宏，字仁仲，號五峰先生，文定公之季子。易外傳自屯至剥多引史事，若無經旨。」

按：易外傳載五峰集中，自屯、蒙始，至賁、剥止，中間泰、否、同人、大有、謙、豫、隨、蠱、臨、觀、噬嗑都闕。

劉氏朔**易占、圖書注**

佚。

興化府志：「劉朔，字復之，莆田人。紹興三十年試禮部第一，廷試甲科，歷秘書省正字，以疾丐外，除福建安撫司參議官。」

蔣氏夔**周易解**

佚。

江西通志：「蔣夔，字子莊，永豐人，河南伊縣令。紹興間嘗中文科，復充制選，所著論語、孟子、周易解，合二十七卷。」

韓氏大寧**周易集註**

佚。

江西通志：「韓大寧，字孝先，玉山人。紹興十八年進士，乾道中知饒州德興縣事。」

徐氏畸**周易解微**

三卷。

佚。

金華志：「徐畸，字南夫，一字叔範，蘭谿人。受易於漢上朱震，得其旨要，兼明春秋、戴記，隱居教授，學者稱爲天民。」

徐氏人傑**易傳**

佚。

江西通志：「徐人傑，字漢英，玉山人。紹興五年進士，陛對以復讐取境土爲言，忤秦檜，請祠。」

孫氏份**周易先天流衍圖**

宋志：「十二卷。」

佚。

宋史：「程敦厚序。」

胡一桂曰：「紹興中撰。」

樂氏洪周易卦氣圖

一卷。

佚。

趙希弁曰：「右祝融樂洪德秀所著也，河南郭雍①爲之序。德秀嘗從文定胡公父子游，取飲水曲肱之義，名所居之室，號曲肱先生。」

劉氏熊東溪易傳

佚。

按：西山真氏撰劉閣學光祖誌，伯熊爲光祖族父兄。東溪易傳止睽卦。

劉氏庭直周易集傳

佚。

王庭珪志墓曰：「庭直，字諤卿，故家宜春，徙安福豐城。以詩學登第，知臨江軍新喻縣，轉奉議郎致仕。作易集傳，未成而歿。」

① 「郭雍」，文津閣四庫本誤作「享雍」。

施氏師點**易説**

四卷。

佚。

宋史：「施師點，字聖與，上饒人。乾道十年參知政事兼同知樞密院事，有易説四卷。」

中興館閣録：「師點，王十朋牓進士出身。」

陳振孫曰：「師點在政府六年，上眷未衰，慨然勇退，有識者壯其決，趙南塘汝談其壻也。」

何氏逢原**周易解説**

佚。

王十朋志墓曰：「逢原，字希深，世爲温州人。擢進士乙科，調秀州司户參軍，遷秘書省正字，除樞密院編修官，兼權左司郎中，起居舍人，中書舍人。乾道二年除金部郎中，丐祠，除福建提點刑獄事。」

經義考卷二十六

易二十五

張氏行成**周易通變**

四十卷。

存。

〔校記〕

予家藏舊鈔本作易通變。（易，頁八）

行成自序曰：「圖雖無文，吾終日言而未嘗離乎是，蓋天地萬物之理盡在其中矣，謂先天圖也。先生之學祖於象數二圖，其用皆起於爻，爻則變矣。象之變爲交泰圖，體極於一十二萬九千六百，而以八萬六千四百爲用。在觀物爲以元經會、以會經運、以運經世之數，其要則總於四象運行之一圖。數之變爲既濟圖，體極於一十二萬二千八百八十，而以三萬四千四十八爲用，在觀物爲日月星辰、水火土石、聲音律呂倡和之數，其要則總於八卦變化之八圖。四象運行者，天數也；八卦變化者，物數也；處乎其間，上以承天，下以生物者，地數也。故二者之用全在卦氣之一圖。以動植通數布爲九位，中五斡旋，卦乃生焉。二百五十六卦，會分十二，位分十六，具一十三萬八千二百四十之體，九萬二千一百六十之用；而天之運行、物之變化，自一至千八百萬之數，皆在其中。衍而伸之，逐類而長之，以至於坤之無極之數、陰陽之消息、運世之否泰、人物之盛衰，可得而考矣。夫天垂象，河、洛出圖、書，伏羲因之而畫卦，伏羲之意，傳天之意也。先生之書，大率藏用而示人以象數，實寓乎十四圖，先生之意，推明伏羲之意也。僕不自揆，輒敷演解釋，命曰通變，庶幾學先天者得其門而入焉。」

又進易書狀曰：「臣自成都府路鈐轄司幹辦公事丐祠而歸，杜門十年。著成述衍十八卷，以明伏羲、文王、孔子之易；翼元十二卷，以明揚雄之易；元包數義三卷，以明衛元嵩之易；潛虛衍義十六卷，以明司馬光之易；皇極經世索隱二卷、觀物外篇衍義九卷，以明邵雍之易；通變四十卷，取自陳搏①至邵雍所傳先天、卦數等十四圖，敷演解釋，以通諸易之變；始若殊塗，終歸一致。上件書七種，總二十六册，分九十九卷，謹隨狀上進以聞。」

李心傳曰：「臨邛張子饒，名行成，乾道間爲兵部郎中。其言云：『三陳九卦者，明天用二十七也。序十三卦者，明地用七十八也。二十七者，卦體也，其爻用則百六十二者，九九之合也。七十八者，爻用也，其卦體則十三者，閏歲之月也。皆數之自然也。』其牽合如此，此程子所以置數而論理也。」

①「陳搏」，依四庫薈要本、文淵閣四庫本、文津閣四庫本、備要本應作「陳摶」。

魏了翁曰：「吾鄉觀物張先生行成文饒，頗得易數之詳，有通變、經世、述衍、翼玄、通靈等，凡七書。而大意謂理者太虛之實義，數者太虛之定分。未形之初，因理而有數，因數而有象。既形之後，因象以推數，因數以知理。不可論理而遺數也，其書惜不盡傳。」

祝泌曰：「康節起數之法，有所傳十四圖，張文饒得於蜀中估籍吏人之家，因數衍之爲通變，發明處甚多，而支蔓處亦多。」

王應麟曰：「乾道二年六月，以張行成進易可採，除直徽猷閣。行成有術衍①十八卷、通變四十卷，以易數生於衍，因先釋繫辭之説，而復析衍法，窮源疏流，命曰述衍；邵雍之學祖於象數二圖，其用皆起於交，交則變，今演解之，命曰通變。」

〔補正〕

王應麟條内「行成有術衍十八卷」，「術」當作「述」。（卷一，頁十五）

劉氏烈**虚谷子解卦周易**

宋志「三卷。」

佚。

周必大曰：「廬山太平興國宫後有無心堂，臨流水，道士皆星居，有劉烈者，號虚谷先生，嘗進易

① 「術衍」，依補正、四庫薈要本、文淵閣四庫本應作「述衍」。

解云。」

胡一桂曰：「隆興初撰。」

俞琰曰：「劉虚谷易傳不過借易以文其説爾，非知易者也，故朱晦庵深詆之。」

李氏衡周易義海撮要

宋志：「十三卷。」

存。

〔校記〕

四庫及通志堂本均十二卷。（易，頁八—九）

衡自序曰：「易義海，熙寧間蜀人房審權所編。房謂：『自漢至今，專門學不啻千百家，或泥陰陽，或拘象數，或推之於互體，或失之於虚無。今於千百家内，斥去雜學異説，摘取專明人事、羽翼吾道者，僅百家，編爲一集，仍以正義冠之端首，釐爲百卷，目之曰周易義海。或諸家説有異同，理相疑惑者，復援①父師之訓、朋友之論，輒加評議，附之篇末。』衡得是書而讀之，其間尚有意義重疊、文辭冗瑣者，載加删削，而益之以伊川、東坡、漢上之説，庶學者便於觀覽云。紹興庚辰十一月辛巳。」

周汝能、樓鍔識後曰：「江都李公衡屬意於易，得蜀房生義海，删之以爲撮要，經、繫辭、説、序、雜、

---

① 「援」，備要本誤作「授」。

集解凡五。始以家名者百，公略其半；以卷計亦百，今十有一；第十二卷雜論一，是又創於公手，以補房生之缺者。公自御史來守婺，鋟諸板教授，周汝能、樓鍔識之，乾道六年十一月望日也。」

陳振孫曰：「房審權編義海百卷，近時江都李衡彥平删削而益以東坡、伊川、漢上之説，爲撮要十卷。若房氏百卷之書，則未見也。衡，乾道中由侍御史爲起居郎。」

董真卿曰：「易義海撮要十二卷，删房氏本爲之，而略其半，又有雜論以補房氏之闕，今宋志載撮要而不載房本，亦可惜也。」

劉氏文郁**周易宏綱**

宋志：「八卷。」

佚。

楊萬里序曰：「古有其事，世無其説，今有一人焉，倡而爲之説，天下其信之乎？曰：『愕焉而已矣，信焉則否。』既有一人焉爲之説矣，又有一人焉見焉聞焉，而和之曰：『然。』天下其信之乎？曰：『疑焉而已矣，信焉則未也，然已不愕矣。』一人倡之矣，一人和之矣，又有一人焉，未嘗見也、未嘗聞也、亦未嘗和也，復倡而爲之説，與夫前之倡者偶同焉，天下其不信之乎？借令不信，而三人者亦可以自信矣，非同焉之可信也，不約而同焉之可信也。易之八卦，其畫各三者，曰：『此卦也。』予曰：『卦者其名，而畫者非卦也，此伏羲氏初製之字也。』聞者愕焉，曰：『嘻！甚矣！其好異也。』予亦疑之。淳熙戊申，予與亡友延之同寮，因語及之，延之大喜，曰：『此古人未嘗言，平生未嘗聞也。』予猶疑之。今年三月，吾鄉之士南昌劉文郁從周示予以其所著周易宏綱一書，亦曰：『八卦者，古之文字也。』予然後釋然不疑矣。予之説，從周未嘗聞也，而從周之説，予同焉。從周之説，予未嘗聞也，而予之説，從周同焉。不曰古有是事乎？古無是事，而吾二人爲之説，不可也。古有是事，而吾二人爲之説，亦不可乎？君子之談經，可不可之間耳，信與不信，奚問哉？予獨喜與從周乃有不約之同也，夫約而同者，同之私也，不約而同者，同之公也。既公矣，天下信之，可也，不信，亦可也。然予之所喜者，非喜從周之同乎予也，夫喜人之同乎己者，亦私也，予蓋喜予之同乎從周也。慶元庚申十一月，從周受署，歸榮其親，首來謁予，予始識之。與之晤語，愛其壯而敏，其竊自嘆予之老且衰也。今也以衰老之思，乃偶同壯且敏者之説，然則予之老且衰，其尚可少進也乎？此予之所喜也。以予之喜，揆從周之心，從周獨不喜哉？雖然，此易之小學之事也，未及乎易之道也。從周蓋深於易之道者也，既以易學鳴上庠，中文科矣。初任雷之郡博士，雷之士無遠近，奔走而來學易焉，不惟雷之士也，嶺以南，士無遠近，亦奔走而來學易焉；不惟嶺以南之士也，海以南，士無遠近，亦奔走而來學易焉；遂以其口講者綴而爲此書。其於天人事物之理，君臣父子之分，仁義道德性命之藴，君子小人消長之機，天下國家治亂之柢，聖賢君子出處進退之節，皆由至白以鈎夫至玄，自至弘以察夫至纖，其於學者學易，蓋涉鉅海之堅航，陟泰山之修梯歟？雖然，其往，梯航也；其至，非梯航也。』

王氏日休**龍舒易解**

宋志：「一卷。」

佚。

準繫易象

二十四卷。

未見。

葛立方曰：「虛中著易論四十篇、準繫解易二十四卷，大率顓以古易正文爲主，異衆①人之所同，而味衆人所不味，鈎深致遠，自得於心，豈如前人屋下架屋之比哉？」

萬姓譜：「日休，字虛中，舒人，撰易解、春秋解、春秋名義。」

按：崑山葉氏菉竹堂目載日休書凡九册，名曰準繫易象。

林氏維屏**榕臺易論**

佚。

閩書：「林維屏，字邦援，福建人。通性理學，於易、詩、書尤有造詣，梁克家判福州，延禮郡庠，講道授業，所著有易、春秋論，學者稱榕臺先生。」

按：榕臺林氏易説有本論、六十四卦論，李氏學易記、熊氏本義集成皆嘗引之。

---

① 「衆」字，文津閣四庫本脱漏。

郭氏彥逢**易辨説**

十篇。

佚。

周必大曰：「廬陵郭彥逢著易辨十篇，自乾卦至繫辭，皆爲訓説。」

趙氏彥真**易集解**

五卷。

佚。

陸游志墓曰：「彥真，一名彥能，以淳熙新制改今名，冑出宣祖昭武皇帝之後。舉進士，通判袁州，知興化州，未到郡而卒，有易解五卷。」

黄氏顔榮**易説**

佚。

閩書：「顔榮，字全仁，福清人。著易、春秋、論語説，莆人宗之，稱孽山先生，林栗傳其學。」

蘭氏廷瑞**漁樵易解**

十二卷。

佚。

胡一桂曰：「廷瑞，字惠卿，漁樵易解十二卷，自序稱：『白雲溪箋釋上、下經六卷，繫辭二卷，說、序、雜一卷，圖說二卷，外編一卷。』自謂於先儒未嘗蹈襲，未嘗求異，惟其是而已。始於紹興己卯，成於淳熙己酉，三十餘年，又撰日月運行二圖說一編。」

李氏椿**周易觀畫**

宋志：「二卷。」

佚。

宋史：「李椿，字壽翁，洺州永平人。待制顯謨閣，知潭州，湖南安撫使，進敷文閣直學士，致仕。椿年三十始學易，其言於朝廷，措諸行事，皆易之用。卒，朱熹銘其墓，謂其逆知得失，不假蓍龜，不阿主好，不詭時譽云。」

朱子曰：「侍郎李公翫心於易，嘗爲上言天地變化、萬物終始、君臣父子夫婦之道、性命之理、幽明之故、死生之說盡備於易，不當求之無父無君之言，以傷俗化。其言雖約，功實倍於韓子。至其生平大節，則不惟進退險夷一無可憾，而超然於生死之際，足以明吾道之有人，而信其言之不妄矣。」

楊萬里：「椿年三十始學易有得，不著訓傳，或先儒未言，則述之。」

魏了翁序曰：「故吏部侍郎廣平李公嘗大書六十四卦之象於屋壁，玩之三月而有得焉。於是爲書，題曰觀畫所見。既自序所以作，厥七十年，其孫大謙守邵，則公觀畫之地也。是書久失而俄得，故不無爛脱，大謙又敘所以然而屬予申其義。嗚呼！得於畫而不滯於辭，亦可謂善觀易矣。易言六畫、六爻、六位、六虛，是四者相近而不同。蓋爻者，動也，專指九六，則父母之策也。畫者，卦也，兼七八九六，則包男女之策也。總而言之，畫即爲爻，析而言之，爻與畫異。畫之見者又爲位，爻之變者又爲虛，故曰：『變動不居，周流六虛。』位從爻而爲虛也；曰：『六畫成卦，六位成章。』虛從畫而爲位也。然其實皆自奇偶之畫始，奇偶則太極之分者也。今李公之於易，不觀諸辭而觀諸畫，不惑乎諸儒之異傳而求諸心目之良能，雖兼收衆善，而片詞折衷，皆純體獨得之妙，雖不離乎玄變伏反之等，而因體明用，無牽合傅會之煩。至於發二五剛柔之義，斥異端邪遁之説，則進而告君，退而省己，造次必是。秦、漢以來，爲易者多矣，顧拳拳乎諸葛氏之出處，則又舉一隅以明易道之用，有非佔畢陋儒所能盡識。嗚呼！斯亦異乎世之所謂讀易矣。公名椿，字壽翁，師友淵源所自則文定胡公云。」

劉清之曰：「李公尉衡山時，游胡文定之門。」

胡一桂曰：「書名觀畫，多逐卦摘解。」

薛氏季宣**古文周易**

十二卷。

佚。

李宣序曰：「古易經二篇，彖、象、文言、繫辭、説卦、序卦、雜卦總十篇，以參校別異同，定著十二篇，皆已刊正，可誦讀也。道隱久矣，書存而著，可即之見道者，聖人之遺經，不幸遭秦絶學，舉煨爐，無完書，惟易號數術家，故獨免而傳後，包羲之卦、文王、周公之辭、仲尼之贊於是乎具在，天豈有意斯文哉？何其保之之固也，他經雖玄妙難擬，要皆自易出也。夫禮、樂，王政之紀綱；詩、書、春秋，其已事也；凡名教聲音性命事物之理，非易無自見也。六經之道，易爲之宗，故他經亡而傳不殊，其書之存也，假易亡其數卦，其害將可言哉？天之所以相後人如何，其至於六經大難之際，迺保易全之；而人有重不幸者，易師爲之也。夫易之爲書，廣大悉備，盡天地萬物之道也，辭占象數皆其一物，而易師者析之以教，雖互有啓發，於義駁矣，易道隱，其肇兹乎？且八卦條陳，六爻咸列，係①辭其下，易之故也。仲尼贊述其義，未嘗不錯以成文，分係卦爻，非其旨矣。欲明聖人之意，舍故書何稽乎？是以差次其書，盡復於古，古文不可得見，故以正隸寫之，判文言爲二篇，象有小大之别。易經無義不足辨焉，惟文言一篇舊失其序，雖先儒謂次彖、象，或以爲次係辭②，以理言之，皆非其舊。夫乾、坤，易之門也，非乾、坤無以見易，故以文言起之而係③之彖辭。象若係辭④之後，恐非必然，先儒所云，蓋即今文以求故也。今文布彖、象卦爻之下，故文言不得不居後，非元在後也。雖然，不敢以己見爲必得，姑從其近是者之

①③「係」，四庫薈要本、文津閣四庫本俱作「繫」。
②④「係辭」，四庫薈要本、文津閣四庫本俱作「繫辭」。

次，以待後之明哲，若夫傳註之失得，在所不論。」

浙江通志：「薛季宣，字士龍，永嘉人。以薦爲大理寺主簿，出知湖州，改常州。」

郭氏縝**易春秋**

二十卷。

未見。一齋書目有。

閩書：「郭縝，字天錫，浦城人。上杭簿，留意邵雍象數之學，兼取楊雍所據列山易，以章會統元推之，久而成書，名易春秋。按圖布卦，計二十萬言，釐爲二十卷，總之以圖。隆興紀元，以其書上，方議推恩而卒。」

羅氏泌**易說**

佚。

按：丁氏大衍索隱引用其說。

程氏大昌**易原**

宋志：「十卷。」

佚。

〔補正〕

宋志又有「易老通言十卷」，此未載。（卷一，頁十五）

〔四庫總目〕

其書久無傳本，惟程敏政新安文獻志載有三篇，故朱彝尊經義考註曰「已佚」。今考永樂大典尚存百有餘篇，皆首尾完整，可以編次。謹採掇釐訂，勒爲八卷，備宋人説易之一家焉。（卷三，頁十，易原八卷提要）

〔校記〕

四庫輯大典本，八卷。（易，頁九）

中興館閣録：「程大昌，字泰之，新安人。趙逵榜進士，淳熙二年四月，除秘書少監，三年，權刑部侍郎。」

陳振孫曰：「易原首論天地五十有五之數，參之河圖、洛書、大衍之異同，以此爲易之原也。以及卦變揲法，皆有圖論，往往斷以己見，出先儒之外。」

按：篁墩程氏輯新安文獻志載有三篇。

余氏端禮周易啓蒙

佚。

宋史：「余端禮，字處恭，衢州龍游人。紹興二十七年第進士，薦爲監察御史。寧宗即位，知樞密院事，改參知政事，進左丞相，薨，贈太傅，謚忠肅。」

高氏曇**易説**

二十卷。

佚。

中興館閣續録：「高曇，字子雲，長樂人。紹興三十年進士及第，淳熙十三年，除秘書郎，十三年，轉著作郎，終朝散郎。」

經義考卷二十七

易二十六

楊氏簡慈湖易解

十卷。

存。

〔四庫總目〕

是書爲明劉日升、陳道亨所刻。案：朱彝尊經義考載慈湖易解十卷，又已易一卷，書名卷數皆與此本不合。所載自序一篇，與此本卷首題語相同，而無其前數行，亦爲小異。明人凡刻古書，多以私意竄亂之。萬曆以後尤甚，此或日升等所妄改歟？（卷三，頁十八，楊氏易傳二十卷提要）

〔校記〕

四庫及明刊本均作「楊氏易傳，廿卷」。（易，頁九）

己易

宋志：「一卷。」

存。

易學啓蔽

未見。

簡自序易解曰：「夏后氏之易曰連山，連山者，以重艮爲首。商人之易曰歸藏，歸藏者，以重坤爲首。周人之易曰周易，以重乾爲首。周禮太卜之官曰：『其經卦皆八，其別皆六十有四。』其卦之重也久矣，先儒謂文王重之，非也。孔子之時，歸藏之易猶存，故曰：『之宋而得坤、乾焉。』於戲！至哉！合三易而觀之，而後八卦之妙，大易之用，混然一貫之道，昭昭於天下矣。而諸儒言易，率以乾爲大，坤次之，震、坎、艮、巽、離、兑又次之，噫嘻！末矣！⚊者，易之⚊也；⚋者，易之⚋也。其純⚊者，名之曰乾；其純⚋者，名之曰坤；其⚊⚋雜者，名之曰震、坎、艮、巽、離、兑；其實名①易之異名，初無本末精粗大小之殊也。故孔子曰：『吾道一以貫之。』子思亦曰：『天地之道，其爲物不貳。』八卦者，易道之變也，而六十四卦者，又變化中之變化也。物有大小，道無大小；德有優劣，道無優劣；其心通者，洞見天地人物

① 「名」，依補正應作「皆」。

盡在吾性量之中，而天地人物之變化，皆吾性之變化，尚何本末精粗大小之間？雖說卦有父母六子之稱，其道未嘗不一。大傳曰：『百姓日用而不知。』君子小人之所日用者亦一也，惟有知不知之分爾。」

〔補正〕

自序內「其實名易之異名」，「名」當作「皆」。（卷二，頁一）

趙彥悈己易後序曰：「先生挈古聖所指以詔學者，遂成此書。知有此書者衆，好者鮮。彥悈事先生舊矣，頃丞吉水，邑士曾定遠篤信好學，久藏此書，一日攜示彥悈曰：『先生推明心量之大，使人讀之萬善①備具。』思與朋友刊諸版，俾彥悈書於後。噫！定遠其有得於先生之言乎？」

曾熠己易後序曰：「楊先生己易，曩先生宰樂平時，嘗加改訂，熠得其本，因謁知丞趙公是正之，鋟木以貽同志。或者猶謂先生復有所改，近趙公爲轉致諸先生之前，而先生不復加損，則此爲定本矣。夫六經、論語之書，言天下之義備矣，迨孟氏興，而復出性善、養氣之說。自孟氏沒，更秦歷漢，以至於今，前聖之意隱然而未發者，乃有横渠之西銘。雖然，西銘之意，認天地爲一家，而己易一書，悟天地爲一己，其流行發見，精㣲畢備，厥功益大。學者誠能沉潛而反復之，其於一理渾然之中，知其萬物森然，莫不具在，反諸吾身，覺其機之動而體驗推放之，雖馴造聖賢之域可也。」

胡一桂曰：「己易一卷，只作一大篇。自包羲氏一畫陽、一畫陰論起，至八卦、六十四卦、爻辭，大要謂易者，己也，以易爲書，不以易爲己，不可也。桐江詹阜民子南刻之新安郡齋。」

①「善」，文淵閣四庫本作「理」。

少監。」

館閣續録：「簡，字敬仲，慶元府慈谿人。乾道五年，進士及第，泰嘉五年，除著作郎，爲將作少監。」

宋史：「簡以寶謨閣學士、太中大夫致仕，所著有冠記、昏記、喪禮家記、家祭記、釋菜、禮記、己易等書。」

張雲章曰：「敬仲，象山之高弟。易傳不無了義，然於中正之道則戾矣。己易大意以爲易者，己也。陰陽者，己之變化；耳目者，己之日月；仁義禮知者，己之四德①；惻隱、羞惡、辭讓、是非者，己之八卦也，推而衍之，則六十四卦三百八十四爻皆在於我，可謂易簡而不待外求矣。其書只作一大篇。」

王氏炎讀易筆記

宋志：「八卷。」通考：「九卷。」

佚。

易數稽疑

佚。

炎自序筆記曰：「未有書契之初，羲皇首畫八卦，文字生焉，則易之有書，由有畫也。畫以數起，數

① 「德」，文淵閣四庫本作「象」。

之用於占①者，世雖未之能學，至其本元河圖，起於天一地二，而變於九六七八。天一之畫奇，其數以太陽之九，地二之畫耦，其數以太陰之六。蓍之用，衍以少陽之七七；卦之重，定於少陰之八八；此學易者所托也。捨象則理不著矣，捨畫則象不明矣。故三畫爲八卦，六畫爲六十四卦，畫變則象異，畫不變則象同，象有體而理無迹也。有體則顯，無迹則隱。本隱以之顯，聖人立象之意也；即顯以索隱，學者觀象之方也。文王猶懼後人未能有見，故發其凡於卦之彖，周公又本文王之旨，著其變於卦之爻，爻、彖之詞具，而於象與理可以見其端倪矣。雖然，聖人之經，或言約而旨博，或語密而義深，讀者未必遽了，非文王、周公故隱而不發也。開其端於言之中，而存其意於言之外，欲學者深思而自得之，則象所蘊畜，義味深長，可玩而不可厭也。尼父生知之聖也，而讀易韋編三绝，且曰：『加我數年，則於易道彬彬矣。』十翼訓釋，不憚辭費，學者豈得易言之哉！秦焚古文字，易以卜筮之書幸存，此天地鬼神之所護持，以詔來世。而自漢以來，易道不明，焦延壽、京房、孟喜之徒，遁入於小數曲學，無足深誚，而鄭玄、虞翻之徒，穿鑿附會，象既支離，理滋晦蝕。王弼承其後，遽棄象不論，後人樂其説之簡且便也，故漢儒之學盡廢，而弼之注釋獨行於今。然木上有水爲井，以木巽火爲鼎，上止下動爲頤，頤中有物爲噬嗑；此四卦，雖弼不能削去其象也。夫六十四卦等耳，豈有四卦當論其象，六十卦可略而不議乎？弼之言曰：『筌所以在魚，得魚而忘筌；蹄所以在兔，得兔而忘蹄。言者，象之筌也；象者，意之蹄也。』捨筌蹄無以得魚兔，則捨象求意，弼亦知其不可，而猥曰：『義苟在健，何必乾始爲馬？類苟在順，何必

①「占」，備要本誤作「古」。

坤始爲牛？』是未得魚兔，先棄筌蹄之説也。或者知象不可去，既不能盡通，又不肯闕所不知，則爲之説曰：『易之有象，猶書有譬喻，詩有比興也。象不可去，亦不必泥，得其意足矣。』此與弼説無異，亦未爲確論也。夫易，三聖人所盡心也，立義深於詩、書，而措辭嚴於春秋。書之有譬，詩之有比，惟意所之，初無定旨。易象反是，以奇耦之畫摹寫天地萬物之形似，而寄於六十四卦之中，一卦六畫，畫有此象，聖人即著之於辭，畫無此象，不泛然旁引曲取也，豈得執詩、書比喻爲例哉？前輩嘗有疑其不然者，故於象數求之加詳，然掇拾先儒舊説，嚼糟粕之餘，失甘香之味，其所發明無幾耳。炎讀易三十年，不得其門而入。歲在辛亥，始脱爲縣之厄，明年，歸自中都，僑寓古艾，杜門卻掃，尋繹舊學，久之若有所悟。譬猶往來熟習於山海之間，雖未能手探其玉，然寶氣所在，或望而見之。因釋然笑曰：『觀六畫之象而未合於爻、彖之辭，是未得其象也。翫爻、彖之辭而未合乎六爻之象，是未得其辭也。象與辭未能融會，而曰得聖人之意，其中否特未定也。』管蠡之見，何足以窺測高深？本之於畫，驗之於辭，對觀互攷，二者如合符契，則筆記之。其未達者闕焉，以爲聖經不可易知，固不可強通也。而河南邵氏曰：『畫前有易，刪後無詩，不特以象爲可忘，且併以畫爲可遺。』其説高矣。易而可以無畫，但不知三聖人盡心於此，以垂世立教者，其旨果安在也？或曰：『然則易盡於畫乎？』曰：『易者，變也，其變始於乾、坤，天地闔闢，一乾、坤也，吾身動靜，亦一乾、坤。而畫能盡之乎？自乾、坤而上，不可以象求，以通變而不窮者命之曰道，藏用而不測者命之曰神，力獨而無對者命之曰太極，而畫能示之乎？』雖然，無畫而可以體易，伏羲、文王之事也；有畫而後可以語易，學者之事也。不翫周公、尼父之辭，而曰：『吾求易於六爻之外。』此係風捕影之類，而炎則不敢已矣。將以此得罪於傳道之賢哲，未可知也。將以此見取於好古之君子，亦未可知也。」又進表曰：『韋編淵永，非淺識之能通；斧扆天高，覬邇言之至察。妄陳末學，上瀆聖聰，竊以道載於經，易爲之祖，馬圖示象，犧畫成文，首開天地之秘藏，微顯帝王之妙用。六爻以變，乃分西伯之二篇；八索既除，迭有東家之十翼。發揮不隱，垂示無窮，幽至於行乎鬼神，顯足以措諸事業。遭秦虐政，僅爲卜筮之書。在漢諸儒，未達乾、坤之藴，末流浸甚，本旨俱亡，雖竭心思，各持臆見，京、孟失之譎詭，是爲讖緯之端。王、韓矯以清虚，偏雜老、莊之説，紛紛如是，泯泯至今。欲扶正學以示人，亦有先儒之名世，然繫辭精矣，可信而翻疑，且互體昭然，當詳而反略。或説明而義淺，或語約而理偏，通於數者不及翫辭，釋其辭者又迷立象，自出新意，乃捭闔以爲奇，兼述舊聞，復支離而多鑿。微臣何者？獨學無師，念先人老死於窮閻，以經術竊傳於諸子，因斯憤悱，晚益鑽研，味微言於六十四卦之中，望先聖於數千百年之上，參之衆説，折衷良難，斷以己私，顓門何敢？閲朝華之易謝，歎芳木之方芚，卦有畫則其象俱存，象有意則非辭莫達，是謂以蠡而測海，烏能得兔而忘蹄？幸世道之交興，逢聖明之有造，微如爝火，何裨日出之輪，動以震風，亦發地鳴之籟。茲蓋伏遇皇帝陛下，體乾精粹，用賁文明，比附得民，鼎新凝命，悦親有道，率由豫順之和，接下思恭，務盡謙光之美，升群賢而交泰，育萬物以由頤，節不傷財，旅無留獄，飭法於豐、亨之後，除戎於萃、聚之時，善皆出於中孚，動不聞於小過，以成大有之盛，而消未濟之憂。行三聖之所傳，莫非自得，笑九師之甚陋，安用多談？尚蘄盛德之日新，不恃成能之天縱，亹亹政機之少暇，孜孜經緯之多聞，既知矣而重知，故聖焉而益聖。仰望虎生而大①焕，學兼極於高明，俯惟馬老則志專，見終慚於精博。第大道或存於稊稗，而先

① 「大」，文淵閣四庫本作「文」。

民亦采於蒭蕘，成篇頗極於辛勤，敷奏覬塵於乙覽，持周璞而過鄭賈，本自堪嗤，用燕説而談郢書，或能偶中。」

館閣續録：「王炎，字晦叔，徽州婺源人。乾道五年進士及第，慶元五年除著作郎，六年爲軍器少監。」

陳振孫曰：「炎嘗以上、下經解進，表作十卷，今但六卷，并繫辭二卷爲八，闕説卦，於象數頗有發明。」

胡一桂曰：「雙溪讀易筆記十卷，總説象例在前，經、傳皆有解。」

戴表元後序曰：「易以象爲書，而理附焉，亦猶人之有是耳目口鼻四體，然後可以論其視聽言動云爾。而世之言理者先去象，不知去象則理於何所附而存哉？漢之易林，存者惟焦氏一家，士大夫占筮多用之，其餘京房、孟喜諸人之學，竊意王弼注未行時，必且家有其説，一時以好惡廢棄，而千載之下，遂茫然不可復攷。予爲之恨恨久矣！然亦疑古聖人之爲此書，何緣止於卜筮？最後乃得新安朱文公本義、啓蒙，於程、邵外，時時出入沙隨、漢上，而一斷以占法。上不失潔静精微之教，而下可通吉凶鬼神之故，於是盡舍他學而學之。今又得雙溪王公筆記，其説以畫起象，以象明理；又謂雜物撰德，興於中爻，而互體不可廢；又謂麻衣非直、河圖非錯之類。討論講貫，又在文公鄉間師友間，幾於鶴鳴而子和也。語曰：『屨不必同，同於適足。味不必同，同於適口。語不必同，同於適理。』學者取其大要而姑置其小疑云。」

程敏政曰：「文公與王直卿書有『僞學之禁，前此劉元秀力薦王炎作察官』之語，今考雙溪傳及家集，雙溪未嘗作察官也。豈別一王炎，世以其名姓之同而誤歸之雙溪耶？審爾則受誣甚矣。」

林氏栗**周易經傳集解**

宋志：「三十六卷。」

存。

〔校記〕

四庫據曝書亭鈔本著録，卷與宋志同。（易，頁九）

宋史：「林栗，字黄中，福州福清人。紹興十二年進士，除兵部侍郎。朱熹以江西提刑召爲兵部郎官，既入國門，未就職，栗與熹相見，論易與西銘不合，栗遂論熹。太常博士葉適上封事辯之，侍御史胡晉臣劾栗，罷知泉州。又改明州。卒，謚簡肅。」

栗自序曰：「臣聞易之爲書，肇自伏羲，演於文王，成於周公，贊於孔子。雖經秦火，無所失亡，極四聖之精思，發三才之妙理。其指若遠而甚近，其辭若奥而甚明，其象與數若恢詭而不可知，而皆顯然著見於生民日用之間，殆不可以須臾離者。然其爻象反覆，上下周流，惟變所適，故謂之易，蓋取變易爲義也。自漢以來，言易之家，千塗萬轍，於易之一字，已有三説。曰：『變易也，不易也，簡易也。』是豈所謂至當歸一，精義無二者乎？昔之制字者，蓋以日月合而成文，亦取晝夜變通之義云爾。易之興也，其於中古乎？伏羲尚矣，文王演之，周公成之，故謂之周易，猶書言周書，禮云周禮而已。孔子讀易，至於韋編三绝，且曰：『加我數年，五十以學①，可以無大過矣。』其可以易言之哉？近世諸儒湛思未至，燭理不明，乃欲舍羲、文之畫，捐周、孔之辭，至於繫辭、説卦、序卦、雜卦一切不取，而自以其意言易之義，是猶即鹿而無虞也，其能有得乎哉？古者簡編重大，故六十四卦析爲二篇，上篇三十，下篇三十四，其多寡不齊者，非取諸卦，取諸畫也。卦出於象，象出於畫，八卦之畫三十有六，六十四卦之象亦三十有六，剖而分之，各十有八。十有八者，蓍之變也，揲之所以成卦也。上篇之象十有八，其爲卦三十，下篇之象亦十有八，其爲卦三十有四，是非私智之所能議矣。錯而成之，十有八，綜而言之，則三六之數也。易始於三，成乎六。三者，乾之畫也，六者，坤之畫也，是則爻象之所從起而變化之所由生也。文王、周公、孔子三聖人者，於此盡心焉。學者不本乎是而言易，妄也。臣故紬繹經、傳，述其指解，而爲之序。」又進表曰：「臣聞古聖開先，河、洛有圖、書之出，明王在御，鳳麟爲郊藪之游，矧兹易象之昭垂，宜作治朝之瑞應。臣栗誠惶誠懼，頓首頓首。竊以伏羲畫卦，肇陰陽奇耦之形，西伯重爻，演仁義剛柔之旨，辭至周公而大備，法從尼父而益彰。言其變化，則範圍高厚而不遺；語其機緘，則橐籥生靈而無間；焕乎父子君臣之懿範，卓乎禮樂刑政之宏模。秦人以爲卜筮之書，幸逃灰燼。漢世雜於讖緯之學，幾至湮淪。粤從魏、晉以來，迺至隋、唐之際，談象數者率由穿鑿，論性情者悉本虚無，其或推明人事之端，奈何刊落聖心之畫。晉宗輔嗣，捨繫辭、序、雜以無傳。唐尚希聲，擯文言、彖、象而不取。是皆忘本以齊末，何自尋流而探源，空存隱賾之辭，莫測形容之擬，寧期末學得與斯文？有太極以生兩

① 「學」字下，文淵閣四庫本有「易」字。

儀，灼見混成之理，覆四象而爲八卦，具存一定之規，以此而觀象，則象乃可觀，以此而玩辭，則辭皆可玩。亶由天造，非出人爲。載惟洪範九疇之陳，與夫黄石一編之記，儻匪聖神之應運，曷臻穹壤之效祥？恭惟皇帝陛下，濬哲生知，成能夙就，究極三才之藴奥，發揮四聖之精微。酬賡廈之諸儒，言皆破的；接大廷之多士，意以忘筌。惟德業與日以俱新，故道術爲時而競出。臣之固陋，學則顓蒙，初乏師承，探索何殊於聾瞽？忽如神授，鑽研方得於端倪，雖未能造詣於幾深，然頗亦貫通乎倫類。回觀衆説，殆似冥行。老矣負暄，徒自言炙背之快？心乎嚮日，寧復存衛足之思？惟殫夙夜之勤，敢希晝日之遇？所有周易經傳三十二卷，繫辭上下二卷，文言、説卦、序、雜本文共爲一卷，河圖、洛書、八卦、九疇、大衍總會圖、六十四卦立成圖、大衍揲蓍解共爲一卷，總三十六册，謹隨表上進。淳熙十二年三月。」又貼黄曰：「臣昨陳乞修寫劄子，係以周易爻象序雜指解爲名，今來竊自維念，三聖人所垂經訓，先設卦畫，次繫彖辭，即『爻象』二字不爲該備。及觀孔子所贊大傳，有彖、象、繫辭、文言、説卦，即『序雜』二字亦未能概舉。今故仍春秋之例，以三聖所垂之經與孔子所贊之傳，總謂之周易經傳集解，繕寫進呈，其間有犯廟諱及御名者，並依經、傳本文，不敢改易。只令書不成字，覆以黄紙，伏乞睿照。四月，三省同奉旨，書付秘書省，令學士降勑書奬諭。」勑：林栗省所上表進周易經傳集解等共三十六册事。道載六經，亶爲明備，易更三聖，尤號精微。緊訓傳之滋多，有簡編之可考，卿才猷俊茂，器識高宏，蹈深造於淵源，務旁周而綜彙，昔究麟經之藴，兹明羲畫之傳。惟三統本於春秋，仍通大衍之用；且九章列於洪範，亦參八卦之分。乃能備繹始終，兼該表裏，會萃篇圖之富，包羅象數之全。給札而詔尚書，已光於侯國，賜璽而勉①太守，益重於文儒。爰布温言，以旌篤學，允懷殫洽，良用歎嘉。故兹獎諭，想宜知悉。夏熱，卿比好古②遺書，指不多及。」

玉海：「淳熙十二年四月，知漳州林栗進易經傳集解三十二卷，繫辭上、下二卷，文言、説卦、序、雜本文共爲一卷，河圖、洛書、八卦、九疇、大衍總會圖、六十四卦立成圖、大衍揲蓍解共爲一卷，總三十六册，詔付秘省，勑書獎諭。」

朱子曰：「易有太極，是生兩儀，兩儀生四象，四象生八卦。此是聖人作易綱領次第。黄中乃以六畫之卦爲太極，中含二體爲兩儀，又取二互體通爲四象，又顛倒看二體及互體通爲八卦。若論太極，則一畫亦未有，何處便有六畫底卦來兼？若如此，卻是太極生兩儀，兩儀包四象，四象包八卦，與聖人所謂生者，意思不同矣。」

陳振孫曰：「黄中淳熙中表進。其書末卷爲六十四卦立成圖，言聖人以八卦重爲六十四，未聞以復、姤、否、泰、臨、遯變爲六十四也，以辨邵堯夫、朱子發之説。其與朱侍講違言，以論易不合，爲朱公所闢也。」

胡一桂曰：「林氏周易經傳集解三十二卷，文言、説卦、序卦、雜卦、本文共爲一卷，河圖、洛書、八卦、九疇、大衍總會圖、六十四卦立成圖、大衍揲蓍解共爲一卷。淳熙十二年乙巳表進，付秘書。於説

① 「勉」，文淵閣四庫本誤作「免」。
② 「古」，文淵閣四庫本誤作「占」。

象及文義處，多有可采，只是於象數之源，畫卦之大綱領，自不能曉。」董真卿曰：「林氏易，其說每卦必兼互體，約象覆卦爲太泥耳。時楊敬仲有易論，黄中有易解，或曰：『林黄中文字可毁。』朱子曰：『卻是楊敬仲文字可毁。』」

〔四庫總目〕朱彝尊經義考引董真卿之言，謂：「其說每卦必兼互體，約象覆卦爲太泥。時楊敬仲有易論，黄中有易解，或曰：『黄中文字可毁。』朱子曰：『卻是楊敬仲文字可毁。』」是朱子併不欲廢其書。考陳振孫書録解題稱其「與朱侍講有違言，以論易不合」。今以事理推之，於時朱子負盛名，駸駸嚮用，而栗之登第在朱子前七年，既以前輩自居，又朱子方除兵部郎中，而栗爲兵部侍郎，正其所屬，詞色相軋，兩不肯下，遂互激而成訐奏。益其釁始於論易，而其故不全由於論易，故振孫云然。後人以朱子之故，遂廢栗書，似非朱子意矣。（卷三，頁七—八，周易經傳集解三十六卷提要）

按：福清林黄中、金華唐與政兩公皆博通經學，而一糾朱子，一爲朱子所糾。其所著經說，學者遂置不問。與政之書無復存者，黄中雖有易解，而流傳未廣，恐終泯没。然當黄中既逝，勉齋黄氏爲文祭之，其略曰：「嗟哉我公！受天勁氣，爲時直臣，玩義經之爻象，究筆削於獲麟。至其立朝正色，茍咈吾意，雖當世大儒，或見排斥；著書立言，茍異吾趣，雖前賢篤論，亦不樂於因循。觀公之過，而公之近仁者，抑可見矣。論者固不可以一眚而掩其大醇也。」勉齋爲文公高弟，而好惡之公、推許之至若是，然則黄中之易，其可不傳抄乎？

〔四庫總目〕

經義考又曰：「福清林黄中、金華唐與政皆博通經學，而一糾朱子，一爲朱子所糾。其所著經説，學者遂置而不問，與政之書無復存者，黄中雖有易解，而流傳未廣，恐後泯没。然當黄中既没，勉齋黄氏爲文祭之，其略曰：『嗟哉我公！受天勁氣，爲時直臣，玩羲經之爻象，究筆削於獲麟。至其立朝正色，苟咈吾意，雖當世大儒，或見排斥；苟異吾趨，雖前賢篤論，亦不樂於因循。觀公之過，而公之近仁者，抑可見矣。論者固不以一眚而掩其大醇也。』勉齋爲文公高弟，而好惡之公、推許之至若是，然則黄中之易，其可不傳鈔乎？」持論頗爲平允。昔劉安世與伊川程子各爲一代偉人，其元城語録、盡言集亦不以嘗劾程子而廢。耿南仲媚敵誤國，易祓依附權姦，其所撰易解今亦並行。栗雖不得比安世，視南仲與祓則有間矣，故仍録其書而併存彝尊之論焉。（卷三，頁八—九，周易經傳集解三十六卷提要）

袁氏樞易學索隱

宋志：「一卷。」

佚。

易傳解義

佚。

周易辨異

佚。

易童子問

佚。

宋史：「袁樞，字機仲，建安人。權工部侍郎，兼國子祭酒，以右文殿修撰知江陵府。作易傳解義、辨異、童子問等書藏於家。」

朱子曰：「機仲疑河圖、洛書是後人僞作。夫以河圖、洛書爲不足信，自歐陽以來已有此說，然終無奈。顧命、繫辭、論語皆有是言，不可得而破除也。」

經義考卷二十八

易二十七

張氏栻**易説**

十一卷。

未見。

陳振孫曰：「侍講廣漢張栻敬夫，魏忠獻公浚之長子。當孝宗朝，以任子不賜第入西掖者，韓元吉、劉孝韙，其入經筵則栻也。」

董真卿曰：「栻，字敬夫，南軒先生，廣漢人，謚宣公。易説十一卷，乾、坤闕，學出五峰胡氏，以周、程爲宗。」

〔四庫總目〕

宋張栻撰。案：曹學佺蜀中廣記載是書十一卷，以爲張浚所作，考浚紫巖易傳，其本猶存，與此别爲一書，學佺殊俣。朱彝尊經義考亦作十一卷，註云「未見」，又引董真卿説，謂：「已闕乾、坤二卦。」此本乃嘉興曹溶從至元壬辰贛州路儒學學正胡順父刊本傳寫，並六十四卦皆佚之，僅始於繫辭「天一地二」一章，較真卿所見，彌爲殘缺。然卷端題曰：「繫辭上卷下。」而順父序稱：「魯人東泉王公分司廉訪章貢等路，公餘講論，嘗誦伊川易傳，特闕繫辭，留心訪求，因得南軒解説易繫辭藏寫家，儻合以並傳，斯爲完書，乃出示知事吴將仕，刊之學宫，以補遺缺，使與周易程氏傳大字舊本同傳於世云云。」是初刊此書，亦僅託始於繫辭，溶所傳寫，僅佚其上卷之上耳。（卷三，頁十六—十七，南軒易説三卷提要）

〔校記〕

四庫據曹溶藏殘元刻本傳寫，僅存繫辭傳。（易，頁九）

程氏迥易章句

宋志：「十卷。」

佚。

周易外編

宋志：「一卷。」

存。

占易考①

宋志：「一卷。」

未見。

古易古法

宋志：「一卷。」

存。

〔校記〕

四庫著録周易古占法一卷、周易章句外編一卷，與宋志同。（易，頁九）

迥自序占法曰：「迥嘗聞邵康節以易數示吾家伯淳，伯淳曰：『此加一倍法也。』其説不詳見於世，今本之繫辭、説卦發明倍法，用逆數以尚占知來，以補先儒之闕。庶幾象數之學，可與士夫共之，不爲讖緯瞽史所惑，於聖人之經，不爲無助也。昔陸績讀宋忠太玄曰：『太玄大義在揲蓍，而仲子失其指歸，雖得文間義説，大體乖矣。』迥亦以是論易。」

宋藝文志序：「孝宗時，程迥作易考十二篇，別爲章句，不與經相亂。」

① 「占易考」，文津閣四庫本、備要本俱作「古易考」。

陳振孫曰：「程迥可久撰。其論占法、雜記占事尤詳。迥嘗從①喻樗子才學，登②科，仕至邑宰。及與前輩名公交遊，多所見聞，故其論頗有源流根據。古易考十二篇，闕序、雜卦。」

〔補正〕

陳振孫條内「迥嘗從喻樗子才學，登科，仕至邑宰」，「嘗從」下脱「玉泉」二字，「登」下脱「隆興癸未」四字。（卷二，頁一）

胡一桂曰：「康節百源易，實古易也，沙隨蓋本諸此，而篇第與二吕氏合，以文言在繫辭之前爲不同耳。」

董真卿曰：「迥，字可久，號沙隨，睢陽人。登隆興元年第，嘗爲德興丞，以女妻董焆，卒老女家，今墓在焉，外曾孫壽民謀表章之，初祠邑庠，朱文公爲書『沙隨先生之祠』六字，文公嘗稱迥爲愷悌博雅君子。迥③作古易考，曰上篇，曰下篇，曰彖上，曰彖下，曰象上，曰象下，曰文言，曰繫辭上，曰繫辭下，曰説卦，曰序卦，曰雜卦，凡十有二篇，與康節百源易次序同。易書之外，有春秋顯微例目。」

吴澂曰：「沙隨先生經業精深，朱子多取其説，於朱爲丈人行，故朱子以師禮事之。」

浙江通志：「程迥，寧陵人，靖康之亂，徙居餘姚。嘗受經學於嘉興聞人茂德、嚴陵喻樗。」

---

① 「從」字下，依補正應補「玉泉」二字。
② 「登」字下，依補正應補「隆興癸未」二字。
③ 「迥」字，文淵閣四庫本脱漏。

趙氏彥肅**復齋易説**

六卷。

存。

復齋先生行實曰：「先生名彥肅，字子欽，第進士，掌寧國軍書記，調秀州推官，移丞華亭，攝縣。於是孝宗皇帝執三年喪，既御練冠矣，宰臣周必大奏：『先帝上賓群臣，未有行方喪如古者。宗室彥肅聞其自始聞喪，溢粥疏食，以至於今。』孝宗歎曰：『宗室中有若人乎？』顧謂皇太子識之，差監權貨務都茶場，以内艱歸。朱文公入侍經幃，以告趙忠定公，以寧海軍節度推官起之，而先生已病矣，慶元二年卒。先生有廣雜學辨、士冠禮、昏禮、饋食圖，爲文公所稱。其論易微與文公不同，然傾嚮屬望愈益切。至其没也，文公哭之，慟曰：『趙丈爲人，今豈易得？』先生嘗曰：『先聖作易，有畫而已。後聖繫之，一言一字，皆自畫中來。譬如畫師傳神，非畫烟雲草木比也。』故先生説易不離象數，而義理具足焉。」

朱子曰：「趙子欽易説爲説太精，取義太密，或傷簡易之趣。」

喻仲可跋曰：「易説六畫①，復齋趙先生所述也。是書觀象玩爻，無一字外來，研精覃思，無一辭苟發，出自胸臆，無一句襲蹈前人者。蓋先生篤志於道，壯歲有覺，盡棄舊俗，惟易是究，其探賾鈎深，簡

① 「六畫」，依文淵閣四庫本應作「六卷」。

嚴精切，自他人數千百言不能該者，纔約之以數語，書雖不多，一生精力實於此乎。在疾且革，仲可入省，先生力疾起曰：『余病中見處甚有進，始知平時之言無一句用得，亦無一句用不得。』嗚呼！先生所造，固不滯在言語文字間矣。卒後二十有六年，郡太守莆陽許公取是書刊焉，命仲可識其後，因識其啓手足之語，以諗觀者。」

許與裔跋曰：「余聞復齋先生趙公之賢久矣，假守嚴陵，既逾年，公之門人喻仲可始攜其所著易說六卷見過。余肅觀之，其體察也精，其推研也審，其措辭不苟，其析理不浮，蓋深窺乎爻象之變，而洞達乎陰陽之情者也。嗚呼！如公之賢而無後，余懼其久而或泯，因屬喻君校勘，刊置公之祠堂，與志學者共之。併以公之行實大概刊附於後，俾來者有攷焉。」

項氏安世**周易玩辭**

宋志：「十六卷。」

〔校記〕

四庫及通志堂本卷與宋志同。（易，頁九）

存。

安世自序曰：「大傳曰：『君子居則觀其象而玩其辭，動則觀其變而玩其占。』讀易之法盡於此矣。易之道四，其實則二，象與辭是也。變則象之進退也，占則辭之吉凶也。不識其象，何以知其變？不通其辭，何以決其占？然而聖人因象以措辭，後學因辭而測變。則今之讀易，所當反覆紬繹，精思而深味者，莫辭若也，於是作周易玩辭。慶元四年，歲次戊午，秋九月。」又自述曰：「嘉泰二年，壬戌之秋，重修周易玩辭十六卷，章句粗定，因自歎曰：『安世之所學，蓋伊川程子之書也。程子生平所著，獨易傳爲全書，安世受而讀之，三十年矣。今以其所得於易傳者，述爲此書，而其文無與易傳合者，合則無用述此書矣。世之友朋以易傳之理觀我書，本末條貫，無一不本於易傳者，以易傳之文觀我書，則未①免有使西河之民疑汝於夫子之怒。知我者此書也，罪我者此書也。』」

〔補正〕

自述内「嘉泰三年」，「三」應改「二」。（卷二，頁一）②

館閣續録：「項安世，字平甫，江陵人。淳熙二年同進士出身，紹興五年，除校書郎，慶元元年，添差通判池州。」

陳振孫曰：「安世當慶元中，得罪時宰，謫居江陵，杜門潛心不出，諸書皆有論説，而易爲全書。其自序以爲：『讀程易三十年，此書無一字與之合，合則無用乎此書矣。世之君子以易傳之理觀我書，則本末條貫，無一不本於程氏者，以易傳之文觀我書，則恐有西河疑女之誚。』大抵程氏一於言理，盡略象數，而此書未嘗偏廢。程氏於小象頗欠發明，而此書爻象尤貫通。蓋亦徧考諸家，斷以己意，精而博矣。」

---

① 「未」，備要本作「不」。
② 各本不誤，補正誤校。

樂章後序曰：「易説以『玩辭』名，蓋識其居閒所作也。繫辭曰：『君子居則觀其象而玩其辭。』平庵項公昔忤權臣，擯斥十年，杜門卻掃，足迹不涉户限，耽思經史，專意著述，成書數篇，此其一焉。逮兵端既開，邊事告急，公被命而起，獨當一面，外禦憑陵，内固根本，成就卓然，皆是書之力也。則知公動而玩占，措諸事業，應變不窮，蓋動静不失其時者矣，豈直曰玩其辭而已哉？嘉定辛未歲閏二月。」

馬端臨序曰：「易有聖人之道四，變與象居其二焉。自義理之學大明，而變象之説幾晦，先儒欲救①其弊，則曰：『聖人當時自可别作一書，明言義理，以詔來世，何用假託卦爻，爲此艱深隱晦之辭乎？』愚嘗以爲變之説不一：有隨時之變，如彖、象、小象、文言、繫辭各自一義是也。有逐爻之變，如六九七八、陰陽老少是也。有逐卦之變②，如剛柔、往來、互體、飛伏是也。象之説亦不一：卦畫之象，陰陽、奇耦、三連、六斷是也。有大象之象，天、地、風、雷、山、澤、水、火是也。有説卦之象，乾爲馬、坤爲牛，乾爲首、坤爲腹之類是也。至簡要者，隨時之變也；至支離者，逐卦之變也；至精微者，卦畫之象也；至瑣碎者，説卦之象也。必研究其簡要精微者，而不拘泥其支離瑣碎者，則曰象曰變，固無非精義至理之所寄也，豈有二哉？平菴項公玩辭一書，義理淵源伊、洛，而於象變之際，紬繹尤精，明暢正大，無牽合附會之癖。公嘗謂必徧通五經，而後歸老於是，且自言窺其門牆，而未極其突奥，今將盡心焉，則是書必暮年所著。家有善本，先公嘗熟復而手校之，方塘徐君掌教初菴，以是書鋟鋅學舍，俾贅

---

① 「救」，文淵閣四庫本误作「究」。
② 「變」，文淵閣四庫本作「爻」。

語其編尾，輒誦所聞。大德丁未。」

徐之祥序曰：「予幼嗜易，祖程傳，宗本義，諸儒訓解中取平庵項氏玩辭，熟讀精思，道德性命之原，開物成務之故，一出於奇耦往來不窮之變，曰：『象與占，隨時取義，玩辭可知。』先生此書不特有裨於程子七分之傳，當時往復問學朱子之門，其於本義多所發明，惜書成於本義二十年之後，朱子未及見也。集賢初庵傅公以易學經世，被遇殊休，俾其徒黄棠創建精廬，嘉惠後學。經府傳窟中獨缺此書，予過梧翁先生馬公考學，得所藏本，乃咸淳乙丑禮部貢院所點校。敬鋟諸梓，與朋友共，使家藏而人誦之，予之志也。大德丁未。」

虞集序曰：「周易玩辭者，江陵項公安世平甫之所著也。其言以爲大傳曰：『居則觀其象而玩其辭，動則觀其變而玩其占。』其道雖四，而實則二，變乃象之進退，占乃辭之吉凶。聖人因象以措辭，後學因辭而測象，是故學易者舍辭何以①哉？項公以其玩於辭而得之者筆於書，使後之學者因其言皆有以玩於前聖之辭而得焉，此項氏著書之意也。嗟夫！天不言，生聖人而代之言，故曰：『聖人之精，畫卦以示，聖人之藴，因卦以發。微卦，聖人之精藴，殆不可悉得而聞。』然卦象未有語言，自非明智，何以知之？中古聖人以其憂患之心，因卦立言，暢於周公，究於孔子，首尾具完，皆所親定，所謂精與藴者，後世因得以推見焉。今夫生乎千載之下，而仰觀於千載之上，以凡人之資而欲窺見天與聖人之道，苟得於聖人之一言，即爲天之命已矣。況乎三聖人之言，廣大悉備，雖歷歲久遠，遭時喪亂，亙千萬古，而

① 「以」，備要本作「之」。

與所謂卦畫者，略不可有所磨滅，豈非天乎？後之立言，豈有加於此者？志於學者，誠不可舍此而他求已。愚是以深歎項公爲知言，漢、晉以來，治易之師，其言猶有可見，而於四聖人之意，未知其何如也。及乎邵子、周子之生，易道蓋中興焉。邵子以先天心學著爲成書，不必麗乎經、傳，而極天地之妙，通萬物之情，三聖人以降，未之或先，而學者鮮或知之。周子之圖，亦不必求同於易象，而理則不二，所謂通書者，皆所以通乎易者也，因卦以立辭者，如乾、損、益、家人、睽、復、无妄、蒙、艮之説僅見，如大畜等卦，當時已不得聞，獨賴河南程子親得其宗，以其成德之能事，附於三聖人之書而言之，非直傳註而已也。自其學而推之，以極其至，則天人之際豈有間哉？蓋嘗聞之：『能盡其性者，則能盡人之性，能盡人之性，則能盡物之性。』故曰：『知其性則知天矣。』苟知天矣，則天地之故、鬼神之迹、事物之雜，豈待於考索推測而後通之？故程子有言不盡意者，誠有望於後世學者自有得於聖人也，朱子發明象占，本義多約程子之言而精之云爾。故學易之士，於是得其端緒而不差焉。項公實與朱子同時，當時則又有江西陸先生者，各以其學爲教，又有聰明文學過人之士興於永嘉。項公嘗從而問辨咨決焉，其遺文猶有可徵者，朱、項往來之書，至六七而不止，其要旨直以程子『涵養須用敬，進學則在致知』之説以告之。於是項公之學，上不過於高虛，下不陷於功利，而所趨所達，端有定向，然後研精覃思，作爲此書。外有以采擇諸家之博聞①，内有以及乎象數之通變，奇而不鑿，深而不迷，詳而無餘，約而無闕，庶幾精微之道焉。其書既成，而朱子殁矣，自敘其學皆出於程子，而其言則不必皆同也，是可以見其講明之指歸

①「聞」，文津閣四庫本作「問」。

矣。近時學易君子，多有取於其説，豈徒然哉？然而爲是學者，自非深求於程、朱之説，而有所憤悱於缺塞，則不亦足以知項氏之功也。集至壯歲，至好此書，每取其説以與朋友講習。今淮西廉訪僉事幹君①克莊好古博雅，學道愛人，嘗以禮樂貢於有司，而不及奏，有旨俾居成均，勤苦數載，有人所不能堪者。逮文宗皇帝臨御，日開廷閣以待天下之士，乃特召見，得與論思之次，一時謂之得人。持節淮壖，至於江上，取是書於篋，俾齊安郡學刻而廣之，蓋歎乎學者之不多見是書也。不鄙謂集退老林下，庶乎困學之不敢忘，俾敘其説焉。嗚呼！内聖外王之學不明於後世，而爲治者以其知力之所及而行之，不無其效，至若與天地同流者，則何有哉？昔邵子有言曰：『學於里人，而盡里人之情；學於鄉人，而盡鄉人之情；學於國人，而盡國人之情；學於古人，而盡古人之情；學於天地，而盡天地之情。』如此則可以玩辭觀象而得之，世有斯人哉？」

董真卿曰：「安世，號平庵，著周易玩辭十六卷，又有項氏家説十卷，其第一卷説易，餘及諸經史。」

趙氏善譽**易説**

宋志：「二卷。」

佚。

〔四庫總目〕

① 「幹君」，文淵閣四庫本作「韓君」。

自明以來，外間絶少傳本，故朱彝尊經義考註云「已佚」。今永樂大典具載於各卦之後，僅缺豫、隨、无妄、大壯、晉、睽、蹇、解、中孚九卦，因搜緝成編，資説易家之參考。宋史藝文志本作二卷，今以其文頗繁，釐爲四卷焉。（卷三，頁二十二，易説四卷提要）

〔校記〕

四庫輯大典本四卷，缺豫、隨、无妄、大壯、晉、睽、蹇、解、中孚九卦。（易，頁九）

宋史：「善譽，字静之，太宗之後。乾道五年試禮部第一，累遷大理丞、潼川路提刑轉運判官。」

樓鑰誌墓曰：「善譽所著易説，晦庵朱先生一見欣賞，以爲擴先儒之未明。頤正郭先生序之，謂貫三才之理於其中，一諸儒之説於其外。」

陳振孫曰：「善譽爲潼川漕，進易説，每卦爲論一篇。」

馮椅曰：「趙自謂一意孔子之易，本畫卦命名之意，參稽卦、爻、彖、象之辭，以貫通六爻之義而爲之説。」

胡一桂曰：「宋朝宗室，前此未有推明易學者，蓋自善譽始。」

李氏呂周易義説

佚。

閩書：「李呂，字濱老，光澤人。幼從學於從父郁，晚見朱文公於廬阜，遂爲講學之友。呂學甚富，尤深於易，每言易在識時，權之以義，苟非真知義之所在，而喜言變，反害於易矣。」

石氏𡡉周易解

佚。

朱子作墓誌曰：「吾友石君子重，居天台臨海縣。擢進士，選授福建路安撫司幹辦公事，差監登聞檢院，除將做監主簿，尋改太常，請奉祠，知南康軍事。所集周易、大學、中庸數十卷。」

丘氏義**易説**

佚。

姓譜：「義，字通濟，又字子野，建陽人。隱居不仕，與朱熹友善，熹書『芹溪小隱』扁其堂楣，作詩序贈之。」

邵氏囦**讀易管見**

佚。

金華志：「邵囦，字萬宗，蘭谿人。淳熙八年進士，授郴州教授，改潭州。朱子薦其學行，晚由楚州倅奉祠家居，名其堂曰『今是』。所著有曲禮、王制、樂記、大學、中庸解五篇及讀易管見等書。」

吴師道曰：「吾鄉先輩，宋南渡後如邵公囦、應公鏞深究經學。邵於易、禮記，應於易、書、禮皆有論著成書。邵即朱子集中所稱『長沙博士，以張宣公三家禮範及釋奠儀式刻之學官』者也。」

經義考卷二十九

易二十八

楊氏萬里誠齋易傳

宋志：「二十卷。」

存。

〔校記〕

四庫本及宋刊、明刊、經苑刊本卷數並與宋志同。（易，頁九）

萬里自序曰：「易者何也？易之爲言變也。易者，聖人通變之書也。何謂變？蓋陰陽，太極之變也；五行，陰陽之變也。人與萬物，五行之變也；萬事，人與萬物之變也。古初以迄於今，萬事之變未已也，其作也一得一失，而其究也一治一亂。聖人有憂焉，於是幽觀其通而逆繹其圖，易之所以作也。易之爲言變也，易者，聖人通變之書也，其窮理盡性，其正心修身，其齊家治國，其處顯，其傃窮，其居常，其遭變，其參天地合鬼神，萬事之變方來，而變通之道先立。變在彼，變在此，得其道者蚩可哲，慝可淑，青可福，危可安，亂可治，致身聖賢而躋世泰和，猶反手也。斯道何道也？中正而已矣。惟中爲能中天下之不中，惟正爲能正天下之不正，中正立而萬變通，此二帝、三王之聖治，孔、孟、顔子之聖學也。後世或以事物之變爲不足以攖吾心，舉而捐之於空虛者，是亂天下者也。不然，以爲不足以遁吾術，挈而持之以權譎者，是愈亂天下者也。然則學者將欲通變，於何求通？曰：『道。』於何求道？曰：『中。』於何求中？曰：『正。』於何求正？曰：『易。』於何求易？曰：『心。』愚老矣，嘗試與二三子講之，二三子以爲愚之言乎？非也。愚聞諸先儒，先儒聞諸三聖，三聖聞諸天。」

又後序曰：「六經至夫子而大①備，然書非夫子作也，定之而已耳；詩非夫子作也，刪之而已耳；禮、樂非夫子作也，正之而已耳。惟易與春秋，所謂夫子文章者歟？昔者伏羲氏作易矣，時則有其畫無其辭。文王重易矣，時則有辭無餘辭。至吾夫子起乎兩聖之後，而超出乎兩聖之先，發天之藏，据聖之疆，挹彼三才之道，而注之於三絶之間，於是作彖辭，又作小象之辭，又作文言之辭，又作二繫之辭，又作説卦之辭，又作序卦之辭，又作雜卦之辭，炳然蔚然，聚此書矣。其辭精以幽，其旨淵以長，其道博以重。是書也，其藴道之玉府，範聖之大鈞也歟？韓起聘魯，見易象而喜曰：『周禮盡在魯矣。』當是時，豈易之書惟魯有之歟？抑諸國皆有而晉未有歟？宜其見之而喜也。然起所見者，羲、文之易而已，未見夫子之易也。見羲、文之易，其喜已如此，使見夫子之易，其喜又當何如哉？今乃得見韓起之所未

① 「大」字，文津閣四庫本脱漏。

見，嗚呼！後之學者一何幸也。子貢在三千七十子之中，其科在乙，其名在六，其不在升堂入室之間乎？然嘗歎：『夫子之言性與天道，不可得而聞。』夫子之易書，非性與天道之言乎？而子貢獨不得聞者，豈歎之之時，此書未作歟？抑已作而未出歟？今乃得聞子貢之所不得聞，嗚呼！後之學者又何幸也。每謂：『聞而知，不若見而知。』蓋聞者疏，見者親，聞者略，見者詳也。見子貢之歎，則見而知者反不若聞而知者歟？然則學者之羨子貢，又安知子貢之不羨學者也。嗚呼！學者又何幸也。」

館閣續録：「楊萬里，字廷秀，廬陵人。紹興二十四年進士，淳熙十六年，除秘書監，紹熙元年，爲直龍圖閣、江東運制。」

陳振孫曰：「寶謨閣學士楊文節公，當淳熙末，爲大蓬，論思陵不合，去。及韓侂胄用事，召之，不至，自次對遷至學士，聞開禧出師，不食而死。」

董真卿曰：「誠齋先生易傳二十卷，淳熙戊申自序，其子長孺申送易傳狀云：『自淳熙戊申八月下筆，至嘉泰甲子四月脱稿，閲十有七年而後成書。』嘉熙元年，奉旨給劄其家抄録，宣付秘閣，其説本之程氏，而多引史傳事證之。」

吴澂跋曰：「誠齋楊先生易解①板本行天下久矣，王若周得其草稿，有序及泰、否二卦。凡先生親筆改定之處，比初稿爲審，獨初名外傳，而後去外字，余謂當從其初。蓋易之道，廣大悉備，無所不包。程子被之於人事，所謂一天下之動者，由王輔嗣、胡翼之、王介甫至此極矣，朱子直謂：『可與三古聖人

① 「易解」，文淵閣四庫本作「易傳」。

並而爲四。』非過許也。楊先生又因程子而發之以精微之文，間有與程不同者，亦足以補其不足。然皆推行易道之用，而經之本旨未必如是。人以國語爲春秋外傳，非正釋經而實相發明，今先生於易亦然，故名曰外傳宜。」

鄭希聖跋曰：「右誠齋易，乃舊本，鬻書客潘生所售余者，置諸三家村芭蕉林中讀書處，時至大二年己酉端陽日。」

陳櫟曰：「誠齋本文士，因學文而求道於經學，性理終非本色。其作易傳用二十年之工力，亦勤矣。文極奇，説極巧，段段節節用古事引證，使人喜動心目。坊中以是書合程子易並行，名曰：『程、楊二先生易傳。』實不當也。胡雙湖本義附録纂注無半字及之，可見楊傳足以聳動文士之觀瞻，而不足以使窮經之士心服。」

楊士奇曰：「吾鄉楊文節公著易傳二十卷，宋理宗嘗詔給札其家録進，宣付秘閣，當時已板行，而其稿前百餘年尚藏楊氏，元季之亂，所存無幾矣。此小畜、同人、大有三卦，公族巘所藏，皆公手筆，其中有一二處竄定而①重録者，至今二百餘年，楮墨如新，誠可寶也。公與晦庵先生交遊，有講論之益，先生平居論人物，於公極推重，而未嘗及此書者，蓋書成於先生既没之後也。此書本程子，其於説理粹然，而多引史傳爲證，程子以易爲人事之書，晦庵先生嘗論之矣，而公自序此書：『惟中能中天下之不中，惟正能正天下之不正，中正立，萬變通。』至矣哉！其不易之言也。」

①「而」字，文津閣四庫本脱漏。

朱良育跋曰：「楊萬里誠齋易傳二十卷，自淳熙戊申至嘉定①甲子，凡十七年始脱稿，前後序文皆公手筆。其説本之伊川，而多引史傳事證，蓋象數之學蔑聞焉。嘉定②元年，臣僚申請，得旨給劄其家抄録，宣付秘閣，此本紙札精好，真三百年物也。書後有元人鄭希聖題字，在至大二年己酉，距今二百八年矣。予得之祝希哲，希哲得之朱性甫，性甫得之南園俞石澗先生家藏。嗚呼！凡法書名畫，流傳人間，君子付之煙雲，過目無所係戀，真名言也。是果③人之玩物，追慕古人，感慨繫之。正德十一年夏四月。」

張時徹序曰：「賈大夫淇以明易起家進士，出宰淶水，未及期月，休嘉四訖，典衡以爲良，徙令吾鄞。政理之暇，則過涵碧之堂而論易焉，曰：『程、朱皆大儒也，而説理不同。孔子，六經之祖也，而朱子之説問④於十翼殊旨，其義何居？』張時徹曰：『難言哉！難言哉！昔之説易者，蓋莫如孔子矣，其言曰：「開物成務，冒天下之道。」如斯而已者也。又曰：「以言者尚其辭，以動者尚其變，以制器者尚其象，以卜筮者尚其占。」豈曰專於卜筮云乎？蓋易，易也，隨時變易以從道也⑤。處常而常，處變而變，處順而順，處逆而逆，處内而内，處外而外，處小而小，處大而大，以明天道，以察地理，以辨物宜，以正

① 「嘉定」，文津閣四庫本作「嘉泰」。
② 「嘉定」，文淵閣四庫本作「嘉熙」。
③ 「果」，文津閣四庫本作「故」。
④ 「問」，四庫薈要本、文淵閣四庫本、文津閣四庫本、備要本俱作「間」。
⑤ 「也」字，文津閣四庫本脱漏。

人紀，蓋無不備於斯矣。是故君得之則能爲君，臣得之則能爲臣，父得之則能爲父，子得之則能爲子，夫婦長幼朋友得之，則能爲夫婦長幼朋友，用之家則家齊，用之國則國治，用之天下則天下平。非是物也，陷阱施於跬步，干戈伏於房闥，而弗之知也。欲以承惠迪之休①，而臻化理之績，庸將能乎？故曰：「加我數年以學易，可以無大過矣。」聖人猶爾，而況其他乎？乃其所稱曰吉，曰凶，曰利，曰不利，凡以别臧否之途，判從違之的，修之宿昔，而徵諸事爲云爾。非專受命於蓍策，值每②卦每爻則爲吉爲凶，值每④卦每⑤爻則爲利爲不利，聽倉卒之鬼神，而昧於趨避之素者也。春秋之時，國君以之定筴，卿士以之決疑，罔不神而明之，其見於左傳者可稽也。秦燔詩、書而易獨以卜筮得免，俗儒習之，轉相師授，異説漸坌，至以讖緯雜之，而四聖之心荒矣。是易幸以卜筮而存，亦不幸以卜筮而亡耳。朱子一洗前陋，力爲疏解，易道庶幾復明而猶泥於卜筮，詳其詞旨，似專用於占者，而不及於未占者，此其於稽實待虛之義何如哉？間有不遵⑥十翼之旨，而自爲論繹。如「元亨利貞」，孔子以爲乾之四德，而朱子以爲大通宜正；頤卦⑦之辭，孔子以爲所養自養，而朱子以爲養德養身；此類頗多，蓋愚之所未解也。嘗得楊誠齋易傳而讀之，以十翼解經，以理明繇，以事證理，蓋豁然有契於衷，曰斯所謂「開物成務，冒天下之道」

①「休」，文淵閣四庫本作「庥」。
②③④⑤「每」，文淵閣四庫本俱作「某」。
⑥「遵」，文津閣四庫本作「尊」。
⑦「頤卦」，文津閣四庫本誤作「順卦」字。

者乎？斯所謂「有君子之道四焉」者乎？惜也宋朝取而藏之秘閣，而不籲①布於天下，今之學者知有程、朱之易，而不知有楊氏之易，斯易道之所以未大明也。』賈大夫曰：『其然乎？其然乎？淇聞之也，遡黄河者窮其源，睇泰、華者陟其巔，沿流而往，歷趾而升，則漁樵猶必資之，而況先儒之言，所由以明聖人之經者乎？請梓而行之，以廣公之志可乎？』余曰：『可哉！』遂次其答問之語而弁之。嘉靖四十二年九月。」

〔補正〕

張時徹序「藏之祕閣而不籲布於天下」，「籲」當作「頒」。（卷二，頁一）

郝敬曰：「楊誠齋説易，每爻引一古人作證，以此爲初學舉一隅則可，欲執此證前易，所失甚多。」

徐乾學曰：「楊寶學傳易，以中正立而萬變通爲易之指歸，立説多本之伊川，而雜引史傳爲證。其書自淳熙戊申至嘉泰甲子，經十有七年而成。此本爲其門人張敬之校刻，元人鄭希聖題識猶存，又有正德中吴郡朱叔英跋尾，流傳有自，蓋宋槧之精者。」

曾氏穜**大易粹言**

宋志：「十卷。」或作「七十卷」。

存。

① 「籲」，依補正、四庫薈要本應作「頒」。

〔四庫總目〕

宋方聞一編。聞一，舒州人。淳熙中爲郡博士，時温陵曾穜守舒州，命聞一輯爲是書，舊序甚明。朱彝尊經義考承宋志之誤，以爲穜作，非也。其書宋志作十卷，經義考作七十卷，又總論五卷，蓋原本每卦每傳皆各爲一篇，刊板不相聯屬，故從其分篇之數，稱七十有五。然宋刻明標卷一至卷十，則經義考又誤也。（卷三，頁二十三—二十四，大易粹言十卷提要）

此本出蘇州蔣曾瑩家，即嗣古嘉定癸酉所補刻，佚穜自序一篇，而移嗣古之跋冠其首，今從經義考補録穜序，仍移其跋於卷末焉。（卷三，頁二十四，大易粹言十卷提要）

〔校記〕

四庫著録十卷本，館臣考爲：「方聞一撰，宋志誤作曾穜。」後内府得宋刊十二卷本，載之天禄琳琅續編，則方聞一列名校勘中，書則仍爲穜著。（易，頁九—十）

穜序曰：「伏羲以前，理具而畫未形；伏羲以後，畫形而理遂晦。至文王、周、孔始有辭，後人當使言與心通，理因辭見，明行明事，然後爲得。甚者以象爲本，以數爲宗，以卜筮爲尚，可怪也。闕。吾根於性理者哉。淳熙乙未夏五月，穜代賈龍舒，因與二三僚友語及先生之學，皆欣然有得，謂穜曰：『易道蓋生生不窮，未嘗拘泥，胡可不傳？』遂相與裒伊川家所①嘗發揮大易之旨者，明道、伊川、横渠、廣平、龜山、兼山、白雲，合七先生集爲一書，目之曰大易粹言。攷其説雖小有不同，要其終則歸乎一致。

① 「伊川家所」，依文淵閣四庫本應作「伊川諸家」。

板之以傳，使夫後之學者，由是可以知仁義道德之説，性命禍福之理，君臣父子之大致，誠不爲無補。易曰：『先天而天弗違。』龜山載邵堯夫詩，亦有『畫前元有易』之語，蓋七先生之所宗。先生之學，畫前之易也，學者宜究心焉。淳熙二年九月。」

程九萬跋曰：「是書之成，所惠於後學多矣。夫學莫不有宗，後之學者皆失之。學琴有譜，學奕有數，彼業一技者且然，而況於學道者乎？吾聖人闡道之微，以詔後學，悉具於六藝。煨燼之餘，惟易爲全書，故昔人號易爲六藝之原，有志於道德性命之學者，可不出入其門而探其奥乎？捨是不用吾力，而欲求夫徑造頓悟之説，幾何而不胥爲異端也？蓋自胚腪於羲，發露於文，而大彰明於夫子，道妙所在，内外之不偏廢，終始之無有二致。由是而充之，可以處貴賤，可以達死生。漢儒休咎災異之證，最害道之甚者，寥寥千百載間，有伊川二程先生者，探三聖之用心，與一時諸公講究至到，可爲學者據依，然猶病其文字之間見，帙籍之散漫，今公會而通之，貫而一之，誠有功於聖門，端不止於裒集而已，學者於是而得其所宗矣。書成，遂述前日語以書於末云。淳熙四年正月。」

李祐之跋曰：「昔伊川先生發揮大易之旨，獨止於六十四卦，而繫辭無傳，學者惜之。惟當時諸公之所講究，間見層出，亦足以補其遺闕，然編帙散漫，猶病焉。祐之蚤獲遊温陵曾公之門，公平居議論必，及於易，而伊川之學尤所篤好。故嘗以親愛白雲之説，合伊川兄弟而下，共爲七家，欲鑱之而未能也。洎來舒郡，出以相示，且俾訂證其非，是期與同志共之。凡涉書七十有五種，爲字四十五萬有奇，義多互見，辭或重出，而後伊川之易無遺恨之歎。噫！公之用心也蓋深，而人之獲利也亦博矣，於是乎書。」

張嗣古跋曰：「右大易粹言，前太守曾君穜命郡博士方聞一所裒輯者也。雖七家之書，不無淺深異同之論，然攷其師友淵源，則皆自伊、洛中來，學者得此書而萃觀之，則淺深異同之際，乃吾所用力之地。苟能窮其所已言，以求乎至是之歸，體其所未言，以造乎自得之實，則知陰陽五行升降上下，無非天理流行之妙，而畫前之易，當在吾心而不在書矣，豈徒以廣耳目聞見而已哉？歲久，板漫滅不可讀，因念刊書之難，復爲之修改，七百三十有六板，凡二十六萬一千五百九十有四字，以與學者共之，亦以無忘曾君之美意云。嘉定癸酉五月望。」

陳造曰：「粹言載諸公所得深者，參舉而互備，此板在舒州已就漫漶，予修之，遂爲佳本。」

趙希弁①曰：「大易粹言七十卷，總論三卷，集明道先生程顥伯淳、伊川先生程頤正叔、横渠先生張載子厚、廣平游酢定夫、龜山楊時中立、兼山郭忠孝立之、白雲郭雍子和之説也，舒守曾穜序。」

王應麟曰：「淳熙二年，曾穜裒程顥、頤、張載、游酢、楊時、郭忠孝、雍②七先生之説爲大易粹言，凡十卷。」

〔補正〕

又案：此條下王應麟曰「郭忠孝、郭雍」下一「郭」字板脱，應補。（卷二，頁一）

胡一桂曰：「大要主理義，不及象數。」

① 「趙希弁」，文津閣四庫本誤作「趙希升」。
② 「雍」，依補正應作「郭雍」，四庫薈要本誤作「邵雍」。

董真卿曰：「曾穜集七家解，名大易粹言，七十三卷，淳熙二年序。」

〔補正〕

案：此條下又引趙希弁、董真卿並云「七十三卷」，朱氏未之辨正。（卷二，頁一）

李氏燾周易古經

八篇。

存。

易學

宋志：「五卷。」

佚。

中興館閣録：「李燾，字仁父，眉山人，黄公度榜進士，淳熙三年正月，除秘書監，三月，權禮部侍郎。」

燾自序曰：「周易古經八篇，并呂氏、晁氏後記各一篇。謹案：元豐五年，正愍呂公微仲始釐析王輔嗣篇第，别定爲十有二，如劉歆六藝略首所列施、孟、梁丘三家者，刻板置成都學官，於文字句讀，初無增損。建中靖國元年，景迂晁生以道又輯諸家異同，或斷以己意，有增有減，篇第則倣費長翁未解、輔嗣未注以前舊本，獨并十二爲八耳。呂、晁各出所見，初不相祖述，亦猶李敏仲與王子雍殊隔，而傳易、書、詩、禮，其指歸則暗合，學者必貴自得，大抵如此。呂氏於卦、爻、彖、象、繫辭並分上下，自咸以後爲下經、下彖、下象，自『八卦成列』以後爲下繫，而文言乃次下繫。晁氏俱不分上下，更以文言先繫辭，餘同呂氏。今八篇次第實從晁氏，總名周易古經則從呂氏。若晁氏但名古周易也。或疑孔子有因爻辭而申言之，若無所損益於其辭之義者甚衆，蓋合而觀之也，若別而觀之，殆無可疑。故讀書必別其合者，合其別者，一合一別，則其義過半具前矣。晁氏專主北學，凡訂故多取許叔重説文解字、陸德明音義、僧一行、李鼎祚、陸希聲及本朝王昭素、胡翼之、黄聱隅輩所論，亦時采掇。嘉祐以後獨否，朋友相與講習，自得辨其失得云。」

吴仁傑曰：「漢藝文志十二篇，古經也，纔一見於此，魏、晉以後，便自失之。隋氏藏書最備，亡慮八萬九千卷有奇，唐開元麗正殿所藏，亦八萬五千餘卷，皆不著録。國朝文物之盛，一時儒宗嗜古者衆，古文斑斑間出，如孝經、尚書，學者昔未所覩。因司馬文正、呂汲公遂大傳於時，於是古易有呂氏書，又有晁氏書刊於成都、宜春兩郡。李仁甫侍郎嘗合二氏之説刊焉，今復出此編，世遂有三書矣。後進坐眠前修，無能爲役，何敢妄出意見？而易則古易也，亡一字加損。縣故有學事加奉，自仁傑之來，一切以資公家，迺取爲工木費，并二氏篇第顛末，三君子後記，刻置諸校官。」

周氏燔**九江易傳**

九卷。

佚。

熢自序曰：「易有經有傳，文王之卦辭、周公之爻辭，經也；仲尼之彖、象，傳也；其卦則伏羲之所重也。伏羲始作八卦，即自重之，謂：『文王重之爲六十四。』非也。三代皆有易，夏曰連山，商曰歸藏，周曰周易，其經卦皆八，其別皆六十有四，與今周易卦名相同，則夏、商以前已有重卦，無可疑矣。仲尼將聖也，其言宜爲經，而謂之傳，何也？以其訓釋經旨，故謂之傳。班固曰：『孔子晚而好易，讀之，韋編三絶，而爲之傳，即彖、象、文言等是也。』又王弼易卷首尚題乾傳、泰傳之名，陸德明謂：『是夫子十翼以傳述爲義。』則經之與傳不可不分，若合而言之，同謂之經，可也。古文易書，經自經，傳自傳，各自分帙，不相參入，後人取彖、象散入卦爻之下，使相附近，欲學者易曉。而今之易，經、傳相配，自鄭康成、王弼始，亦如引書序各冠其篇首自孔安國始，取詩序冠於篇首自毛公始，分經之中①與傳之年相附自杜預始，取其便於解經而已。惜乎先儒分之，失其次序，列卦象於『彖曰』之後，而在六爻之前，上無所承，下無所據，六十四卦皆有此誤。諸卦『象曰』有七，其一爲卦象，其六爲爻象，而坤稱『象曰』者八，獨乾卦稱『象曰』者一，首尾錯亂，全與他卦不同。以『象曰』承『无首吉』之下，則『元亨』爲爻辭所隔矣。以『潛龍勿用』承『自強不息』之下，則卦爻二象合爲一矣。分『潛龍勿用』于『動而有悔』之後，則小象與前爻不得相屬矣。分『乾元者始而亨』於『乃見天則』之後，則文言與前段不得相屬矣。由卦辭多義又深微，故差失次序，比他卦爲甚，蓋不知仲尼之意，因世次爲先後，讚以彖、象，不可易也。卦自伏羲之所畫也，故贊之以卦象，如曰：『天行健，君子以自強不息。』是也。卦首諸辭，文王之所繫也，故贊之以

① 「中」，各本俱誤應作「年」。

彖，如曰：『大哉乾元，萬物資始。』是也。爻下諸辭，周公之所繫也，故贊之以爻象，如曰：『潛龍勿用，陽氣潛藏。』是也。故卦象當承本卦之下，在彖之前，今進卦象於前，而後彖次之，爻象又次之，文言又次之，至於『初九曰：潛龍勿用，何謂也』以下，乃夫子問答之辭，最次於後。諸卦之爻象皆可以分配六位之下，唯乾六爻，仲尼三申其義，不可分也，故併以三節明之，於是經、傳始各得其歸趣矣。伏羲畫卦，初無語言文字，億載之後，文王、周公得以繫其辭，不失伏羲之本旨者，有象存焉。故易之道本不可以言辭傳，以言辭傳易者，聖人之不得已也，慮後世浸遠，學者失其傳而不能有所入也，若三聖不措一辭，則六十四卦殆爲虛設，當委棄廢絶，不復見矣。故知學易觀象爲本，而博之以文，演之以數，於是易道幾無餘蘊，乃非特彖、象失其次序，又諸儒從前皆誤以九六爲陰陽，以七八爲□□，夏、商易，並於總論言之詳矣。今將易傳凡彖、象、文言曰等，比經皆低一字，使學者知其爲傳，非有高下之意也。若爲之注解，則將經、傳連文，而疏注解於其下，不害其爲尊聖人也。又說卦卷首『昔者』兩段差誤在此，今已附入繫辭上下篇，自『天地定位』以下，乃爲說卦，首章欲見聖人專說八卦之物，其次乃序六十四卦之時，以雜卦終焉，繫辭分章小有差者，亦隨而正之，庶幾於聖人之道有小補云。」

王應麟曰：「古易五家，呂大防十二篇，晁說之并十二爲八，睢陽王氏、東萊呂氏各定爲十二篇，周燔又改更次序。」

經義考卷三十

易二十九

吳氏仁傑**古周易**

宋志：「十二卷。」

未見。

周易圖説

宋志：「三卷。」

〔校記〕

四庫著録吳仁傑易圖説三卷，通志堂本卷數同。（易，頁十）

存。

集古易

宋志：「一卷。」

存。

仁傑自序曰：「易與天地並，未有文字，先有此書。自伏羲畫八卦，以貞悔之象，重之爲六十四，時則有卦有象而無辭。始卦之重，占以定體，文王作彖，總論其義，謂卦不足以盡吉凶之變，迺附著變爻及覆卦之畫，以演其占，時則有彖有爻而未有爻辭。周公繼之，於爻畫覆卦之下，皆繫辭焉，而易上下篇之文始備。孔子承三聖爲十翼以贊易，道彖、象、繫辭、文言①、説卦、序卦、雜卦是也，謂之易傳。彖、象、繫辭，夫子所自著也，文言以下，弟子記夫子之言也。按：汲冢書有周易上下篇而無彖、象、繫辭，陸德明釋文：『孔壁所得古文傳爲十翼。』而不言經，然則十翼之作，其初自爲篇簡，不與易經相屬，此冢、壁所藏所以各得其一歟？漢田何之易，其傳出於孔氏，上、下經，十翼離爲十二篇，而解者自爲章句，此古經也。又有費直易亡章句，崇文總目序云：『以彖、象、文言雜入卦中者，自費氏始。』按：鄭康成易以文言、説卦、序卦合爲一卷，則文言雜入卦中，康成猶未爾，非自費氏始也。直本傳云：『徒以彖、象、繫辭十篇之言解説上下二經。』蓋解經但用彖、象、繫辭。漢書本誤以『之言』字爲『文言』耳。十篇云者，史舉其凡。直之學似於每卦之後列彖、象、繫辭，去其篇第之目，而冠『傳』字以總之，正如杜元

① 「文言」，文津閣四庫本誤作「文焉」。

凱春秋解分經之年與傳之年相附，而經自經，傳自傳也。然彖、象、繫辭之名一没不復，汨亂古經，則始於此。劉向嘗以中古文校施、孟、梁丘，或脱去『无咎』、『悔亡』，惟費氏經與古文同，由是諸家之學寖微於漢末，而費氏獨興。康成因之，遂省六爻之畫與覆卦之畫，移上下體於卦畫之下，而以卦名次之，移『初九』至『用九』之文而加之爻辭之上，又以彖、象合之於經，而加『彖曰』、『象曰』之文，今王弼易乾卦自文言以前，則故鄭氏本也。以高貴鄉公、淳于俊問對觀之，於時康成所注雖合彖、象於經，而所謂彖、象不連經文者猶在。及王注易，則康成之本，謂孔子贊爻之辭本以釋經，宜相附近，及各附當爻，每爻加『象曰』以别之，謂之小象；又取文言附於乾、坤二卦，加『文言曰』三字於首；若説卦等篇則仍其舊，别自爲卷，總曰繫辭。自是世儒知有弼易而不知有所謂古經矣。原三經之學，初欲學者尋省易了，日趨於簡便，而末流之弊，學者遂廢古經，使後世不見此書之純全與聖人述作之本意，可勝嘆哉！然則天下之事務趨於簡便者，其弊每如此，可爲作俑者之戒也。隋經籍志序謂：『秦焚書，易以卜筮獨存，唯失説卦三篇，後河内女子得之。』按：今説卦乃止一篇，故先儒疑易文亦有亡者，不得爲全書。又説卦之文每及於彖、象、繫辭，必以聖人稱之，先儒謂此非伏羲、文王、周公之作，然十翼之書，復有所謂彖、象、繫辭，其名相亂，學者疑焉。仁傑按：史稱孔子晚而好學，讀之，韋編三绝，而爲之傳。顔師古曰：『傳謂彖、象、繫辭之屬。』則知伏羲、文王、周公之作固曰彖、象、繫辭，而十翼所謂彖、象、繫辭，乃其傳也，費氏本有『傳』字，故王弼於每卷必以首卦配傳，名之音義，釋上經乾傳云：『傳謂夫子十翼。』又釋繫辭上云：『王肅本繫辭上傳。』由此言之，十翼所謂彖、象、繫辭，并不與伏羲、文王、周公之名相亂，古經蓋曰彖傳、象傳、繫辭傳也。今易指孔子象辭爲大象，而以釋爻辭之文爲小象者，案：易固有大小之象焉，大象指八卦八物之象，所謂：『八卦以象告，立象以盡意。』如乾爲天、震爲雷之類，說卦載『帝出乎震』至『成言乎艮』，蘇文忠公謂『古有是說，孔子從而釋之』者是已。小象指六十四卦八物相配之象，所謂『象其物宜，是故謂之象。八卦成列，象在其中，如雷在天上，大壯』之類，孔子所著象傳是已。然則今大象當曰象傳，小象乃孔子所謂釋爻辭者，當曰繫辭傳也。夫孔子釋爻辭之文謂之繫辭傳，則周公爻辭曰繫辭可矣。歐陽公曰：『繫者，有所繫之謂也，故曰：「繫辭焉以斷其吉凶，是故謂之爻。」言其爲辭各聯屬其一爻者也。』是則□①專指爻辭爲繫辭，蘇文忠亦謂以上、下繫爲繫辭，則失之矣。然孔穎達以爲繫辭通指卦爻之辭言之，不專指爻辭，是不然。按：說卦言繫辭者六：其一曰：『繫辭焉以明其吉凶，是故謂之爻。』此不待言而明者。其一曰：『立象以盡意，設卦以盡情僞，繫辭焉以盡其言。』此歷舉三聖之作，象謂伏羲六十四卦之象卦，繫謂文王、周公彖辭、繫辭也。其一曰：『因而重之，爻在其中，繫辭焉而命之，動在其中。』龔深甫侍郎云：『繫辭焉而命之，所以明爻也。』其一曰：『易有四象，所以示也；繫辭焉，所以告也。』正義曰：『四象謂七八九六。』按：七八即爻之不變者，九六即爻之變者，然則此章所指亦爻辭也。其一曰：『聖人設卦觀象，繫辭焉而明吉凶。』言設卦所以觀象，繫辭所以明吉凶云爾。卦謂彖辭，繫謂爻辭，故曰：『彖者言乎象，爻者言乎變。』又曰：『齊小大者存乎卦，辨吉凶者存乎辭。』凡此皆互見其義，或以彖對爻，或以卦對辭；曰卦曰彖云者，皆指乎卦辭也，曰爻曰辭云者，皆指夫爻辭也。簡言之，則曰彖、曰象、曰爻、曰辭；詳言之，則卦曰彖辭，爻曰繫

① 「□」，文淵閣四庫本作「本」，依備要本應作「非」。

辭，截然有不可紊者。不然，卦辭既曰彖矣，安得復以繫辭名之？説卦凡以卦與辭二文相對，韓康伯、蘇文忠皆曰：『辭，爻辭也。』楊元素侍讀亦謂：『「聖人設卦觀象，繫辭焉而明吉凶。」又曰：「繫辭焉，所以告也。」蓋指周公之所爲爻辭。』以説卦本旨及韓、蘇、龔、楊之言參之，謂①『繫辭』非專指爻辭，可不可耶？雖然，謂爻辭爲繫辭，謂小象爲繫辭傳，則今所謂上、下繫者，復何名哉？或曰：『二繫皆謂之説卦，與今説卦通爲三篇，諸儒皆以繫辭傳爲小象，而上、下繫之名無所歸，故取説卦前二篇名之，其實本説卦也。』歐陽公謂：『今繫辭之文雜論易之諸卦，其辭非有所繫，不得謂之繫辭。』葉少藴左丞亦曰：『太史公引「天下同歸而殊塗，一致而百慮」爲易大傳，則漢諸儒固未嘗以今兩篇爲繫辭，斯其爲説卦也審矣。』太史公以兩篇爲大傳者，蓋十翼皆謂之易傳，而漢之易師楊何之屬又著易書行於世，太史公受易於楊何，謂説卦之文爲大傳者，以别楊何之徒所謂傳耳。今詩序一名詩大傳，亦以别毛公故訓傳□也。鄭東卿論説卦出漢宣時，而漢宣之前，儒者亦多引援，豈秦火之後，易家秘此而不輕傳也。按：太史公周行天下，多見先秦古書，此三篇之文雖未獻於孝宣之時，固已先衆人而見之矣。世家不云乎：『孔子晚喜易，序彖、繫、象、説卦、文言。』此其證也。先儒以爲序之、繫之、説之、文之，於義未允，此謂序易及彖傳、象傳、繫傳、文言、説卦也。或者又謂：『聖人之書不當捨經傳傳。』案：易音義云：經者，常也，法也，傳以傳述爲義，經之爲經，以其可爲萬世之常法，傳作述前人之作，如是而已，非必尊經而卑傳。十翼之文，述而不作，其體傳也，其言經也，豈害其爲聖人之書乎？況史稱：『孔子讀易而爲之

① 「謂」，文津閣四庫本誤作「爲」。

傳。』則傳也者，夫子所自名，非後人名之也。夫如此謂十翼彖、象、繫辭爲彖傳、象傳、繫辭傳，復何疑哉？以易考之，「䷀」者①，伏羲之卦也。『元亨利貞』者，文王之彖也。曰『大哉乾元，萬物資始，乃統天』以下，此夫子所述彖之傳也。『內卦☰、外卦☰』者，伏羲卦中貞悔之象也。曰『乾下乾上，天行健，君子以自強不息』者，孔子所述象之傳也。『⚊』者，文王於卦外所演變爻之畫也。『潛龍勿用』者，周公繫爻之辭也。曰『初九，潛龍勿用，陽在下也』者，孔子所述繫辭之傳也。『䷀』者②，文王所演覆卦之畫也。曰『見群龍无首，吉』者，周公之繫辭也。曰『用九，天德不可爲首』者，孔子所述繫辭之傳也。象述伏羲，彖述文王，繫辭述周公；而象在彖後者，穎達謂當繇彖詳而象略，疑不專爲是孔子所述，其肯先文王乎？又十翼之次，先儒所論，亦有多家。穎達獨取鄭氏之説，云上彖、下彖、上象、下象、上繫、下繫、文言、説卦、序卦、雜卦，其説謂經分上下，則彖、象亦當隨經而分，不知經爲上下篇，直以古者竹簡重大故爾。若謂彖、象當隨經而分，序卦何以不分耶？胡秘監且以彖、大象、小象、上繫、下繫、乾文言、坤文言、説卦、序卦、雜卦爲十篇。胡安定易之，曰：上彖一、下彖二、大象三、小象四、文言五、上繫六、下繫七、説卦八、序卦九、雜卦十；文言既不當離而爲二，至以二繫居文言之後、説卦之前，亦恐其非序矣。仁傑謂：十翼：彖傳也，象傳也，繫辭上、下傳也，文言也，説卦上、中、下也，序卦也，雜卦也，並上、下經是爲十二篇。上經、下經之目本之費直、孟喜，繫辭上傳、繫辭下傳之文本之王肅，彖、象、繫辭、文言之次本之藝文志，而説卦之爲三篇，則河內女子所得之數也。其篇第在古如此，而費、鄭以來

①② 「者」字，文淵閣四庫本俱脱漏。

汨之。嗚呼！維天未喪斯文，故厄於秦而獨不廢，奈何後世猶疑其非全書，其失在傳注之家以傳參雜於經而然也。今以彖辭歸之卦下，以繫辭歸之爻下，以上下體歸之象傳，以卦名及初上九六、二用之文歸之繫辭傳。以上、下經仍爲兩篇，傳爲十篇，然後古十二篇之易復得其全矣。夫易之爲書，其藴奥微妙，非深造自得者未易言也。仁傑未得其門户，獨次其舊文而欲復之。紹興辛巳之冬，書始萌芽，博考深求，又二十八年而後定古經之失，復之之難如是哉！是以君子重變古也。」

朱子曰：「吴斗南古易既畫全卦，繫以彖辭，再畫本卦，分六爻而繫以爻辭，似涉重複。又彖傳釋彖辭，象傳釋爻辭，繫辭傳則通釋卦爻之辭，故統名之曰繫辭傳，恐不可改繫辭傳爲説卦。蓋説卦之體乃分别八卦方位與其象類，故得以説卦名之，繫辭傳兩篇釋卦爻之義例，辭意爲多，恐不得謂之説卦也。」

吴元壽跋曰：「古易六十四卦，象而不名，卦皆有辭，又大書其爻而繫辭焉。惟乾、坤覆卦之象，餘則否。彖、象、繫辭各有傳，合文言、説卦、序卦、雜卦爲十篇，古易大略蓋如此。後世儒者便文求義，乃取象、彖、繫傳、文言之文，雜入爲經，凡繫辭之文與夫象之覆者皆略之，三聖遺書殆失其本真矣。天佑斯文，全書仍在，學者猶獲見於千載之上，如是爲經，如是爲傳，益以見古聖人作述之本旨，吁！何幸歟？」

陳振孫曰：「仁傑所録以爻爲繫辭，今之繫辭爲説卦，其言十翼謂①彖傳，象傳，繫辭傳上、下，説卦上、中、下，文言，序卦，雜卦，并上、下經爲十二篇。按：漢世傳易者施、孟、梁丘、京、費，費最晚出，不得立於學官，其學亡章句，惟以彖、象、文言等解上、下經，自劉向校中古文易經，諸家或脱『无咎』、『悔

①「謂」，文淵閣四庫本作「爲」。

亡』，惟費氏與古文同。東京名儒馬、鄭皆傳之，其後諸家皆廢，而費學孤行，以至於今。其合彖、象、文言於經，蓋自康成、輔嗣以來，展轉相傳，學者遂不識古文本經，甚至於今世考官命題，或連彖、象、爻辭爲一，對大義者，志得而已，往往穿鑿傅會，而經旨破碎極矣。凡此諸家所録，雖頗有同異，大較經自爲經，傳自爲傳，而於傳之中，彖、象、文言亦各不相混，稍復古文之舊，均有益於學者，宜並存之。又①有九江周燔所次，附見吴興②書篇末，今古文參用，視諸本爲無據云。」

王應麟曰：「元豐五年，汲郡吕大防始定周易古經，分上經、下經、上彖、下彖、上象、下象、繫辭上、下各二篇，文言、説卦、序卦、雜卦各一篇，凡十二篇。靖國中嵩山晁説之③亦注古文易，并十二爲八，以卦、爻、彖、象、文言、繫辭、説卦、序卦各爲一篇。睢陽王氏、東萊吕氏亦各定爲十二篇，其後九江周燔又自改定次序，與諸家之説不類。故言古易者爲五家，吴仁傑集爲一卷，仁傑亦分爲十二篇。」

董真卿曰：「仁傑，字斗南，平江崑山人。周易圖説二卷、集古易一卷。」

吕氏祖謙古易

宋志：「一卷。」通考：「十二卷。」

---

① 「又」，文津閣四庫本作「凡」。
② 「吴興」，文淵閣四庫本作「吴氏」。
③ 「晁説之」，文津閣四庫本誤作「冕説之」。

〔校記〕

四庫及通志堂本並作古周易，一卷。（易，頁十）

存。

祖謙自序曰：「漢興，言易者六家，獨費氏傳古文易而不立於學官。劉向以中古文易經校施、孟、梁丘經，或脱去『无咎』、『悔亡』，惟費氏經與古文同，然則真孔氏遺書也。東京馬融、鄭玄皆爲費氏學，其書始盛行。今學官所列王弼易，雖宗莊、老，其書固鄭氏書也。費氏易在漢諸家中最近古，最見排擯，千載之後，巋然獨在，豈非天哉？自康成、輔嗣合彖、象、文言於經，學者遂不見古本，近世嵩山晁氏編古周易，將以復於其舊，而其刊補離合之際，覽者或以爲未安。祖謙謹因晁氏書，參考傳記，復定爲十二篇，篇目卷帙，一以古爲斷，其説具於音訓云。」

朱子跋曰：「古文周易經傳十二篇，亡友東萊呂祖謙伯恭父之所定，而音訓一篇，則其門人金華王莘叟之所筆受也。熹嘗以爲易經本爲卜筮而作，皆因吉凶以示訓戒，故其言雖約，而所包甚廣，夫子作傳，亦略舉其一端，以見凡例而已。然自諸儒分經合傳之後，學者便文取義，往往未及玩心全經，而遽執傳之一端，以爲定説，於是一卦一爻，僅爲一事，而易之爲用，反有所局，而無以通乎天下之故，若是者，熹蓋病之。是以三復伯恭父之書，而有發焉，非特爲其章句之近古而已也。音訓則妄意其或有所遺脱，莘叟蓋言書甫畢，而伯恭父歿，是則固宜，然亦未敢輒補也，爲之别見於篇後云。」

陳振孫曰：「著作郎東萊呂祖謙伯恭，隆興癸未鎮廳甲科，宏詞亦入等，仕未達，得末疾，奉祠。所定古易，篇次與呂微仲同，音訓則其門人王莘叟筆受，晦庵刻之臨漳會稽，益以程氏是正文字及晁氏説，所著本義，據此本也。繫辭精義集程氏諸家之説，以程傳不及繫辭故也，館閣書目以爲託伯恭之名。」

黄震曰：「東萊先生易説諸卦皆備，然特出於門人集録，非先生親筆，亦見有義未瑩處。如：『天在山中，大畜。』云：『山安能畜天？以方寸能留藏八荒，則亦有此理。』愚恐經文只是山中見天耳，非必包天於山，如洞天之云也。如大過：『獨立不懼。』云：『常人數百年所不見，必大驚駭，無一人以我爲是，非大力量何以當之？』愚恐經文只説自守之堅耳，若人大驚駭而我獨不懼，王金陵執拗可鑒也。如：『君子以虚受人。』云：『聖人無邪無正，皆受之。』語亦微過於寛，邪正恐難兼①受。」

董真卿曰：「吕氏古易十二篇，一卷。上經第一，下經第二，彖上傳第一，彖下傳第二，象上傳第三，象下傳第四，繫辭上傳第五，繫辭下傳第六，文言傳第七，説卦傳第八，序卦傳第九，雜卦傳第十。」

胡一桂曰：「伯恭與微仲篇次一同，而微仲自一至十二之序小異爾。又吴氏所載費氏易已自不能不小有變動，而東萊謂費氏經真孔氏遺書，豈吴氏考之猶未的歟？」

東萊易説

二卷。

存。

〔校記〕

① 「兼」字，文津閣四庫本脱漏。

四庫存目載東萊易説二卷。館臣考爲「僞託」。（易，頁十）

王應麟曰：「上天下澤，履，此易之言禮也。雷出地奮，豫，此易之言樂也。呂成公之説本於漢書：『上天下澤，春雷奮作，先王觀象，爰制禮樂。』」

徐乾學曰：「東萊易説非有成書，乃先生平時講説所及，而門人記録之者。」

古易音訓

宋志：「二卷。」

存。

〔校記〕

古易音訓，宋咸熙有輯本二卷。（易，頁十）

朱鑑跋曰：「先公著述經傳，悉加音訓，而於易獨否者，以有東萊先生此書也。鑑既刊啓蒙、本義，念音訓不可闕，因取寶婺①、臨漳、鄂渚本，親正訛誤六十餘字，而併刊之。如豫爻之『簪』，晁作『戠』，婺②、漳、鄂本作『戠』。損象之『窒』，晁作『旾』，婺本作『旾』，漳作「旾」，鄂作『旾』。則有未詳者，然非有害於文義，已足爲善本矣。至於嵩山古易跋語先公嘗折衷晁、呂之説於其後。今三本所載不同，而文集中乃有晚歲書諉鄂教滕珙以改換最後兩版者，其爲後出無疑云。」

①② 「婺」，依補正應作「婺」。

案：此所舉二條，其「戠」字之誤無疑。至「窒」下四條，須以此四處宋槧本合勘之。「婺」皆訛「嫠」，應改正。（卷二，頁一一二）

〔補正〕

王柏曰：「予暇日校正音訓，而有未能釋然於可疑者，久之，方悟成公之謹於闕疑也，善於復古也。所謂古文者，今亡矣。昔劉向嘗以中古文易校施讎、孟喜、梁丘賀三家，多有脱落，獨費氏經與古文同，鄭康成、王輔嗣固皆出於費氏。今之易即古文易也；今易之字，即非古文之字也。況籀篆既更，隸正益異，轉相傳寫之訛，豈能盡合於古哉？晁氏既不見古文易，今所按古文，不知其何所據也？姑以古文異同者言之，今之『渃①』，古之『瀐』字也，以爲當從古也，凡經傳皆書此『瀐』，宜也。自乾以下既更此『若』，獨於離卦出此二『瀐』，豈不可疑乎？『趾』之爲止，誠古也，或加足，或去之，亦豈有二義哉？『拯』之爲『承』，亦古也，而又不一於承，何也？『娶』之爲『取』，『鮮』之②爲『尠』，未嘗盡出於一，如『亨』、『享』、『佑』、『祐』之類，尚多有之。若『喪』之與『䘮』，非有大異，特筆法互有得失耳。成公豈不能訂其是而歸於一乎？闕疑存古之道，不當若是，此成公所以一循其舊也。其大不得已者，『天一地十』章移在『天數五』之上，此則存程子、張子之言，有不容不移者。今成公於字音因晁氏之舊而增廣之，異同之間，不敢輕加一字，謹之重之，如此之至也。乃於千載傳襲不疑之書，鋭然撥亂而反之正，則其不可不

① 「渃」，四庫薈要本、文淵閣四庫本、文津閣四庫本、備要本俱作「若」。
② 「之」，文津閣四庫本誤作「矣」。

復古也審矣。晁氏，先於復古者也，成公豈苟從者？志偶同也。至於訂古有未盡善者，則成公亦不得而盡從也。曰古字，曰今字，曰籀字，曰篆字，曰隸字，分別若甚精，訂定若甚確，徐而考之，蓋亦未能盡合乎法也。至以卦氣斷其字之是非有無，此則不能不疑也。抑嘗思之，不有音訓類其同異，則不知諸儒之得失。不見諸儒之異同得失，則不知伊、洛以來傳義之精也。音訓之有益於後學如此，知其所以異，而能察其所當同，而後可以謂之善觀。今大綱領既正，音訓甫畢，而成公夢奠，精神全在卷第之下分行註中，讀者尤當留意焉。」

張雲章曰：「伯恭音訓之作，其門人金華王莘叟所筆受①者，書成而伯恭旋没，朱子謂其猶有脱遺。今原本不可見，賴元刻本合程、朱傳、義爲一編，得以抄撮成書。」

讀易紀聞

一卷。

存。

按：是編附載集中，始乾卦，至比卦。

---

① 「筆受」，文津閣四庫本作「受筆」。

經義考卷三十一

易三十

朱子熹易傳

宋志：「十一卷。」

佚。

〔校記〕

宋咸淳吳革刊本十二卷，明刊改併爲四卷，非其舊也。（易，頁十）

周易本義

宋志：「十二卷。」

存。

易學啓蒙

宋志：「三卷。」

存。

古易音訓

宋志：「二卷。」

未見。

〔補正〕

案：朱鑑跋呂伯恭古易音訓云：「先公著述經傳，悉加音訓，而于易獨否者，以有東萊先生此書也。」据此則朱子于易未嘗别有音訓，其音訓乃東萊呂氏書耳。朱子跋呂伯恭古易云：「音訓一篇，則其門人金華王莘叟之所筆受也。」又云：「音訓則妄意其或有所遺脱，莘叟蓋言書甫畢，而伯恭歿，是則固宜，然亦未敢輒補也。」此跋竹垞已採於呂氏古易下矣，而此處卻以音訓隸朱子條下者，特据宋志云爾。（卷二，頁二——三）

蓍卦考誤

一卷。

存。

朱子自序啓蒙曰：「聖人觀象以畫卦，揲蓍以命爻，使天下後世之人，皆有以決嫌疑、定猶豫，而不迷於吉凶悔吝之途，其功可謂盛矣。然其爲卦也，自本而幹，自幹而支，其勢若有所迫而不能已。其爲蓍也，分合進退，縱横順逆，亦無往而不相值焉。是豈聖人心思智慮之所得爲也哉？特氣數之自然，形於法象，見於圖書者，有以啓於其心而假手焉耳。近世學者類喜談易，而不察乎此；其專於文義者，既支離散漫，而無所根著；其涉於象數者，又皆牽合傅會，而或以爲出於聖人心思智慮之所爲也；若是者，予竊病焉。因與同志頗輯舊聞，爲書四篇，以示初學，使毋疑於其説云。」

朱子自序考誤曰：「揲蓍之法見於大傳，雖不甚詳，然熟讀而徐究之，使其前後反復，互相發明，則亦無難曉者。但疏家小失其旨，而辨之者又大失焉，是以説愈多而法愈亂也。因讀郭氏辨疑，爲考其誤云。」

陸游曰：「易道廣大，非一人所能盡，堅守一家之説，未爲得也。元晦尊程氏至矣，然其爲説亦已大異，讀者當自知之。」

陳振孫曰：「晦庵初爲易傳，用王弼本，復以吕氏古易經爲本義，其大指略同而加詳焉。首列九圖，末著揲蓍法，大略兼義理占象而言，啓蒙之目曰本圖書、原卦畫、明蓍筮、考變占，凡四篇。」

陳淳曰：「自秦以來，易幸全於遺燼，而道則晦而不彰。溺於象數者，既牽合附會，而失其源流；泥於文義者，又支離散漫，而無所根著。至康節邵子之圖出，於是乎伏羲之精，畫卦以示者，始可得而見。伊川程子之傳出①，於是乎文王、周、孔之藴，因卦以發者，始可得而明。今晦庵先生本義之書，發揮邵圖之法象，申明程傳之旨趣，本末兼該，精粗具舉，推本四聖所以作述本然之義，而易道之盛，至是無餘藴矣。」

李方子曰：「先生於易，推本畫之本體，辨三聖之指歸，專主筮占而實該萬變，以還潔静精微之舊。」

魏了翁曰：「朱文公易得於邵子爲多，蓋不讀邵易則茫不知啓蒙、本義之所以作。」

王應麟曰：「淳熙四年，文公易本義成，十二卷，又爲諸圖冠首，爲原象、述旨、明筮、稽類、警學五贊及筮儀附於末，音義二卷。十三年三月，易學啓蒙成，四篇，以本圖書、原卦畫、明蓍策、考變占爲次，又有蓍卦考誤、揲蓍之法見於大傳。郭雍爲蓍卦辨疑三卷，熹謂：『疏家小失其指，而辨之者又大失焉，説愈多而法愈亂，因爲考誤。』」

王希旦曰：「善讀易者，要識聖人畫卦作易來處，無非太極、河圖理數自然之妙，則繫辭、啓蒙是其機括。又須分别四聖之易，通名卦義，然後以本義、程傳相參考。沿流遡源，由粗探精，分合看之，遠近取之，則數陳象列，言盡理得，上極天地自然之易。於是始信易與天地準，窮理盡性，開物成務，内聖外王之學備於斯。」

周密曰：「朱子語録云：『某作易本義，欲將文王卦辭，只大綱依文王卦辭略説，至其所以然之故，

---

① 「『於是乎伏羲之精』至『程子之傳出』」二十四字，文淵閣四庫本脱漏。

於孔子彖辭中發之，如此乃不失文王本意，但未暇整頓爾。向見老人括蒼葉大慶云：『晦庵此語，似乎不滿孔子彖辭之意，別欲與文王重作彖辭，無奈何孔子已作了，故不得已言，卻於孔子彖辭發之爾。晦庵聰明過當，古人説話，無一個中他意，雖孔子彖易之辭，亦不然之也。』」

胡一桂曰：「自漢儒始變亂古易，至有流爲術數之歸，而卒大亂於王弼，且雜以虛無之論，吾①易遂晦蝕於天下，寥寥千載，孰覺我人？太極有圖，易通有書，發往古不傳之秘，開萬世理學之源，斯道始有繫屬。迨夫易傳寫胸中之成書，皇極具經世之大法，正蒙闡象數之條目，是雖古今變亂，未就釐正，而術數虛無之學，爲之一洗，吾②易粲然復明。未幾，陋儒妄作，異端蠭起，易置圖、書，指斥邵子冒僞著述，易道又幾晦蝕。朱夫子勃興，探前聖之精微，破俗學之繆妄，本義、啓蒙有作，而後吾③易復明於後世。愚嘗謂孔聖以來，朱夫子有功於易，斷斷乎其不可及者，蓋以本義之爲書也。圖、書位定，而天地自然之易明；先後天卦分，而羲、文之易辨；二篇、十翼不相混雜，易經始爲之復古。六十四卦三百八十四爻，兩言以蔽之，曰：『象占而觀玩，不涉虛無。』至於崇陽抑陰，進君子，退小人，發於坤初六之爻者，不過數語。而天之經、地之義、人之紀、易之要領，直包括無遺憾，此本義不可少於天下也。啓蒙之爲書也，本圖書則揭天生神物章，而易之本原正；原卦畫則表易有太極章，而易之位列明；明蓍策則發明大衍章，而掛扐之法定；考變占則博取左氏傳以明斷例，而吉凶趨避之見審。合四篇大旨，壹皆寓尊陽之微意，而小人盜賊不得竊取而用，此啓蒙不可少於天下也。」又曰：「朱子於易，有周易本義，

①②③「吾」，文淵閣四庫本俱作「古」。

復古易一十二篇之舊，發明象占之學。有易啓蒙四篇，發明圖書、卦畫、蓍策、變占之要。又有蓍卦考誤，有論濂、洛諸儒易學，有辨蘇氏易，有論魏伯陽參同契，又爲之注，及辨麻衣、子華子、關子明諸家易學之僞。先生嘗謂：『程先生易傳義理精，字數足，無一毫欠闕，只是於易本義不相合。易本是卜筮之書，程先生只説得一理。』故先生解易只以卜筮爲主，就象數上理義自見，而立卦生爻之因、先後之别，一本之康節邵子，使人得窺四聖人心傳之秘旨，其功甚大也。」

王浩翁曰：「紫陽夫子以爻變多寡，順而列之，以定一卦所變之序。又以乾卦所變之次，引而伸之，爲六十四卦所變相承之序，然後次第秩然，各得其所，雖出於焦延壽，而比焦尤密。」

董鴻曰：「易有聖人之道四焉，王輔嗣去三而存一，於道闕。晦庵知其爲非，所以本義、啓蒙各以卜筮言之，然雖知其爲卜筮之道，而不知其所以爲卜筮之道，不過復以理言之，則亦何異於輔嗣哉？」

熊良輔曰：「古今易説，傳千有餘家，據所見聞，由宋以前，何啻百家。由宋以來，亦二百家矣。或見其書而取之，或見其書而未暇徧覽，或見其姓名而不及見其書，或有其姓名而亡其書，是何學易者之多也？雖然，天地之間，理一而已，易自朱子而本義大明，象占義理殆無餘藴，則夫千有餘家之説，縱或有之，徒蔓辭耳，雖多，亦奚以爲？」

董真卿曰：「朱子周易本義，上、下經二篇，十翼十篇。前述九圖，後附五贊、筮儀，其書以淳熙四年丁酉歲成。凡分經異傳，盡從東萊呂氏所定，非但取其章句之近。至若正文，亦多從古易，繫辭諸篇分章，亦不盡從呂氏也。」

吴師道曰：「自漢、魏以來，王輔嗣之説單行，雖未盡善，而數百年實宗之。至宋而邵子闡伏羲之秘，程子衍周、孔之文，朱子又發明易專爲卜筮作，融會義理象數之旨，説者無以復加矣。」

朱升曰：「易爲卜筮而作，朱子所以融會程、邵之説，而發明易之本旨也。九圖之冠於本義者，傳於古也。六圖之特筆於啓蒙者，所以推邵子一生二之義，與程子加一倍法之説同也。」

薛瑄曰：「程子之易主孔子，朱子之易主邵子。」又曰：「朱子本義依古易次序，自爲一書，不與程傳①雜，最可見象占卜筮教人之本意。後儒摘以附程傳之次，失朱子之意矣。」又曰：「朱子本義簡切明白，深得聖人作易之意。」

洪常曰：「周易序次有古經、今經之異，程子因今經作傳，朱子因古經作本義。後世以本義附於傳而一之，故今本義之序亦今經也。奉化邑庠教諭成君矩謂：『世之讀易者，先本義而後傳。』乃獨刻本義傳於世。」

錢一本曰：「朱子於四書集註，悔其誤己誤人不小，又欲更定本義而未能，後人以信守朱説爲尊事朱子，此徒以小人之心事朱子耳。」

郝敬曰：「朱元晦本義直欲懸空説影，俟占者自合，究竟將易作卜筮之書，而其説愈隘。」又曰：「元晦以易道潔静精微，秖可懸空説影，不得將人事搭配。及作本義，三百八十四爻搭配三百八十四人占者，是自背其説也。」

吴肅公曰：「王弼以老、莊虚無之學害道之論，至淆亂經文。程子一代大儒，其著易傳曾不之釐

① 「程傳」，文津閣四庫本作「鄭傳」。

正，迨朱子始用東萊之説，悉復古本，名曰本義。明初取士，以詔學官，永樂儒臣編大全，則兼采程、朱，而書仍弼本，惜乎當時未有能正之者，然朱子本義之書自若也。至成化時，教諭成矩始刊，今易注從朱，而書則從弼，襲名爲本義，其實非朱子之書。功令所在，家沿户習，而易之古本益廢，然無有問者矣。」

顧炎武曰：「易自伏羲畫卦，文王作彖辭，周公作爻辭，謂之經，經分上下二篇。孔子作十翼，謂之傳，傳分十篇，彖傳上、下二篇，象傳上、下二篇，繫辭傳上、下二篇，文言、説卦傳、序卦傳、雜卦傳各一篇。自漢以來，爲費直、鄭玄、王弼所亂，取孔子之言，逐條附於卦爻之下，程正叔傳因之，及朱元晦本義，始依古文。洪武初，頒五經天下儒學，而易兼用程、朱二氏，亦各自爲書。永樂中修大全，乃取朱子卷次，割裂附之程傳之後，其凡例曰『程傳、本義既已並行，而諸家定本又各不同，故今定從程傳元本，而本義仍以類從』是也。於是朱子所定之古文，仍復混亂。彖即文王所繫之辭，傳者，孔子所以釋經之辭也，後凡言傳，放①此，此乃彖上傳條下義；今乃削『彖上傳』三字，而附於『大哉乾元』之下。象者，卦之上下兩象及兩象之六爻，周公所繫之辭也，乃象上傳條下義；今乃削『象上傳』三字，而附於『天行健』之下。此篇申彖傳、象傳之意，以盡乾、坤二卦之藴，而餘卦之説，因可以例推云，乃文言條下義；今乃削『文言』二字，而附於『元者，善之長也』之下。其『彖曰』、『象曰』、『文言曰』字皆朱子所本，無復依程傳添入，後來士子厭程傳之多，棄去不讀，專用本義。而大全之本，乃朝廷所頒，不敢輒改，遂即監

① 「放」，文淵閣四庫本作「倣」。

板傳、義之本，刊去程傳，而以程之次序爲朱子次序，相傳且二百年矣。惜乎！朱子定正之書，竟不得見於世，豈非此經之不幸也夫。」

黄宗炎曰：「本義卷首所載蒙雜不倫，邵氏先、後天圖以外，又收『乾爲天，坤爲地』等八段，是京氏易傳之所謂遊魂歸魂，子寅辰午申戌丑卯巳未酉亥也。後世火珠林因之，與揲蓍四十九策之法，迥乎不同，又不明言其故，亦何所取義而贅之於此？其六十四卦歌括及三連六斷之類，豈可錯諸學士簡編之内？況又綴以堆積無稽之卦變圖，誤矣。」

陳廷敬曰：「程子作①易傳，因王弼本末②，未暇更正。嵩山③晁説之攷訂古經，釐爲八卷。東萊④吕祖謙則⑤定爲經二卷、傳十卷，朱子本義從之。故朱子曰：『經則伏羲之畫，文王、周公之辭也，并孔子所作之傳十篇，凡十二篇，中間頗爲諸儒所亂，近世晁氏始正其失，而未能盡合古文。吕氏又更定，著爲經二卷，傳十卷，乃復孔氏之舊云。』按：朱子此言載於本義篇端，蓋幸古經之復正也。明永樂時修五經大全，易則從程傳元本，而本義則以類從。夫以程子未及更定之經，取朱子從古經説易之辭，割裂參錯於其間，使古經已正而復亂。其最繆戾者，簡首仍載朱子幸古經復正之説，而又不言其從古經

①「作」字，文淵閣四庫本脱漏。
②「末」字，文淵閣四庫本脱漏。
③「嵩山」二字，文淵閣四庫本脱漏。
④「東萊」二字，文淵閣四庫本脱漏。
⑤「則」字，文淵閣四庫本脱漏。

之故，是則所謂復孔氏之舊者，果安在乎？至使前賢之意乖剌不明，蓋於今三百年，未有能正之者。成化間，奉化學教諭成矩謂世之讀易者先本義而後傳，遂獨刻本義行世，今家傳户誦者，成矩之書也。夫朱子因古經作本義，明初以本義參附於傳而一之，仍從今經，已失朱子之意矣，然猶曰未專朱子之書也。今矩所訂，儼然朱子之書，而不考其本末，顛錯淆亂，則尤爲朱子之罪人矣。矩之陋，無足深責，然以一俗士亂聖經，而舉世人莫有正之者，豈不可慨也哉？」

按：程子易傳依王輔嗣本，朱子本義用吕伯恭本，原不相同。自克齋董氏合之，移朱子本以就程子之書，明初兼用之取士。其後學者多置程傳，專主朱義，於是姑蘇成矩叔度爲奉化教諭，削去程傳，乃不更正以從朱子之舊，當新鋟時，楊文懿守陳序之，有云：「是編異朱子元本，亦以便士也。好事者何容喙哉？」文懿蓋心非之，而不能奪也。今用之三百年，習易者茫然不知本義元本，若矩者，豈非朱子之罪人與？

〔補正〕

吴革曰：「象占，易本義也。伏犧畫卦，文王繫彖，周公繫爻，皆以象與占决吉凶悔吝，各指其所之。孔子十翼專以義理發揮經言，豈有異旨哉。體用一源，顯微無閒，互相發而不相悖也。程子以義理爲之傳，朱子以象占本其義，革每合而讀之，心融體驗，將終身玩索，庶幾寡過。昨刊程傳于章貢郡齋，今敬刊本義于朱子故里，與同志共之。抑朱子有言，順理則吉，逆理則凶，悔自凶而趨吉，吝自吉而向凶，必然之應也。夫子曰：不占而已矣。咸淳乙丑立秋日，後學九江吴革謹書。」按：此本前有易圖，後有五贊、筮儀，卷尾一行云：「敷原後學劉宏校正。」竹垞未載此序，當補入。（卷二，頁二）

朱文公易説

二十三卷。

存。

董真卿曰："文公孫鑑子明集語録爲易説二十三卷，淳祐壬子序之，鑑仕至吏部侍郎、湖廣總領。"

楊士奇曰："晦庵先生易説二十三卷，分爲三册。先生於易，自本義、啓蒙之外，凡雜著及門人所記口授之言，其精義皆在此書。蓋先生之孫鑑所會粹，而學易之士所不可無者。"

徐乾學曰："文公易説，公適孫子明守富川時所輯，淳祐中鋟板，蓋取門人記録問答之語，會粹而成，多與本義、啓蒙相發明，大有功於學者。嗣後董正叔、胡庭芳、董季真各有采輯，皆①是爲之權輿也。"

陳氏淳**周易講義**

三篇。

存。

陳宓志墓曰："先生諱淳，字安卿，漳之龍溪北溪人。淳熙己酉與計偕，嘉定丁丑該除，特恩，明年

---

① "皆"字，文淵閣四庫本脱漏。

授迪功郎，主泉州安溪簿，以恩循修職郎。」

按：北溪先生易説，一曰原畫，二曰原辭，三曰原旨。

林氏至易裨傳

宋志：「一卷。」通考二卷，外篇一卷。

存。

〔校記〕

四庫及通志堂本均二卷。（易，頁十）

至自序曰：「易之爲道，生生而不窮。其蓍之卦變，皆本於氣數之自然，非私智之能及乎。昔河南夫子爲易傳一書，使學者因辭以達義，象數之説，夫子雖未嘗言，亦曰：『得其義則象數在其中矣。』今世之言易者，往往喜談象數，或出己①智，或摭先儒之説，牽合傅會，似若可聽者。然其巧愈甚，其失彌遠，不知易之所謂象數者，初不若是其紛紛也。至不佞，竊有意於此，輒本之易大傳，爲裨傳三篇，曰法象，曰極數，曰觀變。法象則本之太極，極數則本之天地之數，觀變則本之蓍之十有八變，是三者，大傳之中嘗言之矣。惟其論太極者，惑於四象之説，而失卦畫之本；論天地之數者，惑於圖、書之文，而失參兩之宗；論揲蓍者，惑於掛扐之間，而失陰陽之變。今各釐而正之，使不失其條理，則知象數皆自然

① 「己」，備要本作「之」。

而然，果非私智之能及也。至於數變之説，曰反對，曰相生，曰世應，曰互體，曰納甲，曰變爻，曰動爻，曰卦氣，謂非易之道則不可，謂易畫①在於是則非也。要之，易道變通不窮，得其一端，皆足以爲説，以其大傳未嘗有言，故亦總其大略，以爲外篇。或曰：『子之於易，皆本之大傳是也，而諸儒之説皆略之，毋乃自謂是不韙也？』蓋易雖寓之象數，孰知論象數者至大傳而無餘矣。凡大傳之所不言，亦何敢言哉？故寧得是不韙而不辭也。」

陳振孫曰：「至撰凡三篇：曰法象，本之太極；曰極數，本之天地之數；曰觀變，本之揲蓍十八變。外篇則曰反對、世應、互體、納甲、卦氣之類，凡八條。」

陳泰曰：「林先生，字德久，松江府人。宋淳熙釋褐魁，官至秘書，登晦庵朱先生之門，是書乃庸田使康公出授士子，今太守劉公命鋟於嘉興郡學，傳示學者云。」

趙氏善佐**易疑問答**

佚。

姓譜：「善佐，字佐卿，宋室宗子，居邵武，累官知常德府，嘗受學於張敬夫，又從朱元晦游。」

① 「畫」，依文淵閣四庫本應作「盡」。

潘氏柄**周易集義**

六十四卷。

未見。

閩書：「潘柄，字謙之，侯官人。受學朱子，有易解、尚書解，學者號瓜山先生。」

何氏鎬**易集義**

佚。

閩書：「鎬，字叔京，邵武人。潭州善化令，學者稱臺溪先生，有易、論語說，朱文公稱其可傳。」

閩大紀：「鎬，龜津先生兑之子，以父蔭爲安溪主簿，與朱子爲友，後調善化令，未至，卒。」

許氏升**易解**「升」閩大紀作「弁」。

佚。

閩書：「許升，字順之，同安人。從朱文公遊最早，文公稱其恬淡静退，無物欲之累。所著有孟氏説、禮記文解、易解等書。」

董氏銖**周易師訓**

未見。

董真卿曰：「銖，字叔重，槃澗先生，饒州德興人。朱子門人，登嘉定戊辰第，迪功郎，婺州金華尉。黄勉齋誌其墓。」

詹氏體仁**周易象數總義**

一卷。

佚。

真德秀狀曰：「體仁，字元善，其先固始人，遷建之武夷。中進士乙科，光宗朝爲太常少卿，陛對首陳父子至恩之説，以感動上意。其略謂：『易於家人之後，次之以睽，睽之上九曰：「見豕負塗，載鬼一車，先張之弧，後説之弧，匪寇婚媾。往，遇雨則吉。」夫疑極而惑，凡所見者，皆以爲寇，而不知實其親也。孔子釋之曰：「遇雨則吉，羣疑亡也。」蓋人倫天理有間隔而無斷絶，方其未通也，堙鬱煩憒，若不可以終日。及其醒然而悟，泮然而釋，如遇雨焉，何其和悦而條暢也。』官至司農卿。」

徐氏僑**讀易記**

三卷。

佚。

王禕曰：「僑，字崇甫，義烏人。淳熙十四年進士，受業朱子之門，累官集英殿修撰，以寶謨閣待制致仕。卒，謚文清。著讀易記三卷、讀詩紀詠一卷。」

劉氏爚**易經説**

佚。

真德秀曰：「公蚤受學於屏山劉先生、藉溪①胡先生，盡得義理精微之藴。晦庵朱先生以道德爲學者師，公出入其門，切磨講貫者數十年，視他從游之士爲最久，而所造爲獨深，其學粹然一出於正。」

閩書：「爚，字晦伯，建陽人。乾道八年舉進士，權工部尚書，兼太子右庶子，兼講讀，晚號雲莊居士。卒，謚文簡。」

江氏默**周易訓解**

六卷。

佚。

姓譜：「默，字德功，崇安人。乾道五年進士，歷安溪、光澤尉，後知建寧縣，嘗從朱文公遊，有易訓

① 「藉湖」，文淵閣四庫本、文津閣四庫本俱作「籍湖」。

解、四書訓詁各六卷。」

孫氏調**易解**

十卷。

佚。

閩書：「孫調，字和卿，福寧州人。其學得朱子之傳，以排擯佛、老，推明聖經爲本。所著易、書、詩解，中庸發題共五十卷，學者稱龍坡先生。」

鄭氏文遹**易學啓蒙或問**

佚。

閩書：「鄭文遹，字成叔，福州人。嘉泰甲子貢士，朱文公嘗命編次喪禮，著有易學啓蒙或問、春秋集解、喪禮長編。」

馮氏椅**厚齋易學**

宋志：「五十卷。」

未見。

〔校記〕

四庫從大典輯爲三種，輯注四卷、輯傳三十卷、外傳十八卷，蓋本各自爲書者。陸心源曰：「厚齋，紹熙四年進士，受業於朱文公，官江西運幹，贈尚書。」（易，頁十）

宋史：「椅，字儀之，南康都昌人。家居授徒，所著易、書、詩、語、孟、太極圖、西銘輯説，孝經章句，喪禮、小學、孔子弟子傳，讀史記及詩文志録，合二百餘卷。」

中興藝文志：「寧宗嘉定十年，馮椅爲輯注、輯傳、外傳，以程沙隨、朱文公雖本古易爲注，猶未及盡正孔傳名義，乃改『彖曰』、『象曰』爲『贊曰』。以繫辭之卦即爲彖，繫爻之辭即爲象，王弼本『彖曰』、『象曰』乃孔子釋彖、象，與商飛卿説同。又改繫辭上、下爲説卦上、中，以隋經籍志有『説卦三篇①』云。」

〔補正〕

此條下中興藝文志内「以隋經籍志有説卦三篇云」，「篇」當作「卷」。（卷二，頁三）

董真卿曰：「按：朱子謂：『彖傳釋彖辭，象傳釋爻辭，繫辭傳則通釋卦爻之辭，故統名曰繫辭傳，恐不可改繫辭傳爲説卦。蓋説卦之體乃分别八卦方位與其象類，故得以説卦名之，繫辭傳兩篇釋卦爻之義例，辭意爲多，恐不得名之説卦也。』此足以辨馮氏之非。」

胡一桂曰：「馮厚齋講明夷六五『箕子之明夷』云：『「箕」字蜀本作「其」字，此繼統而當明揚之時

① 「三篇」，依補正、四庫薈要本作「三卷」。

之象，其指大君當明揚之時而傳之子，則其子亦爲明夷矣①。』又謂：『文王作爻辭，移置君象於上六，以初登於天，後入於地。況明夷之主六五在下，而承之明夷之主之子之象也。子繼明夷之治，利在於貞，明不可以復夷也。後世以「其」爲「箕」，遂傅會於文王與紂事，甚至以爻辭爲周公作，而非文王。蓋箕子之囚，在文王羑里之後，方演易時，箕子之明未夷也。』李隆山深然其說。」

何孟春曰：「厚齋馮氏輯易注，本吴斗南，頗與朱子異。」

楊時喬曰：「漢初得說卦三篇，後以上下二篇混作繫辭。宋吴仁傑以今繫辭上篇爲說卦上，繫辭下篇爲說卦中，今說卦爲說卦下，馮椅易輯如之，說卦始全。而以俗所作大象上、下者，復正爲繫辭上、下，於是繫辭、說卦各復其舊矣。」

蔡氏淵周易經傳訓解

四卷。

存。止三卷。

四庫本經傳訓解二卷，又從大典輯易象意言二卷。（易，頁十）

〔校記〕

弟沉後序曰：「聖人以體天地之撰，以類萬物之情，而與造化並者，其功用固無倫也。及其至也，

① 「明夷矣」，文津閣四庫本脱落作「夷」。

範圍天地而不過，曲成萬物而無遺，而反有以主乎造物者，其功用之博約，道體之精微，豈苟簡拘泥者所能讀哉？漢、唐傳注者數百家，大抵泥於文辭，淫於術數，雜以荒唐之説，未①真得聖人之心者。迨②至皇朝，邵子始明象數之源，程子斷以義理之正，先師文公先生、先父西山先生又推衍以致其極。伯氏節齋蚤受是書，沉潛反復，積之有年，精神之極，神明通之，著爲訓解，意、言、辭、象分爲四卷，數有條目，其言平易而精深，簡潔而該貫。夫深莫深於象數，而象數於是而益明，微莫微於義理，而義理於是而益著，鈎深闡微，誠若極思而後得者，自然至於聖人無思之妙。凡伏羲之卦、文王之彖、周公之象、孔子之傳，如星之陳，四面布列，旋遶居仰，如日之升，大明普照，周遍華夷③。故即卦爻推其義，彖、象、傳、辭皆可逆而知之也。至於『易有太極』之説，『知至知終』之義，『正直義方』之語，皆義理之大原，爲後學之至要，實發前賢之所未發者。其書之作也，亦奇矣，與學者授受於講論之間，毫分縷析，衆物之微，超然揭指曉諭，使人開心明目，獲見羲、文、周公於數千載之上，忘其身世生於數千載之下，是以求其書者日衆。友人詹樞懼傳寫之差、訛舛之謬，故謹録之，以廣吾兄之傳，以予習聞其説，俾爲序引。顧沈小子，何足以發揮而播揚之，然書之成也不易，讀其書者可以易而得之乎？理愈精，言愈約，惟深味者能得之，不敢僭書之首端，附著其説如此，以與四方學者共講焉，庶乎有以得其中之旨趣矣。」

① 「未」字下，文淵閣四庫本有「有」字。
② 「迨」字，文淵閣四庫本脱漏。
③ 「華夷」，文津閣四庫本作「遐邇」。

陳淳曰：「蔡伯静易解，大概訓詁依本義，而逐字分析，覺太細碎。」又曰：「節齋易解雖訓詁紬繹，詳於本義，而義理要歸，未能遠脱王、韓老、莊之見。」

王應麟曰：「離九三：『鼓缶而歌。』蔡伯静解云①：『當哀而樂也②，大耋之嗟，當樂而哀也。盛衰之道，天之常也，君子之心，順其常而已。不樂則哀，皆爲其動心而失其常者，故凶。』此説長於古注。」

董真卿曰：「淵，字伯静，號節齋，建安人，西山文節公長子也。其書經二篇，以孔子大象置逐卦辭之下，彖傳又置大象之後，小象置各爻辭之後，皆低一字，以別卦、爻辭。繫辭、文言、説卦、序卦、雜卦亦③低一字書。又有卦爻辭旨，論六十四卦大義；易象意言，雜論卦爻、十翼；象數餘論，雜論易大義。開禧乙丑自序。」

〔四庫總目〕

案：朱彝尊經義考：蔡淵周易經傳訓解四卷，註曰「存三卷」。此本惟存上、下經二卷，題曰周易卦爻經傳訓解，與彝尊所記不符。據董真卿周易會通，稱此書以大象置卦辭下，以彖傳置大象後，以小象置各爻辭後，皆低一字，以別卦爻，與此本體例相合，知非贋託。真卿又言其繫詞、文言、説卦、序卦、雜卦亦皆低一字，則此本無之。又經義考載淵弟沈後序，稱：「『易有太極』之説，『知至知終』之

① 「云」，文津閣四庫本作「曰」。
② 「也」字，文津閣四庫本脱漏。
③ 「亦」字下，文津閣四庫本有「皆」字。

義,『正直義方』之語,皆義理之大原,爲後學之至要,實發前賢之所未發。」云云。其文皆在繫辭、文言,則是書原解繫辭、文言諸篇,非但解卦爻,確有明證,不應揭卦爻以標目。蓋真卿所見者,四卷全本,彝尊所見,佚其一卷。此本又佚其一卷,傳寫者諱其殘缺,因於書名增入「卦爻」二字,若原本但解上、下經者,此書賈作僞之技,不足據也。今删去「卦爻」二字,仍以本名著録,存其真焉。(卷三,頁三十七—三十八,周易經傳訓解二卷提要)

易象意言、卦爻辭旨、大傳易説、象數餘論、古易叶韻

俱佚。

〔四庫總目〕

董真卿周易會通稱:「淵周易經傳訓解外,又有卦爻辭旨,論六十四卦大義;易象意言,襍論卦爻、十翼;象數餘論,襍論易大義。並成於開禧乙丑。」今悉散佚,故朱彝尊經義考僅列其書名,而不能舉其卷數。惟此書載永樂大典中,尚首尾完具,蓋當時祕府舊本,今録而傳之,俾論易者知蔡氏之學不徒以術數見,而朱子之徒亦未嘗全棄古義焉。(卷三,頁三十七,易象意言一卷提要)

葉氏味道**周易會通**

佚。

閩書：「葉味道，初名賀孫，以字行，更字①味道。其先括蒼人，居建陽之後山，師事朱文公。嘉定十三年進士，太學博士，兼崇政殿説書，遷秘書省著作佐郎。卒，謚文修。所著有四書説、大學講義、易會通。」

戴銑曰：「一統志温州有葉味道，處州有葉賀孫，皆朱子門人，而事業微有不同，葢本一人，誤析而爲二也。」

戴氏蒙**易説**

佚。

温州府志：「戴蒙，字養伯，永嘉人，更名埜中。紹興庚戌榜進士，調麗水尉，棄官，從朱子於武夷，尋以原名復官。」

吴氏昶**易論**

佚。

程敏政曰：「淳熙丙申，文公以掃墓歸婺源，先生率先執經館下。久之，僞學黨作，弟子多更名他師，而先生徒步走寒泉精舍，就正所學，文公深嘉之。先生所著，有易論及書説八十卷。」

① 「字」，文淵閣四庫本作「明」。

戴銑曰：「昶，字叔夏，號友堂，休寧人，朱子門人，所著有易論、書說。」

林氏學蒙**易解**

佚。

姓譜：「林學蒙，一名羽，字正卿，永福人。從朱文公學，因築室龍門庵，講明道德性命之旨，鄉人師之。」

陳氏文蔚**易傳**

佚。

張時雨曰：「克齋先生，名文蔚，字方卿，信州上饒人。因同鄉余正叔得師朱子。其學以求誠爲本，以躬行實踐爲事，著書立言，俱得朱子旨趣，隱居丘園，累徵不仕。」

經義考卷三十二

易三十一

何氏萬**易辨**

通考：「三卷。」

佚。

淵源録

通考：「三卷。」

佚。

中興館閣録：「萬，字一之，長樂人。淳熙四年正月除著作郎。」

陳振孫曰：「三山何萬，隆興元年進士，仕爲都司，知漳州。爲辨①三十三篇，大抵多與先儒異。淵源録者，蓋其易解未成書，僅有乾、坤二卦而已。萬受知阜陵，官至右司郎中，知漳州。」

李氏舜臣易本傳

宋志：「三十三卷。」

佚。

宋史：「李舜臣，字子思，隆州并研②人。乾道二年進士，調邛州安仁縣主簿，改宣教郎，知饒州德興縣，遷宗正寺主簿。邃於易，嘗曰：『易起於畫，理事象數皆因畫以見，舍畫而論，非易也。畫從中起，乾、坤中畫爲誠敬，坎、離中畫爲誠明。』著本傳三十三篇，朱熹晚歲，每爲學者稱之。所著書，群經義八卷、書小傳四卷、家塾編次論語五卷。」

陳振孫曰：「其自序以爲易起於畫，舍畫無以見易，因畫論心，以中爲用。如舍本卦而論他卦及某卦從某卦來者，皆所不取。洪景盧爲之序。」

王應麟曰：「李舜臣易傳，迹坎、離之從中起，較震、巽之偏而不中。謂舍本卦而論他卦爲不然，謂某卦從某卦來爲妄。」

---

① 「爲辨」，依備要本應作「易辨」。

② 「并研」，依四庫薈要本、文淵閣四庫本應作「井研」。

胡一桂曰：「西蜀隆山李先生，優於明象者也。其論坤卦，直曰：『乾既稱馬，坤不得不稱牝以别之。』殊不知彖文王所作，文王彖乾何嘗稱馬，而顧於坤乃稱牝以求别於乾也。此亦祖説卦以爲論，其失甚矣。」又曰：「隆山先生周易本傳十三卷①，淳熙己亥自序。大概謂易原起於畫，有畫故有卦與辭，隨辭釋義，汎論事理，不復推之於畫，以驗古聖人設卦命辭之本意，失之遠矣。故今所著皆因畫論心，主文王、孔子之學，以推衍大易之用，此其大旨也。其間發明甚多，説象有功，但不絶言占耳。」

倪氏偲**易訓**

宋志：「三十卷。」

佚。

易説

二卷。

佚。

館閣續録：「倪偲，字正甫，吴興人。乾道二年進士及第，淳熙十四年，除著作郎，十六年，爲將作少監。」

---

① 「十三卷」，依文淵閣四庫本應作「三十三卷」。

陳振孫曰：「禮部尚書歸安倪思正父，丙戌進士，戊戌宏詞，受知阜陵，早登禁直。紹熙間，遂位法從，剛介不苟合。慶元、嘉定，屢召屢出。端平初，詔以先朝遺直，得謚文節。」

蔡氏戡**易解**

佚。

中興館閣續録：「戡，字定夫。」

興化府志：「蔡戡，莆田人。乾道二年進士，官寶謨閣直學士。」

陳氏炳**易講義**

五卷。

佚。

金華府志：「陳炳，字德先，義烏人。乾道丙戌進士，爲太平主簿。」

馮氏誠之**易英**

十卷。

佚。

魏了翁志墓曰：「誠之，字明仲，乾道四年鄉舉，授迪功郎，調江油縣尉。」

王氏時會**周易訓傳**

佚。

陸游誌曰：「時會，字季嘉，奉化人。乾道五年進士，自台州司户參軍，歷袁州州①學教授，知會稽縣，最後終於長沙。鋭意經學，有易、詩、書、論語訓傳，鄉飲酒辨疑，凡數十百卷。」

劉氏光祖**續東溪易傳**

佚。

真德秀志墓曰：「光祖，字德修，其先句容人，居簡州。登進士第，官右文殿修撰，以寶謨閣直學士知潼州府，進顯謨閣直學士，提舉玉隆萬壽宮。公從族父兄東溪先生伯熊學，其在房州，謫居無事，取東溪所傳易續之，蓋東溪傳止睽，公續之始蹇。」

中興館閣續録：「光祖，乾道五年進士。」

史氏彌大**易學指要**

佚。

---

①「州」字，文淵閣四庫本脱漏。

寧波府志：「史彌大，字方叔，鄞①人。登鄭僑榜進士，官至禮部侍郎，封奉化郡侯。」

范氏飛卿**易辨**

佚。

南昌府志：「飛卿，字升甫②，豐城人。乾道中鄉薦，授龍陽主簿，有易玄虛辨。」

丘氏巽之**易原**

佚。

魏了翁曰：「巽之居嘉之夾江，淳熙元年舉於禮部，貫通古今、論説諸子，有詩總、易原。」

陳氏造**易説**

一卷。

存。載江湖長翁集。

中屠駉志墓曰：「造，字唐卿，高郵人。淳熙二年登科，官淮南西路安撫司參議官。自以無補於

① 「鄞」，文津閣四庫本誤作「勤」。
② 「升甫」，文津閣四庫本作「昇甫」。

世，置江湖乃宜，遂號江湖長翁。」

按：陳氏易説，首无妄，次屯，次同人，次大有，次豫，次蒙，次需，次夬，次姤，次小畜、大畜，次復，次噬嗑，次革，次比，凡十五卦。

楊氏大法**易説**

佚。

金華志：「楊大法，字元範，武義人。淳熙二年進士，歷國子祭酒、兵部侍郎，以集英殿修撰知鎮江府。」

商氏飛卿**周易講義**

宋志：「一卷。」

未見。

館閣續録：「商飛卿，字翬仲，台州臨海人。淳熙二年進士，慶元四年，除秘書丞，五年，爲著作郎。」

胡氏有開**周易解義**

宋志：「四十卷。」

佚。

館閣續録：「胡有開，字益之，建昌南城人。淳熙二年進士，開禧元年，除秘書郎，三年，致仕。」

楊氏炳**易説**

佚。

閩書：「炳，字若晦，晉江人。淳熙二年進士，官左司諫，累遷中書舍人，權吏部尚書。開禧三年，除寶謨閣直學士，奉祠，自號脩溪居士。」

義氏太初**周易集注**

五卷。

佚。

湖廣總志：「義太初，字仲遠，營道人。淳熙戊戌進士，歷典高、瓊二藩。」

葉氏適**周易述釋**

一卷①。

① 「一卷」，依補正應作「宋志：一卷。」。

未見。

温州府志：「葉適，字正則，永嘉人。淳熙戊戌廷對第二人，官至寶文閣學士，卒，謚文定。」

〔補正〕

案：宋志云：「葉適習學記言周易述釋，一卷。」据此則葉適之書自名述釋矣。通攷云：「述釋葉氏易説一卷，陳振孫以爲袁聘儒述其師葉正則之書。」据此則袁聘儒之書别名述釋葉氏易説矣。經義攷分載其書，原無訛脱，但宋志無袁聘儒之名，今于袁聘儒條下云：「宋志：『一卷。』」則謬矣。當移「宋志：『一卷。』」于葉適條下，而袁聘儒條下當云「通攷：『一卷。』」。（卷二，頁三）

林氏應辰**易説**

佚。

温州府志：「應辰，字渭遠，平陽縣人。淳熙戊戌登第，監尚書六部門，著有易説。」

戴氏溪**周易總説**

宋志：「二卷。」

佚。

館閣續録：「戴溪，字肖望，温州人。淳熙五年同進士出身，嘉定三年，以太子詹事兼秘書監，四年，權工部尚書。」

陳振孫曰：「每卦爲一篇。溪，嘉定初爲東宮端尹，作此以授景獻。」

呂氏凝之**易書**

四十卷。

佚。

玉海：「淳熙八年八月，知閬州呂凝之上易書四十卷，上問輔臣，周必大奏曰：『此本邵雍之學，蜀人張行成推衍之，凝之必講學於行成。』上曰：『行成所著頗略。』必大曰：『凝之配年以卦爻，所以加密。』」

王氏宗傳**童溪易傳**

三十卷。

存。

宗傳自序曰：「易不可以易言也，蓋自漢、魏以來，世之言易者，特多於他經，而其失也，比之言他經者亦多，此其故何也？易而言之之故也。夫人之情有所難乎此也，則必有所畏謹乎此，而後獲免輕議乎此之①失。苟惟有所易也，則將爭奇競巧，而不知中庸之爲至德，騁私任臆，而不知正直之爲王道。

① 「之」，文津閣四庫本作「其」。

如是，則擇焉不精，語焉不詳，貿貿然不知朱紫苗莠之固有其辨，而吠聲覘影之流，始受其誤矣。昔者夫子蓋嘗致謹乎此也，觀其言曰：『加我數年，五十以學易，可以無大過矣。』夫學易而可以無易之過，此豈童心淺識者之所能爲也？故聖如夫子，亦曰：『吾猶有待焉耳。』聖人之心，其不敢有所易如此也。而客有註易與本草孰先之問，爲陶隱居者則告之曰：『易先。』其説曰：『註易誤不至殺人，本草誤人有不得其死者。』嗚呼！自斯人『不至殺人』之言一發，而易之誤自此始矣，世之輕議是經者，始紛紛矣。夫豈知本草誤，誤人命；註易誤，誤人心？人心一誤，則形存性亡，爲鬼蜮，爲禽獸，將無所不至，其誤不亦慘於殺人矣乎？隱居之言曰：『本草誤，人有不得其死者。』殊不知註易誤，人有不得其生者，可謂智乎？或曰：『若之何而可以無易之過，如吾聖人之學易矣乎？』曰：『竊嘗聞之，綱一舉而目張，領一挈而裘順，天下之有是物也，孰從而然歟？是故有所謂形而上者之制乎命，而後是物也得以肇其長短大小之形，吉凶消長之變。世之言易者，孰不曰：「捨是數不可以言易也，捨是象不可以言易也，而①聖如夫子，亦必曰是，數與象，易所不廢也。」然所以爲是象與數者，或不知其説焉，則自一以往，而有不可勝計之數，自形色貌象以往，而有不可勝計之象，雖夫子亦末如之何矣②。何也？聖人之於易，徒知據乎其會而已矣，據其會，則凡憧憧於吾前者，莫吾眩也。聖人之於易也，徒知立乎其顛而已矣，立其顛，則凡紛紛乎吾下者，莫吾廋也。然則是數也，是象也，不知務其所以然之説也而可乎？夫苟捨是而役

①「而」，文淵閣四庫本作「以」。

②「何矣」二字，文淵閣四庫本脱漏。

役於不可勝計之地，此夫子所謂易之過也。然則捨數與象，不可以爲易，而其過也乃數與象也，則金石草木所以爲本草也，而其殺人也乃金石草木也。天下同知本草誤，誤人命，而不知易誤①，誤人心。吁！亦異哉。余不敏，一經之教，奉以周旋有日矣，然學愈久而心愈雜，故雖疲神劇思，於此非不勤且至也，而未嘗敢下輕議之筆。雖然抑嘗思之，加我之年，亦行甫及矣。進無用於時，退無補於身，不於此時也而有所勉焉，豈其志歟？若夫所謂大過，亦不敢自謂果可無也，願就有道而正焉。』」

〔補正〕

自序内「而不知易誤」，「易」上脱「注」字，應補。（卷二，頁四）

林焞序曰：「性本無説，聖人本無言，童溪之論性然也。易，盡性書也，而何至於多言？我知之矣，六丁勑易在天，三爻吞易在人，天而人之，易其顯乎？余與童溪生同方，學同學，同及辛丑第，知其出處甚詳。公性能酒，飲已輒論易，嘗曰：『吾遠祖文中不善辨，爲負苓者詘，使與我遇，當瞠目張膽，滅其苓而譏之曰：「爾不有於人，又何有於身？」』自是與人言易不倦，而於二繫爲詳，出其門者十九青紫。既第之三年，教授曲江，越二年而書成。大書其影曰：『三十之卷易書②，自謂無愧三聖。』其篤於自信者歟？公姓③王，諱宗傳，字景孟，世謂『天下王景孟』，則其人也。開禧更元，族子駉客武陵，以書來

① 「知易誤」，依補正、四庫薈要本、備要本應作「知注易誤」。
② 「三十之卷易書」，依四庫薈要本應作「三十卷之易書」，備要本誤作「三年之卷易書」。
③ 「姓」，備要本誤作「性」。

曰：『劉君日新將以童溪易傳膏馥天下後世，叔大夫父當序。』是以序。」

潛說友曰：「宗傳，淳熙八年進士。」

董真卿曰：「宗傳，字景孟，臨安人，太學上舍。易傳三十二卷，淳熙丙午林焞作序。」

閩書：「王宗傳，寧德人，教授韶州，有易傳行世。」

按：林焞亦寧德人，淳熙八年與宗傳並舉進士，焞序稱與童溪「生同方，學同學，同及辛丑第」，則宗傳爲寧德人無疑，鄱陽董氏以爲臨安人，誤矣。

〔四庫總目〕

朱彝尊經義考謂是書前有寧德林焞序，稱與宗傳生同方，學同學，同及辛丑第，則云臨安人者，誤矣。

（卷三，頁三十，童溪易傳三十卷提要）

陳氏舜申**易鑑**

佚。

閩書：「舜申，字宗謨，連江人。舉淳熙十一年進士，歷衡陽、秭歸教授，累遷知漳浦，入爲著作郎，參議淮閫，未赴，卒。」

鄒氏安道**易解發題**

佚。

江西通志：「鄒安道，臨川人。淳熙進士，官止金壇丞。深於易，作易解發題，立詞精切，學者宗之。」

薛氏紱**易則**

十卷。

佚。

中興館閣續録：「薛紱，字仲章，嘉定府龍游人。淳熙十一年進士，嘉定四年除秘書郎。」

曹學佺曰：「紱廷對，極言韓侂胄之姦，坐劾去。與魏了翁講明易學，號符谿子。」

趙氏汝談**周易説**

宋志：「三卷。」

佚。

宋史：「趙汝談，字履常。淳熙十一年進士，宗正少卿，權吏部侍郎，陞侍讀，兼直學士院、國史修撰，以所注易進講。其論易以爲爲占者作，書堯、舜二典宜合爲一，禹功只施於河、洛①，洪範非箕子之作，詩不以小序爲信，禮記雜出諸生之手，周禮傅會女主之書，要亦卓絶特立之見。所著有易、書、詩、

①「禹功只施於河、洛」，文津閣四庫本作「禹貢則施於河、洛」。

論語、孟子、周禮、禮記注。」

陳振孫曰：「南塘易説，專辨十翼非夫子作，其説多自得之見。」

易氏祓**周易總義**

二十卷。

未見。

〔校記〕

四庫著録，又吴尺鳧繡谷亭、汪氏振綺堂、路氏蒲編草堂均有鈔本。（易，頁一一一）

易學舉隅

四卷。

未見。

館閣續録：「易祓，字彦章，潭州寧鄉人。淳熙十一年上舍釋褐出身，慶元六年八月，除著作郎，九月，知江州。」

陳章序曰：「易以總義名者，總卦爻之義而爲之説也。昔者聖人作易，得於仰觀俯察者，八卦之畫而已。後有聖人者作，重之以爻，繫之以辭，貫天理於人事之中，而後知有顯必有微，有體必有用，惟能識義理之總會，然後卦爻之指歸可得而明也。山齋易公先生，蚤歲讀易，講明是理久矣，嘗舉大綱以示學者曰：『大易者，元氣之管轄也，聖人者，大易之權衡也。』先生之學，其梗概見於乾、坤，蓋一陰一陽之謂道，乾則自元而至於貞，坤則自貞而反於元，此天道所以流行而不息。先生於二卦，首發二理，然則濂溪周子所①謂『元亨，誠之通。利貞，誠之復』者，先生固已默會之矣。『元亨利貞』，至理无妄於是乎始，萬善於是乎出，天下之事於是乎標準，易之六十四卦皆是物也。先生侍經筵日，嘗以是經進講，燕居之暇，復取是而研究之，閲二十餘年，優柔厭飫，涣然冰釋，於是略訓詁而明大義，合諸家之異而歸之於一。每卦各列爻義，總爲一説，標於卦首，欲其倫類貫通，而學者有所考明焉。既又爲舉隅四卷，裒象與數，爲之圖説，蓋與此書可以參攷云。」

趙希弁曰：「右山齋易祓彦章所著也。陳章季臯爲之序，易學舉隅亦祓所著，傳疑之説附於後。」

胡一桂曰：「易學舉隅四卷，嘉定四年三月朔自題其書總義，紹定間侍經筵日，嘗以是編陪講。」

盛如梓曰：「長沙易公著易舉隅，於先儒所未言，發明尤多。」

董真卿曰：「山齋周易總義，門人陳章序之。」

按：春陵樂雷發謁山齋詩云：「淳熙人物到嘉熙，聽説山齋亦白髭；細嚼梅花看總義，只應②姬老是相知。」蓋山齋於易、周禮皆有總義也，二書儲藏家多著於録，特予未之見耳。

〔四庫總目〕

① 「所」字，文淵閣四庫本脱落。
② 「應」，文淵閣四庫本作「聽」。

祓人不足重，其書世亦不甚傳，故朱彝尊經義考註曰「未見」。然其説易兼通理數，折衷衆論。每卦先括爲總論，復於六爻之下各爲詮解，於經義實多所發明，與耿南仲之新講義均未可以人廢言也。前有祓門人陳章序，稱祓「侍經筵日，嘗以是經進講」，又稱：祓別有易學舉隅四卷，「裒象與數，爲之圖説，與此書可以參考」。今未見傳本，惟所撰周禮總義尚散見永樂大典中耳。樂雷發有謁山齋詩，曰：「淳熙人物到嘉熙，聽説山齋亦白髭；細嚼梅花讀總義，只應姬老是相知。」蓋指此二書。山齋，祓別號也，則當時亦頗重其書矣。（卷三，頁三十二，周易總義二十卷提要）

鄭氏鑑周易注

佚。

鄭思孝曰：「先高叔祖諱鑑，字自明，號植齋，贅於丞相陳正獻之家，遂居於莆。事孝宗朝，忠蓋極諫，當時晦庵①、南軒、東萊、艾軒諸公深敬之。三十歲釋褐，三十八即世，今所存者，惟經易②一部。」

丁氏鍈易通釋

佚。

---

① 「晦庵」，備要本誤作「晦慶」。

② 「經易」，文津閣四庫本作「易經」。

南昌府志：「丁鉖，字仲熊，新建人，領淳熙、慶元、嘉定三舉，官曲江縣簿，與陸子静爲友，朱元晦知南康軍，聘掌教白鹿書院，不就，時號甕天先生。著易通釋、書辨疑、春秋要辨。」

朱氏質**易説舉要**

佚。

金華志：「朱質，字仲文，義烏人，受學於吕祖謙、唐仲友。中紹熙四年進士第二人，累官左正言、左司諫，兼侍讀，權吏部侍郎。」

陳氏德一**易傳發微**

未見。一齋目有之。

閩書：「德一，字長明，連江人，舜申子。紹熙四年進士，終朝請郎，知宜州。所著有易傳發微。」

袁氏聘儒**述釋葉氏易説**

宋志：「一卷。」①

〔補正〕

① 「宋志：『一卷。』」，依補正應作「通考：『一卷。』」。

案：宋志云：「葉適習學記言周易述釋，一卷。」据此則葉適之書自名述釋矣。通攷云：「述釋葉氏易說一卷，陳振孫以爲袁聘儒述其師葉正則之書。」据此則袁聘儒之書别名述釋葉氏易說矣。經義攷分載其書，原無訛脱，但宋志無袁聘儒之名，今于袁聘儒條下云「宋志：『一卷。』」則謬矣。當移「宋志：『一卷。』」于葉適條下，而袁聘儒條下當云「通攷：『一卷。』」。（卷二，頁三）

佚。

陳振孫曰：「葉正則爲習學記言，易居其首，門人建安袁聘儒述而釋焉。聘儒，紹熙①進士。」

〔補正〕

又案：陳振孫條内「紹熙進士」，「熙」下脱「癸丑」二字。（卷二，頁三—四）

---

① 「紹熙」二字下，依補正、四庫薈要本應補「癸丑」二字。

經義考卷三十三

易三十二

葉氏秀發**易説**

佚。

金華志："葉秀發，字茂叔，金華人。師事呂祖謙、唐仲友，中慶元丙辰進士，知高郵軍。"

葉氏皆**易解**

佚。

赤城志："葉皆，字孟我，臨海人。慶元二年特科，終寧國主簿。"

李氏起渭**易説**

佚。

真德秀志墓曰：「同年李肖望，名起渭，擢慶元五年第，歷澧州户曹教授，辰州安豐令，就知縣事，改宣教郎，丐崇道祠官以歸，改奉仙都祠。有易説、中庸、大學要語、春秋集解與雜論著，合百餘卷。」

蘇氏竦**易解**

佚。

閩書：「蘇竦，字廷儀，海澄人。慶元五年進士，肇慶推官。集先儒詩、易、三禮傳，以己見折衷之。」

李氏過**西溪易説**

十二卷。

存。

馮椅曰：「西溪易説多所發明，然以毛漸三墳爲信，誤矣。」

胡一桂曰：「西溪易説於乾卦彖辭下便掇入彖傳，彖傳内便掇入文言，釋彖處繼以大象，又分爻辭附於小象，又附入文言。今姑載初九一爻於此：『初九：「潛龍勿用。」象曰：「潛龍勿用①，陽在下也。」文言曰：「潛龍勿用，下也。潛龍勿用，陽氣潛藏。」初九曰：「潛龍勿用。」何謂也？子曰：『龍』德而隱者也」，至「是以君子勿用也」。』坤文言亦然，古易至此，汩亂無餘矣。」

董真卿曰：「過，字季辨，興化人。易説十二卷，慶元戊午自序，謂幾二十年而成。」

張雲章曰：「過晚喪明，棄科舉，授徒。其易説多有可采，書成時有自序，今抄本失去。」

魏氏了翁**周易集義**

宋志：「六十四卷。」

存。

〔四庫總目〕

朱彝尊經義考群經類中載九經要義二百六十三卷，注曰「分見各經」，然各經皆載要義，而易類則但據宋志載了翁周易集義六十四卷，不載此書，似乎即以集義爲要義。考方回周易集義跋曰：「鶴山先生謫靖州，取諸經注疏，摘爲要義，又取濂、洛以來諸大儒易説，爲周易集義。」則爲二書審矣。（卷三，頁三十九，周易要義十卷提要）

〔補正〕

① 「象曰：『潛龍勿用』」六字，文淵閣四庫本脱漏。

案：宋志又有「易要義一十卷」，當補載。（卷二，頁四）

中興館閣續録：「魏了翁，字華父，邛州蒲江人，慶元五年進士及第。」

方回跋曰：「僉書樞密院事魏文靖公鶴山先生了翁華父，前乙酉歲以權工部侍郎，坐言事忤時相，謫靖州，取諸經註疏，摘爲要義，又取濂、洛以來諸大儒易説，爲周易集義六十四卷。仲子太府卿静齋先生克愚明己，壬子歲以軍器監丞出知徽州，刊要、集義，置於紫陽書院。至丙子歲，書院以兵興廢，書版盡毀，尋草創新書院於城南門内，獨集義僅有存者。今戊子歲，山長吴君夢炎首先補刊，會江東祥①刑使者太原郝公良弼深嗜易學，謂聖人之經，得濂、洛而後明，五經，論、孟之原，非此諸大儒明之，則終於不明，又非有如文靖公因縶閑僻，類聚成篇，則世之學者亦無從盡知之也。欣然割資相工，得回所藏墨本，率總府郡頫協助兩山長及書院職事生員醵泉訖役，半年而畢。甚矣！易道之難明也，自漢至今，説易何啻②千家？王弼、孔穎達註、疏單行，朱文公嘗深闢之，讀者亦鮮。李鼎祚易百家解義間③見子夏、京房、虞翻、陸績、蜀才之説及鄭玄互體，殆無復讀之者。天啓斯文，濂、洛有作，周元公曰：『无極而太極。』謂太極無形而有理，以明易有太極之旨，不可以迹求，而翼之以通書，爲臨川陸學者肆爲强辨，則不可與讀易。邵康節始因大傳分言伏羲先天、文王後天，如兩儀四象，乃伏羲畫卦次第，陽一陰

① 「祥」，備要本作「詳」。
② 「啻」，文津閣四庫本作「止」。
③ 「間」，文津閣四庫本誤作「問」。

二爲兩儀，太陽一、少陰二、少陽三、太陰四爲四象，惟文公獨得其傳，爲永嘉葉學、三山林學者别爲臆説，則不可與讀易。程純公①、正公師元公，其説易張横渠撤皋比以遜之。正公嘗教人讀王弼、胡瑗、王安石易，伊川易傳出，則已削三家之疵而極其粹，苟猶泥於三家而不求之程傳者，則不可與讀易。純公、正公皆嘗聞康節加一倍法，而正公不屑於象數，惟專於義理。故文公謂邵明羲易，程演周經，蓋欲學者合邵、程而爲一也。豈惟邵、程當合爲一，藍田吕與叔初師横渠，後與上蔡謝顯道、廣平游定夫、龜山楊中立，在程門爲四先生，乾用九、坤用六凡例，惟與叔、歐陽文忠公及文公三人知之。漢上朱子發本程傳而加象數，和靖尹德充②登正公門最後，將易簀，授以易傳，其論生卦惟許康節、五峰胡仁仲得之。上蔡傳之南軒張宣公，而東萊吕成公與文公、宣公相友，文公於是集諸儒之大成，易本筮占，乃述本義、啓蒙，圖説多得之邵學者，不於此混融貫通焉，則亦不可與讀易。文靖公之在渠陽，欲以東萊讀詩記爲讀易記，謂：『辭變象占，乃易③綱領，而繇彖象爻之辭、畫爻位虚之别、互反飛伏之説、乘承比應之例，一有不知，則義理闕焉。』是書濂流、洛派凡十六家合爲一，觀之而易道備矣。先是温陵曾穜刊易粹言，七家中有郭兼山易，文靖公謂忠孝易書去程門遠甚，自黨論起，绝迹程門，歿不設奠，故并其子雍曰白雲易者黜之。臨邛④張行成，文靖公鄉人，爲邵易註解通變、經世、觀物等書，世稱七易，疑文公未

① 「程純公」，文津閣四庫本作「程淳公」。
② 「尹德充」，四庫薈要本、文津閣四庫本俱誤作「尹德克」。
③ 「易」字，文淵閣四庫本脱漏。
④ 「臨邛」，文津閣四庫本誤作「臨昂」。

之見，别爲一支，以備旁考。今文靖公集百卷，明易之義者二百三十章有奇，易學最精。嘗與參知政事西山真先生德秀希元、文公門人輔廣漢卿相講磨渠陽山中，苦於書不備、友難得，是書猶欲有所裨益，而未爲序引者，此也。雖然，聖如仲尼，天不使之居周公之位；大儒如濂、洛諸老，天亦不使之得路於一時，而使之立言於萬世。其有以夫權遠①柄國二十七年，窮侈極謬，屏文靖公卧五溪，窮處踰七稔。不如是，後世焉得是書而讀之？至元二十五年十月既望。」

董真卿曰：「鶴山先生，僉書樞密院事，謚文靖公。周易集義六十四卷，其書自周子、邵子、二程子、張子、吕氏、謝氏、楊氏、尹氏、游氏、胡五峯、朱漢上、劉屏山至②朱子、張宣公、吕成公、李隆山、子心傳，凡十七家，他易不與。如郭氏父子，以背程門出之。鶴山嘗曰：『辭變象占，易之綱領，而繇象爻之辭、畫爻位虚之别、互③反飛伏之説、乘承比應之例，有不知則義理闕焉。』仲子充愚④知徽州，刊於紫陽書院。至元戊子補刊。」

吴師道曰：「魏公集義，自周、程諸門人，下及朱、吕，淵源所自，可以參觀，但其取漢上朱氏以備象數一家，未免蕪雜。」

① 「遠」，文淵閣四庫本作「奸」。
② 「至」，備要本誤作「互」。
③ 「互」，依文淵閣四庫本應作「正」。
④ 「充愚」，文淵閣四庫本作「克愚」。

毛氏璞易傳

十一卷。

未見。

胡一桂曰：「瀘州毛璞，字伯玉，嘗持潼川憲節，易傳十一卷。嘉泰元年自序，略云：『始涉其流，稍出己見，參以諸家之長，讀之三十年，知先儒之説與前日所見，皆未也。觀象畫卦，以定其名，因卦分爻，以盡其變，此名與此卦相當，此辭與此爻相得，而因以得羲、文、周、孔之心。』又有外傳易辨，歷詆先儒之失，似亦有理，然所略取者王弼、二蘇，蓋所學異也。」

周密曰：「伊川不滿宣仁，故注易『黄裳元吉』有云：『臣居尊位，羿、莽是也，猶可①言也。婦居尊位，女媧、武后是也，非常之變，不可言也。』毛伯玉著易傳，乃大闢其非，曰：『甚哉！正叔之陋也。臣子於君父，皆陰也，羿、莽是已，何必專以女媧、武氏當之？必以婦人爲陰，此兒童之見爾。』」

黄氏龜朋周易解

佚。

閩書：「龜朋，字益甫，泉州德化人。嘉泰二年進士，除潮陽簿，歷梧州推官、廉州教授。」

---

① 「可」，文津閣四庫本作「有」。

宋氏聞禮**易解**

佚。

姓譜：「聞禮，字叔履，龍溪人。嘉泰中教授敘、化二州，改承奉郎，轉奉議郎，知海陽縣。」

徐氏雄**易解**

佚。

金華府志：「徐雄，字子厚，東陽人。開禧元年進士，累官秘書少監，兼國史院編修實録院檢討官。」

艾氏謙**易學理窟**

一卷。

佚。

劉宰志墓曰：「嘉定初元六月，京口鄉先生澹軒艾公卒。先生開門授徒，垂三十年，熏然其和，粲然其文，見者知其全德君子。故父兄勉其子弟，子弟請於父兄，來學者肩摩袂屬，既户外屨①滿，無所容

①「屨」，文津閣四庫本作「履」。

席，則擇其已成立者，時其課程，使歸而求之。故泰興大夫杜公士英、故吳興郡博士陳公珙、金陵郡博士田公曉、浙東部從事葛公師心，皆以鄉先生爲後進師，然門人無出先生右者。先生諱謙，字益之，嘗手編易學理窟一卷，藏於家。」

鎮江府志：「丹徒艾謙嘗舉於鄉，學者稱澹軒先生。」

按：李氏學易記引京口先生易解，不知姓氏，或者即其人與？

王氏宗道**易説指圖**

十卷。

佚。

寧波府志：「王宗道，字與文，奉化人。嘉定元年進士，爲江東提刑司①幹官。」

王氏太沖**易爻變義**

佚。

興化府志：「王太沖，字元邃，莆田人。擢嘉定元年第，歷考功郎中，兼禮部郎中，知汀州。」

---

①「司」，文津閣四庫本作「使」。

楊氏忱中**易原**

九卷。聚樂堂作「三卷」。

未見。

金華府志：「楊忱中，字德夫，義烏人。嘉定戊辰進士，累官朝請大夫，知蘄州。著易原三卷。」

吴氏淵**周易解**

佚。

宋史：「吴淵，字道父，嘉定七年進士。」

宰輔表：「寶祐五年正月，吴淵自觀文殿學士正奉大夫除參知政事。」

蔡氏齊基**周易述解**

九卷。

佚。

廣東通志：「蔡齊基，字夢得，連州人，嘉定八年爲瓊州户録。嘗著周易述解九卷，安撫趙善談，東萊吕氏門人也，見其書，大喜，進之於朝。」

李氏心傳丙子學易編

十五卷。

闕。

心傳自序曰：「始心傳年四十餘，朋友爲言當讀易，意忻焉樂之，既而終日蒙然，如眇者之視，莫知易之爲何書也。後十年，復取讀之。首求諸王氏書，多所未喻。次考張子書，乃粗窺其梗概。最後讀程子書，則昭然①揭蒙矣。程子之書，義理之會也，然其言猶若不專爲爻畫而出，於是以先君子本傳暨晦庵先生本義參焉，而後聖人畫卦命爻之情，無復餘藴矣。顧諸先生之言，尚有不能盡同者，因復頗爲參釋，隨日書之，以備遺忘，間有鄙見，可以推明諸先生之説者，亦附著之。烏乎！程子往矣，先君子之學，不肖孤不敢妄有稱贊，晦庵書最後出，世之學者，往往未究其藴，而反以象占之説爲疑。同志者於此儻有取焉，然後知程、朱二傳不可相無，而晦庵之②爲書，其條理愈密，其意味愈長，誠未可以驟窺而輕識也。乃若先君子之説，則類多與晦庵合。第先君子專自聖人畫卦之意求之，晦庵兼自聖人命爻之意求之，此爲小異③，要亦相表裏耳。」

① 「昭然」，文淵閣四庫本作「昭若」。
② 「之」字，文津閣四庫本脱漏。
③ 「小異」，文津閣四庫本作「合意」。

又序曰：「學易編十五卷，起丙子月正元日，盡是歲除夕，凡三百八十有四日。其間齋祠賓旅、寒暑疾病，事役居十之三，爲工蓋二百八十日也。按：唐書藝文志易自卜商傳以下，凡八十五家；中興館閣書目百有十二家。其説之多，至於如此，而近世爲是説者復數十家，尚未著録也。然是編之作，時①取王氏、張子、程子與朱文公四家之傳，而間以周子、邵子及先君子之説補之，自唐以上諸儒字義之異者，亦附見焉。其有得於心思，可助諸先生之説者，十一二也。編成撫之而歎曰：『於虖！易道遠矣！上古之經，莫尊於易，而諸儒多以私意亂之。蓋東周之時，以象占言易，而亂於支離；兩漢之際，以讖緯言易，而亂於傳注②；魏、晉之間，以名理言易，而亂於虛無；近世以來，以人事言易，而亂於穿鑿；皆易之蠹也。蓋盈天地之間者，理與氣而已矣。然有是氣，則必有是理，有是理，則必有是象，有是象，而後有是數，有是數，而後有是占，有是占，而後有是辭。故易有聖人之道四，而變象占居三焉。變也者，言乎爻之動者也；象也者，言乎卦之像者也；占也者，言乎蓍之決者也。自伏羲作卦，以前民用；文王、周公繫辭焉而明吉凶，使後之人觀消息盈虛之理，審進退存亡之義，而不迷於吉凶悔吝之途；聖人之憂患後世，可謂至矣。自周之衰，言易者寖失羲、文之意，而牽合破碎，或反資以爲亂。故夫子作十翼，專以義理明之。其後讖緯之學興，而飛伏互體之文、壬遁九宫之説，紛然並出，皆託易以行世。至王輔嗣乃獨辭而闢之，其視兩漢諸儒，可謂賢矣，惜其溺於時好，乃取莊、老之妄，以亂周、孔

① 「時」，文淵閣四庫本作「特」。
② 「注」，文津閣四庫本作「主」。

之實，故易之道，終不明於世，寥寥千載，有程夫子出，乃始以人事之實理明之，其有功於易，則已弘矣。然程子之所傳者，辭也，辨吉凶者存乎辭，而理固在其中矣。而後之學者，沿文生義，各自爲説，復失聖人繫辭之本意，故晦庵先生出，又專以聖人立卦生爻之大旨明之。自程、朱二子之書成，而四聖人之道始大彰明較著，而無所蔽矣。顧恨世之學者，未能窮經究是書，往往以其一時推求考索、測度髣髴之言，而反疑前賢終身篤學研①思、精微至到之論。若是者，愚竊大懼，故復述其所聞，識於編②終，以示子姓③，而同志之士可與共學者，亦所不隱焉。」

高斯得跋曰：「秀巖先生，近世大儒也。世徒見其所論著藏於明堂石室金匱玉版，遂以良史目之，不知先生中年以後，窮經④道奥，經術之粹，有非學士大夫所能及者。又其天資強敏，過绝於人，如三禮辨二十餘萬言，二百八十日而成，學易編二百八十日而成，誦詩訓亦逾年而成。考訂鄭、王、孔、賈之謬，折衷張、程、吕、朱之説，精切的當，有功於學者爲多。斯得受業於門，每念有以廣其傳者。來守桐江，首取詩、易二書刊之，與同志共，其詩、禮與諸書文字頗多，尚嗣以壽梓云。」

俞琰⑤跋曰：「此書係借聞德坊周家書肆所鬻者。天寒日短，老眼昏花，併日而抄其可取者，故不

---

① 「研」，備要本作「所」。
② 「編」，文津閣四庫本作「篇」。
③ 「姓」，各本皆同，疑爲「姪」之誤。
④ 「窮經」，文淵閣四庫本作「窮究」。
⑤ 「俞琰」，備要本誤作「愈琰」。

能端楷。秀巖乃隆山之子，其書取王弼、張横渠、程伊川、郭子和、朱晦庵而求其是，又以其父隆山之説證之，或又附以己見，中間儘有可取。」

館閣續録：「李心傳，字微之，隆州人。寶慶二年正月以布衣召，三年，特補從政郎差，充秘閣校勘。紹定二年，特與改合入官，四年，特賜同進士出身，爲將作監丞，兼國史院編修官、實録院檢討官。嘉熙二年，以秘書少監兼史館修撰，專一修纂四朝國史實録，十月，權工侍郎①兼秘書監。」

按：李氏學易編，今惟俞石澗節本僅存，特十之一爾。抄自潁州劉考功公甗家，曰丙子者，嘉定九年也。

牟氏子才**四尚易編**

佚。

宋史：「牟子才，字存叟，井研人。嘉定十六年進士，官端明殿學士，以資政殿學士致仕。」

王氏萬**易説**

佚。

金華志：「王萬，字處一，浦江人。嘉定十六年進士，官大理少卿，以朝奉郎守太常少卿致仕。卒，

---

① 「權工侍郎」，依文淵閣四庫本、文津閣四庫本應作「權工部侍郎」。

贈集賢殿修撰，謚忠惠。著易、詩、書、論語、孟子、中庸、太極圖說。」

陸氏持之**周易提綱**

佚。

宋史：「陸持之，字伯微，九淵之子。嘉定十六年，寧宗特詔秘書省讀書，既至，以迪功郎入省。理宗即位，轉修職郎差，幹辦江西安撫司，改通直郎，所著有易提綱、諸經雜說。」

羅氏之紀**易傳**

三卷。

佚。

江西通志：「羅之紀，字國張，號筠心居士，高安人。嘉定中孝感縣尉，攝邑雲夢，棄官歸，調宜山縣丞，未赴而卒。」

潘氏夢旂**大易約解**

宋志：「九卷。」

未見。

胡一桂曰：「夢旂易解，楊文焕集之。」

董真卿曰：「夢旂，字天錫，姑蘇人。易解嘉定辛未自序。」

趙氏以夫易通

十卷。聚樂堂目：「六卷。」

存。

〔四庫總目〕

朱彝尊經義考曰：「宋志：『十卷。』」又註曰：「聚樂堂書目作六卷。」蓋宋志連或問、類例、圖象言之，聚樂堂本則惟有易通，此本亦止六卷，而無或問、類例、圖象，其自聚樂堂本傳寫與？（卷三，頁三十五—三十六，易通六卷提要）

〔校記〕

四庫著録澹生堂鈔本六卷，帶經堂藏孫慶增鈔本同。（易，頁一一）

以夫自序曰：「易，變易也，而有所謂不易者存，天地之大、萬物之多，要不過乎動静兩端而已，一動一静，造化之所以周流而無窮也。卦六十四，文王彖之，首以『元亨利貞』之文。爻三百八十四，周公繫之，總以用九、用六之説。夫奇耦，七八也；交重，九六也；卦畫七八，不易也；爻書①九六，變易也。卦雖不易，而中有變易，是謂之亨；爻雖變易，而中有不易，是之謂貞。聖人作易，所以盡天地萬物之

---

①「書」，依文淵閣四庫本應作「畫」。

理，而示人以趨吉避凶之方，孰有外於亨貞者乎？洪範：『占用二，貞、悔。』貞即靜也，悔即動也，故貞靜而動凶，則勿用，動吉而靜凶，則不處，動靜皆吉則隨遇而皆可，動靜皆凶，則無所逃於天地之間，此聖人所以樂天知命而不憂也。臣幼學之年，受易於師，涉閱三紀，猶憒如也。辛丑居閒，盡置傳注，觀象玩辭，豁然悟曰：『吾夫子之心，其文王、周公之心乎？何所言無毫髮之殊也？』『文王既歿，文不在兹乎？』『甚矣！吾衰也。久矣！吾不復夢見周公。』夫子之歎，蓋歎易也。又曰：『下學而上達，知我者其天乎？』是當時羣弟子已未足以知聖人矣。臣生後夫子千七百餘歲，豈敢自異於先儒，以爲獨能探三聖人作易之微旨。第以參稽卦爻，往來俱通，如是而亨貞，如是而悔吝，如是而吉凶无咎，若象若數，理無不合，此臣所以自信其愚也。丙午之夏，書成，名之曰易通，不敢自秘，將以進於上，庶幾仰裨聖學緝熙之萬一云。」

胡一桂曰：「虛舟易通六卷，或問、類例、圖象四卷。其易大概論九六七八，變與不變；或靜吉動凶，則不用，動吉靜凶，則不處，動靜皆吉，隨寓①皆可，動靜皆凶，無所逃於天地間，此聖人所以樂天知命不憂也。」

閩書：「以夫，字用父，居長樂。嘉定中正奏名，歷知邵武軍。端平中，以朝請知漳州。嘉定中，爲樞密副使，承旨拜同知樞密院事。淳祐初，罷，尋加資政殿學士。以夫作易通，莆田黄績相與上下其論，以夫謂績爲益友。」

①「寓」，文淵閣四庫本作「遇」。

田氏疇學易蹊徑

二十卷。

未見。一齋書目有。

姓譜：「疇，華亭人，號興齋。嘉定間，嘗設講席於國學，六館之士皆北面焉。」

吴澂曰：「僕幼時未遠出，聞人説河豚魚、江豚魚，已疑『豚魚』只當作一字解，後見雲間田疇易解作『江豚魚』，犂然有當於心。長而泛大江，親見所謂江豚魚者，又聞舟人呼之爲『風信』，於是確然從田疇之説。」